ZHONGXUE YOUXIU
LISHI JIAOSHI
JINGYAN TAN

中学优秀历史教师经验谈

王双怀 ◎ 主编

陕西新华出版
陕西人民出版社

图书在版编目（CIP）数据

中学优秀历史教师经验谈 / 王双怀主编 . -- 西安：陕西人民出版社，2024 . -- ISBN 978-7-224-15565-5

Ⅰ . G633.512

中国国家版本馆 CIP 数据核字第 2024S36X58 号

责任编辑：韩　琳　武晓雨
封面设计：侣哲锋

中学优秀历史教师经验谈

ZHONGXUE YOUXIU LISHI JIAOSHI JINGYAN TAN

主　　编	王双怀
出版发行	陕西人民出版社
	（西安市北大街 147 号　邮编：710003）
印　　刷	中煤地西安地图制印有限公司
开　　本	787 毫米 ×1092 毫米　1/16
印　　张	22.5
字　　数	372 千字
版　　次	2024 年 10 月第 1 版
印　　次	2024 年 10 月第 1 次印刷
书　　号	ISBN 978-7-224-15565-5
定　　价	89.00 元

如有印装质量问题，请与本社联系调换。电话：029-87205094

编委会

主　任：李秉忠　孙　伟
副主任：郭响宏　冯立君
委　员：徐赐成　蔡　娜　张庆华

主　编：王双怀
副主编：张　萌
编　者：冯新虹　郭富斌　郭建碧　何成江　胡菊梅
　　　　李　敏　李漱萍　刘　坚　刘建荣　申　星
　　　　姒吉霞　苏争艳　王　颖　王金全　闫　璟
　　　　张　艳　张胜平　张伟迪　张向玉

序

历史教师是历史教学的主导者，对于教学质量的作用举足轻重。在历史教学改革逐渐深化的今天，我们强调在教学活动中突出学生的主体地位，但决不能因此削弱教师的主导作用。否则，提高教学质量便会成为一句空话。对此，我们应当有清醒的认识。历史教师既然是历史教学的主导者，就应当努力使自己成为优秀的历史教师，这样才能在历史教学活动中发挥更大的作用。

怎样才能成为优秀的历史教师？对这个问题不同的人可能有不同的答案。而历史教学名师的经验，肯定具有重要的参考价值。最近，陕西师范大学的王双怀教授给我发来《中学历史教学名师成长之路》的书稿，让我写个序。我认真阅读了这本书，书中汇集了19位历史教学名师的经验总结，记录了他们对历史教学的深入思考和持恒探究。他们的教学经历和反思虽有不同，但有一些共同特点，对我们是有启发的。

其一，立德树人，始终把教书育人放在首位。教书育人是人民教师的使命，历史教师当然也不例外。既然选择了教师职业，就要有使命担当，甘心在历史教学岗位上默默奉献。无论是在城市还是在乡村，无论是给初中生讲课还是给高中生讲课，无论教学环境好与不好，都要把教书育人的工作落到实处。不仅给学生传授知识，还要培养学生的人文素质，以高尚的师德对学生进行潜移默化的教育。

其二，坚持学习，不断提高自己的学识水平。学习是一辈子的事。上大学时要学好各门课程，为工作打好基础；工作后也要继续学习，在学习中不断提升自己。读书是学习，实践也是学习。不仅要学习历史专业知识，学习教育教学的理论和方法，还要关注学术动态，融通文史哲。"学高"才能更好地"传道""授业""解惑"。

其三，教研双优，努力发挥历史教学的艺术性。一方面，坚持历史教学基本功的训练，不断提升导课的技能、讲授的技能、提问的技能、教学组织的技能、评价的技能等。另一方面，关注教学改革，关注学术前沿，研究教材，研究学生，研究教学过程中遇到的各种问题。而且有想法就要写成文章，不断提升自己发现问题、分析问题和解决问题的能力。以教学实践促进学术研究，以研究成果反哺教学实际，从而达到提高教学质量的目的。

当前，党中央提出建设教育强国是全面建成社会主义现代化强国的战略先导，是以中国式现代化全面推进中华民族伟大复兴的基础工程。而建设教育强国需要一支师德高尚、学识广博、业务精湛、潜心教书的高素质教师队伍。作为在基础教育一线工作的历史教师，应当在自己的工作岗位上有所作为。这本书中的教学名师，都是在中学历史教学领域脱颖而出的佼佼者。在全国，像这样的历史教师还有许多。希望广大历史教师通过这本书中的个人教育叙事得到启示，树立"躬耕教坛、强国有我"的志向和抱负，以自己的努力使历史课程的育人功能充分发挥出来，为教育强国的建设作出实在的贡献。

首都师范大学历史学院教授
教育部基础教育历史教学指导专业委员会主任委员
2023 年 11 月 17 日

目 录

冯新虹：教科研共促专业发展　　/ 001

郭富斌：用情怀灌溉历史教育　　/ 023

郭建碧：在历史教育的大地上躬耕　　/ 045

何成江：一盏心灯育桃李　　/ 069

胡菊梅：一腔热忱映初心　　/ 085

李　敏：乐教让岁月留香　　/ 109

李漱萍：创造性教学实践的探索者　　/ 129

刘　坚：教研双优结硕果　　/ 151

刘建荣：用执着深耕历史教育　　/ 169

申　星：让梦想和事业比翼双飞　　/ 193

姒吉霞：做一个精神明亮的历史教师　　/ 209

苏争艳：担当起历史教育者的使命　　/ 223

王　颖：教研相长创佳绩　　/ 235

王金全：忠诚教育待花开　　/ 251

闫　璟：成就他人，成长自己　　/ 269

张　艳：历史教学的赶路人　　/ 291

张胜平：不忘初心，砥砺前行　　/ 307

张伟迪：用匠心守望高原　　/ 325

张向玉：扎根基础教育的劳模　　/ 339

冯新虹：教科研共促专业发展

  冯新虹，女，珠海市第二中学历史高级教师、广东省特级教师、广东省名教师、珠海市先进班主任。曾担任全国历史教师教育专业委员会理事、广东省教育学会历史教学专业委员会理事、中国教育技术协会电影教育专业委员会常务理事、珠海市教育学会历史教育专业委员会第八届理事长、珠海市教研室历史学科兼职教研员。在中国教育学会历史教学专业委员会2012年全国中学历史教师课堂观摩展示大赛及第五届广东省本科高校师范生教学技能大赛中被邀请为评审专家；曾负责的珠海市第二中学历史教研组，被评为"广东省首批历史学科示范教研组"。著作包括《历史教育的魅力》和《中学历史教学与教师专业成长》。

回顾我的教育教学生涯,遇到的每一个学生都是鲜活的个体,每一段历史教学过程都给我留下了难忘的记忆。现实与历史相融、相映、相长,教与学相融、相映、相长,工作的过程也是学习的过程。感谢曾工作过的学校提供珍贵的平台;感谢曾经的同事和学生陪伴我成长。但愿我在退休十年之际对这三十多年教学工作重新做的思考小结,能为后来的在神圣的杏坛之上耕耘的年轻人,提供一点点参考,心便足矣。感谢我的前同事(陕师大附中)、陕师大附中分校张庆华校长和陕师大王双怀教师邀约撰写此文。

一、难忘的陕师大求学时光

1978年10月我带着梦想来到陕西师范大学(简称"陕师大"),来到盼望已久

广东省历史教研员魏恤民、珠海市教研室副主任张立云和珠海市第二中学余宪泽校长为冯新虹工作室挂牌

的高等学府。虽然我的中小学在特殊年代度过，高中毕业后又下乡两年，但我依旧有着浓厚的求知欲望，希望尽量把遗失的时间弥补回来，希望在历史中探索解惑。我要踏着只争朝夕的学习节奏，度过大学四年的学习时光。

（一）明确学习目标，珍惜学习资源

上大学后，我明确自己的学习目标，摒弃了中学时代考试背复习题的学习方法，建构自己的历史知识体系，提高自己的思考能力和史学理论水平。畅游史海，以古观今。于是，我按部就班地刻苦学习，雷打不动。

我觉得自己非常幸运。陕西师范大学历史系在社会上声望很高，系里的老师学术造诣深厚，治学严谨，尤其是系主任史念海先生是我国历史地理领域的奠基人；我们的学习环境优美，图书馆和历史系资料室庄严宏伟、藏书量很大。这些都是非常难得的学习资源。

78级的同学年龄差距很大，有些同学已经从教多年；有些同学在其他工作岗位上有所成就；未工作的同学学习基础也很扎实。按照当年的高考录取情况，考上陕师大的同学都很优秀。我很珍惜这样的学习群体，希望与同学们在新的学习中一起进步。

（二）大量阅读，学习历史研究方法

学习通史中，每位授课老师都给我们开了读书清单。虽然时间紧迫，读书的速度赶不上教学的进度，但我依旧反复阅读老师们的油印资料，整理好上课笔记，下课经常去图书馆查阅课堂上老师讲到的相关资料。此外，我还常常利用课余时间去听其他系的相关专业的课程、去图书馆借阅史学杂志和书籍，享受大学的学习生活。

读历史文献，需要扎实的文言文基础。为此，班里同学组织了学习中国古代历史文献的学习小组。经过这段时间对文献的阅读讨论理解，收获很大。

大家一起讨论与提问，形成浓厚的学习氛围。从提出问题到解决问题，都要基于阅读教材与文献进行思考。课堂讨论、课下讨论、专题讨论、考试前的复习讨论，各种形式的讨论学习，如火如荼。同学们讨论历史问题时的见解常常令人震撼和振奋。

十一届三中全会的召开，令人欢欣鼓舞。思想解放运动是一个伟大的划时代的

历史事件，在大学学习过程中，能经历这样的时代真是太幸运了。此后，新的观点、新的历史阐释开始不断出现，我自己的视野和思维也在不断地拓展。

值得一提的是，系里的老师们学识渊博，使我从他们那里学到了很多历史研究方法。如赵文润老师讲隋唐史神采飞扬，语言生动有趣，史实、史料、唐诗信手拈来；杨德泉老师讲宋史，非常关注学生的学习是否扎实全面，史料运用很广泛，引导学生从各个角度查看、挖掘资料，特别是对宋朝理学思想的分析很有特色，粉笔书法遒劲有力；孙达人老师讲明清史感染力很强，用对比古代中外经济因素的方法让学生认识中国封建社会强盛的特点和原因，令人耳目一新。他们让我领悟到，做历史研究要掌握一定的方法，形成正确的历史观和价值观。

（三）学写历史论文，参加学术活动

学习唐史后，我写了一篇题为《隋炀帝开辟大运河初探》的论文，这也是我写的第一篇历史论文，得到赵文润老师的精心点评和鼓励："下了功夫！""像这样每年写上三五篇，必会大有长进。"在课堂上，赵老师特意选了几个同学的论文在班上进行讲读，其中就有我的这篇。虽然那时我还不会在有限的时间内讲论文，只是将论文匆匆读了一遍，但我的内心很受鼓舞，这也为我以后参加教育教学类学术会议时宣讲论文打下了良好的基础。

学习宋史后我写的论文是《阐述商品经济发展下，南宋时期佃户与地主的依附关系减轻的现象和趋势》。杨德泉老师针对我的这篇文章，从选题到史料运用、从推理到结论写了详细的批语，给予我充分肯定。但鉴于我的选题有点大了，他建议我可以考虑写考证《嘉祐官庄移除法》的论文，通过以小见大的写作手法来说明观点。这对我以后确定选题与研究思路很有启发。

毕业前夕，系主任史念海教授还专门给我们做了如何撰写毕业论文的讲座，于我帮助很大。

那时，我还积极参加系里组织的学术活动，聆听学术报告。如听宋史专家漆侠教授的报告，参加历史地理专题研讨会议等。让我印象深刻的是入学不久听的研究苏联史的扬存堂老师关于赫鲁晓夫的研究报告。这个报告的观点在当时史学界比较超前，打破了我固有的认知。让我明白了历史可以这样研究，历史事件和人物可以这样评价。

此外，我还参加了考察周原、兵马俑、法门寺（当时未开放）等省内历史遗迹的教学活动，观看了班委组织放映的历史电影，与西北大学历史系学生进行了学术交流。我一直觉得是在陕西师范大学的求学经历给我以后的中学历史教学和研究打下了坚实的基础。

二、不悔的工作生涯

1982年6月，我来到陕西师范大学附属中学，开始了我教书育人的职业生涯。1996年7月到退休，我在珠海市第二中学（简称"珠海二中"）教历史。珠海二中现为广东省国家级示范高中。

我的理念是：让自己的职业生命绽放光彩，为学生的未来发展和幸福助力。宗旨是：深入浅出地引导学生感悟历史，认识历史，发挥潜移默化的作用。我经常思考的问题是：历史教育的功能具体体现在社会的哪些方面？怎样最大化地把历史教育的功能体现在学生未来的发展中？

（一）教学思考与实践

1. 关注史学问题的研究发展动态和历史专业的继续学习机会

中学历史的教学内容看似简单，但涉及的知识面广、综合性强，有很强的专业特点。历史教师要有扎实的专业理论知识，也要有自己的学术特点和研究专长。中学历史教学，某种程度上是大学学习的继续和知识应用。所以我坚持熟悉教材、研究教学大纲，以便能更好地掌握教材体系和大纲要求，熟悉重难点知识，关注与教材相关的历史学研究动态和新的史学观点等。课改后，仔细研读新课标。

我对上大学时关注的"比较史学"的方法和感兴趣的其他历史问题继续进行学习研究。如：早期人类及变迁、商周青铜器与秦汉铁农具、汉唐宋与周边少数民族的发展、民族资本主义的发展、现代改革开放的进行与深入、"三农"问题、国别史与比较等，并按照大纲和教材要求将它们分成许多具体的知识点，应用于教学实践中。

此外，我继续笔耕不辍，发表文章。《综说战国秦汉冶铁业与经济发展的关系》发表在《中学历史教学参考》1994年第四期上；对历史小问题进行文字论述；编写历史小故事，如《铁肩担道义 妙手著文章的李大钊》等，被收录在当年西安市教育局编印的资料中；在专著《历史教育的魅力》第二章中，进行了与教材相关的十个历史专业问题的研究。后来，我发现自己论述的一些问题，与一些专家学者的研究思路偶有些许吻合之处，甚至高考命题中的某个内容特别是问答题也会与我论述的问题偶有关联，这些都进一步鼓舞了我。

2. 积累与教材相关的素材

对教材中的许多问题进行查找，补充资料，既能夯实专业基础，又能使它们成为备课素材。如查找历史研究拓展情况、历史人物传记的小片段，历史小故事，成语典故，诗词歌赋等。后来还积累了相关的电子文档、图片和视频资料。

我还曾试想过用中外对比的研究方法，写一本与中学历史教材相关的中国通史与世界通史，包含历史细节、史学界的研究成果与评价、人物传记、轶闻趣事与自己的思考等，既为方便备课又能体现自己的思考心得。但在资料积累的过程中，教材不断变化、史学新成果不断涌现，加之教学任务重，各种事务繁多，新课程新教材实施后，让我的思路又有了新的变化。所以总也达不到在变化中做充足准备的需求，此事终究未成。

随着时代的发展，研究历史的理念方法不断进步，我还根据教学内容涉猎了统计学、经济学、法学、社会学、音乐、美术、体育等领域的知识和概念。我也会通过文学、影视、美术、新闻、报纸杂志中的一些信息或者社会现象，联想到教学中的知识点，并立刻在脑海中呈现出教学设计片段。

3. 在感悟历史中探究教学

各类教学活动的开展，都源自教师自己对历史的感悟。每个教师都有自己对历史的理解，以及探索阐释的特殊方式。将自己对历史的感知感悟，融入对每一历史阶段、历史现象和历史问题的认识中，形成自己合理的教学行为和习惯。教师对历史的感悟深刻程度不同，倾注的情感也会不同，教学效果亦不同。历史感悟正是思考、情感被呈现于课堂的过程，是基于大量读书与思考而产生的。

对历史的感悟越深，课堂感染力才越强。不仅仅要把历史中一幅幅波澜壮阔的画面，和一个个栩栩如生的人物在课堂展现出来，更应该引起学生的思考、共鸣，引导学生去认识历史事件发生的主客观因素，以及历史发展的走向，明白一段历史为什么这样发展。

就工业革命的发生而言，工业革命为什么最早发生在英国，而不是法国和美国？中国宋朝的经济、科技水平已经领先于世界，为什么不能向工业革命的方向发展？17世纪在东西方历史上发生的分水岭事件是什么？它们为什么揭示了东西方截然不同的发展方向？这些问题教师讲了很多遍，但对于学生而言都是第一遍听。

历史感悟重在感悟历史价值观。如感悟人类文明发展的方向和经历的曲折道路；人类文化的多样性；一代代人为

我与大学同窗，这些人后来都成了各界精英，有大学教授、社科院的研究人员、党政机关领导、中学校长、特级教师、著名教师等

祖国繁荣昌盛做出的努力和不忘初心的坚持；人类怎样维护世界和平；个人在修身养性、追求幸福、社会和谐中如何彰显人性的光辉。感悟是带着思考和问题进行的，在课堂教学和练习中日积月累形成的。为此，我写了一篇论文《中学生历史价值观的构建》，被收录在《21世纪全球历史教育的发展与挑战》（郑琳等主编，2018年社会科学文献出版社）一书中。

我们应该怎样于教学中感悟历史呢？每个老师对历史的解读方法不同，借助语言、语气、情感所营造的课堂氛围也不同。但感悟历史的作用不可忽视，所引起的思考会深入人心。

首先，应坚持提升专业水平，坚持独立学习研究。教材有相当长的稳定性，把新的历史研究成果与时事信息应用于教学，使历史教学具有时代感。其次，用自己解读历史的方法表达阐释历史，在叙述讨论中，激发自己思考和认识的能力，生成新的认识。再次，应注意内化过程，形成自己独到的历史见解和历史知识结构。形成自己的语言特点和自己的教学方式，进而形成自己的教学特色，熟练驾驭各种教学形式。

4. 参加有意义的培训

对历史感悟的深度体现着教师的史学功底与专业程度，影响着教师教学模式的构建和教学效果。教师专业功底深厚，对历史的感悟有深度，其教学模式的灵活度更大。

但教师长久处在教学一线，容易出现知识老化、观点陈旧、方法单一等问题，影响教学效果，也影响自己的教学积极性。而且，教材的重大改变，也对历史教师提出了新的要求和挑战，因此教师迫切需要参加高水平的专业培训和理念领先的观摩活动。

5. 听课评课，实现自我突破

听课可以使人受到启发，找到有利于自己进步的方法。

陕西师范大学附属中学是优秀教师辈出的地方，老教师具有优秀的风格，新教师具有创新的优势。在这些优秀老师的课堂中，我汲取了许多优点。

文科的共性、理科的共性，以及教育的共性都是我们应该了解、借鉴的。在珠海二中当教研组组长时，学校要求广泛听课。我除了历史课，还会去听其他文科科目的课，再后来我还听了数学、物理、化学、生物、音乐、美术、体育、劳动技能和电教课，据校长说，我听课是听得最多的。有段时间学校可以自主招聘教师，校长让我当文科组听课环节大组长。我还曾被聘为教育局组织的评优、招聘教师，市历史学会组织的教学评比大赛评委，以及广东省大学生历史课大赛和全国历史教师课堂教学大赛评委。

通过听课，我体会到课堂教学具有共性和规律性。每个学科都有各自的思维方式。教学中的重点难点，需要教师用简洁明了的语言和举一反三的方法去讲课。

评课，是教学讨论的过程，也是一个讲课人和听课人提升的过程，我在一次次与不同特点的教师的交流中突破自我。

6. 反思教学过程，提高教学效率

课后反思是一个良好的习惯，反思后及时调整授课方法，非常有利于教学水平的提高。教学反思时可关注以下问题：是否充分备课，教学中是否突出重点解决了难点，是否显示了客观的历史评价，设计的问题是否有效地引起了学生的思考，教师的教学节奏是否合理，参与的学生是否广泛。

我的第一节公开课是毕业不久时，在附中初中一年级讲的关于秦统一全国措施

的课。教研组组长马超凡老师对我的教案进行了修改，特别是对小标题做了调整。此后设计板书时，这个情景总是在我脑海中浮现。不久后，在全省公开课上，我讲的是戚继光抗倭和华侨对南洋的开发。当时觉得自己准备得很充分，教学过程也顺利，于是一遍一遍回忆，久久沉浸在喜悦中。后来经过反思，发现这节课的启发性不足，对学生历史思维的培养重视不够。

1987年，陕西省历史学会、西安市中教历史研究会评选优课，我的"北魏孝文帝改革"虽然获得一等奖，但反思之，对改革后果及影响的讲解不够理想。

刚到珠海时上的一节全市公开课，按照教学进度讲"五四运动后马克思主义的传播"。开始，觉得自己的教学内容适合高中学生的学习层次，对重难点把握得当，教学过程流畅奔放。反思之，认识到自己还是没有恰当体现教师观和学生观，提问内容与学生思维的融合不够，若增加学生的思考时间，效果会更好。反思了许多自己的公开课，似乎没有一节是完全让我满意的。

7. 追求历史教学的艺术与方法

教学过程体现着技术，也体现着艺术，更体现着学科的魅力，故而，应让自己的教学行为体现出艺术的美感。

（1）传统教学的艺术与方法。

刚到陕西师范大学附属中学时，我上课的方式主要是语言表述和板书，主要教具是历史地理挂图，历史人物、历史事件的挂图以及小黑板等。教学过程中，我不断追求语言美和围绕重难点的教学节奏美，丰富和锤炼自己的教学语言。将教学内容和选择的素材整合起来，用流畅的语言将它们贯穿起来，再配合上适当的板书、图示等，渲染课堂效果。板书设计子目明确、层次清晰，层层衔接，层层递进。有文字、有色彩、有图示，简捷而有逻辑，因果及线索明晰，既有美感又便于学生对历史知识结构的掌握。

（2）与现代技术整合的教学艺术与方法。

电教设备、电脑、网络发达后，声光电技术与纪录片、故事片、时事新闻都可以被应用于教学，学生也都具有了搜索补充知识的工具，大大提高了教学效率。电子课件普及后，协调教学行为很重要。电子课件有两种用途：一是方便学生自学，包括所有教学内容、视频、问题提问、解答，有能力的学生看课件就可以自学；二是方便教师上课，配合讲解、提问等课堂活动。教师要学会整合教学技术。我不断尝试把电教工具和问题的设计、教师的讲述进行整合、优化，使其有序地融为一体。

需要注意的是网络与电脑技术虽然有利于输出更多信息，老师上课前应做好两手准备。我曾遇到过这样一些情形——停电、电脑发生故障等，不过，我使用黑板、粉笔、教材也能完成这一节课的教学任务。

（3）历史教学设计的艺术与方法。

如何根据教学内容设计出有质量有层次的问题总是令人绞尽脑汁。我常常在教学过程中穿插情景设计和教学问题，加强对学生自主学习的指导和课堂交流。如在"关于洋务运动的评价"，课上学生觉得发言时间不够，便请求老师下节课继续讨论。我答应了，让学生把想说的话说完。

洋务运动开启了中国近代工业化进程，给人以美好的希冀，然而其失败也令人感到深深遗憾，学生必然会探求失败的原因，会想到很多"如果……"，也会沿着历史的轨迹看其还产生了哪些作用。

提出问题在教学过程中，会引起学生浓厚的兴趣，加上学生自身的思考与情怀，有时发言人数较多，课堂气氛热烈，甚至会出现学生之间展开辩论的情形，这种情景是令人欣慰的。

在教学中协调教学行为是教师专业素养之一。其与教学内容有关，与教学设计有关，与学生面临的学习任务和学习心理有关。

（二）注重高考教学与研究

在我任教的高考班级中，学生整体上线率比较高。1992年薛磊获得陕西省文科状元，1999年陈夷宇获得珠海市历史单科状元，进入珠海市历史单科排名前十的有4人。2003年我教的历史班，高考历史单科成绩平均分第一，远高于各校及市平均分，贾家平以802分（标准分）排在广东省前40。

应《中学历史教学参考》约稿，我于1993年在第1—2期"状元导师谈高考"栏目发表了《我的历史复习法》。2003年在《中学历史教学参考》上发表《试题分析　答案特点　复习对策》。2006年我的《和谐教育，高三学生的三大人际关系》一文获得珠海市论文一等奖。

高考是一场综合战，高三年级各个科目的教学工作需要协调安排，以保证高考成绩上线率。对教师、学生、家长进行心理疏导也很重要。

1. 研究考试大纲与高考试题

面对高考，我既研究考试大纲和考试说明，还研究高考动向和试题走向。根据每年高考命题情况，深度挖掘教材，拓展教材知识，还注意研究历年高考试题特点、试题内容、命题形式、答案特点及各地的高考模拟题。

从20世纪90年代开始，全国高考命题方式发生了重大变化，在中学历史教学领域产生了极大的震动，同时也让我们感到振奋。这样的变化增强了中学历史教学的学术性、专业性，更加明确地考量历史思维。于是我开始读刘宗绪、黄安年老师的《世界近现代史三十讲》等书籍，及其他相关的历史专著、论文。

2. 研究复习方法

经过多年研究，我总结出了以下指导学生复习的方法。其一，两轮复习法。第一轮复习时，按照中国通史和世界通史的顺序扎实地复习一遍，即横线复习。此轮是打好基础的阶段。第二轮复习时，进行专题纵线复习，并穿插大综合练习，将历史背景的政治经济文化背景结合起来复习。通过此阶段的复习，学生的学习水平整体会上一个台阶。

其二，从记忆、思维与知识点多种角度展开训练。高考复习也是掌握历史学习方法和培养历史思维的过程。背诵和记忆很重要，因此，可以编一些顺口溜、小典故、历史发展线索图，加强学生对历史知识的记忆。

其三，思维能力训练。要让学生掌握历史发展的线索，分析历史现象，概括历史特征，学习认识历史问题的方法及文本表达。除了围绕一个知识点，设计或筛选多个角度的练习题，我还采用让学生进行语言叙述与评价等方法进行教学，引导学生在阐释、叙述的过程中，发现自己的不足，从而能主动查阅资料进行弥补。

其四，对题目进行分类练习。可进行选择题、材料题、解析题、问答题专项训练。审题是做题的前提，如果将题目理解错误，或者看错，不一定都是因为粗心大意，有可能是对知识点理解不到位造成的。材料解析题和问答题的作答表述要符合题意，文字表达要规范，所以应该让学生多读教材学习语言表述。

3. 重视在"一模"后查漏补缺，为考前重点内容"保温"

"一模"后学生的学习往往会上一个台阶。无论"一模"考试成绩怎样，都应该鼓励学生坚持既定目标，继续巩固知识，调整心态，保持良好的精神状态。

"一模"后到高考的这段时间是查缺补漏、更上一层楼的好时机，此阶段应该加强对综合、应对性题目的反复练习,及时分析纠错。而且,教师应该根据学生的情况多陪学生复习,加强他们的信心,引导他们继续向前,走进考场。

考前"保温"并非押题,教师可以根据自己的研究筛选出重点题目,连同答案整理成资料,让学生临考前翻阅。1978年我高考前,在中学教政治的伯父,教我用过此法。在伯父的辅导下,我政治科目的考分高于大部分学生。

除研究教学方法外,我还研究过中学生的学习心理,通过他们的课堂表现、试卷情况、问卷调查了解影响学生学习心理的因素,分析学生学习历史学科时存在的思维方式问题,并努力予以解决。

(三)我所经历的教学改革

历史老师应有自己的见解、担当、创意,要树立以学生为主的观念。在陕西师范大学附属中学时,我以让学生触摸历史,对遥远的历史情景和实物有所体验为教学方法,改变学生课堂听故事、考试背复习题的想法做法。拿一些仿版实物,如唐三彩、线装书等给学生看;那时我已尝试在小黑板和幻灯片上抄选自《诗经》《汉书》《史记》《资治通鉴》的古文和关于历史名人评价的史料原文,提出问题,引入教学内容。给学生布置作业,让他们去博物馆、历史遗址参观,然后在课堂上分享心得。

1. 适应课程改革

按照新课标要求,教师可以自主设计不同的课堂教学模式。教师的备课资源也大大丰富了,著作、音频、视频、漫画、广告、诗歌、歌曲、各类访谈、口述,甚至教师个人对历史、现实的感悟等都可加以利用。教师在新形势下必须从教书匠向研究型人才转变,发挥个人的研究潜力。

此外,实施新课程的年级,在课程安排上也有许多变化,有的学校实行导师制,有的实

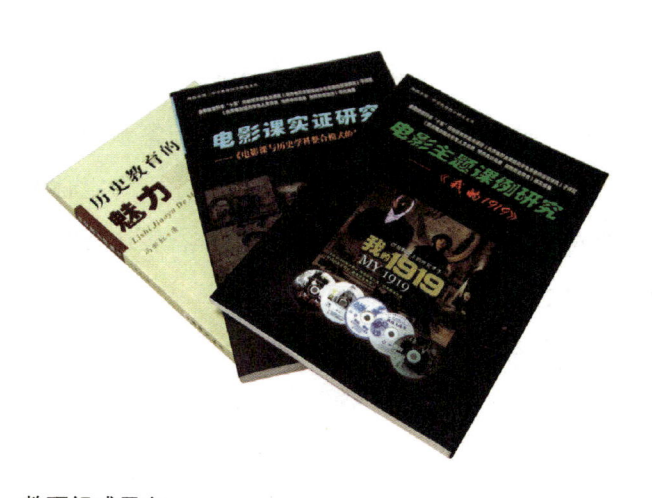

教研组成果之一

行学生选课制度，还有的实行学分制。教师必须在学生完成所学的内容模块后写评语。这样就改变了原有的教学管理模式，对教师和学生来说都具有挑战性。

我虽然较早地开始了优化课堂的探索，但对于新课程应该达到什么样的标准，心里也没底。我鼓励大家保持学科特点，以新课标为依据，用"建构法"和引导学生主动学习的理念在教法上做出改变。

我认为所谓的"建构法"，并不是单一地传授知识，而是教师要将历史认知建立在对教学内容整合的基础上，引导学生提出问题、解决问题，由教师和学生共同完成历史知识结构的建构。新课程的实施对教师是一个挑战，也是一个发展的机会。

后来，我参加了湛江会议，让我更加坚定了面对新课程的信心。

2006年12月，广东省教研室历史学科组在湛江举办新课程研讨及观摩会议，我怀着迫切的心情参加了这次会议，很想了解别人的做法与思路。会议由魏恤民老师策划，邀请了赵亚夫教授、黄牧航教授，《历史教学》杂志社主编任世江老师，《中学历史教学参考》主编任鹏杰老师，各市、各地区教研员及一些一线教师参加。此次会议专业性强，有发言讨论、课堂观摩、专家点评等环节。

我全程观摩了会议的每一个细节，认真观察了年轻教师的教学过程及学生的课堂反应，仔细揣摩了专家的点评和展示教师的教学设计。

这次会议让我增强了信心，看到了我们的优势和所处的层次，心中踏实了。认清了我和大家遇到的困惑和问题有共性，努力的方向和目标一致，有助于我在课改中做得更好。

2007年，广东省内一所学校派队来珠海二中交流，学校安排我上一节公开课。我依据新课标启发设问，对学生回答的内容，顺势步步引导。对于这节课，听课老师的评价为："在省里是数一数二的。"

2. 开展示范性高中评估

评估是在新课改背景下开始的，是对学校实施新课程教学的全面考核。珠海二中在成为广东省示范高中时，面临着巨大的挑战。

（1）要具有规范的教学资料和较高的教学硬件条件。学校档案室、教务处和每一科教研室及每一位老师都需要准备相应的教学资料。学校要完善教学设施及各项规章制度，改善包括电脑室、校园绿化带、教学楼、学生宿舍楼、博物馆、图书馆、游泳池、体育场、音乐室、教师活动室以及各个学科活动室等硬件设施在内的教学条件和教学环境。在几届领导及教师的共同努力下，珠海二中的教学条件和教学制度与教学资料逐步完善。我们历史学科组的各种制度也是在评估中逐步完善的。

（2）基于新课程的课堂教学考核要求，无论新老教师人人过关，在考核时对师生互动、生生互动要求很高。本学科专家更看重教师对教学内容的设计，其他学科的教师在观摩跨学科教学时则更关注在教师引导下学生的课堂表现。那段时间教学观摩和评课听课有如"家常便饭"。

2006年6月学校通过了初评，但对课堂教学过程中学生的动态表现等方面，评估团提出了更高要求。

为此，学校组织开展了一轮又一轮的示范课、观摩课、教学评比，推动教师进行课堂教改的力度很大。

当时老师们普遍有两个困惑：一是新课程模块教学内容多，教师上课总在赶进度，留不出让学生讨论的时间；二是即使教师不断启发，学生反应也不大，特别是在普通班，难以出现那种热烈互动的学习场面。因此，我试着在学生身上下功夫，培养学生养成课堂回答问题的习惯，设计由易到难的问题；大胆取舍，营造思考讨论问题的氛围。并鼓励其他老师坚持这样做，让学生慢慢习惯。

在教研组会上，我让大家畅所欲言，针对新课程教学提出自己的主张和建议。大家各抒己见，提出了很多切实可行的建议。如：坚持课标，保持历史学科特点，以学案为依托，将问题教学和情景设计结合起来，一举两得；设计课堂学生活动时，要防止低幼化，还要避免形式化，消除表演化的痕迹；让学生课堂活动真正体现出自主的特点。

2008年6月，终评评估组进校查阅资料，观看学生早操，听课，座谈。广州大学李芳清老师负责评估政史地学科，并为老师们反馈情况。我被安排上了一节示范课。李教授还带走了我们编写的电影课书籍《我的1919》《优秀电影与历史课堂教学整合》以及教研组活动光盘等，对所听课及学科组工作评价很高。在全校师生的努力下，最终我们通过了广东省示范性高中的评审。

其实，课改的过程就是变化的过程，课改使教师的教学理念、教学方法和许多学生学习的状态发生了变化。但教无定法，经历了课改和优化课堂教学模式的尝试，我虽感觉"见山还是山，见水还是水"，但教学认知有了质的提升：

（1）积累了设计教学模式的实践经验。常规教学，这是比较容易驾驭的综合教学模式，讲述、提问、板书等，所体现的教师的主导作用较多，新课程教学则要求教师更重视学生的学习过程，关注学生的课堂反应和理解需求。情景设计与问题教学模式有难度，也需要创意，情景可以用视频、图片、故事以及教师编写的假设来展现，座位临近的四人为一组讨论问题，人手一张学案，把问题投放在屏幕上，也呈现在学案上，既可以单独提出，又可以在情境下引出问题，让学生一步一步思考并提出新的问题，进而解决问题。

（2）提高了评课水平。由于我对新课程标准与课堂模式进行了反复的探究实践，对教学设计的重难点和课堂教学中的创新点与教师可能出现的困惑有一定的感知了解，在评课时努力做到对创新之处肯定之，对困惑之处调整之，令授课、听课教师畅所欲言，尽量达成共识。

（3）提高了对学生观、教师观和教学观的认知。课改是开展课题研究的宝贵时机，新课程教学与课题研究可以相互促进。

2005年我发表了《高中历史课程：如何在新课标指引下改进课堂教学》一文，将我对课改的思考进行了详细深入的叙述。

（四）历史教育教研工作与课题研究

1. 建设"历史教学资源整合"特色教研组

我当教研组组长时，有一个想法和规划，即建设一个长期而稳定的以资源整合为特色的历史教研组。教研组是学科教师的精神家园，愉悦的工作环境更有益于教师教学工作的开展。

资源整合的对象主要有影视、网络资讯、博物馆和教师、学生、家长、社会等各种为教学服务的资源。

在2004年新课标实施后，教研组工作进一步被规范，我负责执笔制定了教研组活动制度、青年教师培养制度、备课组的备课制度、各年级学生活动开展制度等。

我们制定了以学生发展为目标，以教师专业提高为动力，以课题研究为载体，以教研组为单位，以学校为依托，发挥教师的个人特长，提高教师职业积极性的各种制度，并形成了教研五个结合的特色：（1）与课堂教学结合；（2）与课题研究结合；（3）与学校工作结合；（4）与学生发展结合；（5）与教师发展结合。

我在珠海二中时，受教研组组长委托，买了唐三彩骆驼和唐三彩马等放在科组展览室。这些虽然都是仿制品，但作为教学模型，足以起到调动课堂气氛的作用。后来，我接任教研组组长时，在学校支持下又制作了古香古色、有图案的仿古桌椅，让我们的教研活动室更有历史感。

我们还充实了自己的图书柜，布置了"文明之光"历史文化长廊，为学校行政楼环绕会议室选了一些广东英烈照片与简介。常规化参观珠海历史博物馆，在张建年馆长的支持下，使之成为学校历史文化教育基地。

我们长期坚持在各个年级开展不同的活动。如展览学生自己办的历史报，初期办的是手抄报，后来办电子报；举办历史故事会；组织学生写历史题材电影影评；带领学生外出考察，参观博物馆、名胜古迹，搞社会调研等。

此外，教研组为各年龄段教师的发展创造条件，助力他们获得了各种教学和课题研究奖励。我们先后被评为学校的先进教研组、市里的优势学科基地、广东省教育厅第一批示范教研组。

2. 开展历史教育教学专项课题研究

1998年，学校承担了全国教育科学"九五"规划教育部重点课题"中学职业指导研究与实验"任务，聘我为主要研究人员。在研究过程中，我收获很大：其一，认识到职业的出现与工业化发展息息相关，每一次工业革命后都会出现一批新的职业，淘汰一些职业，所以职业现象也是一种历史现象；其二，使学生初步了解自己，了解不同职业的含义，有目的地学习，为高考填报志愿做铺垫；其三，通过这个课题，我掌握了一些研究方法，论文《珠海特区中学职业指导初探——珠海二中高中升学职业指导实验》获得了全国总课题组一等奖；其四，为学生开了一门新的课外选修课"放飞理想——中学生职业指导"，受到学生欢迎，并为高三毕业班做了相关讲座。

后来，我又先后被聘为中央电教馆"九五"重点课题之子课题"计算机辅助教学促进教师现代教育技术的提高"课题组成员、全国教育科学"十五"规划总课题之子课题"中学教师心理健康教育研究"课题组成员，并开始独立主持课题研究。

中学教师做课题研究，目的是解决教育教学中的实际问题，以便更好地为教学服务。由我负责的课题研究特点如下：

首先，研究的时间比较早，有引领作用。其次，研究方法与过程规范科学，有指导性。再次，课题层次多，有连续性，有影响力。最后，课题成果形式多样，有

南开大学马世力教授、时任珠海市教研室主任及历史教研员唐凌与科组教师

专著，有论文，有课件，获奖人员多。

课题研究过程中，几乎每位老师都曾获奖。

这些年，我主持立项及结题的主要课题有："优秀电影提高学生人文素质　培养良好品质　创新历史教育"，是中央电教馆的全国教育科学"十五"规划课题，"优秀电影全面提高学生素质的实证研究"子课题，以优秀等级结题；省级立项课题"历史教研组教学资源整合研究"（因为我退休，杨国老师负责继续研究并完成结题）；珠海市重点课题"基于反思的中学历史教学与教师专业发展"；校本研究课题"近代珠海历史名人成长研究""珠海历史文化遗址考察"等。

2010年，根据学校工作需要，我的工作室挂牌，将教学研究、课题研究进一步系统化。

此外，我多次参加天津师范大学、北京师范大学、华中师范大学、华南师范大学、陕西师范大学、教育部"九五"规划重点总课题组、中央电教馆总课题组、省市教研室等举办的学习培训、学术研讨会议。发表、获奖或被收录于正式出版图书的论文近30篇，内容包括史学研究、中学历史教学研究、课题研究和教学管理（德育）等。出版著作《历史教育的魅力》（2012年西安出版社出版）、《中学历史教学与教师专业成长》（2014年广东教育出版社出版）等，获奖课题成果有图书《我的1919》《电影课与历史学科整合模式的教学实践》，并主编了教学资料9部。

3. 参与组织策划教学研究及学术活动

在珠海工作期间，我积极参与组织策划各级教学研究活动。

受珠海市教育局教研室委托，我曾担任过兼职教研员，主持中心组教研活动，多次为珠海市各年级统考、模拟高考命题，为全市学生做高考辅导、送教下乡，承担市历史学科培训讲座等工作。

1999年9月，在省教研员叶书圣老师和市教研员唐凌老师委托及领导下，我和教研组先后承担了珠海市、广东省"庆国庆五十周年 迎澳门回归"主题故事会筹办工作。

2002年11月，人民教育出版社举办了全国历史教学年会，主题为"新世纪历史课程、教材、教学改革国际学术研讨"。受唐凌主任委托，我综合各学校历史教研组与珠海市历史学科工作情况，写了提纲和解说词，与朱卫坚老师一起制作了光盘等资料，代表珠海市送交大会交流，其中杨长江校长提供了大量素材。我自己还提交了交流论文《历史课堂教学改革与创新观点思考》。

2010年起，我们教研组多次邀请全国著名特级教师、大学同窗李惠军老师、黄牧航教授等来我市、我校为青年教师和学生做报告、讲观摩课。

2012年，在省教研员魏恤民老师和市教研员刘洪生老师委托领导下，在校领导支持下，我们教研组先后承担了两个重要大会的场务工作：广东省教育厅历史教研室课题研讨活动，以及人民教育出版社召开的主题为"中学历史教学方式的变革"的全国年会（一个总会场，两个分会场），得到广泛好评。我写了较为详细的年会综述，发表在"中学历史教学园地"网站上。

（五）学生教育管理工作的实践研究

我做教研组组长时，也当过年级组组长和班主任。在班级管理工作中，我的理念和做法是：

1. 首先要引导学生树立正确的世界观、人生观和价值观

中学阶段是学生三观形成的重要阶段。应该重视引导学生爱祖国、爱家乡、爱父母、爱自然，用历史人物的成长经历鼓励他们，教导他们遵纪守法，提高素质，珍惜生命，学会沟通。引导学生重视个人成长史，通过记日记、周记和制订学习计划等行为，确定自己的学习目标，并进行阶段性总结和自我反省，塑造刻苦学习的精神，掌握正确的学习方法。

2. 重视引导学生进行自主管理

（1）定期举行常规班会以及主题班会。常规班会基本由班长主持，各班委委员配合。有些学生干部很有组织天赋，将班务工作安排得井井有条。也有学生胆怯不熟练，临场紧张，语言不流畅，此时老师只需密切关注，及时救场鼓励，帮助他们顺利完成即可。主题班会每学年开1—2次。主题有励志、未来职业规划、耐挫教育等，让全班学生都要充分参与。

（2）做好班干部选举及自荐工作。尽量满足学生需求，按照特长让每位同学都有机会参与，在为班集体服务中受到锻炼。

（3）进行校纪班纪行为量化管理。根据班级制度进行量化打分，对于学生遵纪守法习惯的养成具有良好的作用。同时也应及时与学生交流，关心鼓励学生。1982年在陕西师范大学附属中学工作时，年级组组长孙鹤鸣老师曾对我说"教育就应该像你这样和风细雨、循循善诱"。到珠海二中后，我认识到，不应该以教师的性格去影响教育的效果，便尝试用建立制度的方法进行科学管理。

3. 引导培养学生个人爱好，重视体育文艺活动

中国的五十六个民族，大都有自己的民族舞蹈。舞蹈在人们生活中所起的作用很大。一个集体随着音乐起舞或者载歌载舞，可以相互鼓励产生共鸣。音乐可以缓解个体或群体的焦虑情绪，使人的心灵得到净化，找到快乐幸福的感觉。

我当年级组组长时，还配合音乐老师组建了年级合唱团，时常代表学校参加演出；当班主任时，在学校组织的大合唱比赛、文艺汇演中，我都很重视学生的参与及练习。

体育精神的培养，也是我重视的教育内容之一。学生热爱体育运动，可以养成吃苦自律的精神品质，收获健康的身体。所以，我常常在学校开运动会时，与学生一起安排竞赛人选，构思最有创意的运动会出场仪式。

在文体活动中取得好的成绩，对学生来说是一个鼓舞，也可以增强班集体的凝聚力。

毕业季

许多年以前每到这个季节
都会在我生命的年轮上
刻下一道深深的印痕
四季往来
一个个鲜活的面孔和场景
在日复一日中悄悄溜走
送别时的祝福和不舍在眼中流动

你敞开的日记里
有心中的憧憬与励志的言语
替你保守小秘密
为你的一次次跨越欣喜
花儿在寸寸光阴里放歌
我用拳拳之心，呵护一个个你
走到人生的渡口扬帆远航

分数线如利剑
却不能阻挡你们
去收获人生路上每一粒果实
相聚的喜悦飘在落日余晖中
离别时红木棉在路口怒放
你坚定的脚步
是我心中一直的挂念

三、小结感悟

成为陕西师范大学历史系 78 级的学生，是我一生的幸运。在中学历史教学这条道路上一直走下来，我在各个方面都进行了力所能及的研究，我不懈追求，却依然有许多不足和力不从心的状况，依然需要不断学习。

我只能在教育教学这个工作平台上，尽量多做与历史教学有关的工作，服务于教学，分享一点心得，以回报曾经培养我的学校和老师，回报社会。

在我的工作生涯中，曾多次获得荣誉称号：1988年我被陕西师范大学评为校级先进教育工作者；1997年我被珠海市政府评为珠海市先进班主任；2002—2012年我先后被评为南粤优秀历史教师，并获得广东中华文化基金奖章，广东省名教师、广东省中学特级教师、南粤女职工建功立业女能手称号等。为此，我感到荣幸。

我认为我的成绩是我的领导和同事陪我一起努力创造的。我也在一些场合及在我出版的《历史教育的魅力》《中学历史教师专业发展》中感谢过所有帮助过我的人，但提到的都是领导与同事，很少提到学生们，今天补上。教学相长，没有学生的突出成绩和整体进步，何谈荣誉？荣誉又有何意义呢？需要感谢的人很多，在此不一一列举。

21世纪初的几年里，我作为广东省中小学教师高级职称评委，每当看到一些边远地区的老师十几年、二十几年如一日，坚守教学岗位，兢兢业业时，就会肃然起敬。

我经常想，陕师大附中是培养精英的学校，珠海二中是沿海地区教学设施、学生基础相对较好的学校，有取得荣誉的客观条件。假设我一直在边远的山区工作，或者虽然我做出了努力，却没有获得这些荣誉，我也应该为自己一如既往的努力和付出感到骄傲。毕竟，获得荣誉并不是人生的最终目标。

三十多年的教学生涯，匆匆而过。伴随着改革开放的脚步，在焕发着勃勃生机的春天里，肩负使命的一代人于教育教学岗位上做出了不懈的努力，值得回忆。

▶ 点评

  习近平总书记在全国教育大会上指出："教师是人类灵魂的工程师，是人类文明的传承者，承载着传播知识、传播思想、传播真理，塑造灵魂、塑造生命、塑造新人的时代重任。"强调了教师的重要性。冯老师以自己的实际行动恪守着教师职责，承担着时代的重任。她从学生时代开始即勤勉努力，用时间和汗水夯实专业基础。从教以后，她一直把教学与科研结合起来，坚持开展教学研究，撰写学术论文，不断提升自己的专业水平，又以科研成果反哺教学，使二者相互融合，相得益彰，最终取得了丰硕成果。在新课改、信息化等背景下，她能够与时俱进，置身于学科前沿，善于反思，勤于实践，尊重学生的主体地位，挖掘学生的内在潜力，不断钻研教材教法，以饱满的热情面对学生和工作，因此被誉为"离学生最近的好教师"。这样的好老师正是我们这个时代所需要的。

教育部基础教育历史教学指导专委会委员　杜芳

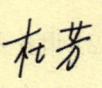

郭富斌：用情怀灌溉历史教育

郭富斌，男，陕西省西安中学历史特级教师，正高级教师，教育部首批"国培"专家、"十四五"中小学幼儿园教师国家级培训计划专家资源库成员；陕西省首批中小学教学名师，陕西省特支计划教学名师，国家"万人计划"教学名师；中国历史教育学会中小学教学委员会理事、学术委员会委员；全国历史教师教育学会常务理事、副秘书长；陕西师范大学历史文化学院兼职教授、硕士生导师，《中学历史教学参考》编委。

从教以来，极力呼吁和倡导"眼中有人"的历史教学理念，践履让思想光芒照耀历史课堂的信念，关注学生的生命成长，重视教师学养和素养的研究，形成了独特的教学风格，教学业绩骄人，先后有四名学生为陕西省文科高考第一名；为陕西师范大学历史文化学院培养学科教学研究生和教育硕士46名。发表各类文章60余篇，著述及所撰资料12种，在全国各地做历史教学专题报告600余场。

一、我的成长历程

1964年我出生于秦岭北麓的陕西省蓝田县。蓝田很出名,我出生的那年,科学家在蓝田找到了距今约70万年至115万年的猿人头盖骨化石。

陈忠实的小说《白鹿原》中的故事发生地即在蓝田。主人公白嘉轩竭力维护的"乡约"就出自著名的"蓝田四吕"——吕大忠、吕大钧、吕大防、吕大临,他们的后人生活的村落(桥村)就是生我养我的地方。"原",是关中平原的地貌之一,上面平,下面旱,生活在原上的人生活穷苦。除原之外,还有"川"和"岭",县城建在川道上,相对富庶;山岭地区亦不富裕。我的家,在"川""岭"之间,被称为"半岭地区",是个过渡地带。

我家有7口人,爷爷奶奶,爸爸妈妈和两个妹妹,爸爸在外面工作。这种家庭

作为第十一届杰出校友与陕西师范大学游旭群校长等合影

结构，俗称"一头沉"。在我小时候，粮食要靠自己种出来，家里没有劳动力，自是吃不饱。

直到今天，我都忘不掉小时候在县城看到的煤渣路，甚至对"煤"的味道都有一种特殊的感觉。因为煤让我"闻到了现代文明的味道"。

总觉得小时候天天都是艳阳天，但那可能只是记忆中的画面：阳光透过教室的窗户照进来，粉尘在光线中起舞，空气中弥漫着油墨的香气……那场景太美了！遇到激动的事儿时，我会和同学在沟边大声呼喊，我们一起畅谈人生、理想，想着课本上的《少年英雄刘文学》。那些时光就是阳光灿烂的日子。

读高中的时候，我曾坐在家里的柿子树下，担忧人民公社解散后，家里分下来的地谁来种。爷爷半身不遂，我又在读书……可事实上，包产到户之后，家里的日子更好过了，我也成了改革开放的见证者。

现在回想起来，小时候读过的书真是有限。我读过的第一本书叫《战火中的青春》，讲的是革命斗争的故事，再就是《林海雪原》《铜墙铁壁》了。为了读书，我常去县城外公家玩，因为外公家旁有个新华书店，花一分钱可以租一本书，我一天就可以把它看完。就是靠着这股劲儿，让我在初中毕业后，放弃了保送机会，考到县城读书。我从小就喜欢文学，喜欢美好的东西。但高考时，是选"文学"还是选"历史"，让我犹豫了很久。

最后，我还是选择了历史专业，被陕西师范大学历史系录取，这个选择也改变了我的人生轨迹。

（一）最初的追求

我之所以会选择历史专业，和20世纪80年代发生的日本教科书事件有关。20世纪由于日本经济高速发展，为军国主义辩护的逆流便随之出现。1982年，在日本公开出版的教科书中，将"侵略"淡化为"进出""进入"。此事在中国引发了激烈的反应。那一年，我高考，因为这件事，我的志愿表上出现了满页的"历史系"。我是带着对日本帝国主义的恨以及想更加了解中日关系和历史真相的愿望走进大学校园的。

（二）对未知世界的好奇

我家位于关中农村，那个时候交通非常不方便，所以书籍就成为那个封闭的、沉闷的乡村世界的一扇窗，我可以通过它们了解外面的世界。可以说书对我而言意义非凡。也正是因为我对未来充满好奇，所以一直保持着阅读的习惯。

大学的时候，有一些书对我影响很大。大概是在 1983 年时，著名未来学家托夫勒的《第三次浪潮》出版，这是当时历史学界的一件大事情。我刚好有幸在求学的时候读到了这本书。作者在书中认为，农业社会取代采集渔猎社会是人类历史上的第一次浪潮，工业社会取代农业社会是第二次浪潮，而接下来人类社会将迈进信息时代，这就是第三次浪潮。当时中国刚刚打开国门，刚刚改革开放，物资还非常匮乏，我连计算机都没见过，根本没办法弄清楚什么是信息时代。但就是这样一本书，突然让我看到了原来未来世界有着这样的前景。

从那以后，我买了很多预测未来的书，也看了一系列从各种角度解读未来的书。比如汤因比与池田大作的《展望二十一世纪》，日本首相中曾根康弘的《日本二十一世纪的国家战略》，还有尤瓦尔·赫拉利的《未来简史》。其实无论是讲人类的明天怎么样，还是研究人类的昨天怎么样的书，落脚点都是人类的今天。因为今天是一个桥梁，它站在过去和未来之间。

这样的好奇心，促使我一直想要去探索，包括课本上的每一句话。

比如，高中历史课本《中外历史纲要》中，"中古时期的欧洲"是第三课，"中古时期的亚洲"是第四课，为什么会这样安排呢？这是有现实意义的，与"一带一路"倡议的提出有关。在讲中古时期的亚洲时，会先讲到阿拉伯帝国、奥斯曼帝国，然后会分析新航路开辟的背景——奥斯曼土耳其阻断了路上交通要道，这些内容都和陆上丝绸之路有关。而印度半岛是海上丝绸之路的一部分，东南亚地区也是海上丝绸之路的重要通道。从这个角度就可以看出，历史虽是过去的事，但是具有强烈的现实意义，这就是历史跟现实的关系。

作为教师，要给学生讲这些内容，因为课本上的知识点非常精炼，许多背景知识、关联信息还需要不断地去探究。例如农耕文明和渔猎文明到底是什么关系？这种文明的转型对人类而言到底意味着什么？东方文明和西方文明，给人类的历史到底带来了什么样的影响？

（三）站在巨人的肩膀上

不论是好奇心，还是价值追求，都需要不断地滋养，养分从哪里来？我认为可以从课堂上获取。上大学时有一批老师对我的影响很大。郑庆云当时是我们的系主任，讲世界史，郑老师课讲得非常好，语言生动，上他的课时所做的笔记我一直保存到现在，如果把它印出来，那就是一本书。

讲中国近现代史的是张建祥和李亚平老师。我能够建立起关注现实的意识，跟这两位老师有很大关系，他们讲课的时候会讲很多课本以外的知识。比如那个时候我认为北洋军阀时期的中国社会是黑暗的，但听了张建祥和李亚平老师的课以后，我才知道了北洋军阀时期虽然黑暗，但也是继春秋战国以后中国出现第二次百家争

与陈晓律教授合影

鸣的时期。因为正是在北洋军阀时期，诞生了新文化运动。我到现在都记得张建祥老师讲到五四运动时候的神态，他把眼镜往上一推，讲道："五四时有一副对联是'国事如此，无心整容'，群众能发出这样的感慨，说明底层群众最大限度地被动员起来了，他们是离政治最遥远的人，是为生存而挣扎的人，他们在社会里不是既得利益者，但是连他们都关心国家大事，说明中国的底层民众受到了启蒙，有了初步的公民意识和国家主人的概念。"在讲五四运动时大家往往把焦点放在陈独秀、李大钊，还有青年学生运动上，而张老师却把关注点放在了普罗大众身上，这就是我在大学、在课堂上，老师教给我的具有创新性的思考方式。他们潜移默化地让我认识到，讲课要有故事，要有情节，要有细节，要以小见大，行云流水，声情并茂，要把学生带到历史的情景里。

我印象最深刻的课，就是我唯一一门考了 100 分的课，也是让很多人都觉得害

怕的目录学。给我讲这门课的是黄永年先生。黄永年先生是目录版本大家，除了上课，我和先生没有太多交集，但也算是有一点联系。在我大三的时候，复旦大学的两位学者分别写了一部书，《唐太宗传》和《唐高宗传》，他们是黄永年先生的朋友，想给黄先生赠书。那个时候交通还不是很方便，邮寄也不像今天这样简单，恰好我有一个中学同学在复旦大学历史系读书，两位学者便托我的朋友把这两本书带给我，再由我转交给黄先生。我当时不知道黄先生那么厉害，送书时既没有多和他交流，也没有仔细参观他的书房，后来想起，只是觉得遗憾。我依稀记得他上课的时候是秋季那个学期，他穿的是那种灰色的比较老式的对襟衫，围着围巾。后来他的学生曹旅宁根据自己听课时记的笔记出了一本书，叫《黄永年文史五讲》。我拿到书一看，又感到些许遗憾，如果这本书能参考我上黄先生课时记的笔记，那么它的内容会更加完善。

秦晖老师算是我们老师中年轻的，当时他刚从兰州大学到陕西师范大学当老师。他的爱人金雁教苏联史，但是比较遗憾，她并没有带我们班。记得有一次秦老师找我们班帮忙搬家，我们都惊叹，秦老师真是学富五车，因为他的书真的足足有五架子车那么多。现在回想起来，当时秦老师一直低头忙着收拾他的书，金雁老师招呼我们，还给我们买了一个西瓜吃。

（四）文史结合

中学时期我就很热爱文学，大学期间我也经常听文学课，还在中文系旁听过中国现代戏剧课。在听课的过程中，老师讲到郭沫若给田汉写的一首赞诗，说田汉是莎士比亚转世，这刺激了我。我也写了两首赞诗，都不满意，记得后来我又在宿舍，一气呵成，写了第三首赞诗，讲了他所处的那个时代，再讲他的贡献，中间讲的是他写过的剧本。

赞田汉

心宽过广汉，纯洁比玉灿。为人骨如钢，行事裹侠胆。
慷慨气犹壮，风声树世远。最能急人难，何惧客南冠。
生时值世乱，内忧外患繁。兄弟阋于墙，举国起狼烟。
白骨遍郊野，血流满荒原。生灵仆疆场，无马驮尸还。

蔽体少完衣，世人多颟顸。亲子弃路旁，骨肉竟难怜。
高庙盗杯忧，乾陵斧柏寒。民到倒悬时，国事最危难。
存亡无旁贷，安能壁上观。声如洪钟起，目似火炬燃。
出口动地歌，抬手砌文山。纵横一支笔，能顶十万弹。
可为虎夜吼，惊破梦万千。可抛名优泪，怒向刀丛喊。
更能举烽火，熊熊舞蹁跹。自兹梨园史，人民有新编。
六月梅雨浓，卢沟炮声连。风雨鏖战急，弹洞洞相穿。
血肉铺长城，气高勇无前。乘风破竹势，捷报能蔽天。
伟哉我中华，从此换容颜。山川有新貌，老树添新篇。
春风处处在，幸福满人寰。不因胜利颂，努力还向前。
西山秋意凉，挥毫到夜阑。山风杂冷气，星辰也欲眠。
呕得一腔血，要为汉卿传。骨傲语神奇，秋林万叶丹。
字字见功力，行行气不凡。一曲蝶双飞，称绝天地间。
正当风华年，奈何云头乱。几阵寒风猛，无辜受摧残。
霜重叶愈好，岁寒松更坚。光焰照千秋，牯岭永巍然。

——1985 年 3 月 29 日晚草于宿舍

听戏剧对学历史很有帮助，因为可以了解人性。比如莎士比亚的《李尔王》，就解释了人类非常大的一个困境，一个人在当王的时候认不清三个女儿中哪个女儿对他好，对他最好的女儿被他排斥在外，对他最坏的女儿却做了王位的继承人。等到他被赶出王宫流落街头，无权无势的时候，他认清了，但是又没有能力去改变什么。虽然文学作品大都不能提供一个明确的答案，但是通过文学，可以把历史看得更加透彻。

（五）静心沉淀

师范生读书期间需要实习，当时大家都不愿意离开西安，但是我却去了咸阳西边的兴平，这个地方在当时看来就算远的了。我之所以选择兴平，就是想让自己静下心来，因为突然意识到自己要当老师了，能不能站在讲台上、能不能上好课，成了我心里的一个大事。

我在初中实习，记得为了讲好抗日战争那一课，我坐公交车从咸阳跑回西安，到学校资料室查找资料，然后在渭河边苦思冥想这节课的结构和流程。这次实习不仅要上课，还要当见习班主任，现在回想起来，这段经历对我后来的教师生涯很重要。

除了实习，陕西师范大学给我提供的各种平台，也让我从不同方面提升了自己。大学期间学校组织了一个宋史学习小组，教宋史的杨德全教授甚至会跑到宿舍指导我们。在我大一、大二的时候，学校组织大家去乾陵、昭陵等处参观。到了大三的时候，我们集体乘坐旅游大巴，第一站到洛阳，参观龙门石窟；第二站到开封，住在河南大学，去了相国寺；第三站就到了北京。那个时候去长城很难，要坐火车然后再倒车，有的人坐不上车宁可步行30里，也要去一次长城。我们当时住在北京师范大学，我记得带了140块钱，有一部分还是借的。回去之前我买了一套书——但丁的《神曲》，后来每到一个新的地方我都要逛书店买书。每年寒暑假回家时，我要做的很重要的事情就是要背一大包书。有一年暑假书背少了，我就从老家骑着自行车到钟楼书店，买了两本书又骑了回去，我老家到钟楼的直线距离也有48公里，那时候为了阅读就有那种劲头。就像作家查建英讲的那样："在80年代，人们像对待初恋那样痴迷地追求知识，把阅读、探索、思考作为生活中最大的愉悦，并感到幸福，很浪漫，很诗意。"

（六）不要成为断线的风筝

毕业以后，虽然不再以学生的身份继续在陕西师范大学学习，但是很幸运，毕业后我依旧和陕西师范大学保持着密切的联系。当时陕西师范大学历史文化学院创办的《中学历史报》非常受追捧，一年发行量40万份，而且每周都要出刊。我负责的是《中学历史报》的高考版。报纸本身就是一个平台，借助这个平台，可以跟全国各地的老师交流，当时的很多老师因为《中学历史报》，命运都发生了改变。

在我参与办报期间，宋史专家李裕民教授课间经常过来聊天。李裕民教授是个很爱才的人，跟他聊天交流，让我对宋史的很多内容都有了新的认识。在办报的过程中，我也接触了很多高考命题人，在和高考命题人杨宁一教授、刘芃教授交流时，我深刻认识到高考命题需要学术支撑。就是通过《中学历史报》这个平台，我得以和各种专家进行交流，对于我的教学工作有极大的帮助。

参与高考阅卷也让我的教学水平有所提高，我借此了解了学生的答题情况，还有机会写分析报告。比如说1992年关于杨贵妃的一道题，就因为这道题，我关注到了女性在历史课中的缺失。这对我后来讲的"近代社会风俗变迁——从生存到生活"那一课产生了非常大的影响。

回想起来，可以说参与办《中学历史报》的过程其实是学习的过程，也是受教育的过程，我的眼界一下子被打开了，又跟学术前沿对接了起来。

二、在历史课堂中舒芽展苞

我正式成为教师后，讲的第一节课是"原始社会"。我先说，在远古时候，历史出现了，它迎面向我们走来。一开始它的脚步飘忽而缓慢，随着时间的推延，它的步履越来越稳健，语言越来越清晰，所以，我们的故事也越来越完整，请同学们打开这个故事的第一章"原始社会"。然后我用了恩格斯的一句话"有了人才有了人类历史"承上启下，进而问学生我们人类是如何起源的。由这儿开始转到神话传说。我讲了在浩瀚的南太平洋上，有一个岛国，在这个岛国有一个古老的民族，他们认为最早的人是空气之神创造出来的。还讲了我们云南的纳西族，他们认为人是从月亮上掉下来的，所以最初的人住在树上。也讲了哲学家庄周，讲了"竹生青宁，青宁生程，程生马，马生人"。"青宁"是竹根虫，"程"是豹子，这句话的意思是竹根虫变成了豹子，豹子变成马，马变成了人，听起来虽然荒唐，但其实这是最接近唯物主义的假设，他已经跟神话有点距离了。还讲了厄里希·丰·丹尼肯，讲到外星宇航员……把这些传说讲完，便继续问学生，这些传说要么是古代的神话，要么是现在的神话，都不能真正揭示人类的起源，那人类的真正起源是什么？然后我从星云开始讲起，说很早的时候在天上飘着很多的星，说它们是星，它们又蓬蓬松松像一团团云，说它们是云，却又闪闪发光，像一颗颗星……就这样一直讲到海洋，从海洋生物讲到两栖类动物……最后讲到达尔文的进化论。

一节课结束，除了提到标题"原始社会"以外，原始社会的基本概念一个都没有出现，结果听课的全组老师，还有我们学校的所有领导，没有人批评，而且还有人说我讲得不错。那这节课对我影响是什么呢？第一，我站稳了脚跟；第二，我跟课本之间有了微妙的距离。多亏了我所在的学校比较宽容，可能换个学校、换一批老师，就会认为我没有完成教学任务。现在我们知道了，课不是局限在课本上。

这节课还让我更加明白，正是阅读给了我灵感。我的那段导言来自威尔斯的《世界史纲》，我讲的神话传说，来自钟毓龙的《上古神话演义》，现代神话来自《众神之车》。那个关于人类起源的科学解释，来自周国兴先生的研究著作。这就是我的第一节课，这节课对我教学风格的形成影响很大。

还有一节课，是我参加特级教师评选时讲的"中华人民共和国成立和巩固新生人民政权"。因为我面对的是特级教师评选，"特"应该体现在哪里呢？

在讲完基本的要素后，我让学生做了一个讨论，"你从国名想到了什么？"我想让学生想什么呢？想到"中华人民共和国"这个名称的形成过程。进入20世纪之后，进步的中国人，一直在追逐一个梦想——"走向共和"。尤其是1903年时，邹容给未来的国家起了个名字，叫"中华共和国"，跟今天的国名只差一个主题词"人民"。我要让学生意识到，在共和国的形成史中，我们中国是走在世界前列的。在我们建立共和国的时候，世界上主要的国家大都采用的是君主制。另外，我也想让学生看到它建立的艰难性，要让学生知道新生的中华人民共和国是经过28年艰苦卓绝的斗争才得以成立的。再者，要让学生理解共和国的实质是人民主权，不管其名称怎样变化，它都强调人民当家作主，主权属于国民这样一个核心的理念。

2024年与苏珊波普教授在历史文化学院举办历史教育与文明互鉴传承大会合影

我想通过讲述共和的实质让学生将所学的所有关于共和国的重要元素联系起来，分析它们的来源有什么共同特点。并让学生进一步去理解共和国这个概念跟世界的关联。

讲到国歌时，我让学生去看教材，学生看后说没看出啥呀，教材上只是说确定《义勇军进行曲》为国歌。但他们没有意识到，自己漏掉了国歌前的"代"字。为什么会用"代"字呢？让学生去进一步思考。

通过回顾这节课我想要表达的是，教师要在每一课上留下自己的精神痕迹。就像刘良华教授讲的，"一个真正的有个性的教师一定要把教材变得有他自己的精神痕迹"。

三、在阅读积累中寻壤思源

如果说犹太人爱上书籍是因为书页上蜂蜜甘甜的气息，我爱上书则是因为书页上散发出的淡淡墨香。能够尽情阅读，也是时代的馈赠。梦回年少时，家乡的生活单纯封闭，书就成为我最早的人生挚友。到现在都记得上学第一天拿到新书时，油墨的香气在空气中弥漫的感觉。应该说古今中外一切代表的人类美好愿望与期待的书我都读。我非常赞赏 20 世纪 80 年代《读书》杂志的一个口号——"读书无禁区"。因为，我出生的时代，能读的书非常有限，偶然在家里的阁楼上发现了一本残缺不全的《中华活页文选》，虽然看不大懂，也捧起来认真读过。后来大一些时每次到县城舅舅家，都会如饥似渴地读从新华书店租来的书，绝大多数都是革命战争题材的书籍。在生产队劳动之余，我一字不落地抄过《增广贤文》，冬夜在被窝里也偷偷看过诸如《一只绣花鞋》这样的反特小说。70 年代末，一些古书开禁，《东周列国志》《罗通扫北》《三国演义》《红楼梦》等也进入了我的视野。上初中时读到了张扬的《第二次握手》，这是我当时读到的文字最美、最富有人性色彩的小说了。如果说一个人有精神底色，这就是我最初的精神底色，充满了革命浪漫主义和英雄主义色彩。

少年时代阅读的红色书籍激荡过年少的心，也燃起了我读书的热情。可我在读书方面营养不良严重"偏食"。所幸恰逢 20 世纪 80 年代的中国，理想主义和启蒙主义的潮水奔涌。我在 1982 年考入陕西师范大学，每日穿梭于图书馆与宿舍之间，心无旁骛地阅读，海纳百川地吸收。读书，特别是大学期间的广泛阅读，给我自身的学养和教学风格，留下了深深的印记，也让今天的我，内心依然葆有着激情。

我1986年刚刚从教的时候，买到了石宗本老师的《中学历史课堂教学》这本书，他的四大观点对我产生了深远的影响。其中有一个观点是"要拉近学生跟现实的距离"，影响到了我的教学理念。我每讲一课，尤其是学生难以理解的，或者是在日常中习以为常的课，都会想办法去实践这一理念。比如说讲"改革开放"，我一定会用到两张图片。一是一幅画，罗中立的《父亲》，画面中是一位满脸皱纹的老人，是很可能会在我们身边出现的形象。二是《时代周刊》1984年的封面照片，照片上一个中国的青年，以长城为背景，手里拿了一瓶可乐，微笑着。请注意1984年这个时间，那个时候很多地方是买不到可乐的。直到改革开放后，外商进来了，可乐才变成我们司空见惯的饮料。通过这两张图片，一下子便拉近了学生和现实的距离。

《师生同行，学教共进》是聂影梅的一本书，她是一位物理老师，我读了这本书，做了十几页的笔记。她在书中提出要"不为中学教学所局限""站在大学及大学后"，以及"物理课应该是文学欣赏课""所有的教育工作者都应该是人文工作者"，我们教师要有"品牌意识"。对照我写的"四站""四让"，里面都有她这些观点的影子。有句话，"汝果欲学诗，工夫在诗外"，从心理学角度解读，就是人有两个意识，一个是"集中意识"，一个是"支援意识"，集中意识是基于专业的意识，支援意识是基于专业以外的事情的意识。专业的事情只能规范地完成，而专业以外的事情可以做出境界和格局。聂影梅老师能够成为这样善于思考的老师，就是因为她积淀了深厚的学养。

除此以外，很多教育学者的报告也对我产生了比较大的影响，让我对基础教育有了新的理解。比如赵亚夫老师，我听了他的很多报告。他倡导新历史教育，认为历史教师发展要经历从艺术家到科学家再到宗教家的过程，他讲到历史教育是面向大众的思想启蒙教育，讲到历史教育和人的关联性，讲到历史教育的基本四大原则……这些都成为我前行的动力。

联合国教科文组织在1972年发布了一个报告，报告里提出教育是"让学生成为他自己"，教育是"第一次为一个尚未存在的社会培养新人"等观点。它还讲到，要让教育跟上时代的潮流，一定要把世界思潮吸收到自己民族的生活里面。这不就是周有光先生讲的"双文化"时代吗？它讲到了教育的双重性，可以培养人也可以扼杀人，这不就是鹏杰老师讲的"史观的双重性"，可以救人也可以杀人吗？好的教育可以成就人，而坏的教育会束缚人。它还有一个观点，教育就是解放，这不是跟赵亚夫老师讲的"教育是面向大众的思想启蒙、思想解放"观点高度一致吗？所以我就是在这样的阅读中，慢慢地体会、体悟，为自己的教学思想汲取养分的。

四、在教学实践中繁枝茂叶

"大历史观"，最早是由黄仁宇先生在《中国大历史》中提出的，指的是用宏观的、放宽的视野来研究历史。所谓宏观的、放宽的视野，就是广泛地运用归纳法将现有的史料高度压缩，构成一个简明而前后连贯的纲领，然后与美国、西欧的历史进行比较，加以研究。我将这样的"大历史观"运用到历史教育实践中，把古今中外的过去、现在、未来融为一体；把课本、社会、人生融为一体；把文学、史学、哲学融为一体；把生命的诞生、过程和终极意义融为一体；把遥远地域的我们、你们、他们的命运融为一体……让思想的闪电在历史与现实之间的荒原中闪耀，由此让学生产生历史的联想与对比，激发他们探究的火花和冲动，进而涵养出历史思维能力。在大历史教学的视野下教师要关注的是人与人、人与自然、人与社会的关系以及人在历史中的位置和人类整体命运。因此我提出大历史教学观的"四让"和"四站"。"四站"是：站在历史和现实的结合点上；站在东西文化的交会点上；站在大学和中学的结合点上和站在学科和学科的结合点上。"四让"是：让思想的光芒照耀历史课堂；让人性的光辉沐浴历史课堂；让文化大师走进历史课堂；让师生的生命成长于历史课堂。如果说"站"是一种视野，那么"让"就是一种情怀。限于篇幅，我这里只谈两点。

（一）让思想的光芒照耀历史课堂

1. 思想是历史教育的灵魂所在

首先，思想是现代社会中人的权利和义务。早在两百年前，英国著名诗人雪莱就草拟过一份《人权宣言》，他说："每个人不仅有权表明他的思想而且这样做，正是他的义务。"[1]这是了不起的思想独立宣言。因为，人的独立不只体现在经济和政治

---

[1] ［英］雪莱：《雪莱政治论文选》，商务印书馆，1981年，第67页。

方面，还体现在思想上。回望历史，思想自由来之不易，人类普遍经历了一个畏惧思想和不能自由思想的时代，用伯特兰·罗素的话说就是："人类对思想的畏惧远超过世上其他事物——甚至超过死亡。"在中世纪的西方社会，罗马教廷控制了人们的精神世界，把所有不合天主教教义的思想定为异端，大加讨伐，严格的思想控制导致了欧洲普遍的愚昧。在中国古代社会，统治者为了控制思想挖空心思，从秦朝的焚书坑儒到汉代的"罢黜百家，尊崇儒术"，再到明清时期的八股取士和文字狱，各种控制思想的"发明创造"层出不穷，直到近代社会，人们通过一系列思想和政治革命，才逐渐取得了自由思想的权利。事实上，能不能自由思想才是人们在精神上有没有走出"中世纪"的重要标志之一，在某种程度上是衡量古代社会与现代社会的一大分野所在。

其次，人性完善的动力根植于思想。人是不完美的，从人性的角度看，人有三大弱点：愚昧、贪婪、恐惧。而思想是根治愚昧最好的良药。"一灯能破千年暗，一智可灭万年愚"，就像帕斯卡尔说过的那样：人是一根能思想的苇草，思想形成人的伟大，人的全部尊严在于思想。

再次，国家发展的希望寄托于思想。国防大学的肖德甫大校在《大国法则》一书中专门列了一章，标题就是"观念维先，国家的全部尊严在于思想"，用翔实的事实论证了欧洲国家率先完成现代转型与思想解放之间的因果关联：西班牙、葡萄牙的崛起得益于认可了地圆学说，英国最先跨入现代国家，受益于统治者无限王权到有限王权的转变；法国能够引领近代革命的潮流，是因为它完成了从君权到人权观念的转化；美国一跃而起是因为它最先实现了从世袭制度到选举制度的转型。

美国前总统尼克松说过："两个世纪前，美国军事力量弱小、经济贫困，但是在美国革命中诞生的这个国家对全世界是个鼓舞。我们的吸引力并非来自我们的财富或实力，而是来自我们的思想。""归根到底，是思想而不是武器决定着历史。当深知世界如何运转的政治家们以强大的思想为武装时，更是如此。"[1]

2007年4月，温家宝总理出访韩国期间，在首尔接见中国驻韩使馆和中资机构的工作人员时，当着国外记者的面说："国家的责任在于创造一个良好、自由、公

---

[1] ［美］尼克松：《1999，不战而胜》，中国人民公安大学出版社，1988年，第377、379页。

平、创新的环境,让人民能拥有独立思考的能力,并能一代一代发展下去,这才是国家最大的希望。"[1]

又次,学生成长的高度取决于思想。1972年,联合国教科文组织名为《学会生存——教育世界的今天和明天》的报告中对教育目标有一个阐释:"教育目的在于使人成为他自己,变成他自己。"这是了不起的见解。认识和发现自己离不开思想,如果失去了自由思考的权利,对个人而言必然会跟风盲从,人云亦云;对于集体来说则必然会陷于"一犬吠形,百犬吠声"的境地。

最后,历史教育的灵魂附着于思想。让历史学科充满思想的魅力,历史学科才有灵魂。要实现这一目标,一是教师对历史问题要有个人的见解。可以说教师的全部尊严就在于思想,一个没有思想的教师也就没有了教书育人的灵魂。二是要允许学生有思想,允许他们对历史问题有自己的独立见解。我给自己的课堂教学确定了一个原则——平等对话、独立思想。面对每一批新生,给他们上第一节课时我都会告诉他们要用自己的头脑去思考,要做到三个不迷信:不迷信教材、不迷信教师、不迷信任何权威。

我所追求的历史课理想的境界是:穿越时空的对话,思维火花的碰撞,文明薪火的传承。围绕培养学生科学精神与人文意识之宗旨,我注重打破对书本的盲从,尊重前人的探索,注重普及历史知识、提升学生历史思维能力,培养历史爱好者,注重标新立异的创意与脚踏实地的学风的统一,营造宽松的学术氛围,从而为学生日后全面和可持续发展打下较为坚实的基础。

2. 让思想闪亮在历史课堂

我给自己确立了一些课堂原则:寻找自己的声音、走出教条的桎梏、直面世界的真相、突破认识的边界和涵养自由的精神。努力在教学中启迪学生:一是用价值引领思想;二是在生活中寻找思想;三是通过事实挖掘思想;四是用逻辑印证思想;五是在比较中发现思想;六是穿越时空透视思想;七是在反思中提炼思想;八是综合所学运用思想。

---

[1] 赵健雄:《温家宝总理访日韩:国家的责任和希望在哪里?》,中国共产党新闻网,2007年4月22日。

（二）站在历史和现实的结合点上

1. 鉴往知来的历史教育

首先，现实关怀是推动史学发展的重要动因。司马迁说史学家的任务是"述往事，思来者"，年鉴学派大师费佛尔说："历史是关于过去的科学，也是关于现在的科学。""人从现实出发……总是通过现实，他才能认识和评价过去。"可见，历史学家的研究无一没有社会现实的印记。历史教师虽然不是历史学家，不能随意选择教学内容，但关注社会和对一个更美好的社会所抱有的期望和历史学家是一致的。我对自己社会角色的定位是自由的思想者和社会的批判者，我怀有社会改革的理想，不追求所谓的"价值中立"，而是力求"关照"现实。

其次，理解现实是历史教育的重要任务。把历史教育作为打开社会现实之门的一把钥匙，是各国历史教育的普遍趋势。20世纪60年代，法国史学家布罗代尔就提出中学历史教学的重要使命就是让学生"在理解历史的同时，直面他们即将在其中生活的世界"。到了90年代，一些发达国家在新的课程标准中纷纷加大了关注现实的力度。美国1994年颁布的《全国历史课程标准》关注的"不仅是美国中小学在学校应该教什么？而且更重要的是学生将具备什么样的历史观去评价美国的过去、认识美国的现在和预测美国的未来。……希望美国的教育能提前为一个真正多元化的美国的到来做好准备。"1999年版《英国国家历史课程标准》提出："历史教师的任务是帮助学生思考过去的事情是如何影响着现在……使他们在理解人类发展历程多样性的同时，进一步理解他们生存于现代社会的个体身份和社会角色。"[1]澳大利亚新南威尔士州的《历史课程标准》强调历史教育："从本质上讲，历史不仅是有趣的，还能提供一种理解当今世界价值观和制度的能力。"

其实，对历史教育的现实价值，我国学者也早有关注。近百年前蒋梦麟先生就提出："教授历史，当以学生之生活需要为主体也。……教授历史，当以平民之生活为中心点也。……表扬伟人，政治家与科学家发明家当并重也。……教授历史，不可不使儿童存解决问题之态度。人生世上，无论儿童与成人，均有种种问题以待解

---

[1] 赵亚夫：《国外历史教育透视》，北京：高等教育出版社，2003年，第42页。

决。历史之用意,在取先世之经验,解决现在之问题。"[1]

我的理解是,普及历史教育不是为了伟大的过去,也不是为了灿烂的明天,而是为了美好的今天。为什么我们今天站在此地,只有回头看看走过的足迹,才能知道答案。任何将历史和现实割裂的历史教学都不是真正的历史教学,因为教师所教授的只是历史知识而不是历史情怀。历史教育应该基于历史与现实的密切关系展开,不能让学生将历史与自身生活联系起来的历史教学也很难激起学生学习的热情。

然而历史与现实的结合不是简单的古今对照,这样会让历史教学失去客观性。应该用大历史的眼光将历史与现实联系起来,这是历史教师需要具备的一种素养。但这种素养的形成需要以阅读甚至阅历为基础,只有具备了宏观的视野和多元化的思维,才能在纷乱的历史信息海洋中寻找到解读它的密码。

历史就是一面镜子,当我们无法看到现实面孔上的点点斑迹时,就需要照照历史这面镜子,才能除去这些斑斑点点。这是我们解决问题、明确方向、创造未来的必经之路。历史教学的使命是培养现代公民,服务现代社会,学生视野、眼界、视角、思维的形成都需要智慧的老师来引领。站在历史与现实的结合点上开展教学,从宏观角度去寻找古今之间的内在联系,逐步培养学生将历史与现实联系起来的素养和能力,这正是历史教学的基本价值。

2. 回归生活的历史课堂

教育部历史课标组曾做过"高中生历史课程认知状况研究"的调查,发现"18.3%的学生反映他们对历史课的感觉是'与现实没有任何联系',64.6%的学生认为'与现实结合得不太紧'。有64.6%的学生认为学习历史课对于以后从事社会工作'用处不大',5.0%的学生认为'根本就没有用'。"正像泰戈尔质疑的那样:"教育与生活的分离,越来越严重。……我们为之耗费三分之一的年华的教育,如果永远脱离现实生活,如果我们总被剥夺接受其他教育的机会,我们靠什么力量去发现真理呢?"

以此为警示,我努力让自己在教学中要做到三个贴近:一是贴近学生,研究学生,根据学生特点进行教学;二是贴近社会,引导学生关注社会,培养学生的社会责任感;三是贴近人生,不拘泥于教材,把教师自己的思想、自己的人生与课堂结

---

[1] 蒋梦麟:《历史教授革新之研究》,《教育杂志》1918年第1期。

合起来，拉近教材与学生的距离，教会学生感受和思考生活。

作为一名历史教师，只有真切地关注现实和学生的人生，其历史教学才会有生命力。如果忽视了对现实的关注，历史就是一堆死物，没有任何的生命力。即使迫使学生死记硬背了知识点，学生也不可能发自内心地去喜欢它。当作为历史教师的我们还在为现代社会中历史学科的没落喊冤时，我们不妨问问自己，学历史到底有何用处？不能回答这个问题，就不可能找回历史教学的价值与尊严。

五、在历史教学中育才树人

陕西师范大学历史文化学院徐赐成教授在一篇文章中说道："郭富斌的大历史教育观以其开阔的教学视野、独特的分析视角、现实的教学立意、严谨的思维逻辑、精当的素材整合、生动的教学过程，在历史教育教学实践中显现出鲜明的教学魅力。"

首先，徐老师认为我将大历史教育观运用于课堂教学中，取得了良好的教育效果。我曾给他讲过2012届文科班的学生在给我的信中写道："记得您讲'新文化运动'那一课的掌声吗？那真的是最让我感动的一节课了。您那么动情地讲解，将我们带到了那个追求民主自由与科学精神的时代，那时的人，既纯粹又执着，执着于自己的理想，执着于自己的民族与国家。那一刻，我在您的眼中也看到了这些；那一刻，跨万水千山，越时光洪流，电光石火之间，我仿佛感到了不同时代却同样高尚的灵魂碰撞，听到了同样执着于伟大的心灵对话。而我也好像在刹那之间，看着画中鲁迅犀利睿智的双眼，竟然有种想流泪的冲动——真希望可以回到那样的年代，做一个纯粹又执着的人。"他表示从学生的信中可以看出我在历史课堂上所呈现的不仅是教师的"功力"，更有课本所隐含的历史的智慧，以及师生情感和心灵的共鸣。

其次，他认为我的大历史教育观具有相当的教学论价值。2010年在全国历史教师教育专业委员会第二届（上海）年会上，我展示的是高中历史岳麓版必修二第14课"社会主义经济体制的建立"。课后，学会理事长赵亚夫先生和《历史教学》原主编任世江老师分别撰文，对我的这节课做出极高评价。任世江老师说："郭富斌的这节课是一种有别于教材内容的全新设计。""像郭富斌这样的公开课，我想受益的主要不是学生，而是参加会议的教师。这节课更应该作为教师培训的资源。首先要

郭富斌：用情怀灌溉历史教育

参加陕西师范大学历史文化学院研究生毕业暨学位论文答辩会，与 2022 级弟子合影

讨论他对课程内容的设计，这是理解教学创新的第一步。只有充分理解了课程内容才能在相同水平上讨论问题。教师的专业素质提高了，教育理念的运用才会出现实实在在的效果。"赵亚夫先生说："我的体会可以用四句话概括：破题以概念为轴心，结构以逻辑作基础，理论以解释见精神，材料以参悟显价值。它们集中体现了郭老师的教学视野和境界，尤其值得青年教师学习。应该说，这节课的每一个设计和环节，都有讲头，都有深挖细品的必要。""这是一节很好地体现了'人格论'和'公民论'基本原理的光彩照人的好课，是理论与实践相结合的典范。"著名历史特级教师李惠军也说："郭富斌的课无法复制。"

第三，徐老师表示将大历史教育观运用于课堂教学，实现了师生的相互激发。要成长为一个优秀的历史教师，自身的努力是决定性的因素，但还有许多其他因素，如同行、学生、学校、课程、考试、学术、教研人员等，也是非常重要的。于我而言，学生是最为重要的因素，应该说我的改变从学生开始，我是被学生成就的。2000 年 2 月 27 日学生张娜在给我的信中这样写道："在这半年时间里，您使我对历史有了一个全新的认识，没想到原来历史也是如此生动、鲜活多彩的。在您的课堂上，我能体会到学习的乐趣：您让我们在轻松氛围中了解了许多知识，惊喜地知道了许多未闻的事情。您的课不是照本宣科，旨在让我们了解一些真实的历史。"2002年7月20日，李菀瑾给我写了一封长达13页的信，她在信中畅谈我的历史课给予她的丰富营养。特别是她写到了刚刚上我的课时的感觉："我对一周仅有的两节历史课居然上瘾了。……每一周都因为两节历史课而变得有意义……更令我自己惊诧不已的是，原本记忆力不是一般差的我，至今依然清晰地记得郭老师讲的每一句话。"1997年6月15日，一位名叫邹曼的学生写信告诉我："您要相信，您拥有广阔的精神领域，你拥有深刻的思想内涵，您还有许许多多永远敬佩您、感激您、铭记您的学生，这些都是许多人不曾拥有的。"

徐老师在这篇文章中概括了我的大历史教育观是怎样形成的。他认为首先我有做"好教师"的理想和信念。教育大计，教师为本。有好的教师，才有好的教育。我记得在谈到学生为什么会如此喜欢我时，我说："我觉得还是因为我以成为学生的精神启蒙者自勉，不愿意做一个人云亦云的老师，视野相对开阔、教学不拘一格。在学生学习压力很大而又相对封闭的情况下，能给学生新的材料和解释，能引导学生学会思考，能帮助学生通过运用学习知识，能让学生轻松地掌握相对深刻的内容，从而得到学生的认可和支持。"其次，我有扎实的阅读基础和长期的知识积累。

为广东省名师授课

我认为阅读是教师力量的源泉，阅读能强化和升华兴趣，增长见识，打开思维的通道。我的读书兴趣较广，包括教学所需要的书和看似无用的书。我每次回家或出差，身边总要带几本书。我觉得，书读得多了，会看到各种内容和观点相互辩驳，自然而然地随之深入思考，很多见解、想法也会油然而生。再次，我不断培育和提升自身的历史思维能力。我崇尚思考，我的思考源于我对历史的热爱。我认为，相信历史所具有的审判和拯救功能，可能是中国人的人生哲学之一。像孔子之道不行于世的时候，他就退而写史，他作《春秋》而乱臣贼子惧。像司马迁遭受奇耻大辱，隐忍苟活，也在于他相信历史可以传于后人。像文天祥从容就义，他的精神支柱就是"留取丹心照汗青"。他们都把自己存在的价值托付给了历史。

徐老师说我的大历史教育观像是一部书，值得用心研读，但它又不仅是一部书，更是历史、现实、教育、人生的有机整合体，散发出无穷的魅力和教育影响力。

就像徐老师在文章中所讲的一样，从教多年，我也得到了学生的尊敬和爱戴。比如说在我从教的第一年，国庆节一过，我带过的高一（5）班的同学就去找学校，让我去给他们当班主任。在我们这个以理科见长的学校，从来没有一个所谓的副课老师当过班主任，但就是因为这一次学生找了学校，一年以后我们的校长跟我谈话，让我当了俄语班的班主任，我这才有了担任十年班主任的经验。这件事情，回过头去看，我觉得对我的教育生涯至关重要，如果我不当班主任，我就只有教学经验而没有教育经验。因为当班主任的经历，让我从经师变成了人师。

还有1998年的时候，我给一个高二的班临时代过课，后来到了高考前夕，这个班的学生想听我讲的跟高考无关的东西，他们觉得毕业以后可能就没有这样的机会了。班里有一位同学叫李菀瑾，她原本被保送到了陕师大，但是她的梦想是上北京大学。以她的学习成绩，这个愿望是不容易实现的，但我支持她，最后她考到了中国人民大学。通过这件事情让我纠正了一个观念，我们一直以为学生是功利的，分数是学生的命根，但实际上学生还有成长的需求，尤其是越优秀的学生，对成长的需求愈迫切。如果说一开始从事历史教学只是出于兴趣的话，现在我已经用全部身心来爱它。

2005年，学校理科班的同学以班委会的名义集体签名，要求学校给他们开设历史课。他们在陈述历史能给予他们什么的时候说道，希望得到"像人类文明史一样长远的目光，像地球周长一样宽广的胸怀"。

事实上，就是因为他们有这样的眼光，有这样的胸怀，才会有这样的需求。我发自内心地感谢我的学生，他们是我教师生涯中最宝贵的财富。我之所以能坚持到现在，是学生给予了我最强大的动力。后来我看到了苏步青先生的一个观点，他说，"并非名师出高徒，而是高徒捧名师"，我豁然开朗，把它叫苏步青效应。后来又读到了陶行知先生的文章，他说"教师的成功在于创造出值得自己崇拜的学生"，我把它命名为陶行知法则。不管是效应也好，还是法则也罢，对一个老师来讲，最欣慰的就是培养出超过自己的学生。

乔治·古奇说："我们继续在热烈而不停地探求真理，但斯芬克斯仍然对我微笑，不肯吐露她的秘密。"我至今也还是在门外打转，还保持着追寻者的姿态，但没有关系，我会永远去追寻去接近那个奥秘。最后我想说的是：寻找生命的价值和魅力，做一个有故事的老师；寻找教学生涯的经典课，打造教学成长的界碑；寻找自己教学的生长点，在阅读和研究中成长；寻找教学的个性和主张，留下自己的精神轨迹。

（本文由学科教学研究生高倩同学整理）

▶点评

百年大计，教育为本。正如习近平总书记所说："教师是立教之本、兴教之源，承担着让每个孩子健康成长、办好人民满意教育的重任。"郭富斌老师用自身行动践行着教师这一神圣的责任和使命，是一个富有家国情怀、学而不厌、诲人不倦的好老师。早在陕师大求学期间，他就以博览群书，文史兼修，勤于思考，勇于探索而闻名。踏上讲台后，他把从学习和研究中汲取的智慧融入历史课堂中，不断探索教学改革的新路子，努力创造属于自己的"新课堂"。近四十年来，他从未停止过阅读，也未离开教学一线。无论是在中学教书，还是在大学任教，他都把学生的成长放在首位，倡导"眼中有人"的历史教学，践行让思想的光芒照耀历史课堂的理念，因而具有广泛的影响力。见过郭老师的人都说他是学者型的名师。对此，他当之无愧。

教育部基础教育教学指导委员会历史专业委员会委员　郑林

郭建碧：在历史教育的大地上躬耕

　　郭建碧，男，全国优秀教师，全国首届"基础教育国家级教学成果奖"二等奖获得者；陕西省首批中小学正高级教师，陕西省教学名师，陕西省科研工作先进个人，陕西省课改名师，陕西省教育学会学术委员会智力人才库专家组成员；咸阳市优秀人才，咸阳市招生考试宣传报道先进工作者，咸阳市中小学教师校本研修指导专家，咸阳市教师培训专家，咸阳市高考专家组成员；首届"乾州名师"，乾县首届"县管拔尖人才"。事迹曾被《咸阳日报》《咸阳教育》《教师报》《乾县宣传微信平台》等媒体报道，入选"我为乾县代言"活动，其成长心路历程被收录到《前行的力量》等书中。

一、艰难困苦，孜孜以求，自强不息

上帝为你关上一扇门，一定会为你打开一扇窗。生活中总是一个意外接着一个意外，原本以为自己到了山穷水尽的境地，但也许出路就在下个转角处。

我幼时患小儿麻痹留有后遗症。身有残疾的我，对高考的感受真是"别有一番滋味在心头"。上学后我特别用功，学习成绩一直在班级名列前茅，1981年中考时以乾县西片第一的成绩考入当年只录取200人的市重点高中乾县一中。开学报名那天，一位手拿报纸的老师见到一瘸一跛的我，把我叫到他的办公室，问明情况后说："武汉等城市的重点高中入学是要考察体育成绩的。"他让我先不要报名，等候学校研究。后虽报上了名，但我心里一直忐忑不安，每次看见他都远远回避，生怕他断了我的学路。1984年高考成绩公布后，我的分数超过重点线51分，却因体检"不合格"未被录取。记得当年高考录生期间，我特别恐慌，到处乱撞，跑到设在户县的省招生办咨询，招办接待室的老师给我讲，教育部、残联等部门已联合下发了传真电报，要求放宽对残疾考生的录取条件。他们安慰我，让我耐心等待结果。我如热锅上的蚂蚁，等呀等，等来的却是泡影。一时间，我的心碎了，迷茫了。作为苦命的农家子弟，我的人生之路该怎样走完？我第一次明确思考这样神圣的问题，感到天涯路断，恍恍惚惚，伤悲自己成了家庭和社会的包袱。

在家彷徨的那些日子，我整天抱个大收音机打发时间。偶然间，从中央人民广播电台"青年之友"节目里，听到一位同济大学教授能做小儿麻痹矫形手术，且成就斐然的报道，我感到绝处逢生，立即写信联系。记得当时我可能把地址都写错了，但热心人还是很快回了信，说这种手术已经普及开来，建议我就近检查治疗。我生在信息闭塞的乡村，对此一无所知。那时，家里因兄弟姐妹多，日子过得紧巴巴的。我闹着要去省城了却心愿，家里最后妥协。心急如焚的我，1985年大年初六就去了西安问诊，省人民医院骨外科主任李西纯接了诊。就这样我一住院就是三个多月，前后做了两次大型矫正手术。经过"炼狱"，我真的脱胎换骨了，走路不再吃力。在家里休息一段时间后，1986年初我被本镇的一所初中学校聘为英语教师，7月我抱着碰碰运气的心态，通过激烈的预选再进高考考场。"苦心人天不负"，这次的高考总分竟然与1984年的成绩一样，仍超出重点线很多分。我和父亲找到设在泾阳县的省招办，经面试，最终降低了录取档次，被咸阳师范专科学校（简称"咸阳师专"）历史系录取。接到录取通知书，我那兴奋劲儿简直无法用言语表达。大喜之余，心里却也难免有些酸楚，因为不少分数比我低的考生都被录取到了大城市的本科院校。

机会不易，我格外珍惜。在咸阳师专学习期间，因刻苦用功，自强不息，我被班级评为"三好"学生，但有一位系里的领导认为，我免修体育，"三好"差一好。为此，学校特为我一人设立了"学习积极分子"这一荣誉奖项。三年后我毕业回到乾县，最初被分配到半山区的初中任教，之后在本镇初中过渡了一年，才被调入家乡高中。

教然后知困，在高中任教后，我感到自己和学生认可的好教师之间还有一定的差距。另外，总想补上心里的缺憾：聆听底蕴深厚、知识渊博的大学著名教授的课。不满足，是因为对现实保持着清醒，想要继续与命运抗争，我鼓起跋涉的勇气，准备扬帆起航。这样思考着，1992年我毫不犹豫地报名参加了全国成人高考，成为陕西师范大学历史专业的本科函授生。

我在日记中记下了当时的心境："人类必须学习对自己负责……生命本身并无任何意义，除非人类利用自己的力量去赋予生命意义。'雁过留声，人过留迹'。人在社会上不论做什么，都要努力，这样才会留些痕迹。为此就要以不懈的努力作为后盾，使自己不沉湎于尘世，掌握尽可能多的知识，成为智人，驾驭自己的才华，自如行进在自己应负的历史使命的轨道上。在一般人的眼里，踏入大学的门槛着实像横在面前的一座大山，让人望而生畏，攀登它，需要吃苦流汗。然而一旦越过这道门槛，在你面前敞开的将是一片空旷的原野，平坦而又遍布绿茵。有志者将驰骋飞奔，恣意采撷，汲取知识的果汁，营养自己；无志者将会止步不前或走马观花，一无所获。如果走出了这宽阔的境地，那番美境就会荡然无存。因此，我要倍加珍惜这一美好时光，趁着还年富力强、精神饱满，多多地获取知识财富，使自己在专业方面成为专家，在精神上成为富有者。可这需要干劲，需要奔跑，需要对意志的磨炼！"但第一次参加函授就让我经历了严峻的考验。报名那天，因陕西师范大学校

荣获首届基础教育国家级教学成果奖

园太大，我对环境不熟，以至走了不少路，新皮鞋将脚丫子磨出了泡，难以着地，我咬紧牙关，在鞋里垫上棉絮硬挺着。教室、饭厅、宿舍之间有好长一段路，我为了尽量减少活动，午饭就在教室里吃些方便面，硬是一节课也没缺。参加函授的三年里，还发生了许多人生大事，结婚、爱人生产、抚养孩子……我排除种种干扰，在参加常规学习之余，坚持自学函授教材，认真做好作业，听好每节面授课。结果16门功课（中国古代史专题、中国古代思想史、世界古代史专题、历史地理、民国外交史、历史中学入门与工具书、中国近代史专题、中国近代思想史、历史文选、世界近代史专题、苏俄史、中国现代史专题、隋唐文化史、中国科举制度史、世界现代史专题、第二次世界大战史），门门成绩优秀。

每次函授学习，我都尽情享受着在陕师大校园的美好时光，在紧张的学习氛围中得到进步。正月的晚上，我待在宿舍整理笔记或阅读参考资料；夏日晚饭后，我沐浴着夕阳，在花园石桌上写点儿心得；清晨上课前，我迎着晨光，踩着鹅卵石，在"畅志园"吟诵……

通过学习，我不仅学到了在校大学生应学的知识，还学到了他们学不到的隐性知识，因为我是带着教学中的疑问和困惑接受再教育的。通过三年学习，在专科的基础上，我更加系统地掌握了历史学专业的基本理论、基础知识、基本技能，提高了分析问题和解决问题的能力，达到了历史专业本科学生的水平，成为既能胜任中学历史教学工作,又能从事理论研究的专业人员。赵世超、杨存堂、赵吉惠、郑庆云、王双怀等授课老师,他们渊博的知识犹如甘霖,流淌进我干涸的心田,滋润了我;他们精辟的见解恰似打开迷宫的钥匙,启迪了我,让我豁然开朗;他们严谨的治学方法,默默无闻的奉献精神,乐观向上的人生态度,熏陶了我;他们授课时旁征博引,语言幽默,深入浅出,对史料如数家珍、信手拈来,这也深深地影响了我。他们成了我向往的典范、追求的楷模!

完成在陕西师范大学的函授学习成了我人生的一大里程碑。以此为契机,我的教学水平和教研能力不断提高,其间在报刊上发表论文十余篇,成长为学校的教学骨干。此外,我还被省历史教学研究会吸收为会员、被陕师大主办的《中学历史报》聘为编委。在此期间,我与《中学历史报》也结下了深厚的情谊,结识了魏立安、曹伟、宋永成等编辑和编委会成员,在和他们的相互交流探讨之中,我更加深入地研究会考、高考、教材,在《中学历史报》上刊登了数十套教材同步训练题、会考与高考模拟题,发表了几十篇教学指导方面的心得体会。其中,1995年1月11日在《中学历史报》发表的短文《"亚洲革命风暴"与"亚洲的觉醒"》与当年全国历史高考试题的多项选择题31题高度吻合。借此机缘,从1995年起,我连续七年参加了陕师大历史系组织的全省高考历史科目评卷工作,其中两年被评为"优秀评卷教师",还曾承担了2000年陕西省高考历史科目试卷分析任务。

参加函授学习圆了我的大学梦!陕西师范大学给了我飞翔的双翼!

二、勤奋工作,恪尽职守,甘于奉献

三尺讲台是教师教书育人、为人师表的舞台。讲台站不稳,得不到学生的认可,是很难完成教书育人这一神圣使命的。要站稳讲台,就必须大练内功,不断提高自身素养。站在讲台上能侃侃而谈,用幽默风趣的话语引导学生走进知识的殿堂,做有底气的人师,是我们每位教师的美好愿望。

1989年7月,从咸阳师专毕业时,我被分配回乾县,县上二次分配时,我去了位于县西北部的石牛乡初中。石牛乡因有金人遗留的石牛雄居石牛山顶而得名,辖区多丘陵、沟壑。8月29日10时许,我独自提着一个帆布行李包从家里(临平镇西南的一个小村子)步行出发前去报到。当时的交通还不很发达,从家乡附近没有去石牛乡的车，班车每天定点从县城开往各乡镇，来回都只有一趟，我那时又不会骑自行车。经过临平镇后，看着向北高高抬起延伸的坡道，我虽然有点怵，但仍硬着头皮前行。汗流浃背的我先后上了一大一小两架长陡坡，下午1点多才到学校。十六七里路，我整整走了三个来小时，越是往后，越走不动，都想把手里的行李包丢掉。这是我第一次去石牛乡，平生第一次一口气走这么长的路，并且大都是上坡路，一路上秋色美景都顾不上看一眼。学校坐北朝南，有两道小坡坎，进门西边是两排教师宿舍，东边是两排教室，都是土坯老式大房；上一个坎有一栋二层楼，是学校的中枢所在；向北再上一道坎是操场，操场东南角是餐厅。学校有三个年级6个班，共有学生200来人，教职工25人。学校特别雅静，是个修心养性的好地方。

学校的条件特别简陋，全校仅教师灶房有一个定时供水的龙头，且经常处于罢工状态。做饭用的水主要是窖水，需要用辘轳往上打。教师等有水时用桶积攒点平常生活用水。我是这所学校的第一个正规师范学校毕业的大学生，当时我的带课量在学校最大，有初一和初二的历史、初二的政治三门课程，每周18节课，批阅6个班的作业，还是初一一个班的班主任。有时其他科目的老师病了，我还要顶岗代为上课。

我认真地上好每节课。有时我暗自庆幸，多亏自己在咸阳师专勤奋努力，有一定的专业知识积淀，才能在课堂上妙语生辉，让学生在轻轻松松的笑语之中接受知识的洗礼，让学生的思路随我而动。静夜时我甚至会冒出这样的意念："当学生以后回忆起自个的知识水平和学习能力得到提高时，能够记得我的启蒙作用，这对我来说会是多大的慰藉！"在课堂上，有时我会用一连串的排比句，感觉很有气势，自鸣得意，间或又有词不达意、表达苍白无力的感觉，自是懊悔。为此，我告诫自己，要当好老师，必须持之以恒地加强文学修养，不断提高语言表达能力，要把加大阅读量提到日程上来。工作后的第一学期，我只回了两趟家，把周末的时间都用来阅读典籍。当时我在日记中是这样勉励自己的："大多数人都安于现状，而我不能。为了理想，要甘于洒下辛勤的汗水。到此已经三个多月了，距离理想的我接近了多少？这段时间做了哪些有益的事？做永远比想比说更重要。自己动辄把理想描绘得很宏大，却很少落实到行动之中，这是成功者之大忌！饭后的零碎时间要好好利用。时间，你不抓住它，它就会悄悄从你的生命中溜走，从而会荒废一生。要坚信艰难困苦，玉汝于成！路就在脚下，须不断地跋涉，勇敢地越过荆棘沟坎，采摘到胜利的果实。"

我的正式教师生涯就是这样开始的。

由于交通不便，1990年8月我申请调回到家乡的临平初中，在这里仍然是哪儿有缺口就往哪里补，主业仍旧不是带历史课。一年后的1991年9月，我被调到了临平高中，真正操起了主业历史课教学。1993年一位考入陕西财专的学生给我写信说："郭老师，您讲历史课时，不管是对历史背景、历史人物间的关系等诸多问题，都讲得十分清晰而准确；您上课时对语言的精妙运用，使人觉得不仅仅是在上历史课，仿佛是在听语文课；您对作业的要求也十分严，对我们十分关爱……"

在教育教学之余，我把别人用于娱乐的时间都花到了学习思考上。1990年4月我的一篇短文《冠军的来由》在《陕西日报》副刊《星期天》308期三版刊登，我收获了平生稿费的"第一桶金"。1992—1995年参加函授的三年，是我学习思考、专业发展、业务进步的黄金期。1996年，我从临平高中被调到了乾县一中。

我不断改革教法，教学注重准确性、实用性、趣味性、灵活性，利用自己扎实的专业知识、宽阔的视野、对教材的精辟见解、巧妙的引导方法开启学生的智慧之窗。指导高三学生复习时我把知识系统化、网络化，注重突破重点、培养学生能力，紧扣考纲、重视积累、抓住重点热点、总结规律、指导答题方法。由于对高考动向摸得准，所带学生的历史知识水平和成绩迅速提高。连续19年我所带的学生高考历史平均成绩在全市名列前茅，培养了不少北大、人大、复旦、浙大等名校学子，深受学生的爱戴、家长的肯定、学校的认可。

学无止境，忙里偷闲，我仍潜心钻研业务。为提高业务素质，那些年在经济并不宽裕的条件下，我每年都拿出数百元订阅七八种报刊，更是经常出入图书馆、阅览室。每次去西安，都会买回些专业书籍。后来做了省名师工作室主持人后，更是购买了七八箱教育教学用书。早些年，做读书笔记十来本，剪贴资料卡片两大本。电脑普及后，在网上积累的教学资料有4G之多。我伏案爬格，敲键盘，每年少则发表四五篇论文，多则十余篇。迄今为止，在报刊发表文章180多篇。由于我教学教研成果突出，2003年起担任了学校科研室副主任、主任之职。

高尔基说过："当工作是一种乐趣时，生活就是一种享受；当工作只是一种义务时，生活则是一种苦役。"我在工作中勇挑重担，把工作当作一种乐趣。我认为，工作机会对我们这些人来说，实在是来之不易的，只有勤奋努力，干出一番事业，才

乾县一中一角

能升华人生。在乾县一中，我一直都超负荷地工作。1997年，学校共21个班，有学生近1500名，规模不大，历史学科教师少。曾经因为一位老师生病请假，我整个学期带了高三、补习班和高一全部的历史课，每周跨课头上26节课，其中有两天要连上8节课。这期间，我的嗓子发炎，一节课下来，嗓子十分难受。课间含片"西瓜霜"又接着上课。2000年后，学校开始扩招，2002年学生增加到4000多人，2010年前后达7000多人。我好多年里都要带四五个毕业班的课，每天连上四五节课。我做过手术的腿本来就不太灵便，一天下来腿疼脚肿情况十分严重。我向谁也没诉说过，晚上把脚泡泡，敷点药水，按摩按摩，接着又是翻呀，写呀。看到我上课艰辛的样子，学生端来凳子要我坐着讲，我被学生的真情所感动，噙着泪水说："坐着讲没劲。谢谢大家！"有的同事见我累，同情我，让我请领导减负。我解释说，学校暂时缺历史老师，学生的课不能没人上。领导关心我，让我悠着点。我答应着，可一上讲台不由自主又全身心地投入了。

20世纪90年代，学生做的试题都是由科任教师先用蘸笔写成草稿，再刻写出蜡板，由教导处干事用油印机一张张滚印出来的。刻写蜡板需专门的工具：宽约15厘米、长30厘米的钢板，一卷蜡纸和一支铁笔。钢板表面涩滞，有磨砂感；蜡纸呈淡黄色，上面印着密密的方格；铁笔的塑料杆粗壮，尖端嵌有一根锋锐的钢针。刻蜡版，既是技术活也是体力活。用铁笔在蜡纸上刻写时要均匀用力，轻重有致。用力小，印出来的字就模糊，用力太大会划破蜡纸。必须静心凝神，摒弃杂念，才不会出现错字或漏行现象。蜡纸刻笔写不了连笔字，基本上都要写正楷。我的行楷字写得比较漂亮耐看，加之我年轻，又是学科组长，考试命题刻写蜡板这一艰巨的"苦差事"自然落到了我的头上。那时由于教辅资料书还不盛行，电脑又不普及，学校还没有一体印刷机，学生单元练考、月考、期中期末的考试题等全靠科任老师刻写蜡板后油印。一套历史高考模拟试题（单选题 28 个、多选题 10 个、填空题 5 道、材料解析题 3 道、问答题 2 道）或历史会考模拟试题（单选题 25 个、多选题 10 个、填空题 8 道、材料解析题 3 道、问答题 3 道）题量都特别大，一套题的蜡板需抽空加班刻写几天时间。一般刻一张文字满满当当的蜡纸，得用大半天时间，千八百字刻下来，手指和手腕都会酸痛无比；一套 5000 余字的卷子刻写完，往往累得人手麻眼涩、脖子酸硬，但我一直无怨无悔地坚持着这项工作。2000 年后，学校购置了一体机，老师印制试卷时只需在纸上用中性笔写好试题就可交付印制。

  因为世界需要光明，太阳燃烧自我；因为花儿需要滋润，云朵化作了春雨……奉献是一种无私的、为他人着想的品质。它不仅促进社会和谐进步，也是实现个人价值的一种方式……选择了教师这一职业，就等于选择了求实奉献的精神；选择了当一名好老师，就要心无旁骛，潜心钻研。除了上课外，我一直兼职编写学校的各种文件材料，从开学初的工作计划到期末总结，从给上级部门的各类检查汇报材料到诸如体育节等大型活动的相关稿件，无论什么时候需要什么样的材料，我都加班加点保质保量地按时赶出，我也记不清为此曾度过了多少个不眠之夜。90 年代，学校还没有进行标准化建设，住宿和办公条件都很差。晚上，孩子吵闹，我只能在低矮的用土坯搭建的厨房里写作。冬天，冻得受不了，我就坐在床上写，常常熬到深夜三四点。那时的材料都是用稿纸手写，经审阅后再到校外打印门市部用电脑打出，校版，印制。在 2010 年前后几年，我还为咸阳市教研室编写大型材料。有时，同事有文章要我修改，或有材料请我帮忙写，我从不推辞，尽力而为。学校的立项课题，从申请到结题，文字量特别大，劳心又劳力，我一人承担。闲暇时我不禁思考起这样一个问题，作为历史教师的我写的材料为什么能得到那么多人的认可？我想，可能是因为我不仅有一定的文字和教研功底，更重要的是学历史的人一般逻辑缜密，

2018年4月在乾县教研室培训参加市上教学能手评赛的骨干教师

善于思考，能从不同的视角深层次地分析问题产生的原因，寻求到解决问题的办法。学历史的人写的材料一般不是华丽辞藻的堆砌，而是"史论结合"，立意新，有思想，有深度，接地气。

为活跃学校文化生活，激励学生奋发向上，不断提升学校的影响力，在校长李景军的支持下，2002年元旦，我发起创办了校刊《乾县一中论坛》，每一期的组稿、审稿、排版、校版都让我从头忙到尾。记得论坛创刊前，我找县内书法大家题写刊名，撰写发刊寄语，向就读于名校的毕业生约稿，请社会名流题辞，诸如此类的工作，时常让我忙得忘了北。我约时任陕西师范大学历史文化学院书记兼副院长、《中学历史报》总编魏立安为本刊题了词："愿《乾县一中论坛》成为师生交流的平台，成为内外交流的窗口。祝《乾县一中论坛》越办越好。"在我的生活中，越是节假日越忙，我要备课，要翻阅资料"充电"，要整理教学心得，要写有关材料。2015年11月我的陕西省名师工作室挂牌仪式举行后，还要忙名师工作室的一大摊子事。我致力研究省规划办立项的课题，打造精品课程，建设网络平台，造就骨干团队，促进工作室辐射到的教师全员提升素质等工作。我还是县市高考文综专家组成员，参加县市高三历史摸底和模拟考试命题工作。连续四年在乾县电视台做历史高考复课讲座，2012年、2013年连续两年应《今日咸阳》之约在高考结束后的第一时间对高考文综历史试题进行评析。

2015年被县上调入乾县教研室后，我以县教研室和自己的省名师工作室为依托，站在更加广阔的平台，致力县市教师培养和教学质量的提高工作。由于县域内的初中历史教师差不多都是非科班出身，我通过多种途径定点帮扶县域内的初中教师提升业务水平，培养合格的初中历史教师30余人。通过省市骨干培训积极引领初、高中历史教师成长。与省学带工作坊和市县名师工作室保持经常性的交流，多方指导。做全县名师工作室的排头兵，使乾县名师工作室达19个，实现了县内省、市、县级工作室全覆盖，充分发挥了省名师工作室的示范引领作用。工作室团队通过市县送教下乡活动，送教下乡合计168次，足迹遍及全县3所高中、28所初中、124所小学，还辐射到省内外，为促进县域教育均衡发展和"双高双普"工作作出了应有的贡献，得到社会各界的充分肯定。我本人还应邀为县委组织部和教育局全体干部做关于党史方面的专题报告，2016年、2017年连续两个暑期为县党史研究室撰写专题党史文章12篇。

我充分发挥咸阳市中小学教师校本研修指导专家的作用，在《咸阳师范学院学报》《教师报》上发表了《教师专业成长的三步骤三部曲》等关于教师专业成长的实践探索成果。工作室被评为"陕西省中小学校本研修优秀团队"，两次在全省校本研修工作会上分享经验，单位也获得了"陕西省中小学校本研修优秀教研室""咸阳市校本研修先进单位"等荣誉称号。

有付出就会有回报。2001年教师节35岁的我被评为"全国优秀教师"，2003年破格晋升为中学高级教师，2004年被市委授予"咸阳市优秀人才"荣誉称号，2013年10月晋升为陕西省首批中小学正高级教师（是晋升人员中最年轻的），2014年12月成为陕西省首批中小学教学名师工作室主持人，后被授予"陕西省教学名师"称号。2016年、2018年被乾县县委、县政府分别授予首届"乾州名师"、首届"县管拔尖人才"称号。学生赞誉，这些荣誉对郭老师而言都是实至名归！

30多年的工作经历，使我深深地感受到：作为一名教师，他的责任心有多大，他的人生舞台就有多大，责任心是金。花有结果的责任，云有成雨的责任，太阳有带来光明的责任。世界上的万物，都有自己的责任。具有了责任心，就会收获一个金色的人生。做老师就要执着于教书育人，有热爱教育的定力、淡泊名利的坚守。

三、修养师德，关爱学生，做好人师

教育要有灵魂，教师首先要做一个有灵魂的且灵魂高尚的人。我经常拜读师德师风建设先进人物的事迹，学习前辈敬业爱生的优秀品德，向他们看齐，心系学生，努力做一名合格的优秀教师。我模范地遵守《中小学教师职业道德规范》，加强个人修养，努力做"四有"教师——坚定理想信念，提高道德情操，掌握扎实的学识，永怀仁爱之心。2009年2月25日《咸阳日报·教育周刊》以"自强男儿郭建碧"为题对我的事迹进行了报道。2009年4月我受邀在乾县教育系统"师德师风建设"先进事迹报告会上作报告；2012年6月被推荐为咸阳市第三届"感动咸阳"道德模范；2015年11月11日《教师报》第8版彩页以"脚踏实地做一名好老师"为题，用整版篇幅对我的事迹进行了深度报道。

中学历史课程是让学生在马克思主义唯物史观指导下，了解中外历史发展进程、传承人类文明、提高人文素养的课程，具有培养学生鉴古知今、认识历史规律、塑造家国情怀、拓宽国际视野能力的重要作用。历史主要阐述的是人类社会过去的重大经历。社会纷繁复杂，学生进入社会前需充分了解社会，做好的心理准备。我认为学习历史的过程实质上是对学生进入社会前所进行的热身活动。因此，我特别重视发挥历史课的社会功效，有学生在《教师报》微信平台上这样评价我的课："历史课本上的我们一看就知道的基础知识他基本不讲，从来不让背，但却让我们学会了思考，学会了辨析，学会了理解，学会了历史的思维方式，高考居然就根据这些考出了高分，很独特的教学方式，让我们爱上了历史课，学到了很多课本上没有的东西，郭老师渊博的学识和人格魅力一直影响着我们！"

虽然我的课业负担重，身体欠佳，可我多年来坚持当班主任，与学生打成一片，助力学生走向成功。我认为，"无德无以为师"，老师是学生的镜子。老师不能仅满足于上好课，育人也是人民教师神圣的使命，好的教育是以"一个灵魂撼动另一个灵魂"。当好老师的关键在于要具有"立德树人"的教育情怀。我始终和学生保持亲密的师生情谊。当有新教师咨询我如何与学生建立良好关系时，我建议他们要担任班主任。班主任的工作虽然辛苦，但能更加全面地了解学生，是与学生建立信任、亲密关系的最重要的途径。

作为班主任，我时刻绷紧"领班"这根弦，赏识每一个学生的才华，激励每一个学生积极上进，期待每一个学生获得成功。在多年的班主任工作实践中，我摸索出了不少经验技巧，但技巧再巧都比不上真心的"关爱"。德国著名心理学家、哲学家雅斯贝尔斯说："爱是教育的原动力。"我关爱学生就如疼爱自己的孩子，我接济过不少家庭贫困的学生，帮助过很多学习上有困难的学生，教育转化了许多"后进生"。在石牛初中时，我发现山区孩子生活并不富裕，就借给他们学费、生活费。班里有位孤儿，因生活困难产生自卑心理。我与他谈心，对他进行心理疏导，课堂上给予鼓励。并发动全班同学开展"节约一毛钱"活动，为他筹集生活费，帮助他树立信心，这位学生后来考上了大学，得到一份稳定的工作。这样的事例一桩桩一件件，数不胜数。

教育家陶行知"三块糖"的教育故事我们耳熟能详。教师在教育过程中是应该允许学生犯错误的，对学生的错误如果处置得当，就会收到意想不到的效果。作为有着多年经验的老班主任，我处理过一些棘手的事。2003年春季开学报名时，学校发现我们班交的学费中有两张百元假钞，当时交上来的每张钱上都有学生用铅笔写的姓名，我知道后没有声张。事后将这位学生叫到教室外，轻轻拍了拍他的肩膀，悄声说了句："这是两张假钱。"我知道这位学生家里做小生意，其家人没在意收了顾客的假钱，又在不知情的情况下让孩子交到了学校，这名学生对此更是一无所知。由于我对这事进行了冷处理，没影响到他的情绪，结果这名平时成绩不太突出的学生考入了北京一所名校。还有一个案例，2005年，我们班上的一名学生在政治课堂因看小说和老师发生了口角，按照校纪，顶撞老师是要被开除的。我与政教主任多次沟通，让学生给科任老师道了歉。学校召开行政会后决定，把这位学生留下，该生当年考入了四川大学。

2000年4月，我发现爱人背部长了个脂肪瘤，但因学生们高考在即，作为班主任和科任老师的我，为不影响学生高考和学校工作，将爱人的手术一直拖到腊月放假才做。由于长期过度劳累、熬夜，2004年二三月时，我突然耳鸣，听力有所下降，去市上、省上几家大医院诊治，医生都说状况特别严重，要求我住院治疗。我放心不下我的学生、我的班，便让省人民医院专家开了在家治疗的医方。几个月时间，我白天坚持上课，晚上打吊瓶。在县一中工作时，我难得有空探视年迈的父母。自古忠孝难两全，我是父母的孩子，更是学生的老师和学校的一员。2007年四五月份，我母亲病危期间，正值高考复习的冲刺阶段，我探视母亲，陪护母亲，都以不耽误学生课业为前提。当我感知到母亲将不久于人世时，便提前把丧假期间的练考题出好、印好。2011年，母亲、父亲相继谢世后，我因过度劳累，患小儿麻的腿疼得几乎不能行走。去西安红会医院和唐都医院检查后，专家都说我的腿还能够行走，简直是一种奇迹，要我做支架将它们保护起来。但我坚持做保守治疗，没有落下学生一节课。因担任学校的中层领导，我有时会因公务不能给学生上课，但一回到学校就抽空补上，这一桩桩事学生们知晓后都十分感动。我还经常用自己的故事现身说法，感召学生。

教育中给予学生的关爱不仅仅是付出的过程，也是收获的过程，在给予的过程中，我也收获了无数的感动和祝福。教师节、春节时的问候，病时的探望，来自大学校园的一封封信件和一张张明信片，不少在外地工作的学生逢年过节回家时来看望我，都是让我感动的收获。一位1993年考入郑州大学的学生在寄给我的明信片上写道："在我成长的过程中，您给了我深切的指导和及时的关怀！千言万语，仅化为一句：郭老师，谢谢您！"1997年考入北京大学的学生给我写信说道："您是我遇到的最好的老师。您对工作总是那么负责，对我们总是那么热情，也从不厌烦我们时不时的打扰，无怪乎同学们每每谈起您都肃然起敬！记得那时候，您有时一天上七八节课，晚上还要给我们辅导，还要批改作业，有时我们都觉得挺不住，真不知道您那时是怎么熬的。也的确让您为我们费心了，有时我还在晚上打扰您让您给我讲一些题，现在想起来真有点过意不去。您对我恩重如山！学生永不忘怀！"学生经常说，我身残志坚、奋力进取、甘于清苦、默默奉献的精神，潜移默化地影响和感召着他们，他们感激、爱戴我，还说我堪称教育界的张海迪！有一位2005年考入二本的学生写信给我说："老师，您在我心目中永远都是一个具有远见卓识、博学的人，是您教会了我怎样做人，如何处理每一件事。您好比我心目中的一面镜子，从那里我认识了自己，找回了自我。从您身上我看到了一种精神，获得了积极向上的动力。您给了我们深情的关怀和莫大的鼓舞，我会将它视作珍宝，永远珍藏。"学生们的诸如此类的评价让我惊疑：我一个普通的历史老师，何德何能，能获得这样的评价？心里虽然忐忑不安，但却一直朝着学生的期望奋进。我明白，教师传授给学生的文化知识是有限的，但教师教给学生的做人道理却能让学生受益终身。高尚的师德就是一本无形无言而博大的教科书！教育家于漪有着这样的感悟："三尺讲台，联系到孩子的生命历程，上课的质量影响孩子的生命质量……教学是用生命在歌唱，做一个老师是了不起的，它可以使很多学生从不懂得做人的道理到懂得做人的道理，从无知到有知。一个孩子如果碰到一名合格的优秀的教师，对他一辈子来说真是一种幸事。"我也常常用此感悟来勉励自己。

有人总结说："再优秀的老师，如果把自己的子女没有教育好，其优秀的程度都是十分有限的。"人们也常说，教师反而教不好自家的孩子。我并不这样认为，我的两个女儿2011年、2013年相继以600分以上的高分考入华东师范大学和北京理工大学，并且都获得过国家奖学金，后都在北京读研、读博，留在北京工作。做一个阅读型研究型的教师，做一个有高雅志趣的教师，不仅对学生意义重大，对自己的孩子也有着固本培元的作用。

责任与师爱构成师魂。作为"传道、授业、解惑"的人师，能以自己的高尚师德影响学生、感染孩子，我感到无比自豪！

四、教研引领，专业成长，质量提升

多年的教育生涯使我深刻地认识到，教育科研是推动教育改革与发展的强大动力。教科研素质不高的教师很难成长为教学名师。为此，我学习研究了教科研方法、教育测量学，阅读了全国著名特级教师的教学艺术丛书及夸美纽斯、杜威、陶行知等教育家的著作，阅读了大量心理学、哲学等方面的书籍，奠定了厚实的教科研理论基础。此外，教学之余我坚持听老师们的课，写下了厚厚的听课记录，将理论与实践相结合使我的科研水平快速提高。我从课堂入手、从问题入手，积极开展实用性、实效性研究，相继立项国家和省市科研课题29个，成为各研究课题的骨干。我深入研究，在为学校编写各种材料的时候，将自己的研究成果嵌入其中，对学校教育教学改革的经验予以总结升华，对学校的发展起到了重要的作用。我痴迷于搞教育科研，从独特的视角思考学校的教科研工作开展和教学质量提高系统。我发现，有一定教学经验的教师虽积极借鉴应用教育科研成果，但因经验不足和学术视野不宽而显得力不从心。部分青年教师则由于教学基本功不很扎实，日常教学时尚有捉襟见肘的情况，对教育科研不敢涉足。这些问题的存在使教科研课题的辐射作用大打折扣，也成为教学质量进一步提高的瓶颈。不少有一定教学经验的教师及青年同志在我的悉心指导和培养下，相继走上了教科研之路，成长为学科骨干、省市教学能手、学科带头人、教学名师。

教学研究是基层教研机构的中心任务，是提供教学指导、服务的前提和基础。然而，多年来，由于教育的泛行政化倾向，原本服务于基层学校的教研室中，"行政化"大行其道，教研人员处于"亦官亦民""非官非民"的尴尬境地，不能有效地指导教育教学实践。我担任县教研室副主任以后，努力改变教研室的工作作风，坚持"重心下移、靠前指导；全面剖析、刨根问底；准确研判、扬长避短；常抓不懈、跟踪问效"的工作方针，沉下去做，走进去听，跳出来看，对县域内各校精心指导、竭诚服务。我以新课程为导向，从学生发展、教师成长和学校发展的需要出发，紧紧围绕学校课程实施的问题，把握重点，有目的、有计划、有组织地展开研究。在深入县域内各层次学校调研的过程中，我更加深刻地体会到"教育大计，教师为本"的含义。我要求进入县教研室的目的就是，站在更加广阔的舞台，助力全县师资水平的提升。我以课题为载体，积极培养骨干教师团队。立项省、市教育科学规划课题，组织教师申请并扎实进行研究。我面向全体教师，开展问卷调查，有针对性地进行"菜单"式培训和"订单"式培训。我年均下基层学校听课90节，评课50节，组织培训12场；下基层学校调研指导百余次，做报告培训教师1500余名。我还积极为青年教师成长搭建平台，多次组织青年教师参加外地举办的研讨和交流活动，举办了"全县青年教师课堂教学研讨大赛"等活动，组织优秀教师上县级示范课，培养指导青年教师56人次获得咸阳市和陕西省教学能手、学科带头人等荣誉称号，有效推动了乾县骨干教师体系建设，提升了教学质量。

我在充分调研的基础上积极引领"五好"思政课创优活动。2019年3月份以来，我以省名师工作室、县教研室为依托，认真落实立德树人根本任务，在全县大力推动实施思政课"四化"工程，即思政课调研指导"常态化"、思政课制度建设"体系化"、思政课大练兵"经常化"、思政课堂"精品化"。我以"五好"（工作室引好、教研室管好、学校办好、教师教好、学生学好）思政课创优行动为抓手，大力加强县域内中小学思政课建设，不断提高思政课教师的政治素质、业务能力和育人水平，要求思政课教师"要给学生心灵埋下真善美的种子，引导学生扣好人生第一粒扣子"，具备政治要强、情怀要深、思维要新、视野要广、自律要严、人格要正等六种素养，让教师把根植社会主义核心价值观的真实案例与场景搬到课堂上，将晦涩难懂的理论知识通过鲜活的案例深入浅出地讲给学生，使思政课变得"有意思""有教益""受欢迎"。

关注处境不利学生的发展是实现教育公平的重要途径，是衡量社会文明程度的标准。农村学校教育教学的有效开展是保持农村孩子身心健康的需要。我一直在乾县工作，深切感受到农村学校教育资源的匮乏、教育观念的落后、科研水平的低下。因此，我非常关注乡村学校的发展，为此做了大量的研究和探讨工作。

2009年以来，在时任乾县一中校长马永清的支持下，我积极探索"梳理·探究·训练"高效课堂模式，并在全校和全县进行推广。教研专家评价此教学模式把理想的素质教育与农村学校现实的升学教育结合起来，寻求到了二者的最佳结合点。我将"思维导图"的概念引入课堂教学模式，引导学生把线性思维变为网络思维，将零散的课程资源融会贯通成了系统的知识，体现了人们创造性思维的过程。该模式遵循教学规律，变革教师的教学方式和学生的学习方式，形成课内与课外，教师与学生、学生与学生，探究与运用，教材与学案通联互动的运行机制。它聚焦课堂教学，不仅能为教学提供必要的范式，而且能帮助青年教师借助"拐杖"，进入新课程的自由王国。我确立该模式的目的是让学生在老师的引领下自己去发现、探究、

2015年在咸阳市"名师大篷车"历史送教下乡活动中为师生作报告

学习知识，感受知识的获取过程，提高思维能力，体会应用探究成果的喜悦。基于此，2012年11月咸阳市高效课堂现场推进会在乾县一中召开，会上把这一模式推向全市。此成果被《教师报·高中新课改》两度予以大篇幅的报道。2013年11月此成果获得"陕西省中小学课堂教学改革优秀案例成果"一等奖，并被收录到陕西省教育厅编的《陕西省中小学课堂教学改革优秀案例》一书中。我把此研究成果进一步升华为《西部农村高中新课程课堂思维导图："梳理·探究·训练"》，于2014年9月荣获首届"基础教育国家级教学成果奖"二等奖。

我在全县范围内倡导并积极组织开展"微课题"研究。微课题研究是当前农村中小学教师开展教研活动的重要途径。因微课题研究具有"实""小""活"等诸多特点，在学科教学、班级管理、综合实践活动、学校发展、教师专业成长及新课程改革中都能发挥积极作用，深得农村中小学教师的喜爱。自从2012年省教科所组织申报微课题以来，我积极响应，把微课题研究作为一个课题来做，研究成果从乾县一中被推广到了全县。目前在我的大力组织推动下，全县教师微课题研究呈现出方兴未艾的势头，群众性的课题研究开展了起来，形成了良好的教科研生态，取得了一系列的成果。基层校长真切地说，通过开展微课题研究，我们对教科研兴教兴校有了更加深刻的认识，把课题研究作为了提高教学质量的引擎。微课题研究给教师提供了做课题的机会，成为教科研的重要形式，"微课题"式的新型教科研把教学与研究有机地融为一体，很好地促进了教师成长，使一线教师能够以科研的思路去重新审视教育教学过程，发现问题、思考问题，形成解决问题的策略，并通过教育教学实践使其得到验证与完善。微课题研究使县域内涌现出一批优秀的教科研团队，6所学校被评为省级教科研先进学校。五年内结题县级微课题2324个，结题国家级和省市级课题46个，教师每年的论文获奖和发表率均接近40%。

我积极研究探索"教师主导作用，学生主体地位"的契合点。"教师主导作用、学生主体地位"，是对教学过程中教与学关系的概括。从表象看，此观点既强调了教师的作用又明确了学生的地位，有一定的合理性。但将二者相提并论，又是不符合逻辑的。

为了让深度学习真实发生，我认为要在"教师主导作用"的前提下，不忽视"学生主体地位"，如果有所偏颇，就不能达成教学目标。关于"教师主导作用"，叶圣陶曾有过精辟的论述："所谓教师之主导作用，盖在善于引导启迪，使学生自奋其力，非谓教师滔滔讲说，学生默默聆听。"在教学过程中，学生是学习的主体，所有的教学内容必须被学生所接受，才能转化为他们的知识、能力、思想和素养，整个教学效果才能体现出来。教学的任务在于立德树人，教会学生学习、教会学生做人。教不为学，教学就没有意义。但一味地强调"学生主体地位"，对教学过程只放不收，同样是极其错误的。现在不少地方的学校打着课改的旗号，忽视直接式学习和经验型学习的差异，过分夸大学生的主观能动性和学习能力。有的中小学教室四面都是黑板，学生几人一圈围坐，数人一起在黑板上展示学习成果，教室里一派热闹景象，教师却优哉游哉。采用这种形式主义的做法，究竟能达成多少教育教学目标？只有教师有意识地、主动地发挥主导作用，引导学生将自主性、能动性、创造性发挥出来，才能更有效地学习。

如何才能做到"教师主导，学生主体"的完美契合？我经过实践，研究，再实践，给出的建议是：教师要循循善诱，注意激发学生学习的兴趣；要创设"问题情境"，质疑设问，引领学生思考、探索、发现；要"授之以渔"，教给学生学习的方法；教师还要言传身教，关注学生心理健康，培养学生健康的人格。"教师主导作用，学生主体地位"实现最佳契合的关键在于要不断提升教师的能力素质。

我认为，在教学过程中教师是主导，学生是主体，二者一定程度上是辩证统一的关系。教师主导作用体现得越是充分，学生主体地位才越能得到保证。学生主体地位越巩固，教师的主导作用就越明显。当两者在课堂上完美契合，相得益彰时，就会达到"课堂焕发了师生生命活力"的境界。

为突破农村学校提高教学质量的瓶颈，我还研究了"各学段衔接""提高早读质量"等课题，成果被推广到了全县。我的省名师工作室团队也立项并结题省市级课题38个，发表文章46篇，编写论文集、校本教材和教辅图书12种，对教学质量的提升提供了有力的教科研支撑。

五、创新体制，开展研修，锻造队伍

"求木之长者，必固其根本；欲流之远者，必浚其泉源。"我个人认为，要从根本上解决影响和制约学校科学发展的深层次矛盾，就必须靠制度创新、靠体制机制创新。我在2003—2015年主持乾县一中科研室工作期间，积极推动学校在这方面展开探索实践，取得了显著的成效。经过多年思考，我给乾县一中的定位是："建有文化的校园，塑有智慧的教师，育有个性的人才。不求人人成为精英，但求人人走向成功。"

（一）创新团队管理模式

一是充分放权。从2005年开始，在我的设计推动之下，在校长马逢臻的大力支持下，学校实行了"年级组小模块管理"试验，一名副校长任年级主任，中层任年级副主任，共同管理年级组。经过实践总结，到2008年全面实施"年级部小模块·班组化管理"。年级模块分二至三个班组，年级部对应学校相关处室，设德育、教学、科研三个工作室。副校长退居幕后监管，完全放权，中层全权对年级部负责，年级部发展成学校教育教学管理的实体，拥有一定的人事权、财权、考核权。班组长在班组内按照年级部的安排独立工作。原来的教研组发展成年级学科组，学科组掌握了教学权，有一定的活动经费。年级部实行循环制。管理重心的下移，使相当一批教师加入管理队伍中，年级部、各工作室、班组吸纳了不少教师，教师的主人翁意识增强，为学校储备、锻炼了一批管理人才，使管理队伍日益壮大。二是定期培训。培训对象包括校级、中层、年级部三个层面，校级层面主要以提高决策水平为培训内容，半月一次；中层层面主要以提高执行能力为培训内容，一月一次；年级部层面主要以提高个人素养为培训内容，将培训常态化。三是建立激励机制。对于敢于管理、善于管理的年级部中层管理人员，学校积极创造条件予以提拔。

（二）创新教师团队建设

一是创新师德教育形式。师德是教师队伍的灵魂。高尚的师德风范，可以使教师在业务上积极进取，理念上开拓创新。随着社会的发展，思想越是多元化，我越感到师德建设的重要。我提出了促进师德发展的"六项修炼"方案：修炼上进的事业，修炼博大的爱心，修炼坚强的意志，修炼豁达的胸怀，修炼协作的精神，修炼认真的态度。让教师明白，自身的主要价值在于帮助学生和家长实现心愿，教师做的是功在当代，利在千秋的事业；组织教师开展思想问题大讨论：个人膨胀对学校发展和个人有什么危害，如何克服？面对学校的发展，如何增强忧患意识？让教师从五个方面思考"怎样做一个对单位有用的人"：以谁作为标杆？以谁作为顾问？

以谁作为教练？你得到谁的支持？你受到谁的批评？要求教师从实践层面进行自我设计。

二是实施教师培养"金字塔"战略。此战略是我在撰写1999年10月举行的陕西省高中名校论坛交流材料时总结提炼的，学校因此次交流跻身全省高中名校之列，校长李景军因此成为全省"名校长"。实施抓全员，固塔基的"基础工程"：广泛开展师德教育和以说课评课、理论学习、学历补偿教育为主的业务培训活动；实施抓骨干，状塔身的"中坚工程"：坚持开展系列赛教活动，聘请专家作报告，给教师提供机会参加各种培训，派青年教师外出参加研讨活动，考察学习；实施抓名优，树塔尖的"名优工程"：坚持开展科研育师，要求名优教师不仅要有扎实的教学基本功，还要有深厚的事业基本功和广博的理论素养。我积极引领学校走内涵发展的道路，科研室坚持"四课制"：特级、高级教师示范课，一级教师交流课，青年教师观摩课和新分配、调入教师汇报课。每学期至少开展两个主题的"赛教"活动，开展形式多样的教学研究活动，进行行动研究；每学期都进行青年教师业务水平考试，做往年高考题。我坚持让教师写教学反思，把授完课在教案后写"教学反思"作为刚性要求规定下来，并列为教案检查的重点。结合自己的实践经验，我现身说法引导教师认真反思每一节课，反思教学目标的达成度，反思教材内容组织的合理性与创新性，反思教学方法的适用性，反思教学设计的合理性，上完每节课后要求教师认真总结成功经验，反思失败之处，采撷创新之处，思考改进之处，形成文字材料。总之，我积极创设各种教师专业发展的平台，让其能力得到充分的彰显和提高。经过多年实践，这些平台不仅培养出一大批名优教师，而且使全校教师整体素质增强，教学质量也大幅度地提高，1999年全省高考文、理状元曾双星落户，乾县一中成为名副其实的咸阳市乃至陕西省高中教育的示范校！

（三）创新学生发展模式

为了确保学生能得到全面发展，我在实践中明确提出了"成人""成功""成才"三线育人的方略。通过各种活动，充分调动各方的积极性，形成育人合力，保证了立德树人目标的实现。我建议引领学校以"三线"育人思想为指导，以"五爱"教育为主线，坚持德育内容序列化、工作阵地化、活动多样化、管理制度化的"一线四化"工作方略，并通过系列活动贯彻落实：一是开展系列思想教育活动，包括励志教育、感恩教育等；二是开展系列行为习惯养成教育和行为规范达标活动。在我的推动之下，学校积极探索因材施教的智育模式，促使学生全面发展，让每个层次的学生都能体验到成功的喜悦。对精英智育基本按照"三段式"模式进行：从考纲入题，构建知识体系——展示高考真题，进行思维建模——检测应用，进行实战演练。同时坚持"降低起点，精讲多练——注重基础，多设台阶——模仿训练，形成习惯。"从基础教学抓起，让每位老师都要明确"每章必讲、每节必练、每课必得"的内容。

（四）创新校本研修模式

教师是学校的第一宝贵资源，是提高教育质量、办好人民满意教育的关键。教师队伍建设是学校长远发展的根本所在。为锻造这支队伍，我提出"以德为先，骨干带动，全员提升"的基本思路，完善了教师队伍建设的顶层设计，建立了相关保障体系。此外，我还编订了《乾县一中校本教研手册》。从2008年起，我为学校制定了"思（反思）—修（返修）—践（实践）"的教师校本研修与成长模式，提出了"行政推进，多方合作；典型示范，专业引领；制度保障，网络支持"的校本研修推进工作思路。我有效组织开展校本研修活动，使乾县一中教师队伍整体上保持着专业化发展、自觉性不断增强的昂扬态势。2015年，全校284名教学人员中，正高级教师1人，中高级教师244名，研究生学历28人，特级教师3人，省市县教学能手64人，23人被评为市"三五人才"和"优秀人才"，7人被聘为市高考专家组成人员，89人次获全国及省市优秀教师、国家奥赛优秀辅导教师、省市骨干教师荣誉称号，2011—2015年在报刊发表论文584篇，出版教学辅导图书65种。5人次在省市"国培计划"和新课程培训中被聘授上示范课。市领导评价乾县一中教师整体素质之高、教师培养力度之大，在全省都不多见。咸阳师院"高效课堂研究"团队专家胡鸣焕教授考察乾县一中后认为，"乾县一中保持持久发展的秘密就在于对教师的持续发展培养。从对有教学经验教师的'德、勤、能'的培养，到对新进青年教师的多途径培训，乃至于对全校所有教师成长的一系列措施，形成教师培养的三部曲，此乃乾县一中校本研修的特色模式"。2013年7月15日，我在《咸阳日报》上以"创建现代学校　奠定幸福人生"为标题，撰文介绍了乾县一中，翔实地解读了"乾县一中现象"的四种内涵：机制创新、德育为本、校本研修、有效教学，在社会上产生了巨大的反响。

有一方佳园，撑过往云帆，浇万木春水，播撒知识琼浆在学生心田；有一座殿堂，用先进的理念、丰厚的文化，成就学子多彩的梦想，这就是被《陕西日报》誉为"迎着太阳走"的有着深厚文化积淀的"三秦名校"乾县一中。能为这朵"乾陵脚下盛开的教育奇葩""人才的富矿"出力流汗、奉献韶华，我感到无上光荣！乾县，特别是乾县一中这块沃土助力我成长为一名人民群众期待的名师，寄托了我诸多美好的回忆，留下我成长的道道印迹。我深深体会到，学校是教师成长为名师的平台，教师的成长与学校的发展休戚相关。如果把学校比作山峰，教师就是学校山峰上的一棵树。树再高，也不过十几丈。如何能使大树更加挺拔？那就是生长在学校这座山峰之上，借山峰之高，增加树的高度。我认为，作为教师只有努力工作，无私奉献，学校事业才会蒸蒸日上，学校之山峰才会越来越高。这样学校就能为教师的发展提供更好的条件、更多的学习机会、更大的展示舞台。作为学校的教师，站在更高的山峰之上，才会显得自己更为挺拔。当然，树立山顶，也会增加山的高度和俊秀。

"你若盛开，蝴蝶自来；你若精彩，天自安排。"我已过知天命之年，在教育战线摸爬滚打许久，不敢说自己有所建树，但至少也是"学有所成"，扎扎实实地做了点什么，历经数年，我那颗热爱教育的心一直火热，那腔献给教育的血始终沸腾。正如海德格尔所言"人，应该诗意地栖居在大地上"，我愿栖居在历史教育的大地上，一如既往地不忘初心，奋力前行！

▶ 点评

  面对命运的"不公",郭建碧老师奋力抗争,用自己的辛勤搏出了另一片天地。郭老师为学刻苦用功,追求上进,陕师大的求学生涯为他奠定了良好的专业基础。任教之后,他从未放弃过阅读与写作,因而他有一潭充满营养的"活水"。数十年来,他关爱学生,不慕名利,克服了种种生活与工作中的困难,坚持为学生提供最好的服务。在常年高强度的工作中,他的身体不可避免地受到了损伤,但他从不因自身的原因而耽误学生们的课程,因而赢得了莘莘学子的爱戴。即使已经荣誉满身,他也从不自满,仍然坚持以研促教,发挥好工作室的带头作用,承担多项科研课题,同时关注青年教师的成长。听评课、作报告、组织培训,为当地锻造了一支年轻化、专业化的队伍,是他给自己添加的工作。扎根教学一线,严格要求自我,不断为国家培育优秀人才,这就是郭老师的本色!

教育部基础教育历史教学指导专委会委员 杜芳

何成江：一盏心灯育桃李

何成江，男，特级教师、正高级教师，固原二中校长、党委副书记。兼任宁夏师范学院客座教授、硕士研究生导师，全国普通高等院校师范类专业教师资格认证专家，宁夏回族自治区基础教育历史教学指导委员会委员，宁夏回族自治区高层次人才，享受宁夏回族自治区政府特殊津贴，宁夏回族自治区塞上名校长工作室主持人，宁夏回族自治区塞上名师，宁夏回族自治区"313"人才工程学科技术带头人，宁夏回族自治区骨干教师，宁夏回族自治区"创双优"百名能手，宁夏回族自治区教育系统优秀共产党员。主持的5项宁夏基础教育教学研究课题全部结题，撰写的论文《新课程实施过程中历史教学方法的探讨》获国家历史教学专业委员会颁发的一等奖。参编新课标高中历史教学丛书《教学设计与探究》及普通高中课程标准实验教科书《专家伴读》历史必修2。在各级各类刊物上发表文章共计40余篇。出版著作《走南说北话教育》《世纪文韵》。

教育者因有了思想而变得生动，回望来时路，我始终满怀敬畏地思考着我要去的方向！最终，我得到的结论是，教育者如果少了笔耕不辍的联系，少了与时代脉搏的合拍，少了对灵动生命的悦纳，少了对脚下这片土地的热爱，少了君子怀德的个人修为，少了至纯至善的精神景致，他所开展的教育就不会有传导力。作为一个教育者始终要关注的就是"你能留下的和你所改变的"。从陕师大毕业之后一晃就是三十年，我在宁夏西海固这片热土上尽心从教，把对教育的爱凝聚起来，又把实验它慢慢扩散开来，投射到每一位学生身上。如果爱能传递色彩，我希望每位学生的人生姹紫嫣红；如果爱能传递音符，我祈愿每位学生的成长铿锵欢悦。

一、青春作伴好读书

青藤绕阁闻书香，桃红李白写文章，师大的"春"润物无声；美蕉桐叶摇歌扇，水帘绿珠飘舞衣，师大的"夏"热情奔放；汉风唐韵常邀月，文苑漫步听蝉鸣，师大的"秋"殷实浪漫；楼前瘦柏消残翠，灯下润雪覆尘嚣，师大的"冬"静美安逸。岁月流变，书香犹在；时光荏苒，四季依然，曾有幸求学于此，是一生难忘的经历！

师大烟火气，最抚凡人心。半夜的煎饼早晨的粥，拐角的菜盒小灶的馍，成了终生的念想；吴家坟的电影地摊上的书，联合教室的录像三灶的舞，是甜美的追忆。师大不仅周周有沙龙，天天有讲座，辞旧迎新汇演艺彩纷呈，群星闪耀，学生社团百花竞放……师大兼并包容，日新月异。回忆大三见习时，全班经龙门、去聊城、过德州，一路歌声一路欢笑；入天津、游北京，沿途尽览古迹，见界大开。我还得过特别奖学金，被评为优秀班干部，在武术赛场为校摘金夺银，不负岁月不负师大。毕业实习时被分至灞桥，初为人师收获颇多，蓦然回首皆是美好经历！

露湿秋香满池岸，由来不羡瓦松高。有幸在史学名家云集的师大浸润四年，聆听先生教诲，受益众师恩泽，是我一生最大的幸事。

初入师大时，曾两次旁听史念海先生的硕士生论文答辩指导课。因为仰慕读完了先生的《河山集》。先生曾两次实地考察过固原，在一些文集里对固原，对萧关多有论述，先生严谨治学的态度影响了我的从教风格。四年里除了在图书馆抢座位外，还经常抢听一些老师的课。黄新亚老师讲课时总是娓娓道来，诗词佳句张口即有，他讲的"长安文化"尤其引人入胜；王大华老师的课引经据典深入浅出，听着过瘾，嚼着有味；马正林老师一根粉笔画九州，一口秦腔说史地，"六大古都"史海沉浮，扩疆拓土的各路英雄全在他陕西话的韵味里。"天道积聚众精以为光，圣人积聚众善以为功。"每每想起秦晖老师上课背着的黄书包，总会怀念里面"深藏不露"的文稿，他头发凌乱却思维缜密，不修边幅却怀君子之德，他讲古代经济史时滔滔不绝，沧海桑田信手拈来，眼镜架下藏有学者固有的深邃；语言犀利，妙语连珠，李亚平老师的课总是别开生面；刘九生老师善于用思辨的方式启发学生，讲农民运动史时分析透彻。郑庆云、赵世超、赵吉惠、萧正洪、贾二强、韩敏等诸多老师亲切的面容也一一浮现，正因为先生们筚路蓝缕，执着坚守，所以师大声誉日盛。

我能有机缘在青春年少的季节遇见最美的师大，值得一生感念。

2020年在东北师大参加历史学师范专业认证专业汇报会

二、坚守初心育桃李

23岁的我从陕师大毕业后回到了宁夏，回到了西海固，在讲台上一站就是30年，整整做了20年班主任。从乡中学到县中学，从县中学到市中学，从基础教育岗位到职业教育岗位，从职业教育岗位又回到基础教育岗位。一路走来，教书育人是生活的依托，是职责的所在，是奋斗的理由，是信念的支点，是我无须选择的选择，是我心甘情愿扛起的责任。

1992年执教于乡镇中学，1995年娶妻成家。选择当老师，就永不后悔！陕师大的毕业生历来都是固原各中学争抢的对象，入职后基本都要同时扛起教学与管理的重担。当时只有20多岁的我，做班主任和照顾孩子很难两全其美，有时因为赶着上课不得不把孩子一个人放在家里的大缸里，等到下课后跑回家时，孩子已经哭着睡着了。在孩子1岁到3岁的这段时间里这样的养育方式一直持续着，我几乎将所有的时间及精力倾注在了学生身上。三年后，我所带的最"差"的班里56名学生全部考入重点高中，成绩跃居全校第一。《固原日报》先后用"一个人和一个班级""西吉教育的一抹绿色"为题对我做了专题采访报道。其中有一段话这样说："看到那些挂满教室墙面的各种奖状，你就不难想象他曾经付出的心血和努力，在家庭与学校之间，在亲情与学生之间，年轻的何老师毅然选择了后者，如果没有对教育的执着和对学生的爱，做到这一点何其难。一盏红烛点心灯，拳拳之心育桃李。"

2001年我从西吉中学被选调到宁夏固原市百年老校固原一中从教，在这里待了整整20年。先后担任过最大的复读班、最难管的体育班、最活跃的艺术班、农村孩子最多的珍珠班、学生学习最刻苦的宏志班、学生实力最拔尖的清北班的班主任及科任教师，我沉浸在自己热爱的历史课堂中与一届接着一届的学生分享教与学的快乐，感受成功的喜悦。从年级主任、艺术部主任、办公室副主任、德育处副主任、传媒中心主任、督查室主任到分管德育安全、后勤保障、教学、教科研的副校长，我的工作经历几乎覆盖了学校工作的方方面面。40岁的我渴望继续突围，在学生渴望的眼神中找到属于自己的温暖而明亮的风景。我站在不惑之年这一节点重新审视自我价值后，决心用担当的肩、悦纳的心、真挚的爱重新调适自己人生运行轨迹。为了拓宽眼界提高境界，先后接受组织委派去苏州挂职学习，去北京参加培训，去美国访学，去我国台湾省交流……由于工作的需要曾担任过职业技术学院校长，末了又回到自己熟悉的基础教育领域。"岁月匆匆过，随秋宿梦脱，一物由谁狂？壮年才寥廓。"借用固原一中老校长薛吉强 2013 年写给我的教育专著《走南说北话教育》序里面的一段话："我和成江交往多年，深感他是一个有个性、有想法、有闯劲、有追求的人。他对学习有股钻劲，专业的书本、苦涩的古文、当代的名著、前沿的理论，他都涉猎并研读，而且勤于反思，修正自己。在固原一中百年史系列丛书十卷本的编写中，他担任主要编写任务，在短短三年中，我见证了他的执着钻研和高效管理，在担任 2013 届高三清北班班主任最繁忙的日子里，他还挤时间，参加编写宁夏党史研究室组织编写的《宁夏中小学红色党史故事》一书的十个篇目。他在工作中有股闯劲，从不打折扣，敢闯敢干、敢较真，他担任艺术部主任期间使特长部教育教学质量快速提升；他创办的年级文化和学生自主管理模式很有特色；特别是他兼任 2013 届高三文科清北班班主任期间全力拼搏，带领教学团队，创下了固原一中建校以来最好的高考成绩。组织提拔他担任学校副校长，就是对他工作能力和成绩的肯定、认可。"

2018 年我有幸成为教育部高等教育教学评估中心普通高等学校师范类专业认证专家，先后参加对东北师大、河北师大、唐山师范学院等高校历史专业的认证工作，通过深度访谈、听课评课、考查走访、文卷审阅、问题诊断、沟通交流等诸多形式对接了解高等师范院校培养目标、毕业要求、课程与教学、合作与实践、师资队伍、支持条件、质量保障、学生发展 8 个一级维度、39 个二级维度的情况，并作出深入评估，从而弥补了基础教育与高等教育衔接不紧、关系不密的短板。加之之前的职业教育管理工作经历，让我在管理基础教育时得心应手。

三、宝剑锋从磨砺出

作为教育工作者，在实践层面上以教书、育人、治学为己任，在精神层面上以理性思辨为追求。宁夏固原具有悠久的历史文化，我的教育研究正是从审视脚下这片土地的历史文化开始的，从雍州之域到五原之郡、从安定要塞到九边重镇、从高平第一城到大明三边总制，顺着历史的线索探寻，乌氏倮、赫连勃勃、皇甫规、梁士彦、曲珍、刘锜等历代英豪在历史的长河中逐一演绎着英雄史诗。在这条关中通往塞外的咽喉要道上写满了北方游牧民族与中原王朝战伐交融的壮美诗篇。"回中道路险，萧关烽候多。"尽管古丝绸之路上的声声驼铃早已不闻，瓦亭古城也已变迁隐没，但固原两千多年传奇而厚重的历史仍然留存在秦长城蜿蜒百里的风骨里，在六盘山绵延起伏的山形间。西晋名士皇甫谧、北周名将李贤、隋朝贤官梁彦光、宋代廉吏郭成等历史名臣的文韬武略濡染了这里的一草一木，即使岁月久远，也不失固原的人文色彩。

从城南书院、文昌书院到五原书院，固原的教育先贤不断立规定制，诸多固原教育先贤们为了实现教育的梦想前仆后继，不断奋争、搏击、追求。正是这群精英用自己的智慧和不懈努力使固原丰厚的教育遗产在数百年的时间里传承不绝。《宣统固原州志》卷八《艺文志》曾言："文教之兴，有开必先，老师潜心育人，学生用心学习，不要辜负家国希望，他日成就必有可观，以文化人如果蔚然成风，必将造福一方百姓。"固原一中校训"格物致公，居敬持志"就是从朱熹的六项读书原则循序渐进、熟读精思、虚心涵泳、切己体察、着紧用力、居敬持志中提炼出来的。从优秀传统文化中汲取营养是一名教育工作者必备的素养。

从"双基"到"三维目标"再到"核心素养"，18年的时间里我从没有停止过对教学改革的研究与思考。分管学校教学工作期间，我努力建构教学创新素养体系，我尝试依据整体课程观规划创新素养培育的"图"，立足于课堂主阵地塑造创新素养培育的"形"，通过学校文化建设铸造创新素养培育的"神"，基于推进机制与技术创新构建创新素养培育的"境"。坚持系统观念，构建课程整体观，为转变育人方式而创立课程观念；坚持自信自立，构建校本机制，为转变育人方式而探索课程经验；坚持问题导向，发挥课程整体功能聚焦全面育人。为了提升高中生探究性学习能力，主持完成了省级课题"高中生历史学科探究性学习能力的培养"；为了解决艺术生基础知识普遍薄弱的问题，主持完成了省级课题"固原一中艺术特长部学困生学情调查分析报告及教学策略研究"；为了解决"双困生"管理难的问题，主持完成了中国教育学会"十二五"规划课题"中学心理学典型案例的讨论研究"；为了构建历史课堂高效学习体系，主持完成了省级课题"思维导图在高中历史教学中培养学生逻辑思维的整体建构"。

随着教育改革的深化，核心素养成为主题词，评价方式处在"三新"背景下的"一体四层四翼"评价体系的过渡期，教育手段处在由传统向现代信息技术转换的时期。我研究制订了学校"思维课堂"实施办法。以知识体系、方法体系、观念体系及学科思想为基本遵循,加强对学生思维能力的培养。教学时更加注重将知识体系清单化、方法体系思维化、观念体系内在化,总结归纳出了"3—2—1桥""五E探究模式""看想模式""六个帽子法""标题法""四C技术""指南针法"等可操作性强的思维技术模式,把逻辑思维、辩证思维、创造性思维引向高阶思维和深度思考层面,使得学校教学效率大幅度提升,奠定了宁夏教育北有银川一中、南有固原一中的高考升学格局。近些年学校每年有近300人考入双一流A类大学。

我撰写的论文《新课程实施过程中历史教学方法的探讨》获国家历史教学专业委员会颁发的一等奖。参编新课标高中历史教学丛书《教学设计与探究》及普通高中课程标准实验教科书《专家伴读》历史必修2两书。《基于能力训练的课型设计模式》《美国中学生批判性思维的培养》《西部地区民族教育的"西海固"经验》等十多篇文章在大学学报、教育类杂志上发表。做学问是一件苦差事,做史学研究更需严谨缜密,在浩如烟海的历史史料中查阅、求证、提炼,借助历史遗迹考证、思索,置身其间有苦有乐。经过多年实践才懂得"板凳要坐十年冷,文章不写一句空"的内涵;才悟得"不动笔墨,不知学识浅陋""一语不能践,万卷徒空虚"的道理。

2007年担任艺术特长部主任期间我提出了"低重心、近距离、手把手、小步子"的教学管理方法,成功解决了学困生学习困难的问题,当年高考学校艺术类考生达到90%的本科升学率。2013年担任卓越工作室主任期间创新教学模式,提出了高三"小班化教学,集体会诊,个性化辅导,面批面改,处方式教学"的策略,并成功组建文理两个卓越工作室,当年高考文理科55位学生全部考入双一流A类学校,其中考入清华、北大的有10人,理科1人取得宁夏当年最高分。

我创设的历史思维导图教学模式,得到区内同行的广泛认可。先后十多次受邀担任宁夏高考研讨会历史学科主讲。先后在固原市、银川市、石嘴山市、中卫市、吴忠市、宁煤集团进行了40多场有关学校管理、家庭教育、亲子关系等方面内容的学术交流和专题讲座,在全区教育领域产生了较大影响。宁夏师范学院教授薛正斌曾在《固原日报》发文这样评价我:"教育理想是教育的灯塔、灵魂,引领教育的发展方向。因此,有不同的教育思想境界,就会有不同的办学理念、教学模式、教学方法等。何成江校长不仅有自己的教育理想,而且坚守了教育的本真,守望着自己的教育信念。现在，在一些中小学管理和教学实践中，大多数学校校长和教师忙于应试教育，致力提高教学成绩，套用现成有效的学校管理模式，很少思考教育是什么，思考教育应该怎样办等问题。何校长从教育理想出发，思考了学校、校长和教师应该怎么去办好教育，以及应该怎样去从事教育工作，这在宁夏南部山区实属难得。"

基于30年的教育教学经历，我总结出属于自己的教学研究心得：教育并不只是让学生了解事实，而是训练他们思考的能力；科学并不能靠记忆去掌握，而是要发现和解释问题；提问不是单纯去问问题，而是要找到看问题的角度。提问仅是手段，它的核心要义是让学生保持好奇心。老师不怕学生出错，学生才能勇敢地提出问题，老师接受学生的挑战是一个很重要的教学方式，可以促使学生深入地理解教学内容。好的教学设计能够激发学生问问题的积极性，问问题说明孩子在学习，在独立思考，对问题有自己的看法。教学的目的就是不断促使学生思考，教师要思考课程的作用和目的，不要把自己的成长模式复制粘贴给学生。课堂上学生学得好不好，关键在于老师对课堂掌控能力的强弱，教学设计反映老师的教学理念。教学方法要符合学生心理成长规律和认知规律，真正的好老师对自己的教学内容要进行深入的解读。

在苏州挂职时与王荣伟校长一起接待斯洛文尼亚教育代表团

教师教学要随堂应变，要具备马上作出教学决策的能力，并能迅速付诸实践。教学的科学性和艺术性是相辅相成的，教师百分之九十的功夫要下在课堂之外。

一个老师要教会学生如何去思考，就要培养学生的批判性思维。而批判性思维主要从以下方面进行培养：（1）积极思考的习惯；（2）努力探索的欲望；（3）独立思考的品质；（4）从不同角度看问题的意识；（5）用不同的理由支持观点的手段；（6）有条理地梳理问题的能力。教育者要给孩子做减法，应该让孩子们感受学习的奇妙与乐趣，理解学习的意义比掌握知识更重要。教学时教师不仅要注重变革方法，更需重视对内容的组合和对价值的研究，需要不断地培养好的思维方式。

一个人走得快，一群人走得远。2013年我开始做校长，我对自己的定位就是"全其力，显其德，有其道"。要求自己注重学习，力戒守旧；深入微观，力戒飘浮；狠抓落实，力戒空谈。对他人多看长处、多想难处、多念好处、多给益处；遇事要辩证地看、分析地听、尝试地做。针对自己的专业素养力求做好四件事："读专著"，与经典同行，汲取养料；"拜名师"，与大师对话，求取"真经"；"搞研修"，主攻课题，沉下去，钻进去，求创新，出成果；"作示范"，立足课堂，躬身实践，率先垂范。

四、绝知此事要躬行

教育改革与创新面临的关键问题不是技术问题，而是观念问题。宁夏是最早推行课改政策的省份之一，新课改政策实施了十年，为贯彻立德树人的根本遵循，体现培养核心素养的育人理念，学校教学改革始终是我扛在肩上的责任，抓在手里的工作，记在心中的使命。最好的教育就是基于人的成长而作出的思考与实践，最好的教学就是能在真实的情景下激发和唤醒人的潜能。创新教育的内容突显教育理念，适合学生的，符合科学的就是最好的。

2017年，我围绕中国学生核心素养的三个方面、六大素养、十八个基本要点开始改革学校教学管理及德育教育的高阶设计。在课程实施途径上，智育以"思维课堂"为策略，针对美育构建了"三维审美模型"，以"'四化'德育模式"促进全员化德育。借助以上课程实施途径既实现了真善美教育的可操作性，又通过课程的整体性机制实现德智体美教育的深度融合，这些理念和举措一方面促进了学生的全面发展与个性成长，另一方面也帮助教师提升了专业素养。对青年教师还提出了一年入门、三年出师、六年成骨干、九年成名师的专业成长要求。出台制订了青年教师培养方案、课程评价方案，卓越名师、领军名师、青蓝名师评选方案，引领教学改革向纵深发展。

我把《学生综合素质评价实施方案》作为学校德育建设的重要抓手落到实处。积极打造"一级一品牌，一班一特色"建设活动。通过"读""看""听""做""赛""评"等各种形式丰富德育内容。推进传承塑德、教学润德、典范树德、仪式育德、劳动养德、社团尚德、资助报德、课题研德、校本修德、食宿守德十大育人模式。建构了一个以管促教、管教一体、赓续传承、以文化人，"科科有德育，课课有德育，时时有德育，处处有德育"的大德育体系，形成了特有的精神引领，文化搭台的育人氛围。推行"三结合、三突出"管理模式，即学生自主管理与年级指导管理相结合，突出学生主体作用；传统教育与现代教育相结合，突出德育实效性；纪律约束与人文关怀相结合，突出以文化人。塑造学校、家庭、社会、自我四位一体育人模式，实现多层次、全方位的育人策略。形成了独具特色的"四化"管理模式，即德育工作：目标层次化、内容系列化、形式多样化、实施一体化。创建了"扁平化"与"条块化"并行的学校运作机制。以社会主义核心价值观作为道德建设的基础，以"贴近社会、贴近生活、贴近学生"为实施原则，以课堂为主阵地，以家庭、学校、社会三位一体的教育网络为保障，构建制度文化、打造环境文化、规范行为文化、丰富活动文化，建设一个符合校情的立体综合德育网络体系。

为铸师魂，强师能，我每年邀请学校退休教师谈创业史，邀请学校名师谈奋斗史，邀请青年骨干教师谈成长史。把"办人民满意的学校，当人民满意的教师"和"争做学生最喜欢的老师，教成学生最喜欢的学科"紧密结合起来，让教师"与责任同在，与成功同行"，去追求教育的本真和本真的教育。紧扣"驾驭教材、解剖课堂、赏识学生"这一主线，为青年教师搭台子、架梯子、压担子、结对子，通过以老带新，以赛促练，以学促研的方式，有效提升青年教师的专业水平。在学校积极倡导三种文化：集体文化、团队文化、合作文化；增强三种意识：发展意识、大局意识、品牌意识；发扬三种精神：团队精神、奉献精神、实干精神；铸就人的三股气：朝气、底气、大气。让理论下潜，让实践上浮，为教学研营造浓郁的人文氛围。打好深水井，种好试验田，力求有突破，力争出成果。

老师的快乐会投射进学生的眼睛里，使学生充满希望的眼睛不至于黯淡下去。我的教改思路基于"把优秀学生培养成优秀人才"，使"卓越"文化成为学校全体成员的基本思维方式和行为方式，注重创新，实现学校办学者有"品"、为师者有"道"、为生者有"志"。达成制度的严格、职责的协调、机构的简约、决策的民主、氛围的和谐、创新的自觉；达成办学条件更好、教育"产品"更多、教学质量更高、办学特色更鲜明、学校文化更系统的奋斗目标，使"卓越"文化成为创新的营养源泉。

2022年担任固原二中校长期间，我着力打造人文特色学校。提出"突出人文、重视做人"的办学理念，尊崇"以人为本、以文化人、以品立校"的办学特色，着力增强对现代高中生"人文素养"的培育。持续28年深入挖掘"英雄路，徒步百里祭英烈"红色教育资源，开展综合实践活动课程的校本化探索，在全国范围内产生了深远影响，被《人民日报》、新华社、《中国青年报》、《中国教师报》等数十家媒体报道宣传。点击人数达16亿人次。学校历时十余年开展以"四季"为主题的教育活动，积极拓展学习领域，创新学习方式，五育并举，活动育人，确立了以传统文化教育为载体，培育学生人文素养的校本精品课程和培养模式。"春之声"古诗文诵读活动，让大家回望历史重温初心，也经受了一次涤荡灵魂的精神洗礼。"夏之风"校园读书月活动，借书香润泽心灵，丰富人生。"秋之实"教育教学成果展，举办之时是广大师生收获累累硕果的季节，也是大家尽情展示才能的舞台。"冬之韵"元旦文艺汇演年年创新，让学生充满憧憬与期待，是他们扬帆远航、承载新的希望和责任的开始。

学校着眼于顶层设计，以前瞻性、创新性、综合性、实践性为原则，在落实国家、地方课程体系基础上，充分挖掘校内外教育资源，突出校本课程开发，构建起涵盖国家、地方、校本三级显性课程与学校文化这一隐性课程的人文课程体系，打造特色课程，传递人文精神，形成比较完整的实施"人文教育"的理论和实践体系。

我和我的团队一起且行且歌，教育的一切美好愿景如秋夜的萤火在此闪闪发光。任岁月流逝，我始终会在反思中努力沉淀自己，真诚对待同事，用心陪伴学生。老师们带着自己的学生撷草木之艳，集虹霓之彩，用心于着色，描绘出一幅幅清新艳丽、生动可感的蓝图，而我通过理解他们的执念，欣赏这份静美，汇聚了思考的力量。

五、众里寻他千百度

一个民族,没有大师,是攀不高的;没有思想,是走不远的;没有文化,是难以持续发展的。优秀的学校文化,其本质是一种理念,一种气质,其外在表现是一种引领,一种特色,一种品牌。

判断教育好坏的最朴素的原则是其是否符合常识,常识的背后有着任何力量也无法撼动的强大的后援——人的发展规律。人的发展需要良好的教育环境。教育本身就是一种服务,当我们的教育以课程的形式俯下身来为学生个性成长服务的时候,学生才有可能享有成长的尊严,真正意义上教育也才可能从此发生。学生有个性才会有创造性,个性成长的土壤是多样化的课程的选择性,为学生的成长提供多样化的课程服务的地方才能被称作好学校。因课制宜,因人制宜,宜统则统,宜分则分。学校是一个为人的可持续发展而精心设计的平台,是一个通过文化传播体现价值的地方;学校应具有全体成员共同认可和遵守的价值观念、道德标准、教育哲学、行为规范、办学理念、管理方式、规章制度,以人的全面发展为最终目标。

有了学校就有了文化生长的土壤。在这里,教育思想会不断地更新,教育者的举手投足间彰显着智慧,处处细节充满人性。只有如此,这个被称为学校的地方才会有灵气、朝气和锐气,这里的学生才会迈向卓越。教育者应将自己对教育的情愫,与管理的理性和智慧相糅合,铺设一条条心灵通往心灵的道路。从我踏进这个学校的那一刻,从我读懂这个学校历史的那一天起,我对教育的含义就有了如下认知:即为唤醒学生的"求知意识、责任意识、生命意识"。行走在教育的路上,我最大的祈愿是把学校每一天的美好都留在学生的心灵深处、记忆深处。在教育的半亩方田里做个有心的人,同情体悟善待每一位学生,这是对待生命的一种态度;在三尺讲台上做个有心的人,春风化雨,担当属于自己的责任,这是从业者的原则;在日常生活中做个有心的人,润物无声地把道理讲到学生心里,这是一种境界。有心的教育会让校园充溢着书香气、书卷气、书生气,人与人和谐相处;有心的教育注重倾听、宽容、理解、奉献;有心的教育注重爱自己、爱生活、爱自然、爱生命,让学生自然地、健康地、快乐地、有尊严地、有梦想地生活;有心的教育可以助推师生不断产生思考的力量,不断产生感悟的能力;有心的教育可以带来"苟日新,日日新,又日新"的生命气息。

有了学校就要有教师。教师的个性背后是其人生经历、人生感悟,是不能被复制的生命特质。首先,教师的主业是讲课。要练舌尖上的功夫,但说得好的前提是想得好,要说精准大概需要十年,没有量的积累就没有质的飞跃。教师要有用语言"黏"住学生的能力,如果教师讲得不够精彩,就没有理由要求学生听课。其次,教师要有突出的个性,要不断学习进步,老师不敏感,不追求,不接受新鲜事物,停止生长,那么学生就很难有探究学问的推动力。教师必须经历站上讲台—站稳讲台—站领奖台—超越讲台这样四个阶段的成长过程,这需要近30年的积累,需要把自己毕生的精力奉献给教育的勇气。再次教师要博采众长,做好教研。因为知不足才能进取,要以人为师,读无纸之书,这是在研究领域成长的捷径。很多学校不讲学术,只讲资历、讲职务,这样会使学校变成有班级没思路、有学校没学术、有教学没教研、有内容没特色、有过程没规划、有眼睛没眼光、有脑袋没境界的地方。

因为一直行走在教育的路上,与优秀的人结伴而行,对一所好学校有如下判断:一是学生好,二是同事好,三是家长好,四是制度好。我认为一个好老师要做到三戒:戒自满、戒过劳、戒失衡,在精神上不匮乏、在灵魂上不落俗、在行动上不滞后。对教育的思考最终是对生命本身的理解,学会用一种智慧的方式让另一种生命更鲜活,这是我所追求的。

我很多教育理念的形成与情愫生发与在对的时间、对的地方,遇见对的人有关。比如和苏州的教育家王荣伟先生相遇之后,我们在思想上相互碰撞,王先生为我解除了诸多困惑。先生喜欢写诗,为的是把岁月留住,"有精神"地生活,诗中当然还蕴藏着社会的担当。在和先生结识的数年时间里,我俩常常通过微信互递诗文,探讨教育,先生的教育理念深深地影响了我。五年前我和先生分别的时候,感觉后会无期,现在想来,其实我们在文字的空间里从未告别,无不感念"天下第一好事,还是读书"!

六、为有源头活水来

从教30年,我帮助数以千计的学生圆了大学梦,仅向清华、北大就送去了数十位学生。在宁夏乃至全国做了几十场学术交流与讲座,主编7本教育类图书,参编

3本省级以上教学研究图书，编写个人教育专著2部，主持完成省级以上课题研究5项，发表各级各类论文40余篇。

王荣伟先生曾说："自我一九九九年担任校长起，已接待过多位挂职校长，短则半个月，长则一个学期。他们分别来自西藏、新疆、广东、北京、宁夏等省、自治区、直辖市，也有来自英国的。与挂职校长在一起的日子里，我的内心有一种跨度特别大的开合，思想在活跃中被生成，被拓展。本质上，是磨炼了自己，成长了自己，也强大了自己。最终留下的还有一份纯真醇厚的情谊，在回忆中咀嚼，犹如赏春花，品秋果。但是，像何成江校长那样胸有立意、笔端生花而留下著作的，仅此一人！我不能不敬佩！单从个性色彩来说，他的沉着，他的勤奋，他的细致，他的敏锐，他的坚守，都是值得我学习的。我一向以为我的内心强大，可以征服有志于教育的'性情中人'，然而面对他，我必须谦卑，在相互的交流中自我鞭策。宁夏固原一中办学的挺拔，管理的周全，对于我来说，完全是'他山之石，可以攻玉'。为了教育，我们一起执着前行。"

30年我把自己从普通的一线教师历练成大学客座教授、硕士研究生导师，全国普通高等院校师范类专业教师资格认证专家，宁夏回族自治区基础教育历史教学指

与西安交通大学校长王树国在一起

导委员会委员，美国乔治梅森大学访问学者。借用全国十大著名心理学教师吴文君在《走南说北话教育》序言里的一段话："何校长是一位勤快的、善于钻研和学习的校长，也是一位极有思想内涵的校长，同时还是一位开放和主动交流的校长，交谈中我会忘记他的身份，就像遇到了一位早就相识的老朋友。相谈中触及他带着浓厚历史情怀的教育思考，是不可多得的教育人的反思与人性思考，我感受到的，是充满理想与感性成分的教育者的深厚的爱，他让我肃然起敬！我内心常常好奇，作为一个有着6000名学生的偌大学校的副校长，他是如何让自己如此安静地坐下来听一节又一节课，放弃的是旅游或呼朋引伴的应酬？他是如何让自己淹没在学员中，放得下校长的架子与傲慢，把'成长'——这个被很多人认为是学生和孩子专利的名词，变成自己的追求的？他是如何让自己放下逻辑和理性的规条，冒着风险在人群中分享内在的感受，体验很多人害怕触及的感觉和情绪的？他是如何让自己孜孜以求地奔波在苏州市各个中小学里，不放过任何一个听课研讨的机会的？是什么让他有如此大的动力，写下一篇篇随笔记述他在苏州所学所感的点点滴滴，短短两个月就写下了十几万字的？是什么让一位武术和篮球高手成为历史老师的？是什么让一位好老师有胆量向校长请命，创下学校里高考的好成绩的？越熟悉何校长，我听到的故事越多，也就越明白：他就是一个在矛盾中寻求平衡的教育人——平衡了文理科学习、平衡了感性与理性、平衡了热爱与责任、平衡了付出与给予、平衡了梦想与现实……而种种平衡的背后，是他做教育的大爱与使命，是他爱学生的悲心与智慧，是他为深爱的学校贡献一切的深层动力！当我找到答案时，我在内心里，向何校长深深地敬礼！"

经过30年的努力，我成为宁夏回族自治区高层次人才，宁夏回族自治区塞上名校长工作室主持人，宁夏回族自治区塞上名师，宁夏回族自治区"313"人才工程学科技术带头人，宁夏回族自治区骨干教师，宁夏回族自治区"创双优"百名能手，宁夏回族自治区教育系统优秀共产党员。被列入固原市委、市政府领导干部重点联系的创新人才，固原市人才库专家名单，还是固原市首届学科技术带头人。宁夏资深记者锁金林在《他山之石，可以攻玉》这篇报道中这样说："……这次采访给我留下了深刻的印象。扁平化管理、'12345'有效教学模式、卓越工作室……在何成江的娓娓讲述中，我醍醐灌顶，明白了优异成绩的取得绝非偶然，而是一中砥砺奋进中的必然'情节'。诸多先进的教育理念，学校各个层级的运行流程，课堂教学的具体实施，个别学生心理调适之策略，何成江如数家珍，我被他渊博的学识、深入的思考、过人的记忆力而震撼。我愈加明白，固原一中成功的背后，有何成江校长这样的优秀的管理者和敬业的教师团队。作为一名教育管理者和实践者，何成江校长具备了教育家应有的童心和爱心，他善于懂心和知心，能够尽心和育心，在教育的全部过程中，既能'动心'，又能'静心'。"

宁夏作协副主席火仲舫说："何成江校长的专著《世纪文韵》，使固原文化的厚重感跃然纸上，让读者产生一连串的联想。封面有一句点睛之笔：'一所学校的文化建构与穿越'，点明这本书可以引领读者穿越时空，徜徉在悠久而深邃的历史长河之中，让人不忍释卷。文化精神的传承离不开文化知识，而文化知识的获得则依赖教育，教育自然需要相当多的仁人志士奉献智慧。何校长的著作以史料为依托，以现实为蓝本，图文并茂，点缀诗赋，穿插典籍，编著者独具匠心，深入发掘，艺术描绘，记录了固原文化教育近千年的历史演变。"教育是一场有滋有味行走，扎根西部，扎根宁夏固原，我的故事里写满了"六盘烟雨自成画，海固儿女总是诗。"

▶ 点评

　　大道无形，润物无声。何老师扎根宁夏，以生为本，勤勉努力，乐于奉献，不仅用青春和汗水在固原谱写了历史教育的华章，而且注重教学改革，善于钻研，开拓进取，从一名普通的中学历史教师成长为大学客座教授。他以自身行动践行着陕西师范大学"扎根西部，甘于奉献，追求卓越，教育报国"的"西部红烛"精神。在生活上乐观开朗，淡泊名利。在学术上勤于思考，勇于探索，笔耕不辍。在工作上兢兢业业，一丝不苟，从"三维目标"到"核心素养"，从未停止过对教学改革的研究与思考。30年来，他一直在历史教育的主阵地上前进，用爱播种希望，用坚守成就未来。这是难能可贵的，值得我们学习！

教育部基础教育历史教学指导专委会委员　杜芳

胡菊梅：一腔热忱映初心

  胡菊梅，女，中学历史高级教师，兰州市第五十五中学教导主任。先后被评为教育部课题研究先进工作者，甘肃省省级骨干教师，甘肃省青年教学能手，兰州市市级骨干教师、市级学科带头人。获得教育部"一师一优课"部级优课和省级优课一等奖，在各类省市级专业比赛中获奖40余项，参加过20多次观摩教学课，承担过30多节兰州市"智慧教育·名师在线"公益课及20多次中考备考、高考备考、课标解读等专题培训讲座，主持和参与国家级、省市级课题并结题10余项。被聘为兰州市人民政府学科督导专家，兰州市历史学科中心组成员，兰州市初中、高中历史学科兼职教研员，兰州市教育信息化历史学科专家，甘肃省基础教育课程、教材评审专家，教育部部级优课、精品课评审专家。

> "我从来没有长大，但我从来没有停止过成长。"
>
> ——［英］阿瑟·克拉克

我整日追逐太阳不休，直至瞥见满天繁星，璀璨如烟火，繁华覆千里，足以惊艳我的过往岁月。落日的唯美终究无法挽留，星辰的绚丽亦会遗憾错过；但星空说朝阳会更美，于是我挥手启程，迎接新的美好！

一、一心逐一梦，梦想终成真

（一）机缘巧合，被拎入梦中的年幼顽童

记忆中的乡村小学，坐落在村里八个生产队中间的一块比较平坦的空地上，被麦田包围着。三排整齐的红砖砌的教室是学校里的主要建筑。印象中校门左侧曾经有一个土丘，就是我们这一级的 17 个孩子在六年级的时候，利用每周四下午劳动课的时间，拉着家里的架子车、拿着家里的铁锹等工具用了差不多一学期平整好的。

村小里的学生人数并不多，每个年级一个班，六个年级一共 100 多名学生。当时孩子们上学都很晚，其中有不少学生小学没毕业就辍学了。我们这一届全班一共 17 个学生，其中男生 12 个、女生 5 个。1991 年毕业后，我是唯一继续上了初中的女生。小时候，因为家里没人照看，我只好寸步不离地跟着上小学的姐姐。姐姐上课时，我就在校园里玩耍，或者趴在窗户外面听教室里的老师讲课，憧憬着什么时候能和其他同学一样坐到教室里听课学习。1985 年秋季的一天（当时我还不满 6 岁），正在校园里尽情玩耍的我，突然被一只瘦弱而有力的大手拎着放进了一年级的教室。就这样，两鬓斑白的老校长让我这个顽童突然间有了一个新的身份——小学生，我成了班里年龄最小的学生（比其他同学小三到四岁）。不知道是被校长带进了教室的缘故，还是因为乖巧、学习好，小学时期的我一直是被老师格外喜欢的学生。

小学三年级之前，我们班的任课老师只有两位，都是村里的民办教师，也是村

里为数不多的几个识字的人。两位老师都姓李，班主任兼语文老师瘦高，教我们之前是一名兽医；数学老师一条腿因受过伤而无法弯曲，一些调皮的孩子偶尔会跟在老师后面学他走路，其他的孩子就捂着嘴窃笑。直到四年级的时候，新来了一位漂亮温柔的陈姓女老师，给我们上语文课，我才知道语文课原来那么有意思。于是，我在心里种下一颗小小的梦想的种子：以后要成为陈老师那样的人。在那个除了课本之外没有多少书可读的年代，家里不知道来自哪里的、也不知道被摩挲过多少遍的一本图文并茂的《少年文艺》和一本没有塑料外皮的《新华字典》，成了我爱不释手的宝贝。虽然当时能读的课外书很少很少，读过的内容已完全消散在记忆深处，但我知道就是那些少得可怜的书在我的心里种下了一颗读书的种子，也因此让我渐渐走上了一条与村里绝大多数孩子不一样的人生路。

（二）顽强坚持，梦破小中专的初中女孩

1991年秋天，我升到了初中，学校是和乡政府紧挨着的乡中学。从我家到学校是一条铺满石子的上坡路，旁边是一条长长的水渠，骑自行车去学校大约需要50分钟。因为个子太小，无法骑大人们平时骑的"二八大杠"，父亲专门找人给我买了一辆26型的二手自行车。因为它的体积小，经常被嫌弃，于是我只能把它摆放在整整齐齐的一排28自行车的最边上。虽然这辆车到我上初三的时候基本处于"除了铃子不响，哪儿都响"的状态，但依然感谢它三年的陪伴。它不仅缩短了家与学校间的距离，也练就了我不错的体质和能吃苦的品质。因为路程太远，中午来不及回家，三年的午餐就是母亲给蒸的馒头或者烙的饼，多数时候也没有水喝。直到现在我都特别爱吃各种类型的饼，且经常想不起来喝水，大约就是那时候养成的习惯吧。西北的孩子就像那耐寒耐暑、倔强挺立、与风沙和命运做不屈抗争的沙枣树和胡杨，适应着环境，顺从着命运的安排，但在适应和顺从中改变着自己乃至周围的环境。

生如芥子，心藏须弥。也正因为中午不回家，我有了比其他同学更多的时间去完成作业和学习，所以初中阶段成绩一直比较好。在那时，农村孩子是不敢奢望上高中的，考大学更是想都不敢想的事。在大家普遍的意识里，走出农村的唯一机会就是初中毕业后考个"小中专"，然后在当地当个老师、大夫或护士等。能吃上财政饭、捧上"铁饭碗"是很好的出路，在当时是一件光宗耀祖的事情。所以，我的父母对众多的孩子中成绩不错的我给予了厚望，我当时也暗下决心，一定要"以笔墨

为剑，征战三年"，通过中考来改变自己的命运。但是对于因信息和资源匮乏，在中考前连一套正式的中考真题都没有见过的我们来说，这个梦想是那么的遥不可及。纵然我的成绩已经是班里最好的，但离当年中专学校的录取分数线还是有几分之差。面对身处命运十字路口、异常迷茫的我，班主任语重心长地说："娃，是个念书的好苗子，再不上学可惜了……要不然你上城里的高中去看看。"

（三）自强不息，逐梦求学路的高中女生

1994年7月，第一次走进当时乃至现在都是当地最好的高中——武威一中大门的时候，内心忐忑不安却也充满希冀。见到学校负责招生的老师时，我才发现手心里的汗已经把攥着的中考成绩单都浸透了。接待我的老师很友好，看了我的成绩，直接告诉我几天后来参加分班考试，就这样我走进了高中的校园，后来才知道我是我们村里多年来为数不多的上高中的女孩子之一。现在看来，我还是很幸运的，也许正是那张浸透过汗水和泪水的成绩单，改变了我的命运，也让我在此后的求学、工作的历程中虽然一路汗水、一路艰辛，但也一路鲜花、一路收获，不断地摸索前行，不断地成长进步。

纵有疾风起，人生不言弃。可能是初中时在农村中学打的底子实在太薄了，加上第一次离开家住校的不适应，进入高中之后的我完全跟不上老师的节奏，被现实暴击的情况一直持续到高二第二学期文理分科时。进入文科班后的第一次期中考试我考了班里第二名，从之前一直被忽略的"丑小鸭"突然成了班里名列前茅的学生，这种变化带给我的鼓舞是巨大的，我对学习的热情也是空前的，之前完全不懂的内容居然也觉得不那么难了，之前记不住的单词、课文也能背下来了。经过一年多的刻苦学习，我以学校文科班第四名的高考成绩考上了一所大专学校，虽然知道家里供我读高中已属不易，但上大专我还是心有不甘，便满怀内疚地跟父母说想再补习一年。父亲铁青着脸沉默良久，最后说："就这一年，考不上就回家种地来。"心知复读机会来之不易的我，抱定了破釜沉舟的决心开始复读。班里70多个学生，都是来自不同学校的高考失利者，其中不乏复读了好几年的，而我是大家公认的班里最认真刻苦的学生。因为我知道，这不是单纯的考试，而是自己的前途和暮年的欢喜，而我课桌上的书本便是我未来的底气。高考结束后，在估分很保守的情况下，我在提前录取批次一栏上慎重填报了"陕西师范大学"。等到成绩公布时，才知道我的高

考成绩是 1998 年武威市文科第二名。再后来听村里人说，我是我们村第一个考上本科院校的女生，这也成为父亲一直引以为豪的事。岁月之羽，掠过时间的河，抚过一片浩瀚星辰，我在岁月斑驳深处，聆听到理想绽放的声音。

我常常想起著名作家柳青说过的一段话："人生的道路虽然漫长，但紧要处常常只有几步，特别是当人年轻的时候。没有一个人的生活道路是笔直的，没有岔道的。有些岔道口，譬如政治上的岔道口，事业上的岔道口，个人生活上的岔道口，你走错一步，可以影响人生的一个时期，也可以影响一生。"走到人生最重要的十字路口时，我无疑是幸运的。当时农村老家的孩子上学的少，女孩子上学的更少。但我几乎不识字的父母一直把我们姐弟几个的培养和教育当作家里的头等大事来抓，哪怕自己忍受劳作的辛苦、承受生活的拮据和疾病的折磨都无怨无悔。特别要感谢我的父母，当然要感谢的绝不止于此！

（四）抱道不曲，圆梦象牙塔的大学青年

1998 年，炎热的盛夏，我拖着一只巨大的皮箱（姐姐的陪嫁品）和姐姐专门给我买的一个旅行包，独自一人踏上了开往西安的绿皮火车。这是我第一次坐火车，也是第一次走出武威市。大学返校高峰期的车厢里人满为患，买了无座票中途上车的我几乎是一路站到了西安。经过 23 个小时的颠簸，在走下火车的那一刻，我瞬间被这座古城扑面而来的热浪包围。接新生的学长得知我没有家人陪伴独自一人来上学时，直夸我厉害！第一次坐上西安市 603 路的双层巴士（这也是大学四年坐的次数最多的公交车），在兴奋和紧张中开启了美好的大学生活。

陕西师范大学，教育部直属的六所师范院校之一，不仅有着古朴而典雅的校园，更有着深厚的文化积淀。一进校园，扑面而来的是有着美丽传说的高山流水景观和爬满半墙爬山虎且有着独特建筑风格的学校图书馆。在 20 多年后的今天，那一幕依然清晰地留在脑海里。

在进入大学的第一次班会上，辅导员黄老师组织班里的同学做自我介绍，让大家互相认识。这时我才知道，即使是同一所高校同一个专业，各省的录取分数都是不一样的。来自甘肃这个教育水平相对落后的省份的我，仅仅从高考分数来看，几乎是班里垫底的。后来，课堂上老师提出的问题总让我觉得那么的专业、那么的深奥，我完全没有接触过。听着其他同学侃侃而谈，知识面相对狭窄、普通话也不甚

标准的我在羡慕之余，自卑感从心底产生。大学是美好的象牙塔，我不甘心如此平庸，我要努力成为自己理想中的样子！就这样，教学楼各楼层的自习室和爬满爬山虎的图书馆成了我经常光顾的地方。在几乎全是晦涩难懂的文言文的专业课本上，我密密麻麻写满了注释和笔记，记得同宿舍的同学看到我的这本书之后还开玩笑说："你要不过（及格），天理难容！"一开始上由当时学院的肖院长任教的专业英语课对我而言就像是"听天书"，我硬是靠着一本英汉词典，一个单词一个单词地查阅、记录、翻译、背诵，最终高分通过。大四写毕业论文的那段时光，也是满满的回忆。那段日子，我几乎天天都泡在图书馆里，翻阅资料、复印抄录、总结提炼、反复修改……就连当时的奋笔疾书、冥思苦想也成了今天的美好回忆！多年以后再去读自己当年的毕业论文，虽然觉得肤浅和稚嫩，但在当时却得到了指导老师和答辩评委老师的鼓励和肯定，被评为优秀毕业论文。我在写论文的过程中做了几百页摘抄笔记，那个笔记本至今还一直保存着。前年搬家的时候它突然被我翻了出来，发黄的纸页上有些字迹已经模糊了，但是当时的努力和认真依稀可见。同时翻出来的还有当年拿了奖学金的证书，以及大学期间的各科成绩汇总单，专业课总分排名第 12 名。从入学时在班级垫底到毕业时名列年级（3 个班）前茅，不知道算不算逆袭？但我知道每一次的坚持与努力，都是幸运的伏笔！从内心深处感谢大学四年的美好时光和当年努力奋斗的自己。

大学的宿舍友谊，是大学生活里最温馨的回忆。和舍友一起住了四年的 601 宿舍和亲如手足的姐妹，还有生活中的点点滴滴，每每想起都会感动。我们七个姑娘来自七个不同的省份，温柔善良的陕西航、能歌善舞的河北丽、无辣不欢的贵州婷、性格豪爽的广西萍、酷爱读书的河南莹、来自民族预科班的知心姐姐青海蔚和来自甘肃的我。因为来自天南海北，各自有着不同的性格特点、不同的生活习惯，最开始的相处中难免会有一些不愉快。但四年的朝夕相处，使我们结下了深厚的友谊，也形成了很多共同的价值观念。我们一起学习、一起旅游、一起锻炼身体、一起买同款的花布帘子、一起收拾宿舍……本科毕业时，我们无一例外走上了工作岗位，而且都回了本省；其中六位姐妹走进了人民教师的行列，包括我。不能继续上研深造虽有些细微的遗憾，但能以另一种身份继续走进校园也是命运丰厚的馈赠。

在陕西师范大学接受四年的全日制国民本科教育无疑是我人生的华彩篇章。历史学教育专业是我填报高考志愿时担心滑档同意调剂被动选择的结果，最初拿到录取通知书的时候是有些小小的沮丧的。但真正走进大学后，我越来越喜欢历史学教育专业，历史文化学院，还有陕西师范大学。学识渊博的学科大师、充满智慧的课堂教学、丰富多彩的社团活动、针锋相对的辩论比赛、热闹有趣的敦煌考察、初试牛刀的教育实习，甚至臧老师（应该早退休了）考古室里巨大的北京人头像和各种文物……所有这些，都像一颗颗大小不同光彩夺目的名贵珍珠，它们串在一起，构成了我终生难忘的大学生活。在大学四年的时光里，我积淀了丰厚的学养，锤炼了坚强的品格，涵养了进取的精神，形成了阳光的心态，也丰富了包容的性格。可以说，没有在陕师大度过的四年时光，就没有我的今天。

2002年，是大学生毕业后国家不包分配，实行双向选择的第二年。作为当年的毕业生，既对获得了更多就业机会感到喜悦，也对工作没有保障感到担忧。在学校规定的毕业生签署就业协议5个月（2001年12月21日至2002年5月20日）的期限内，学校举办了多场大型的人才招聘现场会。而我，在第一场招聘会中，也就是签约期开始的第5天（2001年12月25日）就与兰州铁路职工子弟第五中学签署了就业协议，回到了甘肃省会兰州就业。

一路走来，我所遇到的一个个像我的小学老师陈老师那样的师德高尚、学识渊博、敬业奉献、教润桃李的老师，不但是我一生的精神榜样，也成为我走上教师岗位的启蒙者。正是在他们的影响和感召下，我通过努力成为一名不懈奋战在基础教育一线的人民教师，实现了我的职业梦想，向着一个又一个人生目标进发。

二、一诺钟一业，从教绽芳华

2002年7月，我们几个同时签约的校友从西安坐着绿皮火车颠簸一夜，在晨光熹微中来到了兰州市第五十五中学（原兰州铁路职工子弟第五中学），开启了我在这方热土上默默耕耘20多年的教育生涯。20多年如一日的春风化雨、润物无声，让我对教育有了更加深刻的理解。从初为人师的欢喜与向往，到对教书育人的执着与笃定，因为一个念头，一纸协议，就变成了一份承诺，最后成了一生的钟情——对教育事业"亦余心之所善兮，虽九死其犹未悔"的钟情。无数个昼夜伏案努力，无数次领导同事帮助关心，无数次师生教学相长，甚至无数次经受辛苦委屈……从最初连续带三个高一的磨砺到连续七年把关高三的成长，上课、带班、支教、送教，或许我走着和别人一样的教书育人路，但领略的却是别具滋味的成长感受。青春、泪水、汗水、奋斗、成长，一个又一个教育故事凝聚成过往岁月里最值得铭记的时刻。

（一）班级管理，山盟不弃白发生

2009年9月，一个特殊的高三班级——艺术班，我是新来的班主任。

班里的学生全部是学艺术专业的，他们虽无多少艺术家的才华，却处处显出艺术家的"气质"。每逢可以不穿校服的日子，他们会迅速穿上自以为很漂亮、很个性的衣服，梳着奇怪的发型，昂着头在校园里来回穿梭。每次听到别人说他们的不是时，我恼火于他们的"不争气"，却又深切地理解他们想要被关注的微妙心理。作为班主任，我愿意敞开心扉去爱他们。但我也真的不知道：对于这些长期散漫、自我约束力较差的孩子，我的努力和付出到底能改变他们多少？

我试着走进他们的内心，一次次促膝长谈，一次次鼓励开导，一次次保证约定，我不顾其他老师的反对，让他们中最桀骜不驯的一个孩子做了班长；我不管自己心中的委屈，坚定地为他们进行辩护；因为他们犯的各种错误，我被叫到政教处谈话谈到崩溃……但是，我知道，他们是善良的！否则怎会有救灾捐款时的慷慨解囊？我知道，他们是懂事的！否则怎会有广播操坚持做到放假前一天的自律？我知道，他们是努力的！否则怎会有严寒冰雪中带着腿伤拄着拐杖坚持上课的意志力？我更知道，他们的内心是渴望进步的，因为每一次我愤怒时，是他们潮湿的眼角让我懂得自己要坚持！

陪伴他们走向高考的日子是繁忙而琐碎的，不乏失望与痛苦，但更多的是快乐和幸福，留在心底最多的是他们带给我的纯真感动。不会忘记，班委同学对我的支持和对班级工作的认真负责；不会忘记运动会上坚持、拼搏的同学；不会忘记，当我感冒咳嗽时，孩子们流露出的心疼的眼神和几个同学同时站起来要关上窗户的那一刻的温暖！不会忘记，在我的孩子受伤去医院的途中他们发来的信息：老师，不要慌，妹妹一定会没事的；更不会忘记，在专业课成绩公布之前紧张到手心出汗的他们对我的安慰：老师，请相信我们，我们不会让你失望的……

"老师，进班第一天你就领着我们擦干净了布满灰尘的窗户，你擦亮的不仅仅是那一扇扇窗户，更是我们的心灵。作为差班的学生，被歧视惯了，我们看不到生活中的善与美。而你，用爱擦去了蒙在我们心灵上的那层厚厚的尘土。"

"你的这种认认真真做人、踏踏实实做事的风格将影响我的一生……"

"我总是自视甚高，所以在其他同学正焕发青春活力的时候，我却在肆意浪费生命，无视老师默默的关心。如果没有我，老师你一定会很轻松，可你没有放弃我。后来，我发现我变了，尽管我还会犯错，但我已经学会先低头，你为我们流泪我也会很难过，看到你宽容的笑容和赞许的目光，我的内心在欢呼雀跃。"

定格在留言册上的这一份份真诚让我热泪盈眶。面对我的学生，谁说我的努力是徒劳的？谁说我的付出是毫无价值的？虽然在他们的改变不如我期盼的那么多时，我也曾抱怨过，或许在不自觉中忽视了他们的努力，甚至滋生过放任他们的念头。而这一刻，我被深深震撼了。原来当我还在埋怨只经历风雨却不见彩虹的时候，我已经身处于那一片彩虹的光芒中了。

（二）榆中支教，涓涓岁月酿真情

2014年2月，我非常荣幸地加入了甘肃省"三区"支教队伍，开始了人生中那段特殊的经历。

榆中县第六中学，是兴隆山下的一所寄宿制初中。记得初次抵达时，学校校长特意吩咐食堂给我做了用茄子、青椒、西红柿和土豆排列组合炒出来的四个菜，简易而不简单，那一餐我吃得很香，菜籽油的清香时常从回忆中飘过。宿舍被安排在女生宿舍楼里，宿管杨大姐细心地在为我预留的床板上铺上了一层干净的报纸，并热情地帮我铺床。为了方便做饭，学校给我买了一个电饭锅。虽然，那个4升容量的硕大电饭锅到我离开时也没有被用过一次，但这份温暖却一直留在我的心里。

在寄宿制学校里管理和照顾年纪小的住校生其实很不容易。我和其他老师一样，按照排好的值班表，轮流查夜；有的孩子因为想家，偷偷跑出去，我和其他老师在夜色里，打着手电到学校附近的树林里拉网式寻找；有很多次，生病了的孩子不去找班主任，而是径直来到我的宿舍……管理工作中的点点滴滴使我强烈地意识到：孩子们给我们的，不仅仅是信任；家长托付的，不仅仅是孩子的学习，还有孩子的整个青春岁月。

班上一个瘦弱的女生王慧慧引起了我的注意：她很少到食堂吃饭，上课从不抬头，下课也不与人交流。几次主动接触后，我知道了她从小在四川长大，母亲在她幼年时得白血病去世，家里为了给她母亲看病债台高筑，他的父亲为了逃债带她来到了榆中。父亲每天在工厂要工作十几个小时，从来没有休息日，孩子周末便无处可去。于是我经常把她叫到我的宿舍，给她做她喜欢吃的饭菜，帮她洗头发；平时经常和她交谈，鼓励班上活泼大胆的孩子们主动跟她做朋友；她的鞋子坏了，我步行半小时去市场上帮她买了新鞋；她想爸爸，我就打电话给她爸爸，让他们父女通话。渐渐地，她有了笑容，也有了朋友，学习成绩也逐步提高。在一次她在作业中夹了一个纸条"人生有一良师或益友都足矣，而你是我的两者兼备。你陪我从短发到长发，我伴你从黑发到华发，你就是我亲爱的妈妈。"当时的我热泪盈眶，心情很长时间平静不下来。"妈妈"这个词是这些孩子给予我的最高荣誉，是最真的情感流露！

我用心对待这些寄宿的孩子们，他们学着真诚待人，团结礼让，精神面貌发生了很大的变化。经常会有小家伙一声不响地从我手里夺过水桶，接满了水送回来；我去洗衣服时，总会有几个女生跑过来帮忙，和我争夺一阵手里的盆子；下班回到宿舍，门把手上时常挂着孩子悄悄放下的苹果、点心……教师节那天早上，透过教室的玻璃窗，远远地，我看到讲桌上放着一束鲜花——就是我平时散步的小路边常见的那种：青紫色的小花瓣，镶着白色的花边，淡黄的花蕊，嫩绿的叶子，满满的一束，插在一只大罐头瓶子里。走近了，讲桌上摆满了孩子们做的卡片，上面写满各种祝福的话语，我竟一时红了眼眶。一整天，我都沉浸在为人师的幸福里……

因为我带的班级成绩突出，学生和家长反响好，学校领导专门安排我给全校老师上示范课，来听课的老师比上课的学生还多。那些两鬓斑白的老教师谦虚地向我请教怎么上出精彩的课，怎么与学生融洽相处，怎么写教研论文，怎么做课题研究……没有顾虑，没有丝毫难为情。——虽囿于现实，但仍渴望飞翔，我为这些在平凡的岗位上奋斗了几近一生的同人绝不放弃努力的精神深深感动！

我像一棵树，学生、家长、同事、领导的信任像甘露，给了我力量，激发我的信心，让我在兴隆山下这片土地上大显身手。在感恩中我抽芽、生枝，将那一片绿荫回报给我的学生，使他们学有所成，健康成长。

（三）内蒙古送教，风雨路遥同珍重

2021年6月，西北师范大学组建内蒙古西部片区统编"三科"教师培训专家团队，我有幸成为其中一员，前往巴彦淖尔市乌拉特前旗和中旗蒙古族学校开展送培

进校活动。

　　进入乌拉特前旗蒙古族中学的校园，迎面而来的是浓浓的蒙古风情。环顾教室四周，墙上的标语口号多是蒙古语。学生在课堂上使用汉语不足一年时间，一下课全部用蒙古语交流。通过听诊断课对学情有了初步的判断，但走上示范课的讲台时，我内心仍有一丝紧张。经典的视频导入、丰富的史料解析、深度的教材挖掘、醒目的标题提炼、激情的语言表达、众多的学生展示……整堂课按我的预设完成，干脆利落，自我感觉良好。之后的评课议课环节，前来听课的蒙古族老师多有溢美之词，突然有个较年长的老师问我："胡老师，你用了那么多的汉语文言文材料，你觉得学生都懂了吗？我觉得如果用蒙古语学生更好理解。"

　　议课结束后，一贯追求完美的我静下心来反思，今天这堂课真的还是有很多遗憾的：在诊断课上看到学生用汉语表达没有大问题，但高估了学生的汉字书写和理解能力；文言文材料的选用量尽管与平时相比少了很多，但从学生的反应看，他们依然有些吃力；与学生的有效互动不足，对课堂生成关注过少，以学论教、以学定教的理念没有得到充分落实。

　　经过反思和调整，当我走上乌拉特中旗蒙中讲台的时候，感觉明显是不一样的。

赴内蒙古送教

我暗暗告诉自己：放下"专家"的思想包袱，不必过分关注教学任务的完成情况，享受与孩子们共同学习的这个过程。我一改自己惯有的教学风格，有意放缓了语速和课堂节奏。呈现史料后，给孩子们充分的识字读文时间，然后启发引导，甚至逐字逐句翻译，结果孩子们的理解和表达程度让我惊喜不已，信心倍增。

因为这节课的教学内容涉及"八旗制度"，为了帮助孩子们更好地掌握，那天我特意穿上了漂亮的旗袍，并且在教学设计中专门引入了地方史中蒙古族盟旗制度下乌拉特"三旗会盟"的资料，当孩子们看到他们熟悉的会盟纪念塔和白彦敖包时兴奋异常，用眼角的余光我看到了听课老师的赞许。

当播出"明末农民战争形势图"的时候，孩子们按照要求走上讲台，在地图上指出对应的时间地点并讲出具体事件的时候，我给他们竖起了大拇指，孩子们的眼里充满欣喜和激动。原来，平时默不作声的孩子们其实是愿意尝试的，是渴望得到认可的，那一点点小小的成就感给了他们大大的鼓励。其中有个孩子走上讲台的时候有些蹒跚，他怯怯地试着伸出手但又迅速缩了回去，我摸了摸他的头，满眼期待地看着他，他鼓起勇气伸出手指向了地图。两秒钟的安静过后，孩子们对他报以热烈的掌声。那一刻，他的小脸涨得通红，回到座位后，他的眼神一直紧紧地跟随着

党建交流

我，直到下课仍意犹未尽。

课后的评课中，有老师激动地说："胡老师你太厉害了！我们的学生上课从来没有像今天这样活跃过，那个走路不方便的学生智力有点缺陷，平时上课都在睡觉。"

原来，教育是用心付出，教育是静待花开，教育是给每一个孩子公平的成长机会！也许之前我在教育的路上走得太快，来不及思考太多，这么多的幸福和成长竟然是在初次遇见的内蒙古孩子的课堂中收获的。

每一位老师从教的历程中，总有一个又一个成长故事、教育故事，我从自己的不同经历中各选一例，来展现一名教师的琐碎日常，也诠释广大教师的神圣使命。其实，这些故事就是一颗颗晶莹剔透的水滴，每一滴都可以折射太阳的光芒。它们汇聚在一起，就会成为奔腾不息的浩瀚江河，"奔流到海不复回"，构成了独特的风景，蔚为壮观，泽被桑梓。

三、一意专一研，研学共进步

成家立业，是绝大部分人都要经历的阶段。2005年4月，我休完产假回校上班，因课时量不满被学校安排到了教导处做一些临时的教务工作。不承想，一做就是19年。"世间万物有盛衰，人生安得常少年。"从最初的临时帮忙到一年后正式成为教务员、从2009年任教导处副主任到2018年任教导主任，到今天成为另一所完全中学的教学副校长，弹指一挥间。其间，我还被选举为学校高中支部书记，承担着一个支部的党建和党务工作。即使在行政和党务工作都非常忙碌的情况下，我始终没有离开心爱的讲台和学生；即使在后来连续驻守高三年级，教学任务极其繁重的情况下，我也始终没有放弃对工作质量的追求和坚守。

在学校领导和全体老师的关心、理解、支持和帮助下，我忠于职守，严于律己，尽心尽力履行好教导主任、支部书记和任课教师多重角色的岗位职责，为学校办学质量的逐步提升贡献自己的一份力量。加班加点是家常便饭，顾不上管自己的孩子更是稀松平常的事，姑娘也曾经委屈地给她的老师说"我妈妈眼里只有她的工作"。虽然我也在尽量统筹兼顾工作和生活，但还是将大部分时间和精力交给了工作，对两个孩子是有亏欠的。提笔至此，恰是孩子们高考之后不久，一想到这儿内心还是隐隐作痛。对孩子而言，父母的身教重于言教。我也衷心希望我对工作全力以赴和精益求精的态度会影响到孩子。唯愿孩子们不留遗憾，走好人生的每一步，都能和最好的自己相遇。

（一）教育教学管理，提升效能促内涵发展

教育教学是学校的中心工作，教导处是落实教育教学工作的核心部门。我和我的"小伙伴们"以抓实常规管理为基础、促进师资提升为重心、提升备考质量为抓手，"三新"课程改革为契机、"双减"政策落实为要点、片区联合办学为平台、创新教学方式为切口，实施精细化管理，促进学校内涵式发展。

常规管理是琐碎的、具体的，但却是学校教学质量提升的基础和关键。我们立足"四个聚焦"，让常规管理落地见效。我们聚焦课堂，围绕教学五环节（备课、上课、作业、辅导、评价），严格落实"五精要求"（精备、精讲、精练、精批、精评），坚持日检查、周反馈、月总结，安排专人持续跟进落实。我们聚焦重点，积极实施按时进出课堂、教案作业抽查、常态教学视导"三大行动"，实行工作人员、管理干部双线督查，切实提高课堂教学工作的实效性。我们聚焦评价，结合新课程改革、中高考改革，严把命题、阅卷、讲评和分析四个关口，做好各类考试的组考和评价，对点分析、对标施策，以考促练、以考促教，全面提升师生备考、应考能力。结合新高考、中考的要求，进一步提高包括物理、化学、生物等实验室的利用率，训练学生实验操作能力。用好"人机对话"设备，提升初中英语听说教学质量。每次考试都做到前期有准备、实施有安排、过程有管理、成绩有分析、后续有跟踪，有效推动学校教育教学质量的提升。我们聚焦日常，精细做好开学、期末常规服务，科学安排课程课时、教学分工及人性化排课，规范教材教辅资料的征订和发放，有效组织文印、网络、电教等服务工作，指导做好学籍管理、中高考报名、招生录取及毕业年级档案填报、数据整理、毕业证及相关资料的发放，做好新的起始年级和选课走班的分班工作，规范开展控辍保学和为特殊学生送教上门等工作。

百年大计，教育为本；教育大计，教师为本。教师是学校可持续发展的决定性因素。我们做到"五个坚持"，努力打造高素质专业化创新型的教师队伍。坚持做好发展规划，以打造一支"能力水平强、素质品位高、精神状态好、工作作风硬"的专家型、学者型教师队伍为目标，全方位提升教师的专业能力、职业素养和创新精神。我们握紧"新教师—新秀—骨干—名师"梯级培养通道和教师发展共同体两大抓

手,建立教师的业务自修、师徒结对培养和教研组听评课指导三级制度,实施青蓝、骨干、领军三大工程,培养好青年教师、骨干教师、党员教师三支队伍。坚持搭建发展平台,学校与中国教师研修网、中国教师教育网、继续教育网等教师培训机构成为共建友好单位,在教师培训、教学教研、资源生成、技术交流、成果转化等方面进行广泛的合作,组织教师承担观摩课、示范课、专题讲座等,使教师专业能力获得了长足的发展。坚持组织教师参加研训,先后组织新教师培训、高中各学科新教材培训使用、市县级骨干教师能力提升培训项目线上线下教学研讨、"三新"背景下普通高中教育质量提升评价论坛、全市高中语文学科"线上教学巡导"工作专题研讨会、义务教育新课标研讨会、新课标背景下初中语文聚焦学习任务群探索教学新样态、"备—教—学—评"一致性视角下的初中英语单元教学设计研讨等各类专业技能培训。虽然受到疫情的影响,但老师们线上线下研学不停歇,对教育培训不放松,及时关注了解教育改革动态,全面掌握教育技能。抓好校本教研也是提升教师素养的重要路径,我们重点围绕大单元教学、项目化学习、情景化教学和校本化作业等主题开展研究。坚持抓实集体备课,确保备课与教学进度一致;营造读书学习氛围,落实学科核心素养;研究课标考纲学情,学习中考高考改革方向;组织好公开教学及课例点评工作,做好活动记载、手册填写和成果固化工作,尤其是将各学科组构建的教学模式进一步推广并形成教研成果。坚持推进实验项目,全面推进"自学·议论·引导"教学法、"新教育"、体育大联盟、音乐新体系等教学实验项目,积极承担教育教学比赛、观摩、培训等工作,探索各具学科特点的教学法,全面提升教师在新的教学法引导和带动下的素质提升和方法创新,提高课堂教学的实效。

  中、高考质量是学校的生命线。我们把学校中、高考备考作为重点工作,从五个方面常抓不懈。一是明确中、高考目标,我们结合近年来学校中高考目标完成情况,科学分析年级、班级和学生状况,精准制定中、考高考目标,指导教师科学制订各科复习进度和计划,具体落实各项常规工作,合理协调各个学科关系,精细管理促进质量提升。二是落实全员育人导师制,通过制定管理制度、建立组织机构、配备师资队伍、制订实施计划、师生结对发展监督指导过程,根据实施情况及时整改、完善,助力学生全面发展。三是坚持"123456"备考思路,即围绕一个中心——教育教学,建设两支队伍——班主任队伍和任课教师队伍,抓好三部分学生——目标生、特长生、临界生,开好四种会议——学生会、教师会、家长会、成绩分析会,落实五项工作——年级建设、分层包保、心理疏导、校本教研、聚焦课堂,抓住六大细节:管理、常规、教研、团队、服务、活动,保持"低进高出,高进优出"的特色。四是规范毕业年级考试,指导学生(尤其是临界生)制订详尽的提分计划并持续跟踪、狠抓落实。五是提升体艺特长班的教学质量,拓宽学生升学和就业路径。

"三新"改革如约而至,既是发展的机遇,也是挑战和压力。我们把高考综合改革当作"一把手"工程来抓,强化政策宣传,正面引导舆论。广泛宣传和深入贯彻党中央、国务院、教育部和甘肃省关于高考改革的政策和精神,做到教师、学生、家长全覆盖。同时,搭建立体宣传解读渠道,依托省市门户网站、学校微信公众号等新媒体平台,持续宣传解读新高考政策,形成了师生家长理解、支持高考改革的共识,为学校全面推进改革奠定了良好基础。我们制订了《新高考综合改革实施方案》《课程实施方案》《选课走班教学及选课指导实施方案》《学生生涯规划实施方案》《综合素质评价实施方案》等一系列与新高考改革配套的制度,以制度为"纲",以机制领航,把高考综合改革的基点放在创新工作规范上,激发实施新高考的活力。我们严格执行相关课程要求,开齐开足所有国家课程,根据学校实际开发校本课程,提高课程资源开发和国家教材校本化的整合水平,统一构建学校课程体系。进一步完善定位准确、特色鲜明、结构完整、层次分明的各学科课程实施方案。分类架构课程群落,分层设置选修课程,分步选择多元课程。对学生进行课程选择方面的科学引导,帮助学生选择与个人理想、能力、未来职业发展相契合的学科课程群,满足引导性选择和自主性选择的双重需要。我们着力建设生涯教育骨干队伍、生涯教育实施队伍、生涯教育队伍等三支生涯教师团队,开展研究性学习活动,开设"生涯规划"相关课程,通过课堂讲授、讲座培训、案例分析、情景模拟等多形式的生涯规划教育,探索多维度的生涯规划内容,引导学生科学规划职业生涯。我们根据学生实际情况开展了五轮次培训和模拟选科,开放12种组合,指导学生和家长按"3+1+2"模式选课。对选科结果认真研判,针对最早的一届学生实施"不走班"和"小走班"相结合方案,将3门选考科目均相同的学生组成5个班,并在人数较多的史政地和物化生组合中适当进行分层;另将两门选科(物化)相同的学生组成1个混合班级,该班选择生物学科的17名学生走史政生班学习,在有序推进落实中体现了良好的效果,形成了具有兰州市第五十五中学特色的选课走班模式。针对后来的两届学生，结合学生、学校实际，形成基本固定的四种选课模式，并进行合理分层，将选课结果与教学班级相结合，开展稳定有序的行政班与教学班一体化管理。

"双减"政策出台，对学校的工作提出了新的要求。我们充分利用学校教育资源优势，通过五项措施，妥善开展工作，形成家校协同育人、协同减负的合力，深入贯彻落实国家"双减"政策。一是加强培训，通过各种层面的培训会，让老师、学生、家长明确落实"双减"政策的深远意义，凝聚政策落实的强大合力。二是建立机制，我们从实施方案、工作举措、服务保障、经费管理、宣传引导、安全管理等各个层面制订周密的计划和详细的措施，建立长效机制。三是优化课程，对学校的师资、场地、课程进行梳理、盘点和规划，为学生提供以学科作业辅导、特色校本课程（科技创新、舞蹈、合唱、软式垒球、棋类、器乐、日语、科普、心理、劳动等）和名著阅读为主要内容的多样化选择，促进学生全面而有个性地发展。四是把握重点，我们以课堂提质、学生减负、课后服务为重点，指导教师立足课堂实效、优化作业设计，做到减负提质增效；指导学生合理安排时间、不断提升学习能力、提高学习效率，在校内积极主动高效完成作业；帮助家长更新教育观念、履行家教义务、密切亲子关系，减轻接送和培养孩子的负担；同时，学校健全作业管理机制、分类明确作业总量、提高作业设计质量、加强作业指导等途径，不断减轻学生作业负担。五是规范管理，引导学生健康阅读、合理作息、积极锻炼，正确使用手机和网络，严格按照政策要求征求学生和家长意见，做好课后延时服务费的收缴和发放。

（二）教学教研并进，锤炼本领促能力提升

"教育工作者，要把教育当成一生的事业。"这不是虚浮的口号，而是要倾注真情实感的具体行动。在做好学校教导主任和支部书记两个管理角色的同时，我时刻不忘自己首先是一名教师，即使工作再忙，始终没有放下一线教学工作。而且我深知，想要成为一名优秀的教育管理者，首先要成为一名优秀的人民教师。所以，我坚信"点滴微光，可成星海，没有一蹴而就的成功，只有厚积薄发的胜利"的教育格言，坚守教学一线、站好三尺讲台是我永不改变的初心和使命。我在提升行政工作能力的同时，更注重专业水平的精进，在兰州市历史学科领域甚至甘肃省范围内都有了一定的影响力。

"为者常成，行者常至。"任教22年，带了12届高考毕业生。在长期的高考备

考复习中，我特别关注教育改革大形势，关注教育政策的贯彻落实，关注新旧高考的衔接，聚焦课堂，认真备课、上课、批改作业，扎实做好历史教学常规工作。在教学中，不断探索有效的教学模式，以教学变革促进课堂转型，以学习方式转变优化育人方式，形成了自己独特的课堂教学模式。我重视学生课前的自学环节，在课堂教学中精心设计和仔细构建，在每节课的前10分钟，以学生梳理讲授的形式来提升学生自主学习的能力，激发了学生参与学习、参与研讨、参与提升、参与成长的主体意识，使教学模式实现了由重"教"到重"学"的转变，从关注学科知识与技能转为关注育人，促进学生个性化发展。也正因为如此，我所带的每一届学生在高考中都考出了相对理想的成绩，尤其是2011年带的文科班，成绩排兰州市第2名，创下了学校高考成绩排名纪录。

教而不研则浅。我在平时的教学过程中注意积累素材，深入开展教学研究，提升专业能力。一方面，我积极参加各种比赛来历练和提升自己，先后获得各类教育教学比赛奖励40余项，其中2019年在"一师一优课，一课一名师"活动中获省级优质课一等奖并获得部级优课奖。另一方面，我积极参加公开课、示范课、辅导讲座、公开授课等活动，为教育教学贡献微薄力量。2020年至今，我在"兰州智慧教育·名师在线"公益教学活动中承担公开课教学30余节，在甘肃、内蒙古和青海等地讲过观摩课和示范课10余次。2020—2022年连续三年承担兰州市"中考备考辅导"系列历史学科讲座，做备考策略、答题技巧、心理辅导等方面的线上课程讲解。在河北省、青海省、甘肃省、兰州市、临夏州、陇南市、定西市、张掖市、临洮县、岷县、永靖县等地不同级别、不同层次的教师培训活动中做关于课标解读、核心素养、中考备考、作业设计、高考备考等内容的专题讲座20多场。此外，作为市级学科带头人，我对自己的教学研究从来没有放松过要求，总是立足教育教学实践，将教学研究与教书育人紧密结合，聚焦理论知识、聚焦真实问题、聚焦自身成长，笔耕不辍，坚持凝练自己教育教学工作中的所思、所想、所悟、所得，也有了一些教科研成果。我主持的省市级规划课题"新课程背景下教师专业成长的策略研究""中学历史教学教育功能的研究""高中历史地方课程的开发与应用研究""高中历史课学案导学教学法研究"先后结题。主持的市级个人课题"历史高考复习有效解题方法研究"和"高中历史课分层教学设计研究"均获得优秀成果二等奖。参与国家级课题"普通中学提高课堂教学实效性的实践与探索"、省级规划课题"研究性学习的

2024年4月，承担河北省研修项目，与学员合影

研究与实践""实施'双品质提升工程'对提升薄弱学校办学绩效的研究""中学化学教学中渗透心理健康教育的实践研究""中学生德育教育主题班会的课堂实施与课外延展'1+N'模式的探索与研究""校本培训方案的探究与开发"等。撰写的《写好高中教育"奋进之笔"新篇章》《牢记初心使命，力促教育大发展》《中学历史校本课程开发刍议》等14篇论文先后发表在《甘肃教育》《时代教育》《散文百家》等期刊。参与编写出版了《中学生历史写作指导》《双品质提升之路》《中国古代文明概要》等三部教育教学专著。在教书育人这一伟大事业中，作为一名教师，我尽己所能深入教育教学一线、深耕教育教研热土，汇聚点滴以成江河，在育人的道路上育己，以平凡之躯的平凡之举履行着为党育人、为国育才的不平凡使命。

四、一生择一事，事业求卓越

"功不唐捐，玉汝于成。"一名一线教师成长为教学骨干需要坚持不懈地努力，一名教学骨干成长为卓越名师更需要孜孜不倦地修炼。所幸的是，在我的成长道路上，各级教育主管部门搭建了各种平台，学校也为教师的健康成长提供了种种机会，自己也在学习和工作中不断反思总结、不断复盘升级，想在教育生涯中成为更好的自己，发挥好必要的引领示范作用，在服务学校和师生中发挥作用、贡献力量。我通过不懈努力，也收获了诸多的荣誉：2010年被评为教育部课题研究先进工作者，2011年被评为兰州市市级骨干教师，2012被评为甘肃省中小学幼儿园青年教学能手，2015年被评为兰州市市级学科带头人，2018年被评为甘肃省中小学骨干教师，2021年被评为兰州市教育局系统"优秀共产党员"。

一路花开，一路歌唱！因为专业能力突出，我承担了一些兼职的工作。2016年被聘为甘肃省教师资格面试考官，2017年被聘为兰州市历史学科中心组成员，2019年被聘为兰州市高中历史兼职教研员，2021年被聘为兰州市初中历史兼职教研员，2022年被聘为兰州市教育信息化学科专家。2019—2022年被兰州市人民政府教育督导室聘为历史学科专家，多次承担包括兰州一中、皋兰一中、树人中学等名校在内的兰州市40多所学校的教学督导和视导工作；2022年线上教学期间，承担了市级"飞行课检"任务，2023年承担了兰州二中、兰州四中、兰州外国语高级中学、兰州东方中学等市级综合督导工作。2018年承担甘肃省及教育部优课评审工作。2021年承担甘肃省及教育部精品课评审工作，另外多次承担兰州市初中历史教学新秀评选、兰州市优质课评选、兰州市精品课评选、兰州市中学生历史写作大赛、高中线上巡导等评审检查工作。虽然因承担了这些工作而极其忙碌，但我知道这是使命，也是责任。我充分利用这些机会，将自己所学和多年工作的经验积极分享，指导学校、片区、兰州市乃至更大范围内历史学科教师的专业成长。我愿在反思努力中沉淀，成为一束光，照亮和温暖每一个遇见的同行和学生。

学生的爱戴，同事的喜欢，领导的认可，甚至是培训过程中学员的共鸣，都让我深感自己所从事的工作虽平凡，但带给我无上荣光。

（一）学生评价，朝夕眼里映欢笑

2017年6月，清晨醒来，这条来自两年前毕业的那个班的班长兼历史课代表的祝福信息给了我满满的感动。

> 老师，好久都没联系了，都怪我。又是一个六一，两年前的六一你参加了我们的毕业典礼。那天你哭了，呵呵，只许哭这一次哦！初中就喜

历史，好担心高中碰到一个我不喜欢的历史老师，但是高一就是你给我们上课，打消了我这个顾虑。从高一到高三我可一直是你的迷弟，当然现在也是。老师从我上高一就觉得你一直特别忙！注意身体！祝我们胡老师身体健康！毕业两周年快乐！

——你的课代表，你的涂涂

又想起两年前毕业时涂涂QQ空间里的留言：

今天我逃了一节历史课，因为它是我最后一节历史课，初中开始到现在最喜欢的就是历史课，胡老师带了我高中三年，原谅我今天逃课了吧……因为我受不了，所有老师当中你是最有爱最有耐心的。你去支教，你答应我会回来，你没有骗我，你做到了！同学们在你不在的日子里，一直问我，胡老师怎么还不回来？在那段时间我们真的特别想你……第一次上课就喜欢上了老师，高二文理分科的时候你直接指定让我当课代表，这是何等的信任呀！三年呀，你从来没有发过脾气！老师，我们真的爱你，你是最好的！你是最棒的！！@胡老师。

今天，又是六一，又是一年毕业季。没敢告诉涂涂：其实老师特别没出息，因为昨天我又哭了。昨天是我带的这届孩子们在学校上课的最后一天，而最后一节课恰好又是历史课。一贯认真从来不缺课的我，第一次，让孩子们上了自习。因为我不知道我一旦开口还能不能控制好自己的情绪。快下课时我想给孩子们送上一份祝福，谁知道话未出口先红了眼圈，没说两句话已哽咽。班长杜微微，也是我的课代表，大喊一声"起立"，全班同学集体向我表白："老师，我们爱你。"那一刻我泪流满面。

每一届都有好多个这样的涂涂。在朝夕相处中，已不觉得他们是学生，更像自己的孩子。明知道孩子们是奔向更好的前程，可心里就是生疼，想必嫁女也就是这种感觉吧。还记得第一次走进课堂时，看到每一个孩子都是懵懂青涩的，像一株株静静生长的小树苗；如今，孩子们已经长成了参天大树，或深造，或就业，很多当年的孩子都已经有了属于自己的生活。而曾经黑发飘飘的我也华发丛生，满脸都是岁月的痕迹，但每一个褶皱里都装着孩子们的祝福与牵挂，让我觉得自己美丽幸福！

"铁打的营盘，流水的兵"，绝大多数的孩子在记忆中已经渐行渐远。但几乎每届都有那么几个有心的孩子，多少年坚持不断会在某个或平凡或不平凡的日子里送来一份祝福或牵挂，让我体味到教育的美好，沉浸在为人师的幸福中。

（二）同行评价，亦师亦友亦真诚

我们眼里的胡主任：她总是那样精神饱满，衣着得体、柔声细语、善良能干、安静温婉。

在我眼里，她是一位可亲可敬、非常有能力的好领导：教导处的工作千头万绪，她总是很高效，却从来都不急不躁不出错。在我眼里，她是一位贴心友善、给人以温暖和力量的好姐姐：在我遇到工作或生活中的难处时，她总能默默地予以理解和支持，照顾着我们年轻人的自尊和情绪，润物细无声地给予我们鼓励和帮助。在我眼里，她是一位尽职尽责、启智润心的好老师：她身兼数职，可是再忙都不会影响她对学生的关爱与耐心，学生说她是课讲得最好、最爱笑的胡老师；她从不放弃对专业的研修，认真备好每一节课、上好每一堂课，把这三尺讲台站出了高度。在我眼里，她是一位有担当、很坚毅，负责任、有格局的好妈妈：她把一对龙凤胎儿女都照顾得很好，两个孩子品行好、学习好，孩子们的优秀最能证明妈妈的能力与付出。在我眼里，她是一位才华横溢、独立自信，有思想、有品位的新时代女性：她能很好地平衡事业和家庭，能时刻保持自身的成长，有拼劲儿，有头脑，巾帼不让须眉。我们每天都能够看到的是她严谨踏实的工作态度、吃苦耐劳的工作作风，数十年如一日地坚守在自己的岗位上，无怨无悔地爱岗奉献。我们都很喜欢她、敬重她。（兰州市第五十五中学　康真真老师）

（三）领导评价，腹有诗书气自华

书润心田而弥香，芬芳致远，至真至醇；水利万物而不争，淡泊宁静，至善至深。初遇胡菊梅主任时觉得她是一个善良、温暖、阳光、干练的形象，她尊重领导、尊重同事、待人真诚、关爱学生，做事周到，有思想内涵。工作日常中久处之后，始发现她正如平时那样，遨游知识海洋汲取营养、涵养品格，不浮华喧闹，温暖、知性而富有内涵。兼顾教学、教研和党务，静心教学、潜心研究、专心做事，不显山露水，宁静、坚韧而富有定力。她在20多年漫漫的教育路上，不知不觉间已是书香满怀、才华满腹、收获满载，深得领导、同事、同行、学生乃至家长的喜爱。

作为一名人民教师，她爱生如子，深知课堂是她的主阵地，课堂教学改革势在必行。因此，无论工作多忙，她总会挤出时间学习理论知识并付诸课堂实践，教学中努力激发学生的主体意识，用心播撒爱的阳光、心灵的种子。她自觉把教学和研究、把育人与育己置于同频发展的轨道，让课堂成为师生认知共振、思维同步、情感共鸣、精神相遇、灵魂震撼的发生之地、成长之所。多年如一日的课堂和课改研究也让她经历了从茫然到成熟再到优秀的成长历练。每一次的历练，都是成长的蜕变！

作为一名管理干部，她爱校如家，深知岗位职责是一份沉甸甸的责任，质量就是生命线。因此，对于学校和领导安排的工作，她从不管是分内的还是分外的、长期的还是临时的、简单的还是棘手的，也不分白天还是黑夜、不分上班还是休息，都会在第一时间完成，拿出计划、方案、措施和结果。多重的身份，就是多重的责任，更是多重的考验，她用巧而精、暖而柔的形式妥善且开创性地处理着学校教学、党务中的各种日常事务。长期坚持的行政、党务工作让她经历了一个从教务员到副主任、主任再到副校长，从普通教师到市级骨干、省级骨干再到学科专家，从普通党员到党小组组长、支部委员再到支部书记的岗位转变。每一次的转变，都是精彩的开始。（兰州市第五十五中学　陈福年副校长）

不啻微芒，造炬成阳。老师的脚步，很短，很短，走了一生，都没走出过三尺讲台；老师的脚步，也很长，很长，每个飞到远方的孩子，都只是老师行走一步的脚印。"子在川上曰：逝者如斯夫，不舍昼夜。"教之以心的辛苦甘甜，已消逝于宇宙深处；动之以情的育人江流，则汇成波重浪叠的惊天洪涛，在我的心中奔腾。路漫漫其修远兮，吾将坚守基础教育这方热土，上下而求索。

▶ 点评

  从贫穷乡村里的小顽童，到发愤苦读的好学生，再到躬耕教坛的历史教学名师，胡菊梅老师以"西部红烛"精神，书写下了一段人民教师坚守初心、默默奉献的光辉传奇。求学路上的坎坷、逆境没有难倒胡老师，反而养成了她坚韧不拔、包容善良的性格和刻苦踏实、实事求是的学习态度。20余年的从教生涯为她积淀了深厚的职业涵养，使她能够厚积薄发，在收获诸多荣誉的同时，也找寻到了人生的意义和价值。她抱定初心，坚定不移，面对困难，毫不畏惧。为人师表，润物无声，以精湛的教学艺术，为国家培育栋梁之材。她得到了学生和同行的一致好评，但她从不骄傲自满，总是对自己提出更高的要求。所有这些，都是值得我们学习的。

教育部基础教育历史教学指导专委会委员　李树全

李　敏：乐教让岁月留香

　　李敏，女，宝鸡市新福园中学高级教师。陕西省中小学教学名师，陕西省李敏名师工作室主持人，陕西省学科带头人，陕西省教学能手，陕西省德育先进工作者，陕西省中小学教师培训专家库专家，《陕西教育》总第530期、第533期封面人物，宝鸡文理学院硕士研究生校外导师，宝鸡市首届基础教育教学指导委员会历史教学指导专业委员会委员，宝鸡市首批"作业革命"学科指导专家，宝鸡市基础教育教学名师，宝鸡市优秀教师，宝鸡市优秀班主任，金台区拔尖人才。主持并完成省、市、区、校课题十多项，多篇论文发表。多次承担省、市、区、县"名师大篷车"和教师培训的送教、送培任务。

"流光容易把人抛。红了樱桃,绿了芭蕉。""岁月不居,时节如流",转眼间我在教师岗位上已度过 25 个春秋。从几乎与大学梦擦肩而过到坐在大学校园里潜心静读,由初为人师时茫然无措到成为教学骨干后工作游刃有余,一路走来,绵长岁月不仅使我增长了见识,积累了经验,沉淀出智慧,更助推我一步一步向着心中的教育理想国迈进。在成长历程中有诸多人和事却铭刻于心,让我感怀,促我思考,助我成长。

一、求学生涯的挫折与梦想

作为 20 世纪 70 年代出生的农村女孩子,读书几乎是提高认知的唯一手段,改变命运的主要途径。淳朴父母所能给予我的最大支持就是,我能读到哪个阶段,他们就会尽全力供到哪个阶段。缺乏外界的鞭策,所以那时的我,对于未来并没有清晰的规划,只会盲目地努力,代价便是第一次高考后名落孙山。随后,经历了将近两年的打工时光。我去的是一个镇上的棉绒厂,即是当时一个国营企业的下属单位。厂子的主要业务是收棉花和把籽棉轧成皮棉。在棉花采摘、收购的季节,厂子因业务激增,需要雇临时工,我便成为其中的一员。因工作需要,过磅、轧衣分(籽棉轧花后得到的棉纤维,即皮棉占到籽棉重量的百分比,叫作衣分)、结算、加工皮棉,几乎在每个生产环节的每个岗位上我都干过。在川流不息的卖棉大队中机械地度过一个个白天;在轧棉花机的轰鸣声中度过一个个漫长的黑夜。和那些正式工人相比,临时工待遇很低,且随时可能失业,我在无比疲惫的同时,还时刻有着危机感和恐惧感,这是社会在教我成长。在体味了社会的酸甜苦辣之后,我脑海中频频闪现出上学的快乐时光,也深深体会到在校时的幸福和读书的重要性。难道这就是我为自己选择的人生之路?似乎一眼就可以看到尽头却又看不到希望。原来,有些东西失去了才能知道它的可贵!面对残酷的现实,我开始深入剖析现状,冷静思考未来,以期作出改变。一个人只有懂得自省,向内归因,那么他做的抉择才可能改变自我。

  1996年3月，我下定决心，主动辞职，重回到久违的校园，继续为实现大学梦而奋斗。此时，距离高考不足四个月。于我而言，不但是"百废待兴"，更要从头开始。若无坚强的意志，不付出比别人多得多的努力，一切终将成为空想。但长久的懒散，让我坐不稳凳子，遗忘了过多的知识，让我在坚持和放弃间徘徊。动摇的念头像一匹脱缰的野马，一旦萌发便不可遏制。我频繁请假，学习也时断时续。但内心却始终有一个声音在呐喊：不能放弃，坚持才有希望。一直到渭南市高考二模时，看到自己的考试成绩，让我突然觉得只要能够坚持下去，全力以赴，成绩必定越来越好，绝不会比这次更糟。慢慢地，我从刚开始的不适应，想要逃离到坚定留下，从头开始。这期间，既得到了同学的帮助，也得到了老师的激励，使我在拼命努力的同时，内心充满了温暖和力量。

  1996年7月，高考成绩揭晓，我被咸阳师范专科学校（今咸阳师范学院）历史系录取。手捧录取通知书的那一刻，我明白，此生将与三尺讲台结缘，这就是我梦寐以求的目标。踏入师专大门的那一刻，"学高为师、身正为范"几个醒目的大字映入眼帘，也成为此后我时刻借以鞭策自己的座右铭。

在宜川中学上示范课

咸阳师专校风优良，教授们广博的学识、敬业的精神让我钦佩不已，他们倾囊相授，为我打开了一扇全新的通向知识殿堂的大门，激励、督促我在大学期间更加热爱学习，我也时刻提醒自己不能虚度时光。经过发奋努力，我的成绩一直位居系里前列。因为我知道，要做一名优秀教师，助力更多孩子提升学业、实现梦想，自己一定要打下坚定的基础。大二下学期时，系领导找我谈话，说因为我成绩优异，且没有补考科目，让我参加专升本考试，可以到本科院校继续就读。经过慎重考虑，加之当时的种种状况，我放弃了专升本机会。

1999年7月，我大学毕业回到原籍，被分配至渭南市大荔县埝桥初级中学任教，成为乡村教师中的一员，开始了执教生涯。初登讲台，面对和自己年龄相仿的学生时，一切都是那么新鲜、亲切、美好，我全身心投入，乐此不疲。随着时间的推移，繁杂的工作、具体的挑战带来的压力，取代了初为人师的新鲜感，加之又遇到业务能力提升的瓶颈，我学习新知识、掌握新理论、提高解决问题能力的愿望更加迫切，想要通过继续接受教育，提升业务水平的目标更为清晰。故2002年，我参加了成人高考，以高分被陕西师范大学历史学专业录取，开始了为期三年的函授学习。每学年寒暑假的两次集中在校学习时光得来不易，让我尤为珍惜。清晨，在参天大树下阅读、背诵；课堂上，在才望兼隆的教授们的讲解中思考、进步；课余，在和同学们的分享交流中感悟、成长。陕西师范大学以其淳厚博雅、知行合一的校风陶冶了我、培养了我、提升了我、成就了我。2005年7月，我以总分第一名的成绩顺利毕业，并被评为"优秀学员"。

"问渠那得清如许，为有源头活水来。"回首过往，忘不了注重启发学生思维、善于从中外历史比较研究的角度提出问题，以培养学生问题意识的曹维安教授的精心指导；忘不了考察发现中亚"陕西村"，为陕西找回了12万侨胞的王国杰教授的鞭策鼓励。忘不了教授过我知识的咸阳师范专科学校和陕西师范大学的所有恩师，片言之赐，皆令我感念于心；动人之行，皆使我受益匪浅。教授们渊博的学识、严谨的治学态度、谦逊的作风不仅令我敬佩，更成为我从教以来学习的榜样，虽不能至，然心向往之，"非曰能之，愿学焉"。只有成为一名优秀的教师，才能担负起教书育人的历史使命。因为我们的教室里坐的是家庭的希望、民族的未来。正如李茂的《在与众不同的教室里》一书中所言："教室里有什么样的老师，就有什么样的教育。有什么样的教育，就有什么样的国民。在杰出的教师身上，我们既能看到一个国家的传统，也能看到一个国家的未来。"

很早以前，我原来工作过的棉绒厂就因时代发展、社会变化和经济体制改革而退出了历史舞台。一起工作过的同事们，或买断工龄另谋职业，或自己寻求谋生方法。我的提前退出，让自己的工作生活变得不同。如今偶遇以前同事，都颇为感慨。感谢一直以来没有放弃，努力奋斗的自己，最终成为靠知识改变命运的幸运儿。感恩过往的一切经历，成就了今天这个不断迈上新台阶的自己。

二、初为人师的困惑与希冀

用"初生牛犊不怕虎"来形容刚踏上讲台的我，是最恰当不过的。彼时，恰逢学校政史教师缺乏，所以我被委以重任——承担初三4个班的政史课教学工作。当时同事们都惊讶道："还没有哪一位老师是刚毕业，没有经过历练就担任初三教师的，你是第一个。"在老教师质疑的眼光中，我无比"自豪"地走马上任，畅想自己的教学之路一定会畅通无阻。然而，因为第一次上课经验不足，忽视学情，我用了过多晦涩难懂的专业术语，导致学生不知所云。面对他们懵懂的表情、听课领导的频频皱眉和摇头、一塌糊涂的课后作业和第一次月考成绩的年级排名，还有后面越来越寂静的课堂，自己越来越孤独的"演讲"……一切都使我丧失信心，也更加困惑：工作很努力的我，为何会遭到如此尴尬的境遇？

孟子曰："君子有三乐，而王天下不与存焉。"其中，第三乐是得天下英才而教育之。为什么我的职业不能让我有幸福感和成就感，而是让我日日煎熬？不是说付出就有回报，一分耕耘一分收获吗？凡此种种，迫使我在请教领导和有经验的教师的同时，不断回望，严格剖析，深度思考，逐渐意识到"只知道埋头拉车，而不会抬头看路"的蛮干是错误的，是极其可怕的，是与理想背道而驰的。作为一个没有经验的青年教师，仅凭一腔热情和满腹干劲，是远远不能胜任教师这份神圣的工作的。我也更加深刻地领悟到：教育教学是一项复杂的系统工程，它要求教师不仅要有丰富的专业知识、先进的理论水平、恰当的教学方法，更要有与时俱进的观念，要站在生本立场，在实践中去反思，去适应，去改进，去提高。不是成为人师就能够得心应手，从容应对的。要想上出有广度、有深度、有厚度、有温度的优质课，成为有思想、有才华、有作为的骨干教师和让孩子们有收获、有成长的受欢迎、被热爱的优秀老师，必须要有谦逊好学和究根问底的意识，思考"我是谁""我需要干什么""我要带领学生到哪里去""教什么，应该怎样教""教到什么程度"等最基础也是最重要的问题。同时，我分析问题所在，并得出结论：必须去学习，在学习中提高认知；去实践，在实践中发现问题；去交流，在交流中探寻策略；要总结，在总结中完善方案；要提升，在提升中改变现状。然后不断突破、勇敢前行。

三、成长过程的反思与提升

没有白费的努力，也没有碰巧的成功。爱因斯坦曾说："所有困难的问题，答案都藏在另一个更高的层次里。"在成长的道路上，人之所以困惑，甚至失败，究其原因，我想大概是积累不够、实力欠缺。因此，除了努力，别无选择。

（一）研习以蓄力

魏征在《谏太宗十思疏》中云："求木之长者，必固其根本；欲流之远者，必浚其泉源。"为了适应学情和不断发展的教育形势，使自己成长为一名合格的初中教师，我积极参加理论学习，认真聆听专家讲座，广览各类有益书籍，从中汲取营养，为我所用，促我发展。

一是参加各层次的集中研修活动，汲取名师、大家智慧，促我发展。名师的讲座、同行的分享、名校的经验、课堂的实践，优秀教师的传经送宝，是先进思想观念和教育理念的盛宴。专家、名师幽默风趣的语言，平易近人的教学风格，信手拈来的教学案例，充满智慧的理论，使我收获良多，促使我不断去审视、去思考，从而形成新的教育观、教师观和学生观，全面提升教育教学认识水平。在培训中，郭富斌老师说"'课比天大'应该成为我们的座右铭，须镌刻在每一位教师的心中，因为它是我们安身立命的根本""读教材有三个层次：理解和领悟，联系与发现，批判与创造"；贺卫东教授说"教育就是要'慢工出细活'，而非'死拉硬拽'或追着学生跑""教师应该是启迪人生的仁者，探究社会的智者，分享成长的乐者，身体力行的行者，独立人格的歌者，投入产出的精算师"；赵亚夫教授说"'教好'常识是中学历史课的基本任务"；李惠军老师说"备课时，要将教材文本转化为教学文案"；任鹏杰院长说"讲史观，绕不开两大视角：事实观和价值观"；姚锦祥教授认为，要

"关注历史现象的背景和原因",要"基于课程内容理解课文的主题和立意";张汉林教授说"爱听故事是人的本能",要"合理建构历史叙事""批判解读叙事文本,解读史料要考虑作者所处的历史背景和角度立场";楼建军教授讲解了在历史教学中运用史料的原则和应注意的问题;成学江老师从韩愈的"师者,所以传道受业解惑也"入题,直指问题,提出对策,意味深长,他说"一位好老师考虑的不是怎么教,而是教什么","知识是第一位的,没有知识就没有能力和技巧",引领我走出误区,辨明误区;徐赐成教授分析近年来历史教育研究成果,提出对教师发表论文的担忧和期望,这恰恰是我最不擅长和最畏惧的方面,他说"教学内容分析要以学科育人方向为指导","初中历史教学研究要有准确定位","要从'历史学习'的角度定义'精彩课堂'"。这些专家学者以深厚的学识、高超的造诣、独到的视角、切实的内容开阔了我的思路,令我深思,促我改进,帮我提升,成为我专业发展道路上的一盏盏明灯,激励我成为一个奋力前行的追光者。

"路漫漫其修远兮,吾将上下而求索。"于我而言,参加的每一次培训都弥足珍贵,听过的每一场报告都启迪智慧,与同行进行的每一次交流都值得珍惜,每一个观点都让我深思,每一次成长都来之不易。各层级的培训、各位专家的报告,内容开放而多元,建议务实而准确,他们的所谈所思,发自肺腑,让我动情,促使我对照反思:在以往的教育教学中,我做了什么?现在我还可以做些什么?未来该做什么?做到什么程度?从而坚定不移地朝着"拥有基本的理论修养,练就扎实的专业技能,养成自己的教学风格"目标迈进。也让我明晰了作为一线教师必须具备的素质,那就是教育家的情怀、教育家的精神,对教育的满腔激情,博大的胸怀,开阔的视野,创新的意识,开拓的勇气,以及强烈的使命感和责任感。

二是积极参加继续教育、网络研修等各类培训。宝鸡市每年都有远程教育培训项目,我把它们都当作宝贵的学习和提升的机会,高度重视,规划好听讲时间,认真聆听,全程做好笔记,根据所学内容调整教学策略。记得在讲到统编教材八年级历史上册第12课"新文化运动"时,有一个难点问题,就是如何理解新文化运动的局限性是"对于中国传统文化的看法带有一定的片面性"。我授课时,选择了好几种材料和解读方法,都没有达到让学生容易理解,轻松掌握的目的。还好当时宝鸡市开展了全体教师学科提升网络培训活动,其中的一个课例分析,给了我很大启发。于是,再次帮助学生分析理解时,我以所学案例为依据,提出问题,引导学生展开分析，从而达到教学目标。

此外通过参加网络培训学习，我还了解了最新课改动态，掌握了前沿理论知识，与同行交流了观点看法，使我的教学水平得到提高。

三是让读书成为一种习惯。北大教授钱理群先生说："真正的教师有三个标准：一切为了学生的成长；喜欢读书；有自己的思考。"可见，要成为一名真正意义上的教师，第一要务是喜欢和坚持读书。因为，"改变，从阅读开始"。

为提高业务水平和能力，我利用业余时间，认真学习和钻研各类书籍。为做好课题研究，解决教育教学和班级管理中的实际问题，我研读了《如何做好课题》《我这样做班主任》《中国著名班主任德育工作思想录》《问题解决：历史教学课例研究》等图书。为充分体现历史学科特点，上出精彩的历史课，我关注钱穆、吕思勉、陈旭麓、蒋廷黻、朱维铮、胡绳等史学大家的著作，研读了《中国历代政治得失》《近代中国社会的新陈代谢》《中国近代史》《从鸦片战争到五四运动》《全球史纲》《中学历史教学设计与案例研究》《初中历史教学关键问题指导》《智慧课堂：史料教学中的方法与策略》《史料教学案例设计解析》《基于问题的中学历史教学研究》等图书；为更好地分析学生问题行为背后的心理因素，寻找适切的交流方式和解决方法，我研读了阿德勒的心理学丛书，马歇尔·卢森堡的《非暴力沟通》丛书，《教师不可不知的心理学》《正面管教》《逆商》等图书；为制作好微课，更好地服务教学，我研读了整套《史学阅读与微课设计》。订阅《中学历史教学参考》《中学历史教与学》《中国教师报》《中国教育报》《教师报》等教育报刊，研究其中的名篇佳作，并写好笔记和阅读感悟。同时，关注知名教育类公众号，及时了解、学习、掌握新的理论和优秀做法，不断充盈知识库，提升认知层次，保障历史学科教学顺利开展。"每本书就是一个种子，它播到人的心里，会发芽、生根、生长，会让人成为一个卓越和优秀的人。"通过读书，使我开茅塞，除鄙见，明不足，得新知，广见识，厚学养，拥有了思考和改变的能力，使我可以更好地助力学生成长。

四是依托课题研究，解决教学问题，提高专业素养。教而不研则浅，研而不教则空。作为教师，在课堂教学、学生管理、作业布置、家校合作等方面总会遇到一些棘手的、难以解决的问题。需要我们利用一定时间，研读相关资料，发挥群体智慧，寻找适切的策略去面对和解决。课题研究对于解决教育教学工作中的问题和困惑，更具有针对性和实效性。通过课题研究可以寻找到教育教学的一些规律、原则、模式、策略、方法等，从而科学施教，有效施教。对于课题研究，我直到2014年才开始接触。此后，班级管理、课堂教学、学生教育等方面遇到的难题都成为我研究、解决的对象。对于未知领域，我必会倾尽全力，将其弄清楚、搞明白、会操作、有成果。为了申报成功，我先是购买相关书籍，细读精研，从研究问题的确定、资料的收集、参研人员的选择、立项申请书的填写、调查问卷的设计、开题报告的撰写，到过程的严密落实、中期评估报告和结题报告的论述、预期成果的完成、课题成果的推广等一系列步骤了然于心，而后将其理论联系实践形成报告。我先后主持、完成了省级专项课题2个、市级规划课题3个、区级课题11个。从一个课题研究的门外汉，变成可以传送经验的"明白人"。课题研究，不仅帮助我切实地解决了问题，也成为我进行校本研修的重要内容，提升教育教学质量的重要保证和专业发展的方式，促使我的教育教学能力不断提高。

（二）观摩助成长

为尽快提升教学水平，我采用了最直接也是最有效的方式，就是研究教学资料，观摩同行上课。"每只毛毛虫都可以变成蝴蝶，只不过，这是一个痛苦的过程。"至今我还清晰地记得那段时光，每天除了备课上课、批改作业，就是雷打不动地去听课。有时，我利用宿舍距离教学楼近的优势，打开窗户，听不同学科、不同老师的课，仔细揣摩、分析、总结。多少个日子里，我仿佛时时刻刻置身于课堂，听到了多种教学思路，各种提升策略，给予我备课灵感，帮我打通疑难环节，使我的教学水平不断迈上新台阶。"水本无华，相荡乃成涟漪；石本无火，相击乃生灵光！"在学习、汲取优秀经验的基础上，我思考、构想：面对同样的内容和问题，自己会如何选材，如何设问，如何引导，如何分析，以便更好地解读教材内容、使知识脉络清晰，内在联系凸显，在愉快的师生合作中提高课堂效率和教学效果。因为我深信，"思不同，行迥异"，只有准备充分，才会生成精彩。

观摩同行，借鉴经验；博采众长，形成特色。在学习先进理论和听取教学经验的基础上，我积极实践，改革课堂教学结构，探索新教法、新思路、新范式。在践行学校提出的"探究目标、精讲多练、增大容量、提高效率"教学模式过程中，大胆创新，将学生自学变为通过课题发现问题、设计问题、思考问题、解决问题，充分发挥学生的主观能动性和聪明才智，强化学生的主体意识、参与意识、学习意识、思辨意识，培养学生的创新精神和分析、解决问题的能力。自己只对一些关键的重难点问题从"抓住兴趣点、突破疑难点、理解模糊点、聚集核心点、把握发散点、区别混淆点、填补空白点"等方面实施深入浅出、理论实践相结合的生动的精讲，这样可以激发学生的学习兴趣，充分发挥学生的主观能动性，张扬学生个性，提高教学效率，使学生"鱼渔兼得"。

经过多年的教学实践，我形成了自己的教学范式，由互相联系、互相促进的六个环节构成。

1. 精读教材、设计问题

给学生5分钟时间，让他们在预习的基础上精读本课内容，要求在读的过程中能发现问题、设计问题、解决简单问题。比一比谁的读书速度快、效率高，思维敏捷。

此环节是让学生通过进一步自学，提高阅读理解能力、分析归纳能力，以及发现、设计问题能力，发挥学生学习的主动性。

2. 释解课题、引出重点

师生共同探讨课题，在教师引导下，由学生提出课题所涉及并需要解决的重点

课余时间为学生答疑解惑

问题。

课题是对一节课教学内容的概括和总结。教师引导学生通过研究课题发现问题，既可以激发学生的学习兴趣，又教会了学生采用"是什么""为什么"怎么做"和抓关键词等发现问题、设计问题的方法，以此培育学生会学、善学的思维品质和分析习惯。

3. *分组讨论、合作探究*

用课件展示课题所要解决的主要问题，让学生在自学的基础上，前后四个人为一组进行讨论，对自己不能解决的问题，利用 5 分钟时间商讨解决疑难问题，培养学生合作探究的能力。教师巡回检查，对学生无法解决的个别问题进行个别辅导，把共性问题记录下来，为接下来突破重难点问题奠定基础。

4. *点拨导引、释疑解惑*

教师针对巡视中发现的学生存在的共性、难点问题，引导学生通过出示材料，连接旧知，类比事例和抓关键词等方法来理解、掌握。

在针对共性问题进行讨论的过程中，教师巧妙设问，切实成为学生学习过程的引导者和参与者，通过师生互动，既可以活跃课堂气氛，还可以拓宽学生思维，培养学生发现问题和解决问题的能力，让学生轻松掌握重点，巧妙突破难点，了解知识的前后联系，引导学生用关联的眼光看待历史问题。

5. *概况总结、盘点收获*

通过学生概述、展示材料等形式进行小结，并以多种形式的课堂练习，及时了解评价、反馈学生的学习情况，巩固学习成果。

6. *课外拓展、提升能力*

给学生提供可选择的课外拓展习题，让学生运用所学知识与能力，采取调查、问询、收集数据、网络查询等方式解决身边的问题，课后以多种形式将答案展示出来，培养学生的发散思维能力，同时指导学生关注本地的历史，关注身边的历史，懂得学习历史是为了更好地服务现实。

此教学范式的六个环节相互勾连，互为促进，充分发挥了学生的主观能动性，培养了学生发现问题、设计问题、分析问题和解决问题的意识、习惯和能力，真正还课堂于学生。既符合学生的认知水平和规律，同时使教材内容条理清晰，有利于学生理解和掌握，为培育学生核心素养和提升教学效果提供了保障。

每节课结束后，我会因为上课效果好而兴奋，因为内容推进不畅而懊恼，但都会立即总结经验，反思不足，问诊学情，修改方案，力争使课程设计独具匠心，活动组织科学有序，语言表述严谨精准，课堂训练简约有效，方法指导举一反三，课堂结构完整新颖，教学风格特色鲜明，教育教学业绩显著。同时，基于教学实践、反思改进、总结凝练，我提出了自己的教学主张，融问题于教学，更好地促进学生能力发展和素养提高。

（三）创新以致远

2014年，教育部印发了《关于全面深化课程改革落实立德树人根本任务的意见》，明确提出将发展学生核心素养体系的研制与构建作为推进课程改革深化发展的关键环节，以此来推动教育发展。据此，国家颁布的新课标明确提出历史学科的核心素养是唯物史观、时空观念、史料实证、历史解释和家国情怀。2022年4月21日，教育部颁布《义务教育课程方案（2022年版）》，并于2022年9月在全国范围内实施。以素质教育为纲的义务教育新课标对教学提出了新要求、新挑战。这些举措不是零星的、局部的改革与调整，而是在整个育人方式和培养人才体系上进行的创新和改革。可见，提升学生学科素养成为教师教育教学的重要任务。对于一线教师而言，如何落实意见精神和新课标理念，怎样实施教学，达成目标要求，使新课标"素养立意、深度学习、教学评一体"的精神在课堂教学中真正得以落实，就成为一线教师要思考解决的首要问题。

对历史学科而言，依据新课标编写的统编教材，其课程内容均是按照从古至今的顺序，精选最基本的史实，以时间为轴，轴上布点，点上发散，点线结合的编年体方式进行编排的。一方面，呈现出清晰的历史发展线索，有利于帮助学生厘清历史发展的基本脉络；另一方面，教师要选择符合学生认知水平和年龄特点的教学方法，利用课题设问、发散知识点和对历史观点、结论、线索的总结，调动学生的探究兴趣，提高其参与热情，师生通过良性互动，在知识"立交桥"构建的过程中实现打牢基础、培养能力、渗透方法、提升素质的目的。

那么结合新教材，教师在课堂教学中采取什么样的教学方法才更有利于学生核心素养的培养？怎样才能让学生感觉到历史课有趣、有效，更有料？我认为教学方法符合学科特点、时代要求和学生实际，能促进学生全面、长远发展就是作为教师要探寻和实践的。历史学科教学的根本是培养学生好的思维方式和学科素养。而问题是思维的起点、动力，是提升学科素养的途径。陶行知先生说"创造始于问题，有了问题才会思考，有了思考，才有解决问题的方法，才有找到独立思路的可能。"肯尼基·胡德说："教学的艺术全在于如何恰当地提出问题和巧妙地引导学生作答。"可见，教学是从提出问题开始的，并以问题推进目标，激活过程，检验效果。基于此，经过多年的探索、实践、完善和总结，我提出了自己的教学主张——"问题素养法"（"融问题，慧历史"）。即"在问题设置、问题思辨和问题解决中提升学生学科素养，打造智慧历史课堂的教学思想"。实践的基本路径为：析解课题—生成问题—引导思考—得出结论—提升素养。最终以问题为抓手，以问题为助力，融知识学习、能力培养、方法习得、素养提升于一体，贯穿整个教学过程。

"问题素养法"关注四个维度：研究教育对象，强化学生"四识"，即主体意识、参与意识、进取意识和成功意识；研究教材内容，做好"四问"，即发现问题、设计问题、探究问题、解决问题；研究教学过程，突破"六点"，即学生学习过程中的兴趣点、疑难点、模糊点、核心点、发散点、填补点；研究教学效果，实现"双赢"，即实现师生的共同成长。

具体可分为两个大的环节进行：

第一环节：析解课题，生成问题。

曾经有位学者说过，"教学的艺术全在于如何恰当地提出问题和巧妙地引导学生作答"。可见，教学是从提出问题开始的。教师引导学生发现问题、设计问题和培养学生质疑的能力是提高课堂活力的基本方法，是真正体现学生主体地位的有效手段。那么，引导学生发现问题，并科学、恰当地提出问题，就是培养学生质疑精神的重要前提。在引导学生设问时，教师可先提供"问"的范例，为学生发现和提出问题做好示范。

在历史课堂教学实践中，最能发现问题所在的是一节课的课题。因为课题是对一课内容的概括和重点内容的提炼。分析课题，总能从中发现此节课需要解决的问题和需要探讨的重难点。通过分析课题发现问题的方法，可称为课题析解法。以"美国内战"一课为例，通过引导学生分析课题，抓关键词，可以发现以下知识点和问题：从中心词"内战"可知这场战争发生在美国，是由内部矛盾造成的；依据战争分析的"七要素"，引导学生发现这节课需要解决的问题：美国内战爆发的原因是什么？导火索是什么？开始的标志是什么？战争的进程和转折点是什么？战争的结果是什么？战争的历史影响是什么？战争给了我们什么启示等。教师长期引导，帮助学生拓展思维，不仅能使学生形成思考课题，发现和设置问题的潜意识，培养学生的问题意识和多种能力，还能把学生的注意力和兴趣点集中到课堂上，从而产生解决问题的自觉意识，调动学生的探究欲望和学习主动性。

第二环节：引导思考，得出结论，提升素养。

问题设置后，如何解决问题就成为一节课教学任务完成的关键。新课标强调学生是学习的主体，即使是接受知识，也要求学生积极主动聆听，而不是盲目被动接受，要在思考中聆听，聆听中思考，能够把听与思、分析与归纳有机结合起来，使思维处于积极状态。因此，教师要在问题解决和知识讲解过程中运用各种真实、经典的史料（包括文字、图片、实物、漫画、录音、视频等各种史料），创设情境，引导学生"穿越"回历史的时空进行思考、分析。在重难点处巧妙设置小视角问题，点拨疑惑。在教与学的活动中，引导学生在对史料的分析，旧知识的提取、再认和对新知识的探究、储存中，解决问题，得出结论，明晰知识间的内在联系，实现接受学习和主动学习的有机结合，实现知识体系的建构等。再以"美国内战"为例，对于战争爆发原因进行分析时，可引导学生回顾前面所学的"美国的独立"中的领导阶级为北方资产阶级和南方种植园奴隶主阶级，他们分别代表着资本主义和种植园奴隶制两种经济制度。据此，给出史料，让学生思考：资本主义经济要发展需要满足哪些条件？种植园奴隶制经济发展又产生了怎样的结果？让思维碰撞，让知识互动，学生就清楚了美国内战爆发的根本原因是南方种植园经济严重阻碍了美国资本主义经济的发展。再如让学生理解美国内战的历史影响和战争的性质时，可结合前面所学的"美国的独立"一课，与独立战争的历史影响、性质和美国内战爆发的根本原因来对比、分析，即可轻松理解和得出结论。

美国著名教育家杜威曾说："教育即生长，是经验改造重组的过程。""问题素养教学法"的运用促使教师从注重教什么，到关注为什么教、怎么教。课堂教学从以教为主，变为以学为主。教师不断去发现，激发学生学习的内驱力，引导学生利用所学知识和掌握的技能对设置的问题进行分析，化难为易，化繁为简，变深为浅，变抽象为具体，让学生在探寻理解知识规律的同时，真正做到深度学习，加深了对历史事件和历史现象的认识，得出一些更为深刻的结论，培养和提升了学生的学科素养。让教育从"为了知识的教育，走向通过知识的教育"，整个教学过程倡导学、强调学、走向学，让学习成为课堂的中心，而非教师讲授的舞台，让学生学习在课堂上真实发生，让学生成为参与者，有获得感。从而使以"学生为主体""以学习为中心"和"素养立意、深度学习、教学评一体"的课改理念在课堂教学中真正得以落实。

为实现"问题素养教学法"的推广，我制作了课堂观察量表，在听评课时收集数据，以促使教学主张得以完善、优化。并通过课题研究深化理念、课堂实践示范引领、论文发表总结成果、名师论坛宣讲思想、受邀报告分享观点等多种方式让大家明晰，在课堂教学中，问题是路径，能力是关键，素养是追求。从而使"问题素养教学法"在省内外得以推广。

四、成长道路上的淬炼与嬗变

（一）淬炼以嬗变

我的专业发展之路有些与众不同。因为有优秀者的推荐，所以我是先送教，后成长。通过送教、送培等活动，接受考验，在压力中前行，在磨炼中升华。

2003年，是我工作的第4年，在羽翼未丰，实践经验不足之时，被推荐去送教。于我而言，还处在职场新人阶段，根本没想到校领导会推荐我去送教。当时网络不发达，不像现在这样有可供随时查阅、借鉴的优质资源。所以听到通知时，在意外之余，也感到了巨大的压力：新换的教材版本，全新的内容体系，还没上过的新课，仅有一天的准备时间，没有送教经验……这一切都使我惶惶不可终日。在推辞无望的情况下，我开始思考：如何设计课程才能不辜负领导信任，让听课教师有所收获，让学生有所进步，让自己得到提升，达到县教研室需要的送教效果。重压之下，除了积极对待、精心准备、全力以赴，别无他法。为此，我利用课余时间深入钻研教材，认真选择每一个素材，精心设计每一个环节，细致推敲每一句过渡语，在心里反复演练，预设各种状况及应对方案。"功夫不负有心人"，示范课出乎意料地成功。至今仍记得校长在下课后激动的表情、肯定的话语："好、好、好，谁说我们沙宛地区学校的孩子差，教不会，看看这个老师把孩子们调动得多好，孩子们多积极，参与度很高，效果是真好啊。"如今思来，这话语不仅成为清晰的印记，更成为促使我不断奋进的励志箴言。一定要上出一节又一节的优质课，要让我的课堂成为自我磨砺、学生成长和教学互助的平台，助力更多孩子学业提升、梦想实现。"千淘万漉虽辛苦，吹尽狂沙始到金。"一次次的送教、送培，让我养成了对待日常教学的每一节课，都必须先精心备课，后实践改进的习惯，从不敢因为上过多遍而有丝毫懈怠。日日精进却常思不足，唯恐落后而不知。一次次的送教、送培，虚心接受同行品评，我发扬优点，改进不足，快速成长起来。随后，我被推荐参加市级"阳光师训"讲师团，承担送教任务，赢得一致赞誉。一次次帮扶送教、做培训、做报告、做评委，成为我教学生涯中的一个个重要节点。我不断历练，一步步成长为县级教学能手、市级教学能手，2012年获得省级教学能手称号。因比赛成绩优异，被抽调参加了陕西省"名师大篷车"送教活动。

2016年8月，我荣获陕西省学科带头人称号；2016年9月荣获宝鸡市教育系统优秀教师荣誉称号。2020年荣获陕西省教学名师称号，2020年入选陕西省中小学幼儿园教师培训专家库名单，2021年7月被聘请为宝鸡市首批"作业革命"学科指导专家，2022年荣登《陕西教育》总第530、533期封面人物，2022年5月被宝鸡文理学院历史文化与旅游学院聘请为硕士研究生校外导师，2022年9月被聘请为宝鸡市首届基础教育教学指导委员会历史教学指导专业委员会委员，2020年带领的历史教研组被评为宝鸡市优秀教研组，2021年带领的历史教研组被授予"陕西省中小学学科优质教学基地"荣誉称号等。

回首作为陕西省学科带头人和陕西省教学名师培养对象的时光，那种既忐忑不安又紧张兴奋、既艰辛忙碌又乐在其中的感受令我刻骨铭心。在荣誉与责任同在、机会与挑战并存的几年里，我努力向学科带头人和教学名师的标准看齐，严格按照标准开展工作。一边恪尽职守，勤恳工作，不断提高自身理论素养、业务水平和教科研能力，一边联系省内各地的优秀历

学生真挚的评价

史学科教师，拓宽领域组建团队。在专家指导和主持人组织、引领下，设置宣传报道、课堂教学研究、课题研究、校本课程研发、网络资源开发、青教培养六个交叉团队，各团队各负其责，相互激励，共促发展。通过开通新浪博客和创建微信公众号、工作室微信群、QQ 群等方式搭建多个平台，发布教研动态，发表成员观点，宣传教学主张，激励大家共同成长。针对成员分处各地的具体情况，建立网络互动机制，定主持人、定研讨主题，定期、定时打卡签到，举行网络教研会，聚焦核心问题，发表解决方案，提出有效策略，加强不同区域教师的联系。针对初中历史一线教师忙教书、少总结、善钻研、少写作的特点，建立李敏名师工作室写作打卡群，激励、督促工作室成员反思教学过程，记录教学灵感，形成教学观点，培养写作习惯，提升理论素养。同时，以读书学习为前提，以课题研究为依托，以课堂教学为载体，以同伴互助为途径，以共同成长为宗旨，多维度开展校本研修。聚焦课堂，推动课改，打磨优秀案例，撰写心得体会与教学感悟，收获成长。工作室还基于教学、教研的课堂示范，课题指导，青教培养，教学研讨四个方面，开展有温度的针对农村薄弱学校的帮扶助教。"独行快，众行远。"成长期间，任务虽重，过程虽苦，但收获丰厚。李敏学科带头人工作坊、李敏名师工作室于 2016 年、2019 年相继命名挂牌。团队 1 人成长为特级教师培养对象；2 人被评为陕西省学科带头人；6 人被评为陕西省教学能手；4 人成长为市级学科带头人；5 人被评为市级教学能手；6 人被评为区级教学能手；多人成长为区、校级教学骨干，在各个层面发挥重要引领作用。

转瞬间我已历经 25 年的教学生涯，做了 22 年的班主任，通过近百场的省、市、区级送教、送培活动，淬砺致臻，不断实现自我成长、嬗变与超越。

而最让我有获得感和满足感的是学生们对我的喜欢和认可：他们要么直接告白"最爱的人是敏姐""我高考志愿都是选择历史学，就是因为老师你"；要么用行动表示，把我因为参加各种活动转出去的课想办法要回来；要么在学校的公众号文章下面留言"李敏老师教得非常好，教会了我们许多做人的道理，是一位值得所有人尊重的老师""李敏老师真的是非常好的老师，上课质量没的说"；要么在毕业后写留言、发信息给我："春风依旧，阳光正好，感谢老师您的认真负责，勤勤恳恳，用真心贴近我们。每一句的玩笑话，斥责话，教导话，都深深刻在我们心上……不忘吾师，勿忘真理，祝您始终坚守心中的那片海，热爱生活，快乐生活""曾记得先生于三尺讲台之上，神采奕奕，谈古论今，学识渊博。字里行间，无不透露出智慧，句句言语，无不满溢哲理。"……种种表达方式，不免夸张，却让我在感动之余更坚定了初心，时时自查、自省、自励，牢记要担好使命，履行好职责。

（二）锟石以攻玉

2013年我离开了渭南，来到宝鸡这片新的教育沃土，成为宝鸡市新福园中学的一名历史教师，开始在历史学科上蓄力、深耕。

"双减"政策的落地，新课标的实施，这一切都要求作为教师的我们致力提高学生的学习兴趣，引导学生深度学习，提高学科素养，真正实现教学过程的减负、增效、提质。

陶行知先生说："好的先生不是教书，不是教学生，乃是教学生学。"如何上出有意思、有意义的历史课，让学生乐学、会学、沉浸式学习，我认为须做到以下几个方面：

1. 上课前，做好"五个研究"和"两个选择"

"五个研究"：一是研究课程标准，以期明晰具体要求、教学目标、学习目标和重难点；二是研究本课在单元结构中的地位和作用，明晰知识结构和上下联系；三是研究教材内容，具体到每一个字、词的编写，如统编教材九年级上册第13课"西欧经济和社会的发展"，开篇第一段中有一个"新"字，即可以此统领全文教学；四是研究教学过程的推进方法，如问题如何设置、重难点如何突破、学生活动如何开展、学生能力如何提升、学生素养如何培育、教学评一体化如何实现等。如对于"学生活动如何开展"这一问题，很多时候老师会采取分组讨论、角色扮演等形式解答，但开展活动之前，要先解决"有无思考""分组讨论有没有必要""有没有效果"，角色扮演时，"学生了解历史人物吗""做好台词的编写了吗""能做到情感相通吗""预设到效果了吗"等诸多问题，以避免活动走入重形式、轻效能，重结论、轻过程，重氛围、轻引导，重环节、轻思考等误区；五是研究教师的特点和学生的学情，以便选择恰当的教学方法和个性化作业。要兼顾不同层次学生的学业水平，要关注不同层次学生的发展基点，要满足不同层次学生的内在需求，只有如此，才是真正的以学生为主体，以学习为中心，以成长为目标。

"两个选择"：选择设计方式和选择材料（史料）。如对新授课、复习课、习题课、试卷讲评课、活动课等不同的课型，必须要做到科学优化，上出效果。而历史学科作为一门解释性学科，人们若想了解过去或者客观、全面、公正地认识历史，学习历史，就必须借助一种能够还原历史真实面目的工具和媒介——史料。因为史料是历史的载体，是源头活水，是研究历史和从事历史教学的前提和基础，从史料或材料中寻找历史事实是学习历史最基本的途径。经典精当的教材史料，浩如烟海的文字史料，如何选择，如何解读，更好地服务于教学内容，是非常重要的问题。

同时，教学设计力争做到"六点"：一是课程设计的系统性；二是问题设置的层次性；三是知识学习的递进性；四是能力培养的过程性；五是方法掌握的习得性；六是素养提升的潜移性。

2. 教学时，落实好"四个层次"

对于历史学科而言，课时少、任务重、要求高。初中学段的学生和家长普遍重视不够，诸多因素都要求历史老师须尽全力、尽可能引导和帮助学生将知识的掌握、能力的培养、方法的习得和素养的提升落实在课堂教学过程中。因此必须在日常教学中力避出现"三无"课：一是"活动有、实效无""主题有、契合无""问题有、思考无""参与有、成长无""训练有、深度无"等"有形无实"的课堂；二是"有备教师教多、无备学生学少""教师主导、主体、主演""学生观众、配角"等"有师无生"的课堂；三是"有史料呈现、无引导生成""有知识梳理、无体系架构""有课堂训练、无方法归总""有学习过程、无素养提升"等"有知无识"的课堂。

3. 课后反思兼顾"两个维度"

"两个维度"即在课堂教学结束后，要及时做好学生的学习效果和教师的教学改进的反思，促使教与学两方面都得到发展和提升。如教学方案的实施，教学活动的开展，有没有激发学生的参与兴趣和思维活力；有没有满足不同层次学生发展的内心需求；有没有将教学评贯通于整个教学过程；教师有没有成为课堂教学中知识体系构建的引领者，重、难点突破的释惑者，技能方法的集大成者，学生素养提升的赋能者，等等，这些问题都值得反思和总结。对于教师而言，我们教的不是书，而是一个个具体的学生。切忌拿着一张"旧船票"，在"涛声依旧"的课堂上重复着"昨天的故事"。只有常常回头望，善总结，勤改进，才能更好地开展教学工作。

"源浚者流长，根深者叶茂。"追溯过往，所有的努力与精进，都在成长中留下清晰的脚印，梦想不断地产生和进阶：要让更多的学生因为我而更加喜欢历史和历史这门学科；远眺未来，期待能与更多优秀教师并肩而行，一同走在发展专业的路上，遇到更好的自己，遇到更好的教育。我坚信：心有高标，必能致远；用心于教，定有精彩！

▶ 点评

　　李敏老师几乎与大学擦肩而过，但她经过自己的刻苦努力，终于圆了自己的大学梦。初为人师，她曾茫然无措，但她谦逊好学、不断思考和解决在教学过程中遇到的种种问题，明确奋斗目标，不忘教育的初心，矢志不渝，精益求精。她注重研究，善于反思，积极参加研修活动，学习名家的教学经验和从教智慧，以提升自己的教学水平，通过不断学习，不断实践，不断改进和提高，成长为一名游刃有余的教学骨干。在数十年的从教生涯中，她心系学生，默默奉献，坚持探索，勇于突破，取得了很好的教学成果，得到了广大师生的普遍认可。与此同时，她也收获了成就感和幸福感。这种成就感和幸福感，是对她辛勤努力和无私奉献最好的回报！

教育部基础教育历史教学指导专委会委员　李树全

李漱萍：创造性教学实践的探索者

  李漱萍，女，中学正高级教师，广东番禺中学历史教师，广州市番禺区历史教研员。广东省"百千万人才培养工程"名师，广州市首批骨干教师，广州市名教师，广州市名教师工作室主持人，广州市基础教育系统"中学名教师培养对象"实践导师，华南师范大学硕士生导师、广州大学外聘教师、广东外语外贸大学非洲史特聘研究员、广东第二师范学院兼职教授。广东第二师范学院附属学校拔尖人才培养指导专家，教育部基础教育课程教材发展中心初中历史学科教研基地研究项目"基于历史学科关键能力的初中历史教学研究"的主持人，教育部东西部教师培训主讲教师，义务教育统编历史教材培训主讲人，广州市教师培训讲师。出版专著《中学历史教师素养研究》，参与教材《综合实践》（广东省中小学地方课程教学用书）、《广东历史》的编写，参与教育部组织的《初中历史关键问题》一书的编写和校对工作。主持参与了14项国家、省、市级课题的研究，构建的"九环节"教研模式在省内推广，得到同行一致认可。曾获广东省第四批"百千万人才培养工程"名师培养对象优秀学员、广东省优秀历史教师、广州市优秀教师、广东省东西部扶贫先进个人、番禺区急需人才"禺山金才"、番禺区优秀教师等荣誉称号，并获得了广州市教学成果奖、广州市高考突出贡献奖等奖励。

一、人生至幸，得遇良师益友

因从小耳濡目染，对历史情有独钟，我于 1986 年在高考后填报志愿时毅然报考了陕西师范大学历史系。回忆 30 多年前的师大，很多场景仍历历在目，让我印象最深的就是外墙爬满绿植的师大图书馆、13 号宿舍楼前的球场、三号饭堂、周六晚的露天电影……还记得学校组织我们在校园种牛毛草，组织我们参加博物馆的奠基典礼，参观秦兵马俑、乾陵、昭陵……去河南、北京实地考察。每次学校组织我们外出参观考察前，老师都给我们讲解墓葬的类型、考古发掘的过程等相关细节知识，这对我以后的教学影响非常大，正是因为善于补充历史细节，让我的学生爱上了我带的历史课。陕师大的考古课别具一格，考古课上老师让我们去博物馆画青铜器，对完全没有绘画基础的我来说这是多么痛苦的事啊，不知如何下笔，画得也不

在贵州省毕节市威宁县第一小学听课调研，指导教学

太像。但在画的过程中我渐渐明白了老师的良苦用心和先进的教学理念：画得像不像是其次，重要的是通过画的过程我们可以研究青铜器的史料价值、艺术价值，去了解当时的时代特征。我从认识每一件青铜器的名称开始学起，通过查字典，知道青铜器的名称怎么读，青铜器是用来干什么的……又通过阅读张光直先生的《中国青铜时代》，从政治、经济到战争、祭祀，从礼仪、艺术到巫术、饮食等各个侧面了解青铜器背后的时代特征。老师独特的教学方法使我感受到历史研究的魅力，受益终身。

我对陕师大的历史课堂至今记忆犹新，各种高端的学术讲座开阔了我的视野。系里开设了几十门选修课，课堂上老师治学严谨、学识渊博，常常有理有据地提出自己独特的见解，这使我深深感受到了陕师大历史系老师独立之精神，自由之思想。我还从老师身上领悟到了刘知几的"史家三长"说，即史才、史学、史识。当然，陕师大历史系的老师也按照"史家三长"的标准严格要求我们。在陕师大读书的第一个月，老师就让我们写史学论文，我们当时还不知道论文是什么，无从下笔。老师开书单，让我们泡在图书馆里查阅文献，形成问题，运用史料作出解释，进行论证。在老师的指导下，我写的第一篇论文是《论唐文化的开放性》，开启了我真正的历史学习之路。

陕师大历史系是学术的殿堂，每届新生开学上的第一课就是系里教授与我们见面交流。教授们不仅介绍陕师大的历史，介绍历史系的创办和发展历程，介绍历史学界的学术成就和知名教授，还跟我们聊自己的生活、人生阅历、治学方法、阅读体会等，滋养着我们成长。教授们很亲切、随和、率性、质朴、接地气，甚至有些教授还用陕西方言与我们交谈，一下子拉近了与我们的距离。每当我看到"陕西师范大学的录取通知书别具一格"这则报道时，我的眼睛都会情不自禁地湿润，20多位退休老教授、在职教师、社会文化人士，以及校友共同书写录取通知书，一笔一画都饱含深情。一份真情、一份期待，风雨同舟，这就是陕师大带给我们每一位学子的温暖。

二、深耕课堂，追求高质量历史课

2023年，是我工作的第34年，也是我在一线讲台深耕的第21年。我最引以自豪的便是自己完整地教过改革开放以来推行的四套高中历史教材，经历了中国基础教育第五至第八次课程改革，特别是积极投入第七、第八次课程改革中。我经历了从双基到三维目标再到核心素养课程改革的过程，在这个过程中我学习、实践，再学习、再实践。

20世纪90年代，高三复习备考时一般采用"三轮复习法"：第一轮是通史复习，第二轮是专题复习，第三轮是热点复习、回归基础、查漏补缺。我打破常规，采用了"低起点、慢进度、巧挖掘"的"一轮复习法"，高考成绩突出，创下了广东番禺中学历史高考成绩的四个番禺区第一，即历史单科成绩第一、平均分第一、高分段人数第一、文科总分第一，这个纪录至今仍无人打破。并且，我创立的"一轮复习法"还在同行中获得认可和推广，我也逐渐形成了自己的教学风格。在教学中，我发现高三老师上讲评课存在随意性强、针对性弱、效率低等问题，故而我运用了马斯洛需求理论，开展"历史讲评课"的专项研究，并撰写了论文，在广州市论文评比中获得了一等奖，我的研究成果也在省内外被推广。

2020年，我又重返一线讲台，面对新课标、新教材、新高考，我主动提出任教高一年级，"重操旧业"对我来说既是机遇又是挑战。机遇是面对第八次课改，我可以把自己12年当教研员过程中听、评课积累的经验付诸实践，也想试试自己是不是真的"宝刀未老"。众所周知，高中新教材《中外历史纲要》（上、下册）容量大、课时少，特别是那届广州地区的学生中考不考历史，初中学生不重视历史课是常态，再加上学生在初二、初三的时候因疫情大量时间是在家上网课，基础非常薄弱。面对现状，教师提出了如下问题：

（1）一线教师如何更好地解读、领悟课程标准？如何将专家提出的理论与教学实践相结合？

（2）教材内容深、容量大，对学生能力要求高，如何完成教学任务？

（3）针对同样的教学内容，初、高中教师的教学方法有什么不同？如何做好初、高中历史教学的内容衔接？

（4）在高中历史教学中如何确定学习主题和关键问题？

（5）如何体现素养立意？

（6）如何基于学业评价标准推动教学评一体化？

（7）应该阅读哪些与新教材相关的书籍？

（8）学生的活动课如何落实？

（9）如何应对水平测试和高考？

……

早在2018年至2019年，我就参加了教育部组织的高中新教材的试教工作。当时，我们区承担的试教内容是《中外历史纲要》（下册）第五单元"工业革命与马克思主义的诞生"、第六单元"世界殖民体系与亚非拉民族独立运动"。在试教过程中我们边磨课边思考，在实践中我们必须要解决哪些问题：

（1）如何科学制订教学目标？

（2）如何围绕核心素养培育，合理整合教学内容？

（3）如何抓住和准确把握核心内容？

（4）如何创设历史情境，让学生体验历史境况？

（5）如何开展主题教学、问题教学和深度教学等？

（6）如何真正地让教材成为"学材"和"学本"？

（7）如何准确把握学业质量评价标准，多维度进行学习评价？

……

与贵州省毕节市威宁九中历史科组成员开展集体备课

我先阅读了大量的教育教学和课程论书籍，例如《追求理想的教学设计》《核心素养导向的课堂教学》《教学模式》《以概念为本的课程与教学》，下载并阅读了教材编写者的论文，从《中学历史教学参考》和《历史教学》等期刊上刊登的课例中找灵感，静心学习充实自己。在实践中探索、运用逆向教学设计理论，构建"整合教材—变教材为'学材'—任务驱动"教学模式，力求做到教学评一体化。

逆向教学设计要求设计者在开始的时候就要详细阐明预期，即学习优先次序，再根据学习目标所要求或暗含的表现性任务来设计课程。逆向教学设计分三个阶段，即：第一阶段，确定预期结果；第二阶段，确定合适的评估证据；第三阶段，设计学习体验和教学方式。我依据逆向式教学设计原理，以生为本，将教材变成学材，使教学评一体化。如对《中外历史纲要》（上册）第1课"中华文明的起源与早期国家"设计如下：

第1课　中华文明的起源与早期国家

阶段1：确定预期结果

确定学习目标：

1.阅读教材，仔细观察第2、3页两幅地图，从时间、分布地域等方面，概括中华文明起源的特点。

2.观察教材第3、4、5页考古遗址图，寻找证据证明它们与中华文明起源以及私有制、阶级和国家产生的关系。

3.阅读教材及史料，进一步了解私有制、阶级和早期国家的特征。

4.阅读史料和教材的相关叙述，了解夏商周时期的社会状况，概括早期国家的特点。

5.理解分封制和宗法制，认识西周时形成了天下一体的文化和心理认同，为中华民族形成奠定了最初基础。

要达到预期目标我们需要思考哪些基本问题？

1.什么是文明？文明产生的标志是什么？

2.早期中华文明的产生有什么特点？

3.私有制、阶级和国家产生的根源是什么？它们之间有什么关系？

4.什么是国家？为什么说夏朝是我国的第一个奴隶制国家？

5.夏商周三代的政治有何特点？

预期学生会理解什么？

学生将会理解……

1.理解文明的概念，并阅读教材的相关内容，运用这一概念归纳中华文明产生的特点。

2.观察考古遗址的相关资料，学会寻找证据。

3.运用唯物史观的理论，能对证据进行合理解释，并得出结论。

作为本课学习的结果，学生将会得到哪些重要的知识和技能？

学生将会知道……

1.概念：新石器时代、旧石器时代、中华文明、私有制、阶级、国家。

2.历史学科核心素养：唯物史观、时空观念、史料实证、历史解释、家国情怀。

阶段2：确定合适的评估证据

用什么能够证明学生理解了所学知识？

表现性任务：

1.学生阅读教材、概括知识的能力。

2.学生读图的能力。

3.学生解读史料的能力。

4.学生的证据意识。

……

概括阶段1的预期结果，还需要收集哪些证据？

1.完成作业的情况。

2.课堂上的反应情况。

3.测验等。

学生的自我评价和反馈：

学完本课后，反思掌握的程度……

阶段3：设计学习体验和教学方式

教与学的体验顺序该怎么安排才有助于学生参与、发展和展示预期理解？提供哪些素材和设计什么问题帮助学生理解知识？

教学过程

导入：

材料1　文化是指人类社会历史实践中所创造的物质和精神财富的总和，文明是指人类历史在继史前社会之后出现的一个更高的社会阶段。传统的观点多以文字、铜器和城市的出现作为进入文明时代的标志，但固守这三个标志，很难适应世界各地文明起源的多样性和差异性，也难揭示社会结构上的巨大转变。有学者提出，应将国家的出现作为考量文明社会产生的标准。

——王家范、张耕华、陈江编著《大学中国史》

材料2　在中华文明探源工程实施过程中，我们坚持以辩证唯物主义和历史唯物主义为指导，坚持马克思主义关于"国家是文明社会的概括"的国家观，以国家的出现作为判断一个社会进入文明社会的根本标志，突破了判断进入文明社会"三要素"的桎梏。我们提出的进入文明社会的标志包括：生产发展、人口增加，出现城市；社会分工和社会分化，出现阶级；权力不断强化，出现王权和国家。我们还从中国各地有关文明起源的一系列考古发现中，总结出在没有发现当时文字资料的情况下如何从考古发现中判断一个社会进入文明阶段的关键特征，即出现了作为政治经济文化中心的都城、规模巨大且制作考究的宫殿或神庙、规模大且随葬品丰富的墓葬、形成了表明尊贵身份的礼器和礼制、宽大壕沟或高大城墙以及大量武器随葬反映出的战争频发。上述判断进入文明社会的中国方案为丰富世界文明起源研究理论作出了中国贡献。

——《中华文明探源工程——揭示中华文明起源、形成、发展的历史脉络》

问题：什么是文明？文明产生的标志是什么？

设计意图：文明是本节课的大概念，本节课以文明这一大概念将教材中的三个子目联系起来，让学生理解中华文明的起源与早期国家的建立。通过创设情境让学生了解什么是文明，文明出现的标志（东西方）有不同认识，中国研究的结果体现了中国智慧，中国在学术上的话语权。学生了解了文明产生的标志为下面学习做好了铺垫。

教学环节

一、中华文明的胎动——石器时代的古人类和文化遗存

问题一：

我国已经发现的旧石器时代人类遗址有数百处。根据《中国旧石器时代重要人类遗址分布图》（教材第2页），结合教材的文字叙述，归纳我国旧石器时代的古人类在生活时间、地域分布、生产生活方面分别具有怎样的特点。

问题二：

在黄河流域以外，大量新石器时代的文化遗址被发现，从出土文物的特点来看，都不同于中原地区。阅读教材第一子目，结合《新石器时代文化遗存分布图》简要说明远古文化分布有哪些特征，并据此概括中华文明起源的特点。

问题三：观察教材第3页至第5页四幅遗址图，可以发现哪些历史信息？能得出哪些历史结论？

二、中华文明的肇始——从部落到国家

问题四：阅读材料，回答问题。

国家形成的标志为：一是阶级的存在，二是凌驾于社会之上的公共权力的设立。阶级或阶层的出现是这一管理机构得以建立的社会基础，凌驾于全社会之上的公共权力的设立则是国家的社会职能，是国家机器的本质特征。

——曹大为等总主编《中国大通史·导论·史前》

思考问题：国家形成的标志是什么？阅读教材，用证据说明新石器时代晚期中华大地进入了国家状态。

三、中华文明的曙光——商和西周

子曰："殷因于夏礼，所损益可知也；周因于殷礼，所损益可知也。"

——《论语·为政》

问题五：夏、商、周三代文明如何继承和发展？

设计意图：以文明为主线，将教材三个子目有机整合，形成结构化的知识体系，避免知识碎片化，利于学生知识的迁移。充分运用教材的素材

设计问题，将教材变成学材，培养学生的唯物史观、时空观念、史料实证意识、历史解释能力和家国情怀，有效落实学业质量水平四个维度的课程标准，真正理解中华文明的起源与早期国家。

高二年级历史班学生学习的选择性必修教材，知识跨度大、概念多、内容多，具有专题性、贯通性和整体性的特点。对教师来说也是全新的内容，对教师的学科专业知识和通识知识要求高，要想讲好这三本教材，教师要有再学习的态度，既要学习历史学，还要学习政治学、经济学、法律学等知识，同时教师更要边学边思考"教师如何教？学生如何学？"等问题。针对学情，并依据《普通高中历史课程标准》（2017年版2020修订）实施建议要求"对教科书的顺序、结构进行适当的调整，将教学内容进行有跨度、有深度的重新整合，也可以对必修、选修的不同模块进行整合，设计出更具有探究意义的综合性学习主题"，广东番禺中学高二历史科组大胆尝试"立足纲要，融通选必"，将《中外历史纲要》（上、下册）、选择性必修模块1《国家制度与社会治理》、选择性必修模块2《经济与社会生活》、选择性必修模块3《文化交流与传播》五本教材整合在一起，设计出了更适合本校实际情况的综合性学习主题。广东番禺中学目前也是广州市，甚至广东省唯一一所大胆尝试整合教材的学校。高二历史科组的做法得到了学校的大力支持和肯定。在整合教材的过程中，我主要做好了以下几点：一是理解教材，把握教材主旨；二是按照时序，整合教学内容；三是研读课标，找准教学重点；四是了解学情，灵活处理内容；五是素养立意，提升关键能力。在实施过程中，我还针对学情和教学内容，将教材变成学材，运用大概念对教学内容进行整合，在教学节奏上尽可能"慢步走，巧挖掘"，根据具体的教学内容灵活采用问题教学、史料教学、深度教学、结构—联系教学等教学方法。值得一提的是，我对学生提出了"培养自主学习、自主构建和自主整理的学习能力"的要求，对教师提出了"（1）提炼大概念，形成结构认识；（2）建构知识体系，力求打通五本教材；（3）解决重点、难点问题；（4）加强学法指导，提升学生的关键能力；（5）落实学科核心素养的培育"五点要求。

以中国近代史为例，把中国近代晚清政府、中华民国临时政府、北洋政府、南京国民政府以"救亡图存"这一大概念将必修和选必内容整合起来。让学生理解什

与威宁九中高三学生合影

么是救亡图存，中国近代四个政府在挽救民族危亡中做了哪些努力，为什么中国近代这四个政府都没有使中国摆脱民族危机，实现国家的独立。通过对内容的整合学习，使学生更能理解中国共产党为什么能够领导中国人民实现民族独立、国家富强，进一步理解中国共产党为什么"能"。而学生在理解中国共产党为什么"能"之前也要先知道马克思主义为什么"行"。我在整合教材内容时就是要实现减负增效、培育学生学科核心素养的目标。2023年5月26日，我们在广东省校本研修示范活动中展示了自己的教学成果，点击率超过了两万多人次。

三、研学活动，促师生成长

新课程标准所倡导的教育评价方式是发展性评价，必须以"人"为出发点，促进个体的和谐发展。提倡评价内容多元化、评价主体互动化、评价方式多样化。从2000年开始，广州市番禺区实施广州市教研室的"初中历史学生学业成绩多元化评价体系"标准，建立纸笔测试、非纸笔测试（开放式考查）、考查平时成绩三种方式构成的新课程教育质量评价体系。非纸笔测试（开放式考查）形式多样，例如创作历史漫画、绘制历史手抄报、创作历史剧本、表演历史剧、创作历史剧海报、撰写历史小论文和家乡名人调查报告、考察家乡名胜古迹、讲数字故事、搞社区调查、拍摄社区历史视频和社区历史摄影作品、设计一日游路线、搜集传家宝的故事等。从2000年开始，我们一直坚持组织学生开展历史实践活动，我以"基于地域文化的历史考察活动"为例，谈谈如何让学生走出校园、走出课堂、走向社会，真正在做中学习。

历史考察活动，是指在老师的指导下，学习者根据自己的兴趣与能力，从历史或生活中选取问题（或课题）进行考察探究，由此自主地了解和思考人类以往的事实，培养唯物史观、时空观念、史料实证、历史解释等基本素养，从而孕育创新意识和实践能力的一种学习方式。历史考察活动是基于真实情境，以学生为主体，通过自主、合作、探究的学习方式，主动获取知识、形成价值取向的过程。广州是岭南古邑、千年商都，拥有丰厚的历史文化资源，比如说大量的历史遗址、博物馆、纪念馆、古村落乃至民俗民谣等。对学生来说，基于地域资源开展实践活动，可以实现伦理上亲近、心理上贴近、地理上接近家乡的目的。一直以来，我都坚持不懈地推动学生开展历史实践活动，活动内容丰富，形式多样，覆盖面广，也激发了学生学习历史的兴趣，培养了他们的实践能力，培育了他们的历史核心素养。

在多年的实践中，我建构了活动的实施模式。历史考察不是旅游，作为一种研究性学习的方式，它要求遵循历史研究的一般思路，也就是从证据到事实，从事实到结论，先是发现问题，然后提出假设、收集资料、研究验证、得出结论。在实践过程当中，学生一般都会按问题或课题分组，通过小组合作探究的方式去完成任务。作为老师，我们要承担起指导者、组织者、陪伴者的角色，既要关注学生的研究方法，又要关注其研究的过程，及时作出过程性评价和引导。师生共同通过收集资料、查阅文献、实地踩点等方式确定考察研究对象。确定了研究对象和了解了背景资料后，学生对要做的进一步探究，却觉得无从下手。因为探究活动是以问题为导向的，有了高质量的问题，才会让研究有方向、有价值。为了培养学生的问题意识，我采取了"五何"问题分类法，用思维导图引发学生的头脑风暴，让他们去发现问题、提炼课题。

"五何"问题分类法是从问题逻辑指向出发，对问题进行分类和界定的方法。所谓"五何",是指"是何(是什么)、为何(为什么)、如何(怎么办)、若何(如果……会……)、由何(由……引出的)"。"是何"类的问题一般指向事实性内容,有着确切的答案,只要查阅资料即可获取,因此探究的空间并不大。"为何"类问题一般指向基于目的、理由和规划的问题。"如何"类问题一般指向策略和途径问题,具有一定的探究和实践价值。"若何"和"由何"类问题,指向条件变化和知识迁移对结果形成影响的认知性问题,这两类问题更能激发学生从多重角度分析和思考问题,寻求解决问题的多种可能,有利于拓展学生思维的广度和深度。通过五何问题分类法生成问题的过程,是思维递进深入的过程。我引导学生对问题进行整理和归类,挑选出值得研究的部分展开进一步的探究。

番禺区具有两千多年的历史,文化底蕴深厚。随着经济发展质量的提升、改革开放的深入,以及粤港澳大湾区规划建设的推进,番禺区面临着新一轮大发展机遇,一批村落可能会被改造甚至清拆,一些传统村落文化也面临着消失的可能。为了在实施乡村振兴战略过程中保护和传承好优秀传统文化,留住乡愁乡音乡情,我们学科组正在开展"传承传统文化,讲好番禺故事"文化村村行的活动,让学生深入村落之中,开展考察、走访活动,通过录音、拍照、文字记录等方式,捕捉、挖掘、记录下历史线索和传统文化。在这边走边看的过程中,学生既通过传统文化吸取养分,又感受到时代前进的力量,明确作为一个合格公民应具有的责任担当,由对故土故园的依恋升华为对国家强盛、民族自强的期盼,把立德树人的要求落到实处。在贵州支教期间,我还组织开展了"传承革命传统,讲好威宁故事"的活动,在当地引起了很大反响。

四、潜心教研,促教师专业发展

我工作了34年,其中,21年在一线工作,12年从事教研员工作。我是2008年8月开始从事教研员工作的,从一名教师转变为负责全区中学历史教研工作的教研员。面对角色转变,我开始思考教研员与一线教师有什么不同,教研员的工作职责是什么。在第一次参加教研员培训时,领导告诉我,教研员的职责是"服务、指导、研究、协调"。当时我的第一反应是"教研"应该是"教学研究"的简称吧,为什么不把"研究"放在第一位,带着这个疑惑我开始了探索。

在从事教研工作前，我已在一线工作了 18 年，有丰富的教学经验，同时也深知一线教师具有重实践轻理论，重经验轻创新的特点。我开始摸索如何通过有效的教研，在教学理论政策和教学实践活动之间架构桥梁，使一线教师不能只是"低头拉车"，还要懂得"抬头看路"。于是，我开始深度调研，发现问题，潜心研究问题，提出创造性的方法和见解；我跟踪调研，把握问题在研究与解决过程中的变化，使不断产生与变化的问题得到及时研究和解决。我虽然夜以继日、精疲力竭，但是问题仍然层出不穷，让人应接不暇，因此，我需要有一个解决问题的方法。经过三年的教研工作实践，我清晰地认识到我必须要建构一个系统的教研体系，才能打造一支业务精湛、服务意识强的骨干教师队伍，要提升整个区域内中学历史教师的专业素养，这样才能使我的工作事半功倍。所以，我申报了广东省规划课题"区域提升中学历史教师学科教学素养的行动研究"。我通过对影响中学历史教师学科教学素养发展的因素、构成及需求、提升途径、综合评价等进行分析研究，构建了"九环节"教研模式，全面提升了番禺区中学历史教师的专业素养和教学素养。

（一）构建研究理论体系

2010 年以来，经过学习研讨和专家指引，我构建了以素养、教师素养、教师学科教学素养为核心概念的研究体系。

素养：体现为个体在面对生活情境中的实际问题与可能的挑战时，能运用知识、能力与态度，采取有效行动，以满足生活情境的复杂需要，达成目的或解决问题，是个人生活中必须具备的条件。

教师素养：可理解为教师在教育、教学活动中表现出来的，决定其教育、教学效果，对学生身心发展有直接而显著影响的心理品质的总和。包括基础性素养、专业素养、学科教学素养和教育实践素养。

我们依据素养、教师素养、教师学科教学素养三个概念，通过研究，分五个维度、二十五个基本要求，细化了番禺区中学历史教师素养的基本要素。

此外，我还构建了基于中学历史教师专业素养、教学素养、实践反思的中学历史教师素养的研究体系。

中学历史教师素养的基本要素

维度	基本要求
专业素养	（1）理解所教学科的知识体系、基本思想与方法 （2）掌握所教学科内容的基本知识、基本原理与技能 （3）具备学科的核心素养：时空观念、史料实证、历史理解、历史解释、历史价值观 （4）了解所教学科与其他学科的联系和融合意识 （5）了解所教学科与社会实践的联系，具有现实意识、问题意识
教学素养	（6）掌握所教年级学科课程标准 （7）了解学生的认知特点，合理设计教学过程 （8）掌握针对具体学科内容进行教学的方法与策略 （9）通过启发式、探究式、讨论式、参与式等多种方式，有效实施教学 （10）有效调控教学过程 （11）引发学生独立思考和主动探究的兴趣，发展学生创新能力 （12）将现代教育技术手段渗透应用到教学中
课程素养	（13）教材资源的开发和整合 （14）乡土历史资源的开发和整合 （15）校本课程资源的开发和整合 （16）有效组织学生开展研学活动
通识素养	（17）高尚的职业道德 （18）教育学、心理学知识 （19）关于学生的知识 （20）教学评估、评价知识 （21）融会贯通各科知识，扩大学生的知识面
时代素养	（22）立德树人的"人师"素养 （23）教育科研的创新素养 （24）自我反思、自我评价的素养 （25）终身学习的素养

（二）构建"九环节"教研模式

我运用学习型组织理论和教师专业发展阶段理论，根据"中学历史教师素养的基本要素"，以"共研、共享、共生"为核心理念，以提升中学历史教师学科教学素养为目的，以教研活动为突破口，探索与实践构建了"九环节"教研模式。

"九环节"教研模式，是一种提升中学历史教师学科教学素养的教研工作模式，九个环节既相互独立，又相互联系。旨在提升中学历史教师的教育知识、学科知识、学科教学知识和教学设计、教学实施、教学评价、教学反思的能力。具体内容如下：

（1）"个案共赏"：我们对特级教师、名教师、骨干教师进行了个案追踪，研究了他们的成长轨迹，为教师提供了成功的案例。

（2）"读书共享"：阅读是构成教师教育素养的重要支架。我们倡导个体阅读和群读相结合的方式。采用推荐书目、成立读书会、阅读书籍、交流分享的步骤。

（3）"以研促教"：通过课题研究、课例研讨、课程资源开发，并构建相关模式提升教师的研究和实践能力。

（4）"以培促学"：根据教师需求开展培训，解决教师急需解决的问题。

（5）"以赛促训"：采取举办技能大赛等方式，提升教师教学的创新能力。

（6）"团队共建"：构建"学科、年级组、学校科组"三级教研体系，有计划、有目的、有重点地开展教研工作。

（7）"反思共悟"：采取教学反思、方法验证、研究总结等方式方法，提升教师教学的反思能力。

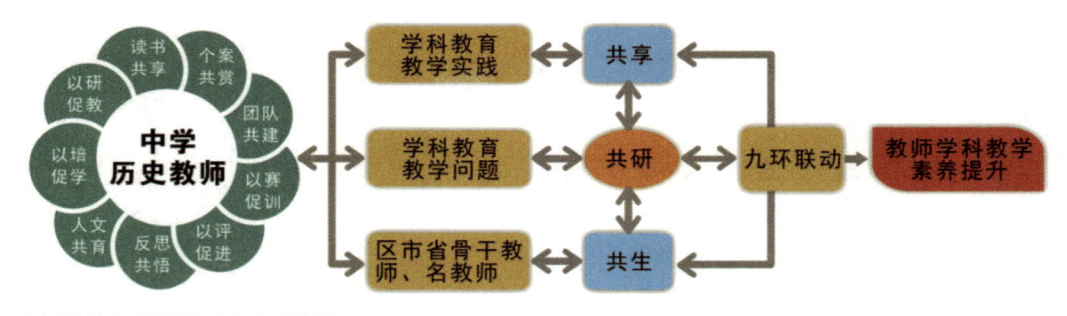

"九环节"教研模式总体框架图

（8）"以评促进"：制定评价标准，通过其同伴、学生及自我的评价，反馈教师教育教学效果，及时调整和改进教育教学工作。

（9）"人文共育"：关爱和尊重老师，引导教师正确对待自己和社会、困难、挫折和荣誉。

在12年的教研员工作中，我营造了"共研、共享、共生"的良性教研生态环境。全区65所学校，400多名历史教师全员、全过程参与，解决了区域内教师层次不齐、转岗教师历史专业素养薄弱等亟待解决的问题，促进区域内历史教学均衡发展。培养的省市名师工作室、名教师、骨干教师数量在广州各区中所占比例最高，探索出了帮扶贫困地区教育脱贫的教研示范模式。教研成果广泛被凤凰网、广东新闻、《番禺日报》《贵州民族日报》等媒体报道。并发挥辐射作用，引导贵州、重庆、广西等地教研员、学科组和名师工作室参与到实践中来。我对自己的教研工作进行总结后，撰写了《中学历史教师素养研究》，并获得了广州市教学成果奖。

五、科研引领，做专家型教师

经过长期的教学实践，我深知一位教师不善于反思就很难达到一个高度。如何进行教学反思？我认为应开展课题研究。课题研究的过程就是最好的反思过程，所以，我坚持做课题研究。为此，我主持和参与国家、省、市级课题14个。其中，参与国家级课题4项、省级课题4项。

2011年，我主持完成了省百千万课题"学生认识水平的发展和中学历史教学关系的研究"；2018年6月，我主持完成了广东省教育科研"十二五"规划课题"区域提升中学历史教师学科教学素养的行动研究"；2016年，我参与了国家社会科学基金"十二五"规划课题"中小学学科教学关键问题实践研究"，负责该课题"教学评价"和"微课设计"两部分的研究，研究成果《如何进行作业设计》被收录在《初中历史教学关键问题教学指导》一书中，我也是该书的主要审稿人之一。我还参与了省级课题"广东省基础教育地方课程综合体系整合研究"，被聘为广东特色普通高中教材《历史》编写项目组核心成员，负责了历史教材的研究编写和审稿工作。与此同时，我还参与了广州大学聂衍刚教授担任主编的《广东省中小学地方综合课程》教材的编写工作。现正主持教育部基础教育课程教材发展中心初中历史学科教研基础示范研究项目"基于历史学科关键能力的初中历史教学研究",而且,我申报的研究成果"提升中学历史教师学科教学素养的实施策略"被选为广州市教育科研成果一般培育项目,研究成果"'九环节'教研模式:提升中学历史教师学科教学的探索与实践"被广州教育局推选参加广东省教学成果评选。

我出版的专著《中学历史教师素养研究》,获市级以上论文和教学、科研成果奖20余次;"用'社会转型'的视角解读历史"获广州市教育研究院首届教学成果一等奖;"义务教育阶段历史课堂教学规范行动研究"获广州教育研究院首届教学成果三等奖;"'九环节'教研模式:提升中学历史教师学科教学的探索与实践"获广州市教学成果奖、番禺区"十二五"教育科研成果一等奖;《高三历史备考学生选择题常见错误分析及对策》获广州市论文评比一等奖。此外,我还有多篇论文在《中学历史教学》和《中学历史教学参考》上发表。

六、支教帮扶,三尺讲台守初心

2019年2月,我带着满腔的教育情怀到贵州省毕节市威宁县开展教育帮扶工作。

(一)从小埋下的种子,在这个春天发了芽

春寒料峭,晨间的水露,晚间的风,最是透寒刺骨,而毕节那满山怒放的樱桃花似乎有预知未来的魔力,它们倾尽全力绽放,迎接来自广州市番禺区与威宁教育结对帮扶的支教队伍。为深入贯彻落实习近平总书记在东西部扶贫协作座谈会上的重要讲话精神和贵州、广东扶贫协作工作联席会议精神,更好落实广州、毕节对口帮扶工作会议要求,广州市教育局于2019年2月21日选派我等优秀教育工作者赴威宁县开展组团式教育帮扶,千里扶智。

也许,很多人的支教之旅是为了完成某一项任务,完成上级的某一项安排,而我此行践行的,却是一种情怀。从小在教师家庭长大,父亲是大学教授,有过支边的经历,在父亲的熏陶下,我从小便在心底埋下了要将父亲的大爱传承并传递下去的梦想的种子。所以,我便踏上了三尺讲台,教书育人三十多载,为国家培养了一批又一批的栋梁。己亥年初春二月,与贵州毕节的结缘更是让深埋心底的这颗种子发了芽。当时我对朋友说:"以后,我还要让儿子将家里的这种支教的传统传承下

去，将这种精神传递开去！"善良的最高境界就是推己及人，将爱传递，以最实际的行动践行最崇高的理想。这个春天，于我而言，既是梦想发芽的时期，也是春耕播种的好时机。

（二）力量与智慧并重的高效帮扶

支教过程中我用行动诠释着大爱，带给威宁县历史教育界以力量与智慧。刚到达威宁的第一周，我顾不得贵、广两地自然环境，人文环境的巨大差异给身体带来的各种不适，以最快的速度开展工作。面对威宁县从未开展过历史教研、从未开展过学生培优、师资力量参差不齐等状况，我当机立断，一边听课了解课堂情况，一边对全县教师做了一个调研，摸清了威宁历史教学的"症状"。用大数据分析问题，解决问题。

结合实际学情与教情，对大数据进行详细的分析后，我拟订了《2018学年第二学期帮扶威宁九中历史学科工作计划》和《2018学年第二学期威宁县高中历史教研活动计划》，将重点工作定为规范科组教研机制、狠抓高考备考工作、提升威宁历史教师的学科素养，并开展了威宁九中以及威宁县有史以来第一次开展的教研活动、

培训贵州省毕节市赫章县历史教师，作《高三复备考复习策略》的专题讲座

科组教研会和学生培优辅困工作。此次活动，我还开创了威宁九中乃至威宁县历史教学的许多第一次，让当地老师大开眼界，也受益匪浅。当地许多老师大呼："原来历史可以这么教，原来教研活动可以这么有收获！"威宁九中的学生也感叹："原来历史可以这么学，原来历史不是死记硬背，原来学习历史这么有趣！"

在此期间，对每一件事情我都亲力亲为，每一个计划我都细化到极致。为此，我参与了各个年级的听课诊课评课。在短短半个月的时间里，听课评课多达47节，并对每个年级、每个阶段的教学工作作出指导，通过一些具体的案例，讲解新授课、复习课的教法以及如何对学生进行知识的引导等。在威宁的工作量是在番禺的好几倍，高强度的工作使我每天都奋战至深夜。许多人都羡慕山区有新鲜的食材，而我却常常以一碗泡面、几块饼干解决温饱。也许大家无法想象我是如何克服天气的差异和高原反应积极投入工作，如何面对每一天突如其来的停水的。常年生活在广州的人，根本没法想象缺水的生活。生活困难是次要的问题，当教师的感觉很重要。我经常对同事说："威宁的孩子好淳朴，学习可认真了！学习习惯真的很好，在这儿上课感觉很棒！"

（三）高效出成果，以点带面辐射全县

我的努力还是极具感染力的。我高效率的工作方式带动了威宁九中的领导和教师们，大家愿意跟我干，凝心聚力，真抓实干成了大家的共识。

根据《穗教支援〔2018〕17号》文件精神，我负责联系的帮扶对象是威宁九中。在帮扶过程中，我以威宁九中为帮扶点，以历史学科为突破口，同时辐射全县高中。通过一系列教研活动提升威宁县高中历史课堂的教学质量，促进威宁县高中历史教师的专业成长；同时，以高中历史学科教研活动的开展为示范，引领其他学科的教研活动有序开展。

另外，我邀请广州市番禺区的骨干教师到威宁县上公开课，与教师们探讨两地教育差异，取长补短；邀请广州历史名师给威宁的老师开展专题讲座；等等。以多种多样的形式带动威宁历史教研工作发展，促进两地教师共同成长。从不知教研为何物，到被迫参加教研活动，再到期待参与教研活动，威宁教师的转变正是因受到了帮扶力量的感染。我在威宁，传播的是教育的真谛：让每个孩子接受优质的教育；教予孩子关乎人性的真善美，从本质上真正脱离贫困。物质的贫困并不可怕，可怕

的是思想的贫瘠与落后。

　　对此，威宁九中的李校长曾深情地说："特别感谢番禺支教团的到来，改变了整个威宁九中的面貌，就连其他科组也在历史科组的带领下，教研氛围越来越浓厚了。"

　　教育扶贫的主战场是三尺讲台，目的是扶志治愚。我用大爱浇灌初心，以行动传承家族的梦想，传递无私的爱，发挥自己的专业优势，把下一代教育好，长贫困学子的志气，筑贫困家庭的希望，阻断贫困的代际传递，使他们实现真正意义上的脱贫。

　　支教帮扶是我的常态化工作。我先后赴重庆巫山县，广西百色，新疆疏扶县，贵州黔南州、威宁自治县、赫章县，广东清远市等地区支教，通过开展教研活动、科组建设、专题讲座、上示范课等方式提升当地教育教学质量。此外，我还致力振兴乡村教育工作，开展农村地区义务教育阶段学科培训骨干教师的工作，并多次到从化、增城、南沙、清远、梅州、韶关、河源、云浮等地送课下乡。

　　因工作业绩突出，凤凰新闻网广东综合栏目发布了关于我的七篇报道，即《广州市番禺区三位老师组团赴贵州威宁县帮扶支教》（2019年3月6日）、《广州帮扶

与2023年任教的高三毕业班学生合影

教师李潄萍：三尺讲台铸初心　教育帮扶书情怀》（2019年4月6日）、《广州番禺历史教研员帮扶威宁县九中助力提升教学质量》（2019年4月28日）、《威宁九中举办历史学科首届说课大赛　培养高水平教师队伍》（2019年4月28日）、《广州教师在贵州威宁指导主题手抄报活动　鼓励传承革命传统》（2019年5月27日）、《番禺帮扶威宁九中迎战高考，提高学生应试技巧与备考信心》（2019年5月29日）、《广州帮扶教师李潄萍：悉心研究，爱心帮扶威宁高三备战高考》（2019年7月3日）。2019年4月15日，《番禺日报》还做了题为"我志愿做最接地气的支教"的报道。值得一提的是，我还于2019年9月10日在番禺区教师节大会上接受了现场专访；2019年9月25日《贵州民族日报》也刊登了关于我的支教工作的专题报道《深耕三尺讲台，力当脱贫先锋》。

回到番禺后，我也充分利用"互联网+"教研模式，加强对威宁、赫章两地的帮扶工作，在线上做了关于新教材新课标使用、高考备考、教师专业成长等专题讲座；与威宁四中老师结对，进行线上集体备课，指导威宁九中老师参加"一师一优课"比赛。这些都是我工作生涯中的难忘经历。

▶ 点评

　　时间坐标镌刻奋斗足迹，梦想征程闪耀如磐初心。李潄萍老师带着立志从教、为国育才的初心，从陕师大来到广东番禺，因应基础教育改革的大势，在教学一线直面挑战，努力拼搏。她将对学生的爱融入日常教学之中，坚持带领学生开展实践活动，激发学生学习兴趣，培养学生的历史核心素养。她潜心教研，立志改革，构建了高质量的历史课堂，形成了自己独特的教学风格，取得了突出的教学成果。她指导青年教师扎根基础教育，成为教学能手或教学标兵，推动当地历史教育的全面发展。她还用行动诠释大爱，用三尺讲台扶贫扶志，用自己的智慧和集体的力量践行教育公平的理念。所有这些，都是构成她成功的重要因素。我们能够从她的人生经历中获得有益的启示。

教育部基础教育历史教学指导专委会委员　李树全

刘 坚：教研双优结硕果

　　刘坚，男，1990年9月参加工作。陕西师范大学教育硕士、正高级教师，全国优秀教师、河南省中原名师、教育部国培专家库入库专家，河南省基础教育教学指导委员会历史教学专委会专家，中原名师哈密工作站首任站长。2015年以来任河南大学教育专业学位硕士研究生实践指导教师，河南大学历史文化学院双导师制导师。

一、我的读书历程

我出生在 20 世纪 60 年代的一个普通的农村人家。童年的记忆，已然遥远，只有数件小事至今萦怀。记得我入学之初，母亲为我缝制了一个粗布书包，长长的背带斜挎在肩上，可怜的几本书，蜷缩在深深的书袋中，不得不说，那时的我是有审美意识的。看到有些小伙伴挎着绿色的军用书包，我非常羡慕，于是我决定央求父母给我买一个书包。那时我的家里因为孩子多，劳动力少，收入极少，养活一家人都成问题。父亲随口说道："争个三好学生奖状来，给你买个书包。"我非常兴奋，因为有了盼头。于是，我努力表现，期末终于如愿以偿地拿到了三好学生的奖状，那是我学习生涯的第一个奖状，好像还得到了一个薄薄的本子。我像一个得胜的将军一样把奖状郑重地拿给父亲，不久我就得到了想要的新书包。后来，我无意中听

参加"携手同行"活动，送教下乡

父亲说，那是他用两个晚上做木工活换来的几毛钱给我买的。那是个物资匮乏的时代啊！

一些小事，也许能说明我和读书之间割不断的牵连。我从小体弱多病，几乎是抱着药罐长大的。儿时，我有一次感冒、高烧，不得已住到了乡医院，父亲守在我的身边一夜未合眼。听父亲说，我当时烧得昏迷了，打了一夜的吊瓶才醒来。以至于今天我一旦发烧，必然是高烧，不知道是不是那时候落下的病根。多年以后，母亲曾回忆说，那时在家照料两个妹妹的她第二天到医院看我时，见到父亲在悄悄地流泪。他们非常担心失去我这个孩子，天可怜见，我渡过了人生的第一个生死关。我醒来后，父亲非常高兴，问我要吃什么。那个时代能吃上一个烧饼，就是奢侈的享受，更不用说吃点牛肉什么的！父亲想给我买个烧饼加点牛肉，也算给我增加点营养，而我却说我想看书。虽然我生病花了不少钱，这些钱还是东拼西凑借来的，但父亲还是答应了我，背上我到新华书店买了两本书。至今我仍模糊地记得，一本是《大闹天宫》，彩图带文字，一本是《中国神话故事》。拿到这两本书后，我爱不释手，尽管病中的我因发高烧看字头发昏，可我还是不肯把书放下。父亲只好背着我在街上转悠，好让我忘掉它们。但少年心性，我对一个东西的喜爱是不会轻易改变的。那两本书，我时不时便会拿出阅读，几乎可以倒背如流。那么精彩的故事，那么漂亮的色彩，那么美的图画，更加激发了我的求知欲：孙悟空从哪里来？他的结局如何？我们真的是女娲娘娘造出来的吗？天地是盘古用大斧子辟出来的吗？这些疑问使我对读书的需求更加迫切。我之喜欢历史，也许就是在那时悄然埋下的种子。

还记得那是在小学五年级吧，无论是否理解，我已经可以阅读大部头的书啦。于是我千方百计地从同学手中，从村中有书人家的孩子手中换书读。为了读书，我把自己的零食，也许是一块红薯、一块窝头、一块咸菜等拿出来"贿赂"他们，他们拿出书来，给我限定阅读时间，往往最多只给我三天时间。于是我"抢"时间读书，不仅下课读，有时上课也读，还因此被老师多次批评，父母也很生气，说我不爱学习，但我依然想尽一切方法偷偷地读。就这样，我读了《水浒传》《西游记》《三国演义》《说唐》等多部小说。林冲的隐忍曾让我多日不得理解为什么不能快意恩仇杀了那个衙内；李逵的爽直让我感觉人生自当如此；华荣的神箭让我羡慕不已；鲁智深的豪爽让我对和尚有了不一样的印象；宋江为了自己的名声，居然给李逵下毒药，让我始终不能原谅。我觉得梁山好汉们的言行极大地影响着我的世界观，以至于让今天的我在生活中始终带点草莽之气。孙悟空的乐观和勇敢感染着我，让我总是幻想有一天也能具有孙猴子的本领，也许我一直以来的乐观态度就来自孙悟空。读《三国演义》时我感慨诸葛亮的智慧，也许我努力学习的动力就源自对诸葛亮的崇拜。小说极大地丰富了我的精神生活。

进入高中，学业繁重，我却主动到学校图书馆帮老师整理图书，其实就是为了方便借阅书籍。在三年时间里我读了散文、诗歌、外国小说、人物传记等书籍，印象较深的是莫泊桑、福楼拜、马克·吐温、海明威、毛姆、罗曼罗兰、狄更斯、托尔斯泰、肖霍洛夫等一批外国著名文学家的作品，这些阅读丰富了我的高中生活，同时也极大地开阔了我的视野，给了我诸多的感悟，让我不断深入思考复杂的社会现象，思考人生的价值。像林肯、富兰克林、拿破仑、纳赛尔等一批对历史产生过重要影响的政治人物的传记对我的世界观、人生观、价值观的形成也产生了不可估量的影响。

在大学里，因为学习历史的缘故，我开始较为关注哲学书籍，想弄清楚这个世界究竟是如何存在、如何运行的。这也许是个很可笑的想法，但那时我一直有要弄

在新疆哈密支教

清楚这个问题的冲动。我读了历史哲学、大众哲学、中国古代思想史、西方哲学史，还有毛泽东、马克思、恩格斯、列宁、斯大林等一批伟大思想家的不朽著作，这些阅读和思考让我学会用包容的心态看待这个世界，用理性科学的方法观察这个社会，同时也让我更加深刻地理解了什么是中国思想。

今天回想起来，我的阅读在不自觉中按照中国小说、诗词，外国小说、诗歌，中国思想、外国思想的脉络展开，这样的阅读顺序使我能够较快地理解其他文明，同时也更加深刻地理解中华文明。这对我从事的历史教学工作有着巨大的思想理论意义。

正如清代诗人萧抡谓在《读书有所见作》中所写："一日不读书，胸臆无佳想。一月不读书，耳目失精爽。"广泛阅读，可涵养我们人生的正气，磨砺我们人生的胆气，培育我们人生的勇气，守护我们人生的底气，打造我们人生的大气，摒弃我们人生的小气，涤荡我们人生的俗气，消泯我们人生的娇气，抵御我们人生的晦气。

时至今日，我依然坚持宽泛地阅读。不仅阅读历史教育教学专业方面的著作、刊物，关注历史教学的理论发展和他人先进的实践经验，同时也关注小说、诗歌、散文、杂文等文学作品，关注哲学、教育学、心理学等多学科的研究成果，还关注时事政治和当代科学技术的发展，以期不断改变自己的知识结构，不断完善自我的能力结构，不断适应教育教学发展的新要求。

二、我的求学历程

1990年大学毕业后，我被分配到开封市第二十五中学任教，这是一所历史名校。工作十余年后我感到自己的知识已经不能满足课程改革的需要，于是萌发了提升学历的想法。当时，上级教育行政部门也大力提倡广大教师积极参加各种培训学习，转变观念，更新知识，以适应基础教育改革的要求。而陕西师范大学（简称"陕师大"）在获评"211工程建设高校"后影响力和知名度大增，加之陕师大历史文化学院强大的名师团队和靠前的学科排名、较高的办学水平和声誉都深深吸引着我，于是我毅然选择了前往陕西师范大学历史文化学院攻读教育硕士学位。2005年春季，我幸运地踏入了心中的学术殿堂——陕西师范大学历史文化学院。

我主要在陕师大的雁塔校区学习生活。记得到雁塔校区报道后，给我留下深刻印象的便是古朴端庄、深厚大气的图书馆，至今无论在哪个学校参观学习，我总是不自觉地把那里的图书馆与陕师大的相比较，总觉得陕师大的图书馆更加能涤荡人的俗气，让人心生对知识的渴望和对文化的敬畏。可以不夸张地说，求学期间我有三分之二的时间泡在图书馆，在陕师大的图书馆我不仅了解了教育学、心理学、新课程改革的理论和经验介绍等急需更新的知识，更加深刻地理解了我国基础教育教学改革的重要意义，还特别关注了我国中学历史教育教学改革的成就和存在的问题，尤其是研究性学习的理论和实践探索情况，这对我毕业论文的选题和未来的探索方向以及成绩的取得起到了关键性的作用。

在陕师大求学过程中，我遇到了历史文化学院赵克礼、王双怀、商国君、王亚平、曹维安、白建才等一众优秀的老师。老师们渊博的学识、深刻理性的讲述和讨论打开了我的学术视野，老师们谦和待人的处世方式也对我有很大的影响，特别是我的导师商国君先生。商老师给我们开的是历史哲学课，这门课程比较艰涩，但商老师通过讲他的求学和工作经历，让我们理解了历史哲学研究的对象、方法，同时也引导我们成为一个对社会有贡献的人，既要不断追求学术发展，又要具有悲天悯人的儒者情怀。赵克礼老师既是我们的班主任又是我们的学科教学论老师。赵老师的这门课程内容与我们一线教师的工作联系密切，当时新课程改革又正在如火如荼地开展，我们几个同学有许多教育教学的问题亟待解决，赵老师的课程论给我们迷惑的问题提供了很好的解决方法和思路，从赵老师那里我们学到了对待教育改革的科学态度，即：学会不盲从，既俯下身子积极参与课改，又注意不能矫枉过正。王双怀老师承担我们中国古代史课程的教学任务，王老师总是那么儒雅地给我们讲述他对历史人物、历史问题的客观认识和严密论证，至今记忆较深的是他对武则天功过是非的冷静分析和他对历史分期标准的看法等，王老师的学术追求深刻地影响着我对历史研究的认识。

在读研期间，我作为班长，负责上下沟通。特别幸运的是我们这七个同学组成的小集体非常和睦，大家在一起学习、讨论、实践，一起走过了既艰辛又快乐的学习时光。通过两年半的学习我不仅完善了知识结构，开阔了学术视野，对新课程、新教材、新课标有了更加深刻的认识，同时，也进一步明确了自己的发展道路，那就是积极投身基础教育改革，努力在讲台上发光发热。

三、我的教学工作

我要当一个老师的想法产生得很早，小时候身体多病，要不断地请假，必然会影响学习，老师们都会在我返校后主动给我"开小灶"，帮我补齐落下的功课。那个时候我就想，我将来要从事的职业一是医生，不仅可以治好自己的病，还要医好其他人的病；另一个就是老师，把自己理解的知识和道理讲给学生，使他们成长为对社会有用的人。那个时候我的老师绝大多数都是民办教师，他们没有高深的知识，没有熟练的技能，但是他们踏实努力的言行却深深地影响着我。

在多年的学习生涯中，我遇到过诸多的好老师，他们或幽默风趣或思想深刻或甘于奉献或品行高洁。高中时期，因为对历史特别感兴趣，我选择了文科，医生梦实现不了了，但我还有教师梦啊。高中时期我遇到了很多优秀的老师，能够大段大段背诵《史记》《资治通鉴》的语文老师，把历史讲得既生动有趣又充满思想深度的历史老师，能够把辩证唯物主义讲得通俗易懂的政治老师，自带绘图技能的地理老师，既有学识又爱对我们进行传统教育的英语老师，思路清晰、语言幽默的数学老师，等等，他们孜孜以求、诲人不倦的态度更加坚定了我要成为一名光荣的人民教师的信念。

不可否认，我也遇到了极个别对学生差别对待，业务荒疏的教师。他们的言行使我更加觉得应该做一个业务精湛、师德高洁、深刻理解教育教学意义的好老师，一个对学生一生有积极影响的好老师更为重要。

虽然当年高考不是很顺利，我还是考上了梦想中的师范专业。在学习中，我给自己订了一个阅读计划，不断阅读文学、历史、哲学、教育、心理学等不同门类的，各种书籍，充实自己的心灵。当有些同学在为未来选择什么职业而迷茫的时候，我却清楚地知道我将来的道路——我要当一个老师！

我工作的开封市第二十五中学建于1919年，发展于中华人民共和国成立后，壮大于改革开放时期，是一所历史悠久、人才辈出的优秀中学。近百年来学校先后涌现出一批在教育系统有重大影响的特级教师、省模范教师、省劳动模范、省级名师等名优教师。在这样一所教育文化底蕴深厚、教学传统优秀的学校做教师我既感到幸福又感到压力。先辈们创造的辉煌业绩，需要我们去继承和弘扬。我要像他们一

参加学术研讨会

样成为好教师!

一个好的老师要初心永驻。曾几何时,我们满怀豪情地加入了教师队伍,满怀对教育的梦想热情地投入工作。好老师一定要耐得住寂寞,守得住清贫,经得住岁月的磨砺,在日常琐碎的小事中,展现高尚的德性之光,照亮学子的美好前途。王安石在《登飞来峰》诗中写道:"不畏浮云遮望眼,自缘身在最高层。"人只有站得高,才能望得远。有高度了,人的境界才会开阔,才不会安于享乐,才不会促狭偏私,才不会舍本逐末,才不会忘记初心,辜负使命。

一个好的老师要善于学习。教师需要树立"持续学习"和"终身学习"的观念。职前学习的结束并不意味着教师专业成长的结束,教师应该意识到自身专业发展对其教学的重要性。我们常常感受到名师的课堂总是充满无穷的智慧和灵气,就是因为他们不断学习,广泛阅读、厚积薄发,涵养深厚的文化底蕴。他们在不断积累中对自己的教学进行批判性反思,这不仅能够使自己的课堂教学越来越游刃有余,而且能时时体会到教学的真正乐趣。教师学习不仅是自身专业发展的需要,更是对学生成长的负责。教师需要更新知识,改进教学方式,才能更好地激发学生的兴趣。

学生在成长,学校在纳新,学生的思想也在随着社会的发展而变化,所以我们不仅要研究学生，了解他们新的用词用语，研究他们的喜好，这样才能更好地与他们深入沟通，融洽对话，避免疏离与代沟，成为一名懂学生的老师。同时，教师要紧随时代的步伐，积极学习国家的政策，在教学中有目的地引导学生关注国家事、关注身边事，用榜样的力量激发学生学习的内在动力，使"端正学习态度，树立远大理想"不再只是口号。

教师的教学艺术是一门深奥的学问，必须在实践中观察学习、在实践中提高。工作后的我，抓住一切机会，观察、模仿、学习优秀教师的授课艺术。我不仅听同科组老师的课，也听其他学科老师的课，不同学科的老师展示着他们的优势，老师们逻辑清晰的讲解、幽默诙谐的语言、简明扼要的知识处理方式、循循善诱的教学设计给我的教学成长提供了肥沃的土壤。我仔细体会老师们不同的风格，努力把他们的优秀之处用于我自己的教学当中，逐渐摸索、锤炼自己的教学风格。经过十几年的努力探索，我逐渐形成了自己"知识面宽广、思想性深刻、气氛活跃和谐、学生参与积极、教学实效突出"的教学风格，所教班级学生的成绩年年都名列前茅，受到上级领导及学校同行的充分肯定，也成为开封二十五中学最受家长、学生欢迎的老师之一。

一个好老师，首先要能上好课。要上好课必须备好课。备课应备好学生情况、备好教材、备好教法，备课的最高境界是必须对教材、教法和学生了如指掌，驾驭整个教学过程，达到融会贯通的程度。对历史教师而言，不仅要熟练驾驭教材，对重大事件、关键人物、重要历史现象如数家珍，滔滔不绝，而且要能营造出富有生命力的课堂，妥善把握讲课节奏，调动学生的求知欲和好奇心。每个人潜意识里都渴望自己成为探究者。教师的职责是唤醒学生内心深处沉睡的巨人，引导他们在历史长河中尽情遨游，教给学生学科学习和思考的方法，而不是灌输现成的结论或答案，如果教师对此理解不到位，在实际教学中就很难引起学生学习的兴趣，保持其对历史学习的热情，也难以调动其主动参与教学全过程的积极性，最终导致教学难以达到预期目的。

如何把枯燥的结论，用生动形象的材料展现出来，让学生理解，并让他们在理解的过程中形成历史分析、理解、论证能力，养成历史思维（素养）是我最关注的问题。正如黄牧航提出的："在信息化的时代，思维教学的重要性远大于知识教学。历史学的魅力在于思辨，而历史教育的重点也在于教会学生正确的思维方法。对历史教师来讲，提高思辨能力是一个需要毕生修炼的能力。离开了思辨能力，就无从进行启发式教学，无从组织互动式教学，更无从应对学生提出的大量生成性的问题。"[1]

基于这样的理解，在备课中，我着眼于培养学生的综合能力，重视学生的学习体验，审视自身教学的观念是否改变。因为教师观念上的变化必然会带来教法上的改进，会引导教师主动去学习探索性、自主性、研究性教学的先进经验，在教学中就会真正为学生的终身发展负责。在研究教材方面，我一方面深入钻研教材，从客观上把握新教材的指导思想，比较新、旧教材在知识体系、编排体例和学习方式等方面有哪些异同，做到心中有数。同时研究各课之间、单元之间、各册之间的知识点、能力点有哪些，它们之间有什么联系，深刻理解教材的知识逻辑，明晰编者的意图。一方面研读大纲（课程标准）的要求，结合学生的知识、生活基础，力争为每节课的教学内容作出最科学的设计，选择最有价值、最生动的材料与最动人的史料补充到课堂教学中去，通过小故事讲清大道理，通过细节展示历史的惊心动魄。

人类历史纷繁复杂，需要师生共同探讨，透过现象挖掘本质。如果教师的讲课方式千篇一律，或照本宣科，画书背书抄书，历史会被当成一个道具摆在解剖台上，这样的历史课只能使学生望而生畏、敬而远之。历史教师应杜绝人云亦云，巧妙设置问题，运用不同的史料解读历史，在不同的时空环境中观察历史，鼓励学生各抒己见，独立思考。在教师潜移默化的感染之下，学生才能具备创新思维、辩证思维，从历史中汲取更多智慧。

四、我的班主任工作

一个好的老师要做班主任。班主任不仅仅是一个班级的组织者和管理者，更是一个班级的教育者。因此班主任的一举一动，都将对学生产生较大的影响。俗话说："身教重于言教。"老师的外在行为表现对学生具有榜样和示范的作用，会对学生产生潜移默化的影响，尤其是对辨别能力、自控能力较差的学生，影响尤为突出。因此，在与学生相处的时时刻刻，我都严格要求自己，做到"要学生做到的，老师先

---

[1] 黄牧航:《历史学科核心素养与历史教师的专业发展》,《历史教学》2016 年第 11 期。

要做到"。只有做班主任，我们才能跳出学科教学的局限，站在更高的层面看待学生，理解教育。班主任要积极探索教育学生的办法，优化管理过程，坚持跟学生泡在一起，及时了解学生的学习生活状况，做好细致的思想工作，营造"比、学、赶、帮、超"的良好氛围，在真正做到"春风化雨，润物无声"的同时，也要努力做到"班级的事，事事有人干，班级的人，人人有事干"。学生是教育的主体，所以调动学生的积极性是一个好老师的基本技能。要调动学生的积极性，就要了解他们的想法，了解他们的生活，只有了解才能对症下药，让学生对我们的教学充满期待和热情。

我特别注意对班干部的培养。一是把工作热情高、能力强的同学吸收到班干队伍中来。二是做好积极指导。发现学生特长，发挥其所长，面对面教给他们工作方法、工作技巧，制订可行性计划、班规，据此进行班级管理，开展班级活动。三是充分相信学生，敢于放权。让班干部充分行使职权进行班级管理，班主任充当参谋，做其后盾，协调内部关系，化解与同学之间的矛盾。

一个好老师，一定是一个善于和学生、家长、同事等沟通交流的老师。自参加工作至今已有30多个年头了，我一直做学生工作。在与学生和家长的交往中，我始终严格要求自己，做学生的知心人，细致了解学生表现背后的问题，帮助那些学习、生活暂时有困难的同学，放下包袱，轻装前进！教育具有综合性，需要把诸多的因素集合起来发挥作用。我带过各个层次的班级，记不清和多少个学生谈了多少次话，也记不清跟多少个家长沟通了多少次，我从来没有放弃过一个学生，甚至我可以自豪地说，我带过的学生绝大多数都踏实肯干，成为社会的有用之才！对待家长，更是全心全意帮助他们了解自己的孩子，坚定家长对孩子的信心，逐步改变家长对待孩子的错误思想、方法，让家长成为孩子教育的重要助力，实现家校合力共育英才的教育目的。正因为我全心全意为学生的发展服务，所以我也赢得了历届学生家长的理解和尊重，还与一部分家长成为要好的朋友。

除了面对面交流之外，我还公布了自己的电话和微信号，以便随时接受学生和家长的咨询，哪怕不是我所带班级的学生和家长，只要有需要我也会全力以赴帮助他们解决问题。从学习到生活，从家庭到社会等诸多问题都可以咨询。我总是耐心地给学生和家长解释，从没有觉得这是额外工作。我的解答解决了很多学生和家长之间的矛盾，为学生学习进步创造了良好环境。

历年来，我所带的班级以凝聚力强、集体荣誉感强、学风浓、班风正、作风硬而受到学校、家长和学生的热情赞扬。

五、我的科研之路

科学的教育离不开教育的科学。教育科研，是教师成长的必由之路。教育工作充满了复杂性和丰富性，教育工作没有"最好"，只有更好。教育发展到今天，人们有目的、有计划、有系统地采用科学的方法去认识教育现象、探索教育规律的教育科学研究，已成为深化教育改革、促进教育发展的最重要的力量之一。向教育科研要质量要效益，走科研兴教、科研兴校之路是我们迎接挑战、解决问题、实现基础教育改革目标的最佳选择。作为教师，不仅要善于学习他人的先进经验，更重要的是能研究别人和自己的经验，总结规律，发现教育的本质，拥有自己的教育理念和思想，形成与之相适应的教育教学方法，塑造自己的特色。因此，教师要想让自己的教育教学能力持续发展，必须从"有经验"走向"有思想"，从"教研"转向"科研"，并把经验和思想、教研和科研有机融合，将课题研究贯穿于常规工作中，以科研带教研，以教研促科研。

一个好的老师一定是善于发现问题、研究和解决问题的。多年来，我一直坚持通过教育研究来提高自己的教研教改能力，提升自身的综合素质。当然，我对科研的认识也有一个发展的过程。初接触科研，心中十分忐忑，因为科研在我看来是那么的高不可攀，我一个小小的中学教师怎么可能搞科研呢？但在陕师大学习期间，通过听大量的学术讲座以及老师们的言传身教，我的研究热情被激发，于是，我开启了自己的专业研究之旅。特别是通过写毕业论文，从选题、开题、修改、调查，到最后完成论文，可以说是几经周折，让我充分了解了科研的艰辛和其中的快乐。从陕师大毕业后，我继续坚持做教学研究，在学案教学、研究性学习、课堂的问题式教学、现代教育技术与学科结合等方面都进行了积极探索，尤其在指导开展研究性学习活动方面，走在了河南省普通高中历史教学的前列。在完成繁重的教学工作之余，我还积极承担省、市教育教学研究课题，先后参加、承担了河南省教育厅"十一五"重点课题"普通高中新课程方案实施策略研究"等课题的研究任务，主持和参与了多项省市级科研课题。

搞科研的过程中既有成功的喜悦，也有折戟沉沙的懊恼。记得2016年我的中原名师考核课题立项，因为当时在带高三学生，课时多、任务重，对课题研究投入的时间和精力都不是很充足，导致当年的课题立项未能通过，这一结果极大地刺激了我，也让我猛然清醒，科研来不得半点侥幸和偷懒。

时代要求教师要从经验型转向科研型、学者型、专家型工作者。广大教师不仅应该掌握教育规律、教育教学技巧，还应通过教育科研实践，不断取得新知识，探索新领域，在教育科研实践中，不断提高自身素质。教育科学研究是提高教师素质的一条最直接、最有效的途径。

教育科研素质是当代教师的基本素质，做好教育科研有利于提高教师的教学能力和水平。进入新时代，我们一是要研究"新学生"。新时代的学生具有学习目的多元化、实用化；价值观念多元化，具有较高的职业理想和务实的人生观；自我意识增强，具有一定的社会交往能力；心理问题和行为问题增多；传播媒介对其的不良影响加大等时代特点。和当年"文字时代"成长起来的"文字人"相比，"数字时代"孕育出的"数字人"的生存方式和发展状态截然不同，今天的教师一是要关注数字化时代下学生的新需要、新问题和新素养。二是要研究"新学习"。学习方式

校级示范课

的变革常常是教学方式、教研方式和评价方式变革的起点。教师要密切关注"碎片化学习""人机交互式学习""跨界学习""深度学习"等具有典型时代特征的学习方式，围绕学习方式的变革，推动教学方式、教研方式和评价方式的变革。三是要研究"新课标"。2017年版（2020修订）高中历史新课标的颁布不仅是课标修订的重要成果，也是我国基础教育在育人方式改革和育人质量提升层面上的重大成果。新课标的推行对中小学教师而言既是挑战，也是机遇。教师对新课标的理解和领悟能力是新课标对创新型教师在基本功方面的新要求。四是要研究"新教材"。与研究新课标类似，对新教材的研究、解读、转化和运用，也是对不同学科、不同类型、不同层次教师的新挑战。多年来，诸多有关课堂改革成效的研究表明，教师面临的普遍问题往往与其教材解读能力的缺失有关。如果读不懂新教材的新意和育人价值，就难以在日常教学中挖掘和呈现教材内容的独特价值。这与研究"新学生"一样，都属于教师的基本能力，亟须通过不断实践和研究改进提升。

从某种意义上说，人类是依靠经验进步的。一切来源于教育实践的正反两个方面的经验都是促进教育发展的财富。在教育实践中，结合工作实际，运用科学教育理论不断地总结经验，是教师自我提高的一个重要途径。教师通过总结经验，把教育理论与教育实践结合起来，提高教育素养和教育教学水平，从而逐步掌握教育教学工作的主动权，才能成为教育的行家。总结并非只是把工作简单地一一罗列，而是要对工作过程做一个比较具体和全面的剖析，从而找出对今后工作有利的经验或是需要避免的教训、处理问题的方法，抑或是新的知识和技能。纵观历史，凡有重大建树的教育家，无不是通过总结、借鉴前人的经验，来探索教育的客观规律的，他们在推动人类文化教育事业进步的同时也收获了自己的成功。正是得益于不断总结教育教学经验，我在《教育科学》《中学历史教学参考》等刊物发表了多篇文章。

2008年新课程实施以来，我一方面积极研究新教材，一方面把自己在新教材的研究、使用中的经验教训分享给全省同行，得到了全省高中历史教师的认可和赞扬。在辅导青年教师成长过程中，我总是毫无保留地把自己的所思所想、所作所为全部告诉他们，让他们避开弯路，快速成长。

多年来，我先后指导数十位教师参加省、市各级教学比赛，都取得了省市一等奖的优秀成绩。我本人也多次荣获优质课优秀辅导教师称号。同时自2008年以来参编了《河南省普通高中新课程教学指导·综合实践活动》《高中历史必修2教师教学用书》《高中历史选修1教师教学用书》等多部图书。

从一名普通的中学教师成长为河南省高中历史学科的中原名师，我深信教育不仅可以改变人生，更能够为中华民族伟大复兴作出巨大贡献。2022年11月我领衔申请的河南省一级学科（高中历史）基地通过了评审，我希望自己在接下来的时间里以一级学科基地建设为抓手，探索适合时代要求的高中历史教育教学之路，为河南省高中多样化发展和教学方式改革作出新的贡献，争取为祖国的教育事业培养更多优秀的高中历史教师。

六、我的支教经历

2018年，河南省根据教育部万人援疆计划要求，选派125名优秀教师承担为期18个月的援疆支教任务。我所在的学校分到了一个支教名额，因新疆地理位置偏远且大多数教师不熟悉情况，几个学科的老师不太愿意去。2018年8月24日上午8点多，我接到学校领导的电话，要我到学校商议重要事情。我急忙赶到学校，领导告诉我，上级要求我校派出一名优秀教师支援新疆，学校推荐了我为候选人，想征求一下我本人的意见。我当即表示，如果领导信任，请批准我代表学校前去完成支教任务。在我看来，我是一名人民教师，应该到最需要的地方，所以应该是我；我是一名共产党员，应该起到模范带头作用，所以应该是我；我是学科带头人，是中原名师，应该把先进的教育理念带到边疆，所以应该是我。我仅用40分钟左右的时间就办好了相关手续。于是，我就成为河南省援疆支教队伍中光荣的一员。

按照上级部署，我和其他24名老师被分配到哈密市第一中学工作。哈密市第一中学是一个民族学校，维吾尔族师生占全体师生的百分之九十九以上，学生基本上没有接受系统的汉语教育，其汉语听说读写能力只相当于内地小学四五年级学生的水平，面对这样的现实，要想提高教育教学质量，谈何容易！

面对语言不通，习惯不同，要求不同，与家长交流困难，学生底子差，习惯差，学风浮，自由散漫等学情，我没有怨天尤人，而是和其他支教老师一方面努力适应哈密的生活，一方面积极探索教育教学的有效方法，如降低教学起点，放慢教学进度，调整教学内容，增强教学的故事性等。同时针对学生纪律观念淡漠、上课不会做笔记、作业马虎不认真等具体问题，主动召开小范围的研讨会，发扬团结互助精神，群策群力寻找解决问题的方法。

2019年4月，作为河南省中原名师哈密流动工作站的首任站长，我联系哈密市教研室和哈密市师范学校有关人员，通过电话、微信、座谈等形式，对哈密市基础教育状况进行调查，了解一线老师们的迫切需求，及时和河南省教育厅中原名师培育工程项目组沟通，拟定开展中原名师送教哈密活动。5月5日到10日，在哈密市教育局和河南省教育厅中原名师项目组的大力支持下，12名中原名师到哈密市开展送教活动，送教内容涉及从幼儿教育到高考复习备考、从部颁教材解读到新形势下如何开展思政工作、从教师的课堂教学到教师个人的专业成长等多个方面并取得圆满成功，受到哈密市广大教师的热烈欢迎。

一年半的支教时光匆匆而过，我完成支教任务回到了开封市第二十五中学，但我给哈密第一中学带来的变化却依旧存在——我任教的班级在分科的时候有过半的人选择了文科，这在学校长久以来重理科的氛围下是极少见的；老师们原来不知道怎么开展教学研究，甚至好几年都不做一个课题，现在与我结对的三个徒弟人人手上都有课题；哈密第一中学的老师们教育观念也在渐渐转变，从原来只注重知识传授变为重视人格养成……

2022年2月1日，我应邀面向开封全市高三学子讲两节线上公开课。随后，河南省基础教育教学研究室开展网上教学活动，我作为专家受邀对线上授课进行了业务指导。同时，我还主动参加了河南省中原名师公益讲座活动，为高中文科毕业生的历史学习提供了自己的智慧和经验……当然，我也把这些消息传递给哈密的师生们，希望他们能和河南的师生一起在线上课。

至今，我和哈密第一中学文综组的老师们依然保持着密切的联系。文综组的老师们有问题随时问我，我非常乐意为他们的教育教学提供必要和可能的支持。我还用微信在线指导几位徒弟进行课题研究，使得他们的研究课题都顺利结项。

七、我的主要成绩和荣誉

（一）主要荣誉

全国优秀教师，河南省中原名师，河南省优秀教师，河南省教师教育专家，河南省中小学名师，河南省教育厅学术技术带头人，河南省教学标兵，河南省优质课大赛、学生小论文竞赛优秀辅导教师，河南省基础教育教学指导委员会历史教学专委会专家，河南省第九批优秀援疆干部人才；开封市政府特殊津贴获得者，开封市"汴梁教育教学名师"之首届"十大名师"，开封市先进工作者，开封市优秀班主任，开封市师德先进个人，开封市五一劳动奖章等。

（二）主要成绩

河南省优质课大赛一等奖，河南省综合实践活动课程建设优秀成果一等奖，河南省教育系统教学技能竞赛一等奖，河南省优秀科研成果二等奖，开封市基础教育教学成果一等奖等。

作为副主编参与了国家"十二五"教材审定委员会通过的《中国历史》职业学校教材的编写，参与了北师大版必修、选修教师教学用书的编写、修订，作为副主编参编了《承变有法——高中历史创建高效课堂途径研究》。

主持河南省基础教育研究课题"普通高中历史教师指导专题型研究性学习技能实践研究""开封市高中乡土史校本课程开发实践研究"等两项课题研究。参与河南省基础教育重点课题两项。

先后在《教育科学》《教与学》《中小学教育》《中国教师》《河南教育》《中学历史教学参考》《人民教育》等发表《运用乡土史资源强化"家国情怀"素养培育》《核心素养下的高中历史课堂教学》《风雨教坛三十载　此生无悔教育人》《史料实证素养培养策略》《再现历史情景，激发求知欲望与学习热情》等文章数篇。

回首三十年风雨历程，我更加庆幸自己的职业选择，更加珍惜自己的职业荣誉，更加期待我们的教育事业越来越好！

▶ 点评

  刘坚非常热爱基础教育的历史教学工作。从教数十年，始终以共产党员的标准严格要求自己，努力为党育人、为国育才。为了成为优秀的人民教师，他广泛阅读历史文献和今人论著，不断完善自己的知识结构，以适应教育教学发展的要求。在教学过程中，特别注重言传身教，经常主动了解学情，对班级进行科学管理。同时，把教育理论与教育实践结合起来，不断提高教育教学水平。特别可贵的是，他主动发挥党员的先锋模范作用，积极参加支教活动，把先进的教育理念带到边疆地区，为边疆学校的历史教育做出了贡献。教学之余，他努力研究"新学习""新课标""新教材"，积极探索新时代的教育教学方法，不断提升教书育人的本领。他做到了教研双优，在实际教学工作中发挥了"名师"的引领作用。

教育部基础教育历史教学指导专委会副主任委员 李海龙

刘建荣：用执着深耕历史教育

刘建荣，男，湖南衡阳人。陕西师范大学教师发展学院教育博士，西北工业大学附属中学高三文综组组长、历史备课组组长，中学高级教师，陕西师范大学教育硕士校外合作导师，陕西省优秀教学能手，西安市骨干教师，陕西省教育学会历史学科专业委员会理事，陕西省基础教育资源应用名师，陕西省中小学教材审查及教辅材料评议专家，陕西师范大学、西北大学、陕西学前师范学院、渭南师范学院国培、省培专家，全国教学设计大赛一等奖获得者，全国中青年教师论文大赛一等奖获得者，主编《穿透力——中外历史纲要一轮复习精讲精练》《新评价新高考——高中历史专题复习精要》《陕西省普通高中学业水平考试试题精粹（历史）》《高中历史新教材教学设计·中外历史纲要（上）》《陆陇其文献辑刊》等教材教辅、文献资料，在《中学历史教学参考》等杂志发表论文十余篇。

虽然我是学历史的，但并不喜欢回忆自己的过往。或许是因为随着年龄的增长，我的记忆力越来越差，把很多事情都忘记了；也可能是过往并不那么值得回忆，甚至不愿提起，以免对自己造成二次伤害。毕竟，过去的终究要让它过去，未来才会到来。近来承蒙王双怀教授厚爱，嘱我写篇文章，讲讲成长经历，给历史文化学院的学弟学妹们提供一些启发。这犹如给了我"重启"前半生的机会。我想，无论是成功的经验，还是不堪的回忆，只要真的共情共鸣了，还是会产生一些价值的。

一、问渠那得清如许，为有源头活水来

古希腊哲学家赫拉克利特说，人不能两次踏入同一条河流，而我则三次踏入了同一所大学。因为还在攻读博士，并且已经转向教育领导与管理学方向，所以，这里只涉及本科和硕士两个阶段的老师。历史文化学院的教授们在陕师大学人中是一个特殊的群体，是一所文科类大学的灵魂。在我看来，他（她）们是陕师大最亮的星星。还记得李亚平老师抑扬顿挫的江浙口音和眺望远方的忧郁眼神、臧振老师的文物工作室和他永远与学生打成一片的老顽童形象、王国杰老师高亢的秦腔和他的东干族兄弟、赵克礼老师自成一家的书法、杜文玉老师星爷般的发型和迷人的眯缝眼，萧正洪老师自编的专业英语教材上那长长的单词，当然还有王双怀老师在百家讲坛上的侃侃而谈。我至今仍能背诵胡戟先生《隋炀帝新论》的序言部分，因为他给了我最初的思辨训练；我至今仍在讲述朱学勤先生《启蒙三题——笑着的叫着的哭着的》一文中关于伏尔泰、狄德罗、卢梭的故事，因为他给了我真正的启蒙教育；我至今仍在致敬赵世超先生《论战国时期的百家争鸣运动》一文对百家争鸣的"自由论"解读，因为他点燃了我对自由的向往。在我看来，创新的本质是自由……这一切汇成我在本科阶段的学术成长回忆与思想发育历程，并潜移默化地影响了我后来的发展。关于上述老师们的回忆，很多人写过，我就不再赘述了。

在来西工大附中之前，我与郭富斌老师并不相识。但互联网时代资讯发达，郭

老师的情怀、学识、视野、气质、风度……早已让年轻的我倾慕不已。我决心西渡黄河，拜师学艺。因此我在攻读教育硕士的时候，选择了郭富斌老师作为我的导师。郭老师当时是西安中学的历史特级教师、全国名师，陕西师范大学特聘教授。关于郭老师，我曾在毕业论文的致谢部分这样写道："再次回到亲切、熟悉的母校攻读教育硕士，初心并非为了一纸文凭，而是一种心灵的召唤。一方面是因为母校的老师们在我本科阶段种下了潜心教育、追求卓越的种子，另一方面是受到我的恩师郭富斌老师的感召。郭老师是中学历史教学这片天空中的灯塔和旗帜，他的教育情怀和教学视野影响了许多年轻人，当然也包括我。我记得当年我还在山西工作，就是为了能够近距离向郭老师学习、重新规划自己的人生道路，才决意要回西安发展，而途径之一就是回母校上研究生并拜郭老师为师。感恩郭老师多年来有形无形的教育和影响。"

郭老师的课堂教学艺术独树一帜，极富设计感和思想性，底蕴深厚，收放自如，充满人文情怀与现实观照。郭老师的课堂教学对很多年轻人都产生了"刻骨铭心"的影响。对我影响最大的当属2013年他的全国公开课——"斯大林模式社会主义经济体制的建立"。这堂课我反复观摩了无数遍，我震撼于一个中学历史老师的阅读海量、学养之深厚、思想之深邃、认知之深刻。一节课，涉及61种参考文献，上百万

2014年代表西北工业大学附属中学在河北衡水中学上全国公开课

字的阅读量，连时任《历史教学》杂志主编的任世江先生也啧啧称叹！后来我了解到，郭老师私家藏书5万余册，我几乎惊掉了下巴，因为这是我无法企及的。郭老师主张"眼中有人"，"让思想的光芒照耀历史课堂"，这对我的历史教育观产生了深刻的影响。

问渠那得清如许，为有源头活水来。生命中所有的相遇，终将需要一生来回望。回望来路，感念师恩，赓续精神，传承道统，才能步伐坚定，行高致远，积厚成器。

二、小荷才露尖尖角，早有蜻蜓立上头

2004年的秋天，为了守护爱情，我和初恋女友（现在的夫人）一起入职山西省运城市康杰中学。地处晋南的运城市是山西省人口最多的地级市，也是最重教育、文脉最盛的地方。从这块土地上，走出了荀子、张仪、李冰父子、柳宗元、王维、司马光等诸多历史名人。著名的闻喜宰相村，产生了59位宰相、59位将军，以裴矩、裴寂、裴度、裴秀等为代表的裴氏家族曾经与隋唐盛世交相辉映，名卿贤相，摩肩接踵，代有伟人，彪炳史册。康杰中学是一所以烈士的名字命名的学校，学校的创始人嘉康杰同志曾经求学于北平中央政法学院、日本东京明治大学等，早年参加过辛亥革命、反袁斗争和"五四"爱国运动。后加入中国共产党，是晋南地区最早的共产党员，也是中共七大候补代表。这让康杰中学从一开始就有了优秀的基因和红色的传统，因此它是一所有着光荣历史和深厚底蕴的学校。时任校长路胜利是一位非常有教育情怀和人格魅力的语文特级教师，长相颇似《三国演义》里面的周瑜，儒雅、健谈，始终面带微笑，让人感到亲切而温暖。作为一个外地老师，我曾向他抱怨车票报销的手续烦琐，路校长当即决定每年给外地教师发放3000元探亲费，并成立康杰中学外地教师协会，由我担任会长，每逢重要节日，由学校组织外地教师及家属共度佳节，让我们这些外地教师对三晋大地有了归属感。在我的婚礼上，我动情地说自己将运城视为第二故乡，把自己定位为一辈子的"康杰人"。

康杰中学是我职业生涯的起点。"工欲善其事，必先利其器。"在去报到之前，我去了一趟北京中关村，用大学期间当家教攒的钱，买了一台华硕笔记本电脑和一台惠普打印机，这在那个连台式机都还没有普及的时代，是很高的配置了。学生们对这个每天提着手提电脑上课的年轻教师充满好奇，也有些刮目相看。记得第一次

上公开课，我用 FLASH 动画软件制作的网站和课件，让听课的领导和老师们耳目一新，啧啧赞叹。我觉得这可能是我职业生涯最初的追求和创新冲动，作为一个南方人、一个年轻人，我想为这所位于华北地区的传统名校注入"敢为天下先"的湖湘文化因素。

2011 年，我担任首届创新实验部文科班的班主任，这个班配的是一个几乎全部由正高级教师、特级教师等经验丰富的教师组成的团队，目标就是冲击北大、清华，创造康中文科班新的辉煌。当时的我正好 30 岁，是创新实验部最年轻的老师，说实话，倍感压力，深感使命光荣，责任重大，丝毫不敢懈怠。除了在班级管理上不断创新、早来晚走、认真负责之外，我对自己专业上的要求是必须实现二次成长，突破职业生涯的瓶颈期。我一直认为，作为一名教师，专业才是安身立命之本。教师职业生涯最重要的是执着地持续成长，真正成功的人都是长期主义者，正如高翎资本创始人张磊所言："在纷繁复杂的世界中，只有把时间和信念，投入能够长期产生价值的事情中，才能保持心灵的宁静。"因此，在那些激情燃烧的岁月里，我忘情地投入工作，研究高考，研究教学。依稀记得，我的办公室晚上 11 点半之前几乎没有关过灯。那时候，我就很喜欢马尔克斯在《百年孤独》当中写的这段话："生命中曾经有过的所有灿烂，终将都需要用寂寞来偿还，人生注定是一场单人旅行，孤独前是迷茫，孤独后是成长。"终于，在"人生为一大事而来"的冲动中，经过不懈的努力，我写成了一本小书，得到了学生们的认可，也得到学校领导的肯定。人生就是那么富有戏剧性和不可捉摸。后来，因为种种原因，我离开康杰中学，来到了西工大附中，书也就没有出版，却成为了一段回忆。只是在这本未曾出版的小书稚嫩的前言里，还保留着当年的情怀和激情：

这本书里有什么？

从 2008 年山西省实行课改以来，从全省乃至全国更大的范围来看，几乎每年高考结束以后，历史高考成绩普遍都惨不忍睹！以 2013 年高考为例，全山西省历史高考平均分才不到 40 分！这是为什么？我能做点什么？在历经十年的积累与磨砺之后，我觉得我可以做点什么了，我写本书吧！作为一个长期研究高三历史教学和高考的一线教师，我深知学生真正需要什么，对历史和高考有更加全面、更加深刻、更具穿透力的理解和认识。

那么，这本书里有什么？

这里有我的视野。

还记得当年我连铺盖卷都没拿，只带了两箱从西安大小书店淘来的专业书籍就来到了康杰中学，但我知道，这些是远远不够的！这是一个信息化的、高速发展的时代，作为一个青年教师，我抓住时代的脉搏，创建了以自己的名字命名的工作室，建立了一个包括经典课件、教学设计、教学实录、讲座视频、国培计划、历史专著在内的庞大而丰富的数据库。每一天，我都像蜜蜂采蜜一样，穿梭在人民教育出版社网站、中国教育学会历史教学专业委员会网站、中学历史教学园地、学科网、中国教师网、百度文库等历史学科门户网站；每一天，我都像少年看海一样，陶醉于赵亚夫、钟启泉、聂幼犁、叶澜、任鹏杰、任世江、李稚勇、黄牧航、叶小兵、李伟科、吴伟、赵克礼、徐蓝、陈辉等中国教育学、历史教学论著名大学教授的博客博文；每一天，我都像西天取经一样，虔诚地博览《中学历史教学参考》《中学历史教学》《历史学习》《历史研究》等历史教学和科研专业杂志；每一天，我都像赶赴拜师学艺一样，仔细地研磨李晓风、张汉林、白幼蒂、赵利剑、纪连海、郭富斌、李树全、史小军、王雄、齐健、王生、刘庆亮、周明学、李惠军、彭禹、魏恤民、吴磊、谭方亮、鲍远明、陈温柔、郑立平、唐云波、王溅波、夏辉辉、孙曙光、钟红军、朱能、吕准能、徐赐成等著名中学历史特级和高级教师的经典课件、讲座视频、教学设计、教学实录。

这里有我的反思。

为什么高考历史平均分那么低？为什么大部分学生包括很多老师都会觉得新课程改革背景下的高考历史题偏、难、怪呢？真的就那么偏、那么难、那么怪吗？是学生的问题？还是命题的问题？抑或是教师的问题？是不是有这样一种可能？……是不是还有这样一种可能？……《国家中长期教育改革和发展规划纲要（2010—2020年）》明确提出："有好的教师，才有好的教育。"华东师范大学终身教授、博士生导师叶澜在她的《教师角色与教师发展新探》中进一步指出："没有教师生命质量的提升，就很难有高的教育质量；没有教师精神的解放，就很难有学生精神的解放；没有教师的主动发展，就很难有学生的主动发展；没有教师的教育创造，就很难有学生的创造精神。"多年的教育实践告诉我们，教师认识的高度决定教学的边界，教师内涵的深度决定教学的层次。教师的品质决定教学的品质，教师的发展影响学生的成长。

这里有我的思考。

历史是什么？历史是镜子，"以史为镜，可以知兴替"；历史是诗歌，"是刻在时间记忆上的一首回旋诗。"历史是一个民族的DNA；历史是一个时代的灵魂；历史是一种高度，子在川上曰：逝者如斯夫！它让我们犹如站在月球上看地球；历史是一种宽度，包罗万象，海纳百川，有容乃大；历史是一种深度，读史使人明智；历史是一种长度，五千年的文明，多少风流人物，多少悲欢离合，多少兴亡更替，引无数英雄竞折腰！历史让我们警醒：警钟长鸣，勿忘国耻！历史让我们铭记：世界潮流，浩浩荡荡，顺之者昌，逆之者亡！历史让我们思考：我们从哪里来，要到何处去？历史让我们得到启蒙："无论是物质的海拔还是精神的海拔，原点最终都是一个，那就是人的解放。"历史教育是什么？唐代史学家刘知几指出："史之为用，其利甚博，乃生人（民）之要务，为国家之要道。"清代思想家龚自珍提倡国人"当以良史之忧忧天下"。当代思想家任继愈先生则认为"史学关系到国家的存亡""是国家兴亡之学，民族盛衰之学"，这是何等重要的责任！如何才能担当得起这样的责任？作为一个中学历史教师，我认为，要担负起这样的责任，那我们就必须革新传统，勇于创新。我们的课堂理应成为一个学校最美的风景线，理应成为学生的"生命发展场"，引导学生形成理性、独立和颇具思辨性的思想，引导学生形成深邃、多维和颇具穿透力的眼界，引导学生形成博大、宽厚和颇具自信心的胸襟，引导学生形成向真、向善和颇具审美力的情怀，引导学生形成人文、启蒙和颇具感恩之心的品格。历史教育不是知识的附庸，也不是政治的附庸，而是锻造思想、启蒙智慧、涵育人格、陶冶精神、服务人生、经世致用、传承历史，延续文明的艺术！

高考是什么？在中国这个有着1000多年科举制历史和传统的国度，高考可以说牵动着整个社会的神经。那么，高考到底是什么？高考是一座桥梁。是千万学子改变人生命运、实现人生价值的桥梁。高考是鸡尾酒，由知识、能力、素养、技术、情感、心理勾兑而成。高考是一种人生阅历，困惑、焦虑、彷徨、迷茫；奋斗、努力、付出、忍耐；失意、落泊、打击、伤感；成功、成长、成熟、成才；平静、淡定、恣然、超脱……五味杂陈。高考是一种心态。高考一定不是塑造人的最佳方式，高考一定不是我们的思维方式，高考一定不决定我们的人生命运，它就是一次考试！仅此而已！

由此可见，历史、历史教育、高考，三者有不同的特点和价值追求，但相同的是它们都一定有规律可循，有方法可探！而我的这本书就力图探寻历史高考的规律和方法，解开历史高考的"密码"。希望我的这本书对我亲爱的同人和学生们赢得高考有所裨益。

这本书虽然没有出版，但却为我多年后的成长埋下了一颗种子。人在年少时代的梦想，有一天可能会成真。激情永远都会寻找出口，正如儿时的梦想，总是会在某个时机成熟的时候蠢蠢欲动。十年过去了，时光在流逝，少年慢慢变成大叔，曾经的梦想却在时时召唤自己，内心的冲动裹挟着近年来长期带高三毕业班积累的些许经验与教训，终于在2021秋天刚刚来临的时刻变成一个果实、一种收获——《新评价新高考——高中历史专题复习精要》出版了！已经记不得查阅了多少专著论文，已经记不得修改了多少次，已经记不得加了多少个班，只为呈现一部能够符合自己内心评价标准的作品。当把还带着

2023年，出版《穿透力——中外历史纲要一轮复习精讲精练》，作为陕西师范大学教师发展学院博士生参加陕西省研究生创新成果奖评选

墨香的新书拿到手里的那一刻,脑海中回旋的就是《非诚勿扰》中男女嘉宾牵手成功时响起的那首歌的歌词"终于等到你,还好我没放弃"。我是一个完美主义者,作为一个不完美的人要追求完美,说好听点是执着,是"霸蛮",说不好听点是一种病态。但这就是我,自己也觉得上火。村上春树说"当你穿过了暴风雨,你就不再是原来的那个人了"。可是,我穿过了暴风雨,还是那个人,游走在学术与应试、科研与教学交会的道路上,务实而不失情怀,辩证而不失态度。

三、我问沧海何时老,清风问我几时闲

"偶有风雨惊花落,再起楼台待月明。"尽管在康杰中学留下了美好的回忆,然而那里终究无法安放我的青春。于是我给正在招贤纳才的西工大附中递交了求职简历,并很快得到回应。这是我特别喜欢的节奏,也是一所真正的名校的格局,完全秉承了西工大"公诚勇毅"的校训和"三实一新"的校风。我记得当时李晔校长问我为什么要来西工大附中时,我说"为了追求卓越"。是的,西工大附中就是"卓越"的代名词。

有人说,没有跳过槽的职业生涯是不完整的,我深以为然。宇宙的尽头到底是什么,对一个30岁的年轻人来说,答案还远不明朗。西工大附中的环境要简单很多,纯粹很多,适合实干,也让我的内心更加宁静。出晋入陕,一切清零,从头来过。但还是没有忘记最初的那份坚持——专业是安身立命之本。因此,11年来,我把绝大部分的时间和精力都用在了发展自己的专业上面。教学设计、复习备考、原创命题、参加赛教、撰写论文、编写教辅、读研读博……每一步我都走得踏实而坚毅,在每一个赛道我都不甘落后。记得在初中的时候,我就特别喜欢唱田震的一首歌——《执着》。"不管时空怎么转变,世界怎么改变,你的爱总在我心间。你是否明白,我想超越这平凡的生活,注定现在暂时漂泊,无法停止我内心的狂热,对未来的执着"。这歌词很符合我这个湖南人"霸蛮"的性格。曾国藩曾经用12个字概括湖南人的特点,颇得湘人认同。"吃得苦,耐得烦、不怕死、霸得蛮"。"霸蛮"不是霸道的意思,也不是指蛮干,其实就是执着、执拗而坚韧的意思。湖南人认准方向,敢为人先,百折不挠,初心不改。我坚信,天下没有白费的努力。作为一个出身农门的湖南人,只能靠自己与生俱来的"霸蛮"精神,执着追求,破壁升维,打

开格局，拓宽边界，深耕历史教育，"在长期主义的道路上，与伟大格局者同行，做时间的朋友"。

在西工大附中的这11年里，我在高三的教学岗位上坚守了10年，每天都忙碌而充实。元代诗人高克恭有两句诗颇能表达我的心境："我问沧海何时老，清风问我几时闲。"为了站稳附中的讲台、端好附中的饭碗、当好学生的摆渡人，我个人绝对算得上是"衣带渐宽终不悔，为伊消得人憔悴"。渐渐地，复习备考成为我的一张名片。学生给我起外号叫"西北小诸葛""西北拿破仑""西北专题王"。作为一所排名全国前三的中学，要求之高是可想而知的。为了完成学校交给我的任务，每一年我都在想办法进行战略上的创新。人不能用战术上的勤奋掩盖战略上的懒惰。尤其是在复习备考的模式上，我逐渐探索出了一种新的高效的备考模式——"四层四化"复习备考创新模式。并尝试对其进行学理化阐释、体系化表达，并以此理论为基础主编了两本适合本校学情的教辅资料——《新评价新高考——高中历史专题复习精要》《穿透力——中外历史纲要一轮复习精讲精练》。它们深受学生喜爱，也得到了全国各地的广大师生们的高度评价，算是对我14年高三复习备考教学生涯的一个交代。在我看来，它们不是普通的教辅资料，而是摆渡的船。

"四层四化"是一种落实立德树人根本任务，对接高考评价体系，发展学生历史学科核心素养的复习备考创新模式。"四层"即高考评价体系"一核四层四翼"三个组成部分中的"四层"，包括"必备知识、关键能力、学科素养、核心价值"，主要是回答高考"考什么"的问题。"四化"即核心价值引领化、必备知识结构化、学科素养情境化和关键能力测评化，主要是提供落实"四层"的优化方案。以"四化"对接"四层"，将课程内容、必备知识结构化、问题化，问题链条化，培养、训练学生的高阶思维、创新思维和关键能力，提升学生的历史学科核心素养，落实立德树人根本任务，服务教育高质量发展，是"四层四化"复习备考创新模式的旨趣与初心。

（一）核心价值引领化——彰显高考的思想性

高考评价体系是以价值为引领的评价体系，在"四层"考查内容中，以核心价值为先。核心价值是学生的政治素质、道德品质和思想方法的综合体现，是学生面对现实中的问题情境时表现出来的情感态度和价值观。高考试题以核心价值为金线，呈现出"无价值，不入题"的特征，具有鲜明的思想性和伦理性。引领即引导、带领，核心价值在高考考查中具有引领作用，其他三个维度均以核心价值为总航标，因此，我们把核心价值放在第一要位，并主张核心价值引领化、认同化，这样才能把握高考的正确方向和正确价值观。具体而言，一是以学科大概念点明教材内容主旨，明确主流价值导向，如《中外历史纲要（上）》第1课的主旨为"多元一体"，点睛式指明了中华文明多元性和统一性辩证统一的特征，不仅有助于学生建构正确的中华文明观，而且有助于学生形成正确的中华民族历史观——"中华民族的多元一体格局，一体包含多元，多元组成一体，一体离不开多元，多元也离不开一体，两者辩证统一"；再如《中外历史纲要（下）》第16课的主旨为"民族自决"，顿悟式道出了两次世界大战之间亚非拉民族民主运动的主要特点和核心诉求。二是将党的二十大报告内容、主题学习精神、新课标要求、高考评价体系、历史学科核心素养等体现国家意志、时代精神的相关阐述，作为价值引领的载体，培根铸魂，立德树人。如在讲《中外历史纲要（上）》第25课"命运抉择——人民解放战争"时，我们选取了习近平总书记在党的二十大报告中的一段经典名言："中国共产党领导人民打江山、守江山，守的是人民的心。治国有常，利民为本。为民造福是立党为公、执政为民的本质要求。"这有助于学生认识到两个深刻而朴素的道理：在战争胜负中"人心向背"具有决定性作用、在命运抉择中"道路选择"具有必然性。从而引领学生深刻认识到"坚持中国共产党的领导是我国各项事业发展的保障"[①]，这是中国共产党百年奋斗积累的根本历史经验。

（二）必备知识结构化——指向高考的基础性

布鲁纳、施瓦布、菲尼克斯等结构主义课程专家的思想影响了此次课标的制定。《普通高中历史课程标准》强调："重视以学科大概念为核心，使课程内容结构化，以主题为引领，使得内容情境化，促进核心素养的落实。"由此可见，课程内容结构化是课程落实核心素养导向的重要方式和具体措施。课程内容的核心即必备知识。必备知识在高考评价体系的"四层"中处于基础的地位，因此新课标把它放在第二部分，作为发展学生的学科素养和关键能力的基石，并主张将必备知识结构化、体系化、功

[①] 徐奉先：《构建科学考查体系　助力学生全面发展——2022年高考全国卷历史试题述评》，《历史教学》2022年第15期。

能化。高考评价体系强调基础扎实,"关注主干内容,关注今后生活、学习和工作所必须具备、不可或缺的知识、能力和素养",这就是必备知识结构化的目标指向。

布鲁纳在《教育过程》中写道:"不论我们选教什么学科,务必使学生理解该学科的基本结构。"布鲁纳认为,掌握学科的基本结构有如下四个优点。第一,懂得学科的基本原理可以使得学科更容易被理解。第二,掌握学科的基本结构有助于记忆。第三,领会基本的原理和观念是通向适当的"训练迁移"的大道。第四,强调学科结构和原理能够缩小"高级"知识和"初级"知识之间的差距。以学生的学习为中心,帮助学生"理解""记忆""迁移""缩距",这不是正是我们追求的教育目标吗?

结构化、体系化、功能化的知识才更有提升素养的价值,更有力量。运用系统论思想和结构化思维,将必备知识结构化,将重要的知识点和核心概念等置于宏观知识结构中去重新定位其意义与价值,清晰、直观地展现不同知识之间相辅相成、互相支撑的结构脉络,这样可以帮助学生建构知识体系和思维导图,有助于改变学生散碎化学习,甚至以刷题代替学习的陋习,从而更加关注知识的关联性、整体性和系统性。换言之,将必备知识结构化为我们引导学生从整体上深刻理解主题的内容和方法,促进学生能力的发展和核心素养的形成提供了条件。

如何将必备知识结构化?一是通过大概念、问题链、任务群等来结构化必备知识。如《中外历史纲要(上)》第19课"辛亥革命",我们以"中华民族复兴的先声"为大概念,引导学生从民族复兴视角认识辛亥革命的历史价值,并设置如下问题链、建构任务群,让学生从碎片化、离散性、短时段的"泥淖"中爬出来,形成统整性、聚合性、长时段的知识观和认识观。

> 一、时间与空间:辛亥革命是否一瞬间在各地爆发?其发生发展进程有何特点?
> 二、偶然与必然:辛亥革命的爆发受哪些因素影响,这是历史的偶然还是必然?
> 三、实践与精神:辛亥革命在当时有何成果?我们该如何分析辛亥革命的影响?
> 四、历史与现实:立足长时段视野,指出辛亥革命与"民族复兴"之间的联系?

二是以单课和单元为单位,对必备知识进行结构化。以单课为单位进行结构化整合,例如在讲《纲要(下)》第18课"冷战与国际格局的演变"时,我们运用唯物史观中联系的观点和发展的观点,将本课内容整合为"裂变·渐变·剧变"三个阶段，简洁明了，特征鲜明，前后关联，逻辑清晰，将必备知识问题化、问题链条化，便于学生理解和记忆，把握历史发展的脉络和趋势，从而进行深度学习和思考。

裂变	渐变	剧变
冷战与两极格局的形成（20世纪40年后期至50年代中期）	冷战的发展与多极力量的成长（20世纪60年代至80年代末）	两极格局瓦解与冷战结束（20世纪80年代末至90年代初）
1. 为什么会出现冷战？冷战是怎样展开的？ 2. 两极格局又是怎样形成的？	1. 冷战发展的突出表现有哪些？如何辩证认识冷战的影响？ 2. 国际格局多极化的趋势是如何出现的？	1. 导致东欧剧变、苏联解体的主要因素有哪些？ 2. 东欧剧变、苏联解体后的世界格局有何特点？
杜鲁门主义 马歇尔计划 柏林危机 北约与华约	不结盟运动的兴起 欧共体的成立和发展 日本经济的起飞 中国国际影响力的增强	中苏关系的紧张与缓和 东欧剧变 苏联解体 冷战结束与多极化趋势加强

李月琴老师认为单元是能够整体落实学科核心素养的基本学习单位或课程单位，单元学习即围绕体现大观念、大概念的学习主题开展学习，强调内容组织结构化和内容呈现情境化。如果我们将中国古代史作为一个完整的"大单元"来看待，则其核心大概念就是"统一多民族封建国家的形成与发展"，《中外历史纲要（上）》第一单元便是其自然的逻辑起点。从时间维度看，这一单元涵盖了170万年的超长时段，纵贯了"中华文明起源""早期国家的形成与发展"到"秦汉统一多民族封建国家建立和巩固"三个阶梯式发展过程。我们将这一单元结构化为"多元一体""巨变与过渡""首创与奠基""重建与巩固"四个一脉相承、主题鲜明的阶段，提升了学科内容的结构性。以主题、项目、问题、任务等方式对知识进行整合、统筹，可以帮助学生减轻课业负担，实现深度学习，养成高阶思维能力，助推学生从"知识结构化"到"思维结构化"再到"认知结构化"进阶发展。

（三）学科素养情境化——具象高考的导向性

高考已经从知识导向、能力导向上升到素养导向。根据经合组织（OECD）权威定义，"素养不只是知识与技能。它是在特定情境中，通过利用和调动心理社会资源（包括技能和态度），以满足复杂需要的能力。"郑林教授说，所谓素养，也就是在历史情境中运用历史知识解决历史问题的能力。历史情境是学生学习、感知历史知识的重要媒介，也是新课标体系下落实核心素养的重要载体。每一段史料都是一个情境，而只有通过创设具体的情境，并引导学生进行分析，才能将核心素养具象化、可视化。高考命题改革强调情境化命题，以情境为串联线，呈现出"无情境，不成题"的特征。因此，我们主张将学科素养情境化、意义化。

例如在讲《中外历史纲要（上）》第1课"多元一体——中华文明的起源与早期国家"时，我们选取了"何尊"这样一个青铜器实物史料来设置情境，让学生具象、直观、可视地理解史料实证和家国情怀，理解了才能运用，才能发展。

"何尊"是周代初期一位名叫"何"的贵族铸造的一件酒器。其珍贵之处除了它凝重大气的造型和神秘华丽的纹饰外，更在于尊内底部的一篇12行共122字的铭文。铭文记载了周成王营建洛邑、建筑陪都的重要历史事件，极具史料价值，而其中"宅兹中国"更是目前已知最早记载"中国"一词最早的文字。由此，我们引申出史料分类与史料价值，对一手史料和二手史料的可信度、真实性进行比较，这样不仅加深了学生对周朝初年历史的了解，而且对新课标要求的史料分类、史料运用、

2021年在山西大学附属中学做讲座

史料价值等方面的知识进行了落实，更重要的是涵育和发展了学生史料实证和家国情怀等核心素养。

当然，素养是多元的，情境是多样的。我们创设了学习情境、生活情境、社会情境以及学术情境等多种情境，来具象化、意义化、可视化高考的素养导向。

（四）关键能力测评化——应对高考的能力性

"知识的能力性是知识自然包含的能力性和知识教学、研究自觉促进能力发展和提高的作用和特性。"[1]知识的能力性是知识创造性和应用性的灵魂。高考评价体系强调的基础性，除了考查学生必备的知识之外，还考查其关键能力。关键能力是支撑和体现学科素养的能力表征，是培育核心价值、发展学科素养的基础。高考试题呈现出"无思维，不命题"的特征，具有明确的能力指向。

当前对基础教育各个学段、各个学科关键能力的测量与评价存在诸多困境，如测评内容复杂、测评范式受限以及测评理念滞后等。因此，关于学生关键能力的测评研究亟待加强。徐奉先将历史学科的关键能力概括为三大能力群，"即获取和解读历史信息的能力、分析历史问题的能力和历史探究能力"[2]，并主张通过"创设真实情境""增加试题开放度""凸显对思维过程的评价""改进评分方法"等四大路径进行考查。总而言之，就是要通过考试内容改革和考试评价变革，增强试题的开放性和灵活性，反对机械训练和思维固化，引导教师提升学生的逻辑思维能力、创新思维能力和科学理性素养，提升历史学科育人功能，落实立德树人根本任务。

在测评理念方面，梅斯雷弗等人提出的 ECD 理论值得我们重点关注。该评价框架的设计理念是通过测评活动收集被试对象（学生）的行为表现并作出价值判断，因而此设计框架被称为"以证据为中心"的教育测评设计模式（Evidence Centered Design）。ECD 理论的运行过程主要包括五个层次，在实际的教育测评中，评价者主要依托的是其中的概念评价框架。概念评价框架共包括六个模式：学生模式、证据模式、任务模式、组合模式、呈现模式和交付系统模式，每个模式对应解决一个

---

[1] 郝文武:《知识的能力性和伦理性及其知核力研究》,《宁波大学学报（社会科学版）》2020年1月第42卷第1期，第22页。

[2] 徐奉先:《高考历史学科关键能力考查路径研究》,《历史教学》2019年第5期。

关键问题。学生模式关注的问题为"我们要测量的内容是什么";证据模式关注的问题为"我们要如何测量学生模式变量";任务模式关注的问题为"我们使用什么进行测量";组合模式关注的问题为"我们需要测量多少";呈现模式关注的问题为"我们的测评如何展现";交付系统模式关注的问题为"整体的测评活动如何运行"。学习借鉴陈伟安、柯跃海两位老师基于 ECD 理论对高中生数学关键能力测评路径的初步探索[①],我们可以绘制出高中生历史关键能力发展水平测评实施框架图:

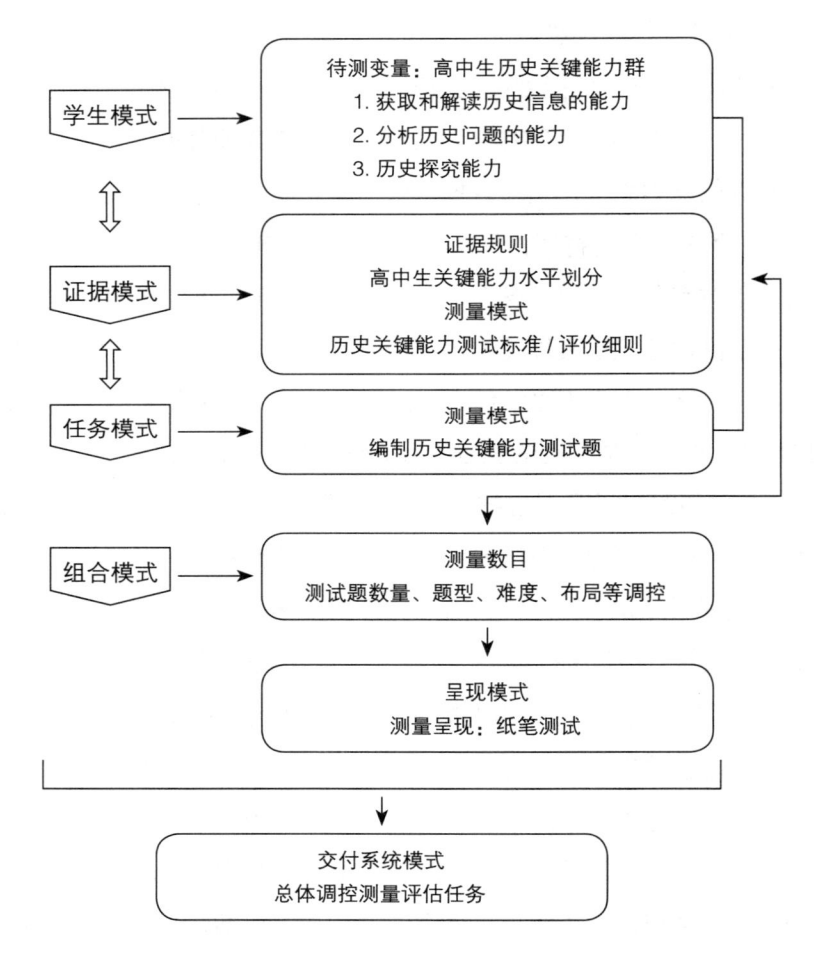

```
学生模式  →  待测变量:高中生历史关键能力群
              1. 获取和解读历史信息的能力
              2. 分析历史问题的能力
              3. 历史探究能力
    ↕
证据模式  →  证据规则
              高中生关键能力水平划分
              测量模式
              历史关键能力测试标准/评价细则
    ↕
任务模式  →  测量模式
              编制历史关键能力测试题

组合模式  →  测量数目
              测试题数量、题型、难度、布局等调控

              呈现模式
              测量呈现:纸笔测试

              交付系统模式
              总体调控测量评估任务
```

基于以上认识,我们主张关键能力测评化、试题化、科学化、可迁移化。在测评理论、水平划分、考查路径、测评试题、评价标准等方面进行探索,将工作进一

---

① 参看陈伟安、柯跃海:《基于 ECD 理论的高中生数学关键能力测评路径初探》,《福建教育》2023 年第 11 期。

步细化，标准进一步量化。

正如"四层"考查内容之间具有清晰的内在逻辑关系，"四层四化"之间也是一个有机整体。核心价值引领化的目标是彰显高考中必备知识、关键能力、学科素养的思想性、价值观和伦理性，具有统摄地位；必备知识结构化的目标指向高考的基础性，结构化的必备知识是形成关键能力和学科素养的基础，并且必备知识本身也具有价值，是核心价值的载体，具有支撑功能和基础地位；学科素养情境化的目标是具象化高考的素养导向，"学科素养是连接必备知识、关键能力和核心价值的重要环节"，因而学科素养情境化具有具象功能和承接地位；关键能力测评化的目标是应对高考的能力性考查，是对学生核心价值、必备知识、学科素养的测评，具有检测功能和落实地位。

总之，"四层四化"复习备考创新模式是一个一体四面的整体，合力落实立德树人根本任务，对接高考评价体系，发展学生历史学科核心素养，服务基础教育高质量发展。

四、路漫漫其修远兮，吾将上下而求索

苏格拉底说，"认识你自己，审察你自己"，"未经审察的人生不值得过"。可是要客观地认识自己、审察自己谈何容易，这需要相当多的知识和相当大的格局。从认知心理学角度来说，需要摈弃认知自负，保持认知谦逊，实现认识升级。不知不觉间，我在中学的讲台上已经摸爬滚打了20年。"审察"这20年，常有脑中一片空白、内心惶惶不安之感。古圣言，人生三不朽：立德、立功、立言。"立德，谓创制垂法，博施济众；立功，谓拯厄除难，功济于时；立言，谓言得其要，理足可传。"对照自己，这些年因为负责高三复习备考工作，主要从事了一些实践操作层面的工作，在立德、立功方面或许还算做了一点事情，在立言方面则无寸功可言。以人为镜，可以知得失。我发现，很多历史教育大家，都是先"务实"，后"务虚"。在实践中明理，在做事中立言。遂"东施效颦"，也慢慢在思考一些教育问题。

我很喜欢一个禅宗故事。据史书记载，唐朝山南东道节度使李翱多次派人请药山禅师进城供养，均被禅师拒绝。这一日，李翱亲自上山登门造访，问道："什么是'道'？"药山禅师伸出手指，指上指下，然后问："懂吗？"李翱说："不懂。"药山禅

师解释说:"云在青天水在瓶!"原来真理就在青天的云上,瓶里的水中。道在一草一木,道在一山一谷,道在宇宙间一切事物当中。李翱当即提笔写了一首诗:"练得身形是鹤形,千株松下两函经。我来问道无余说,云在青天水在瓶!"

教育的道是什么?在历史教育的场域中,何为青天白云?何为瓶中净水?或许是悟性不足,我并没有像李翱一样参透。即便略知一二,也是知而不明,明而不达,达而不通。好在一直在思考。

我也曾思考过,学习是否应该"三思"而后行?"三思"即思想信念、思维方法、思惑突破。"思想信念"是学习的方向。即坚信我能行,培育学科兴趣,消除畏难情绪。真正成功的人都是执着的理想主义者和长期主义者;"思维方法"是学习的路径。人工智能时代,史实性知识的重要性在下降,认知性知识的重要性大大上升。而认知性知识的习得和生成需要科学的思维方法和思维能力。就历史学科而言,科学的思维方法和思维能力主要有历史思维、辩证思维、系统思维和创新思维。这也是当前高考的重点和方向。"思惑突破"是对学习的评价。即发现问题,纠正错误。从方法论上说,学习实际上也是一个不断试错并不断纠错的过程。优秀的学生往往善于发现问题,总结问题,及时纠错,改进提高。

在书房工作

也曾思考过，如何通过结构化教学来建构有条理，有内涵，有效果的思维型、智慧型课堂，《辞海》中对"结构"的释义为：各个部分的配合，组织。结构是系统具有整体性、层次性和功能性的基础。结构化是不断生成结构的过程，即原有结构在人的不断行动中逐渐生成新的结构的变化过程，可使原本相对无序、零散、模糊、不完整的结构，通过概念的互动和要素之间内在联系的建立，形成有序、系统、清晰、完整的新结构。结构化包括情境结构化、知识结构化、思维结构化和认知结构化，是一个进阶的过程，有助于学生形成高阶思维和创新思维。窃以为，当前历史教育界大力倡导的大概念、大单元教学要顺利推行，就需要在"结构化"这三个字上下功夫。包括布鲁纳、埃里克森、郭华、李润洲在内的中外学者都对结构主义教学论、认识论有着深入的研究。在 2023 年陕西省教学能手大赛上，我荣获全省第一名，即采用了这种结构化教学模式，通过创设结构化情境，并让学生分小组进行探究式学习，以学生为主体，由教师引导，梳理史实性知识，提炼概念性知识，运用结构化思维，形成结构化认知，从而实现学生认知的升维化和进阶化，发展学生的学科核心素养，得到了各位评委的高度肯定。

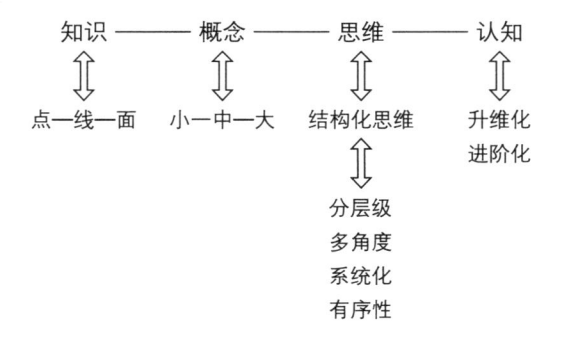

```
知识 ——— 概念 ——— 思维 ——— 认知
 ⇕         ⇕         ⇕         ⇕
点—线—面  小—中—大  结构化思维  升维化
                      ⇕       进阶化
                    分层级
                    多角度
                    系统化
                    有序性
```

我也曾思考过，如何培养学生的科学思维方法和思维能力。就历史学科而言，教育部考试院要求培养学生的历史思维、辩证思维、系统思维和创新思维。限于篇幅，这里主要探讨系统思维的培养方式。系统思维是一种现代思维方法，要求人们从整体上对事物互相联系的各个方面及其结构和功能进行系统认知，以克服孤立的、静态的、片面的、单线的传统思维方法的不足，从而更全面地把握事物运动于复杂多维体系中的状况及其与其他各要素之间的关系，由此达到透过现象看本质的目的。简单地说，系统思维其实就是整体思维、结构化思维、动态思维、复杂思维、网络思维、多维思维和跨学科思维。2023 年高考文综全国乙卷第 47 题考查孔尚任《桃花扇》获得成功的条件,从阅卷的情况来看,学生整体答得很差,绝大多数答案主要是从孔尚任的个人因素也就是作者角度进行作答,而没有从剧本本身、戏曲发展、受众基础等角度进行系统思考、整体考量,这就是缺乏系统思维、整体思维、结构化思维的表现。因此,我认为在平时的教学和备考中教师要加强对学生系统化思维的训练。鉴于此,我总结了训练系统化思维的"二十字箴言",希望对大家有所启发。

(一)由虚转实

由虚转实也可以叫由暗转明,即将材料中的一些隐性信息,结合已学知识,转化成显性信息,或将材料中的一些比较文学化的表达转化成历史学科语言。这一要点对学生的基础知识掌握程度要求相对较高。例如2021年全国乙卷第41题,材料中的信息是,希罗多德撰写《历史》"是为了保存人类的功业",而司马迁则力求"通古今之变,成一家之言",这两个信息都是比较文学化的表达,对照课标要求的考点"知道历史上著名史学家的治史情怀和治学态度,以及对史德、史才、史学、史识的推崇"将其转化成历史语言,那么二人"作为伟大历史学家的共同之处"就是"都具有历史学家的使命感"。再如2017年新课标全国Ⅲ卷第40题材料中的信息是"1624年侵占台湾南部。1642年,其势力扩张到台湾北部",结合所学知识,可知明朝末年发生农民起义,战乱不断,并于1644年发生明清易代,那么这个时间信息暗含的"荷兰侵占中国台湾与澎湖的历史背景"是"明末战乱之际,中央政府无暇他顾"。人物题一般都会提供人物的生卒年代,这就提供了时代信息,无论是改革的背景,还是其取得成就的原因,都可以从这个时间信息中挖掘出答案来。

(二)由实转虚

这一箴言特别适合特点类的材料题,特点的答语一般比较抽象、比较概括。由实转虚换句话说就是由具象转抽象,即将材料中一些具体的、零散的信息进行加工整理,转化成简洁概括的抽象表达。例如2017年新课标全国Ⅰ卷第45题,"概括20世纪80年代工资改革的特点",材料中有"1978年""1982年""1985年"几个时间信息,可以据此概括出"具有阶段性"或者"循序渐进"的表述。以此类推,如果材料中的信息涉及某个国家最早做……即可转化为"具有首创性"或者"历史悠久"的表述；材料中的信息涉及政治、经济、文化、社会、军事等各个方面，则可转化为"改革全面，内容丰富"的表述；材料中的信息涉及某个过程艰难曲折的改革，那么就可以转化为"具有复杂性和艰巨性"的表述。

当然这一箴言在其他题型中也可应用，例如2021年全国甲卷第41题第三问为"评价20世纪50年代前期中国的对外贸易政策"，材料以大量信息讲述新中国在奉行独立自主的和平外交政策的前提下，对英美等西方国家采取的贸易政策为争取利用与斗争、分化相结合的策略，那么，转化"评价"的答案就是"体现了政策的原则性与灵活性""体现了中国共产党的正确领导"。

（三）破旧立新

这一箴言特别适用于答影响（意义）类的材料题。破旧立新的关键是"破旧"，因为"立新"学生基本都能答到，常用的表达方式有"有利于""推动了""促进了"……但是"破旧"是学生最容易忽视的，尤其是答改革题时，要知道改革的意义首先是"破旧"，因为改革的必要性在于原有制度的弊端日益显现。例如2022年全国乙卷第475题"评价商鞅的军事改革"，首先要答的就是"打击了奴隶主旧贵族势力"，而这一点有相当多的学生漏答。再如2015年新课标全国Ⅰ卷第45题第二问"说明唐代币制改革的意义"，首先要答的是"终止了五铢钱长期流通的历史"，然后才是"开启了新的货币体系""为非金属货币产生创造了条件"。结构化思维的核心原则为相互独立，完全穷尽。先答"破旧"，再答"立新"，才能得满分。对系统性思考问题才能不漏答。

（四）纵横关联

包括纵向关联和横向关联。纵向关联主要是指把材料一和材料二（可能还有材料三）联系起来，通盘考量，从古今历史的延续与变迁中，发现历史的发展与进步；从中西历史的对比中，凸显学科思政的价值引领。这是一种整体思维、系统思维。例如2019年全国课标Ⅱ卷第41题第二问"根据材料三并结合所学知识，简析1950年中国海关税率调整的特征"，参考答案中"完全自主"这个必答的得分点在材料三中几乎没有显性任何信息，必须纵向联系材料二和材料三，从材料二中体现的中国近代史上"关税不自主"，才能结合所学知识以及古今不同的价值导向得知，答案

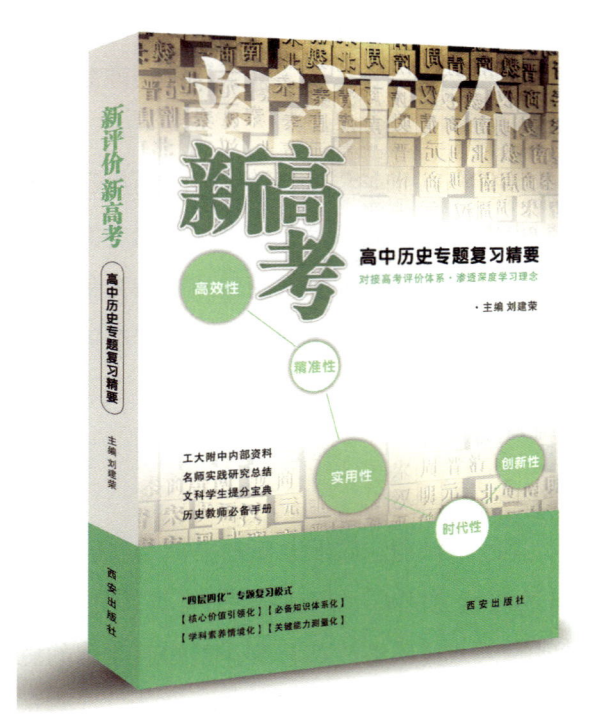

2021年，我主编的《新评价新高考——高中历史专题复习精要》出版

要突出现代的进步和发展，从而推导出新中国成立初期"关税完全自主"这个答语。横向关联也叫左右关联，是指在答题时，特别是在答影响（意义）类材料题时，要用联系的观点，多角度、系统地思考问题，关联到这一历史事件对周边相关的多个主体的影响，从而不漏答、不少答。例如2014年新课标全国Ⅱ卷第40题第二问"简析移民东北的历史作用"，回答时可以以"东北"为中心，画一个圈，思考移民东北对周边相关主体的"历史作用"，而不能只考虑对"东北"的影响，这样就太局限了。思维一打开，视野一开阔，那么答案就可能涉及"东北""关内""政府""列强（或日俄）"这些相关角度，全面、多元，这样才能得满分。

有的题既要注意纵向关联也要注意横向关联。如2015年全国Ⅰ卷第45题第二问"说明唐代币制改革的意义"，作答时不能只盯着唐高祖发行的开元通宝钱，要以通宝钱为中心向前、向后、向左、向右进行关联，"向前"联系即得出"终止了五铢钱长期流通的历史"，"向后"联系即得出"开启了新的货币体系；币值与钱币重量脱钩，为非金属货币产生创造了条件；为年号钱的出现奠定了基础。""左右"联系即得出"方便了流通，有利于商品经济的发展"的结论。这样就使唐高祖币制改革的意义立体起来、重要起来了。

（五）前后呼应

思考时注意问题的前后呼应，是一种典型的系统思维、整体思维。一是指把材料一和材料二（可能还有材料三）联系起来，通盘考量，廓清古今历史的发展脉络，洞察中西不同的价值取向，这与纵横关联中的纵向关联具有相似性。二是指把试题的第一问和第二问（可能还有第三问）联系起来，例如 2020 年全国 II 卷第 45 题第一问考查"王安石实行将兵法的历史背景"。第二问考查"王安石将兵法改革"的"评价"。这就需要把问题联系起来看，通过"背景"来答"评价"，如"背景"中答到"北宋原有兵制的弊端日益显现"，那么"评价"中就可以答到"改变了宋军的编制"，如"背景"中答到"军队战斗力低下"，那么"评价"中就可以答到"提高了军队战斗力"，如"背景"中答到"冗兵众多，政府财政不堪重负"，那么"评价"中就可以答到"减少军费开支，一定程度上缓解了财政压力"。总而言之，此题目答案中的背景和评价（或者影响）应该前呼后应，都从"军制""战斗力""军队数量""军费开支"等角度去回答。

再如 2022 年全国乙卷第 41 题第一问为"概括二十世纪五六十年代中日两国技术引进的特点"，而第二问是"分析中日技术引进呈现不同特点的背景"，这个"背景"就必须要根据"特点"的不同来分析。

材料题的解题要求是"点要多、面要宽、话要短、字要好"，用系统化思维答题的这二十字箴言，对多角度（点多）、全方面（面宽）答题具有重要价值，值得认真领会。

我也曾思考过，教育如何改变命运？都说"教育改变命运"，可是现实中教育赋能的边际效用却越来越有限。有些人，接受了高等教育，读了许多书，但依然过不好这一生。为什么？本质上还是对教育赋能的机制与路径不清楚。窃以为，文科教育从根本上说是要学生学会洞察人性，从而发现人性的弱点，并将其化育之；理科教育从根本上说是要学生学会洞察物性，从而发现物性的价值，并将其光大之。

教育改革需要在以下三个方面做重大调整：一是教育的首要目标是培养能独立思考和有正确价值判断能力的人，而不再是让学生获取特定的知识。二是教育的方式方法需要有重大调整，要用人工智能等学习工具来协同改进教育教学方式。三是让学生超越知识学习，更加关注学习的品质。

真正好的学习从某种程度上来说是求慢而不是求快的，只有慢才能锻造思维深度，才能在与人交往中建立深度的人际关系；是求难而不是求易的，只有挑战才能激发学生学习的动力；是求少而不是求多的，只有少才能让学生有闲暇时间来发展自己的个性，形成多样化的大脑；是求拙而不是求巧的，唯有求拙才能培养一个人的钻研精神和韧性。

湖湘文化的闪光点，主要体现在以下三个方面：心忧天下，敢为人先的自信；海纳百川，敢于包容的自信；经世致用，敢于践履的自信。回首教学路，我正是借着这种"霸蛮"的精神和毅力一步步走来的，坚定而从容。展望前路，我将步履坚定，用湖南人特有的"霸蛮"精神继续深耕于教坛，砥砺奋进！

▶ **点评**

> 作为一名地地道道的湖南人，刘建荣老师谦虚好学，从本科生到研究生，一路求学，不断提升。从教后，他以湖湘文化中的"霸蛮"精神深耕于历史教育领域，自信而坚毅，完成了从普通教师到教学名师的华丽蜕变。他善于挑战自我，在恩师的帮助和影响下不断成长。他勇于开拓进取，破壁升维，逐渐探索出了一种新的高效的备考模式——"四层四化"复习备考创新模式，并尝试对其进行学理化阐释、体系化表达，主编了两本教辅资料，完成了对理论成果的升华。勤于学、敏于思、笃于行，这是刘老师的作风，也是他成功的法宝。
>
> 教育部基础教育历史教学指导专委会副主任委员　李海方

申　星：让梦想和事业比翼双飞

　　申星，女，现任教于西北工业大学附属中学，硕士研究生，中学高级教师。陕西省教学能手、陕西省基础教育资源应用名师、西安市教学能手、"国培"项目授课教师。多次参与省市级公开课展示活动，所撰写的文章在陕西省、西安市各级论文与教学设计评选中荣获一等奖。主持并参与多个省市级课题研究，多篇文章发表于国家级刊物。参与编写了陕西省中小学素质教育推荐读本《陕西历史文化遗产》，连续多年参编《陕西省学业水平试题精粹（历史）》《中外历史纲要（下）同步练习册》《高一寒假学习与生活》等多部教育教学著作。任教以来，因细致亲和的教风深受学生欢迎。目前侧重于关注高中历史教学中学生史料实证意识和历史解释能力的培养。

我从小就有一个教师梦，很幸运自己的梦想和事业达成一致。

记得高考填报志愿时，没有任何犹豫，我在各个批次的志愿栏里无一例外地填报了师范方向、历史专业。成为一名历史教师，是我从中学时代就拥有的理想。今天，在一方讲台上已耕耘了 15 个年头，时间的脚步太匆忙，需要我们时不时停下来，沉淀、反思，再前行。今天，借助母校搭建的平台，我将自己在教育之路上的思考和收获分享给大家。

一、求学陕师大

2005 年 9 月，我如愿成为陕西师范大学（简称"陕师大"）历史文化学院 2005 级研究生。能够进入家乡这所素有"教师的摇篮"美誉的全国 211 名校，令在西安出生、西安长大的我感到无比欣喜与骄傲。我师从周晓薇教授，开始了三年的研究生生涯。

在陕师大"厚德、积学、励志、敦行"校训的浸润下，在历史文化学院各位学养深厚、品德高尚的名师大家指引下，我对历史的兴趣更加浓厚。三年里，我曾有幸当面聆听过学术泰斗黄永年教授的教诲，他的谆谆教诲至今仍萦绕耳边；我的恩师，温和优雅的周晓薇教授，治学严谨、性格和蔼，以智者的修养、师者的风度潜移默化地影响着我，成为我从教路上的榜样；严肃又风趣的贾二强教授，把唐史讲得引人入胜的王双怀教授、杜文玉教授，还有教甲骨文的王晖教授……都给我留下了深刻的印象。在他们的悉心教导下，我逐渐积累起历史学的专业素养，为后来的教育教学打下坚实基础。

二、初入教坛

2008 年 6 月毕业后，我进入陕西师范大学锦园中学（现为西安未央锦园学校）

任教，正式开启了我的三尺讲台生涯。当时适逢陕西掀起课改浪潮，高中历史教材来了一次大换血，传统的编排模式被打破。初入教坛的我参加了许多关于高中新课程的培训，记得当时深圳等南方城市的专家或优秀教师纷纷来做经验分享，推广课改成果，一派新气象。

我所在的锦园学校是西安市未央区一所集幼儿园、小学、初中、高中为一体的标准化学校。中学部校区面积不大，但极其雅致。初登讲台时，我同时担任七年级两个班及高一年级四个班的历史教学任务。跨年级跨课头，让我同时感受着七年级小同学的活泼热情和高中生的沉稳理性。在这两种模式间切换，我对不同学段的授课技巧、课堂组织、作业设计与布置、课后辅导、主题探究等方面有了更多的思考与感悟。初中生好奇好胜，可运用现代化的直观教学手段帮助学生强化认知，还可通过讲历史故事、挖掘历史内涵、展开课堂辩论等方法，提高他们的学习兴趣。虽然我早已不当初中教师，但正因为有那段跨年级授课的经历，使我对初中学生的思维和学习特点有了切身体会，我才能在初高中教学衔接方面做得更好。

得益于锦园学校和谐的氛围、校领导塑造的良好培养机制和学校开放多元的平台，在校园"和"文化的引领下，初入教坛的我逐渐开始在一些比赛中获得成

2013 年在"国培计划"——西藏、贵州骨干教师培训班进行教学展示

绩。先后荣获未央区高效课堂赛教一等奖，还获得西安市教学能手、陕西省教坛新秀、陕西省基础教育资源应用名师、陕西省教学能手等一系列荣誉称号，也慢慢形成了自己的教学风格和教育理念。在这里我还收获了许多从教生涯中的美好"情谊"：有和学生亦师亦友的师生情谊，有同伴教师之间真诚互助的帮扶情谊，有校领导关注支持的情谊……在教学生涯中，锦园是我的起点，也是我永不会忘却的精神家园。

三、良师指引

从教路上，最幸运的莫过于遇到良师指引、鞭策。我很幸运，在我的从教生涯中，特别是在最重要的青年阶段，所遇皆良师。我在他们的关注、关心、指导、鼓励下快速成长。

从教三年后，我参加的第一次赛教活动是2011年举办的"未央区高效课堂"赛教活动，我的参赛课题是"西学东渐"。至今仍然记得在比赛后，一位梳着麻花辫、气质脱俗、和蔼可亲的老师在学校走廊里叫住我，亲切地告诉我，要注意语速不要过快。未曾想这就是我未来教师生涯中的重要领路人，时任未央区教研员张晓娟老师。是张老师，在这样一次区级比赛中关注到了我，无私地帮助指导我，并带我走向更高、更宽广的平台，一次次给我锻炼的机会。记得在西安市教学能手跟岗实践活动中，我在东元路学校上完15分钟的微型课"启蒙运动"后，张老师对我的鼓励和肯定，成为初出茅庐的我强大的精神动力和信心来源。

无私帮助我的还有时任西安市教科所高中历史教研员的闫璟老师。闫老师发现和培养了一大批历史教学领域的青年才俊，带领西安市历史教学同人联动互动，不断探索高中历史教学新模式，勇攀高峰。在参与闫老师组织的诸多高质量教研活动过程中，我感觉自己找到了团队，有了强大的后盾和清晰的方向，开始逐渐形成自己的教学风格。2013年年末，我参加了西安市公开课展示活动，主讲"辛亥革命"，第一次承担市级公开课展示任务，我紧张得不得了。记得在闫老师办公室，闫老师、张老师利用下班时间，耐心又温和地和我一起一张张过PPT，一句句完善讲课稿，一个个解决教学设计环节的问题，提出一个个亮点设计思路。我心目中的闫老师就是这样春风化雨，举重若轻，点拨丝丝入扣，又不会给人任何的压力。没有她们，就不会有后来在讲台上越来越自信的我。

还有郭富斌老师、李树全老师、徐赐成老师、姒吉霞老师、苏争艳老师等名师们，在教研活动中我领略了他们的风采，感受到他们讲课的深度和对历史的敬意。现在回首，得遇良师指引，是我教师生涯最幸运的事情。

四、内在驱动

还记得2009年锦园学校的暑期培训，在中学专场中应邀做报告的徐赐成博士的开场问题："各位亲爱的老师们，在您刚踏上讲台时，可否在心里问过自己，'我，准备成为一名什么样的教师？是让学生转身就忘记的，还是让他们终身不忘，想起来就觉得美好的'。"

相信凡是热爱教育事业的老师们，都会毫不犹豫地选择后者。那么，要怎样成为让学生觉得美好和终身不忘的优秀教师呢？徐博士提到一个词——"自我塑造"。教师之所以成为教师，更多的是"自我塑造"而不是"被塑造"的。在教师成长历程中，我认为最重要的就是个体的内在驱动力和成长自觉。在上课、备课，这些我们每个人每天都在重复的工作中积极创新，充实备课资源是一种自我塑造。抓住每次培训机会，主动汲取有益于教学的信息和经验也是一种自我塑造。

教师的自我塑造，应该是教师发展的最高境界，是一种内在驱动力。也许我们一时不知道自己努力的方向，也许日复一日的教学工作会消磨我们的意志和最初的追求，那就多看看书、多听听课、多参加一些有意义的培训。我们总会在其中捕捉到自己感兴趣、想关注、有意义的信息，会给我们的实际工作带来活力与生机，帮助我们成长。

回想我开始步入教坛时，懵懵懂懂，在教学技巧、课堂组织管理、学生教育辅导等方面都感到经验缺乏。第一次上校内公开课时竟然只用25分钟就讲完了备课内容，在剩下的20分钟里只好尴尬地一遍遍带着学生复习。有了那次经历后，我在实际教学中、在听课评课中、在一次又一次的学科活动中一点点进步，虚心请教、听课反思、学习借鉴、关注专业书籍和纪录片，汲取有益于实际教学的"精华部分"。逐渐学会了控制课堂时间、设计板书、组织课堂活动。后来我又参加了一些赛教活动和学科培训，接触到了许多行业大师，眼界更加开阔，知道了课应该怎样上才更好，自己在这个过程中可以积累和准备些什么，会更加主动地关注与本学科相关的前沿知识和课程改革方向。

在积累了一定经验后，2011年学校发布未央区高效课堂比赛的公告时，跃跃欲试的我主动报名参赛，积极准备，最终获得高中组一等奖，并有幸得到张晓娟老师、闫璟老师的关注和培养。现在回想起来，这绝对是我教师生涯中的一个重要转折点。那次比赛后，我逐渐加入了一个个优秀的共同体和名师工作室，见到了当时西安乃至全国历史学界的名师大家，领略到别样的风景。记得当时不到30岁的我，意气风发地在这些活动中徜徉，热切地参与话题互动和讨论，像海绵一样不断地吸收着新的知识，真的是场场有收获、次次有提升。

后来，作为一名高中班主任，我又在班级的管理和建设方面开始了新的学习。以前总觉得要想增强班级凝聚力，就需要做好班级文化建设，拥有班级精神象征，但一直不知从何下手。后来学校安排我们几位班主任参加论坛，听到来自湖南怀化的覃丽兰老师的班级文化建设经验后，受到启发。在高二下学期，我们确定将明亮温暖的向日葵作为班级的精神象征，并根据向日葵的不同种类，分了5个级别，制定了详细的班级升级制度，根据班级值日手册上的记录，每月一结算，先到达最高级别的同学们将获得3次走"绿色通道"的权利。在实践中，既增强了班级文化建设，也取得了阶段性的激励效果。

"功崇惟志，业广惟勤。"我觉得学习一些、实践一些，就进步一些。

当然，在成长的过程中，还离不开名师指引和团队协作，同时还需要在不断的赛教和教研活动中锤炼、提升素养和能力。

五、团队助力

"滴水不成海，独木难成林。"良好的学习团队能对个体起到唤醒、影响、督促、激励的作用。从教以来，我积极参加各类历史教育教学团队，先后成为西安市首届高中历史青年教师学习共同体学员、郭富斌历史工作室学员、西安李树全名师工作室成员、陕西省学科带头人培养对象雷波老师工作坊坊员、陕西省名师姒吉霞老师工作站成员。借助这些良好的平台，通过导师定期上公开课，并对学员展示课程进行点评、开展讲座、推荐阅读书目、讨论交流等形式，我汲取了大量有益于教学的养分，了解了学术前沿信息，获悉了新颖的教学理念，与诸位名师近距离对话交流，他们丰富的见解与经验，对初入教坛、阅历尚浅的我来说，是一笔宝贵的财富。

在这些团队组织的一次次质量高、实效性强的学术观摩和课例研讨活动中，在这些业绩卓越、学养丰厚的名师的引领下，我才得以不断进步，并由观摩者逐渐转变为展示者。

2013年10月，30岁的我承担了陕西师范大学承办的"国培计划"——西藏、贵州骨干教师培训班148名教师观摩的高中历史课展示任务。2013年12月，在市教科所组织下的西安市2013年校本研修之中小学学科教学能力提升培训中，我面对西安市各区教师进行了历史学科"辛亥革命"一课的课堂教学展示。2015年12月11日，我再次为"国培计划（2015）——青海省乡村教师访名校培训项目"高中历史培训班教师展示公开课。2019年10月，在未央区教研室和未央区教师进修学校举办的"学科核心素养落实"课例研讨活动中，我担任高中历史"战国时期的百家争鸣"一课的公开课教学。

我还在市教科所组织下，积极参与陕西省"名师大篷车"行动计划之西安市送培下乡活动。利用周末时间，在高陵、阎良两地进行历史学科课堂教学展示，将有价值的教学经验和做法与区县老师们分享、交流。

这些展示课的顺利完成，离不开强大友善的团队的精诚帮助，每一节公开课的精巧构思都蕴含着集体的智慧。确定课题后，团队里的老师们群策群力，有的推荐专业读物，有的提供思路，还有可敬的老师们在电话里不厌其烦地悉心指导，一遍遍试听，陪我磨课。我在与工作室诸位优秀同人的交往时，见贤思齐，携手登高，获得了专业成长的强大支持力。

六、教研共进

"如切如磋，如琢如磨。"要站稳三尺讲台，必须进行研究探讨切磋。教学相长，教研同步。对教育教学中的很多生成性问题需要去关注和研究。比如，在新高考新教材背景下，在有限课时内，我们怎样增强课堂教学的有效性？怎样设计并优化落实路径？再比如，在布置作业时，有哪些操作性强的分层布置手段和形式？在具体教学中，对学生史料实证和历史解释的素养能力怎样更好地培养落实？在学生管理上，怎样积极帮助学习上有困难的孩子……这些问题是我们在教育教学一线发现并希望优化解决的现实问题。面对这些问题，课题研究是很好的抓手，我们既可以进行以个人为单位的小规模小切口的小课题研究，也可以在团队合力基础上，共商共议，进行规范全面的专项课题研究。在这个过程中，我们要根据目标任务和学术规范，查阅相关资料，撰写文献综述，追本溯源，掌握学术前沿信息，进行更加专业的阅读。在课题成果的阶段性反馈过程中，更好地实践我们的成果，改进我们的教学，做到教研相长。

2022年，我参加了陕西省学科带头人姒吉霞老师主持的陕西省第4批基础教育名师"新时代普通高中历史课程提质增效实践路径研究"的专项课题实践研究。研究期间多次在线参加省内、市内历史学科教研活动，极大地开阔了视野，增长了见识。在线上交流、课题研究、论文撰写过程中，我对新课程新高考有了更多认识，对于如何更好地做好新高一与初中的衔接、如何更有效地进行高中教材内容的整合有了更多可实践的操作方法。同时，我还参与了李树全老师主持的省级规划课题"高中历史新教材背景下大概念教学研究"。

课题研究是提升教学实践质量的重要抓手。我还积极参与了陕西省学科带头人雷波老师"高中生历史批判思维培养策略研究"的课题研究、李树全名师工作坊"高中文化史历史人物教学研究策略"课题研究、张晓娟老师主持的"中学历史教学中'史料实证'"的实践研究等。在参与研究这些课题的过程中，我更加关注教学实践，以研促教，解决改善了教学中的实际问题。

教学相长，教研同步。除了积极参与课题研究以外，我还结合教学实践，撰写教育教学随笔、论文等，其中《以史为证，以情动人——〈辛亥革命〉备课札记》在陕西省第十二次优秀教科研论文与成果交流评选中荣获一等奖。《生动、鲜活——〈西学东渐〉中的历史人物教学》在陕西省第十三次优秀教科研论文与成果交流评选中荣获二等奖。《细节是历史的因子》在西安市教育教学科研成果征集评选活动中荣获二等奖。参与编写陕西省中小学素质教育推荐读本《陕西历史文化遗产》系列丛书，编写校本课程《唐代社会生活素描》，编写并完善校本教材《大明宫古今谈》等。青年教师们可以先从教学随笔开始，记录点滴思考，洞察、捕捉发现身边的教育教学案例，真诚地书写所感所想。写作，是深度学习的有力工具，是提升我们教学素养的重要途径。

在课题研究、撰写论文以及出版著作之外，教育局及团队工作室举办的教研活动也是很好的教师成长助推器，比如先进经验分享会、课例展示活动、专家讲座等。老师们也许觉得参加教研活动费时费力，甚至有时会觉得教研活动乏味，其实关键在于我们以什么样的心态在参加教研。一次教研中，哪怕只有一点经验和想法让你觉得有用，那你就收获了一点，就成长了一点。我觉得参加一次活动，就会有一次的收获。当你感受到教研给你带来的成长后，就会从相对被动到积极主动参与，成长就会更快。

比如2022年年初，姒老师名师工作室组织了一场关于五四运动的在线教学研讨，宁老师的倾情授课，郭富斌老师、徐赐成老师的精彩点评让我对于五四运动的认识更加全面深刻，也感到五四运动这节课可以更好地发挥历史学科的教育功能，在爱国教育、理性公民教育等方面也有很多可以挖掘弘扬的地方。后来我在学校组织的教研活动中，就选择了五四运动这一课进行再次打磨。得益于教研活动中的收获，我在实际上公开课时较好地处理了五四运动与世界的关系，更好地诠释了青年学生的爱国行为与时代的关系。这就是团队教研活动给我带来的收获，助力我在讲台上站得更稳更好。

七、赛教提升

各级赛教活动是促进教师专业成长的重要推动力，它对教师教学理念的更新、教学风格的形成、教学技能的提升等方面的价值是不可估量的。特别是青年教师们，参加一次赛教活动，从确定课题到准备资料、备课设计、课堂展示以及课后反思，这一整套流程走下来，基本素养会得到极大的提升，所以，我特别想对年轻的教师们说，请大家一定珍惜和认真对待你身边的赛教机会，积极准备，在这个过程中快速提升自己的综合能力。

从教以来，我积极参加学校举办的"青蓝工程""锦园六课工程"（青年教师的汇报课、一级教师的展示课、高级教师的示范课等）赛教活动，并向区、市、省等更高的平台迈进。2011年荣获未央区"高效课堂"赛教活动高中组一等奖，所报送的课例"亚洲第一共和国"在"一师一优课、一课一名师"活动中被评为省级、市级优秀课例，并荣获省级"基础教育资源应用名师"及"西安市基础教育资源应用名师"

2019年参加未央区"学科核心素养落实"课例研讨展示活动

称号。2014年参加西安市教学能手大赛，2017年参加省级教学能手的赛教评比活动。在这些比赛中，参赛者比的不仅是赛场发挥，更是日积月累的教学实力与功底。

2021年，我参与"第六届西安市教师微课大赛"活动，录制"知行合一"一课。该课例2022年获得西安市一等奖，并被推荐参加2022年陕西省第六届微课大赛。知行合一是王阳明心学的精华，更是中国传统文化的重要命题，面对我们的学生，讲好知行合一，引领学生感悟践行知行合一，让他们在学习和生活中秉承道德信仰，重视意志力量，发扬自律精神，实现自我价值和社会价值。知行合一这一命题也是我们历史教师在教学育人中树立文化自信，落实立德树人目标的良好课程资源。中国人有独特的精神世界，中华文明绵延数千年，文化自信是基础、广泛、深厚的自信。中华优秀传统文化中的许多核心理念、精神特质如"讲仁爱、重民本、守诚信、崇正义、尚和合、求大同"等，无不展现着中国人民独特的精神追求和价值观念，是中华民族最深厚的文化软实力，不论过去还是现在，都有着鲜明的民族特色和永不褪色的时代价值。我现在工作的西工大附中教学楼一楼墙壁上印着理学大家张载的横渠四句——"为天地立心、为生民立命、为往圣继绝学、为万世开太平"，每次经过时看见这四句话，心中都会升起一种责任感和使命感。

八、爱与教育艺术并行

"德高为师，身正为范。"这是怀揣教师梦想的我踏入大学后，印象最深刻的一句教室标语，更是站在三尺讲台上的 15 年中不断领悟和鞭策自己的一句话。崇高的师德是"师"的首要品质。我认为，爱与尊重是教师职业道德的核心。

爱是一切的前提。我爱学生，我觉得每个学生身上都有闪光点。教师的教育风格可以千差万别，但爱是教育永恒的主题。在严爱相济的前提下对学生晓之以理、动之以情，能更好地帮助学生打开知识之门、开发心智。教育艺术、交流方式可以正向放大我们的教育效果。

2021 年年末，网络上有一则短视频引起了我的关注。江西吉安一位老师在讲课时，发现一名女同学正在睡觉。这位老师没有点名批评她。而是悄悄放下书本给这位女同学揉肩，把她叫醒。全班同学看到这一幕不禁笑了起来，女孩也马上清醒，不好意思地站了起来。随后，老师和女孩一同做起了防困操，做完以后还和女孩击掌对她表示鼓励。这一幕看起来特别温馨。"捏肩叫醒课堂睡觉学生"是教书育人者的智慧之举。让人由衷地欣赏和钦佩。

表达爱的方法，不单单是欣赏优秀的学生，而是怀着一种责任把关怀、欣赏和期待给予每一个学生。

记得在我从教第二年的时候，高二年级有一个胖胖的女孩子，学习成绩一般，平时话虽不多，但性格比较倔强叛逆。历史课上，我经常向她投以真诚的目光或鼓励的眼神，在有些提问环节，也会点她的名字，请她站起来回答，每次都能启发她回答出一些内容，然后再对她提出表扬。课下也会找她谈谈心，说说学习、说说爱好。总之，不断地关心她，慢慢地走近她。渐渐地，我感觉到了她的变化，课堂上她会主动抬头看着我，在我提问时她也会和其他同学一起开口回答。作业越写越好，上课的状态和效果在慢慢好转和提高。元旦时，她给我写了一张贺卡，内容是这样的：申老师，谢谢您，以前我不爱学习，是您让我爱上了学习，爱上了历史课。后来我不带他们班了，但是教师节那天，这孩子仍然买了一束大大的花和蛋糕，在我们开会的会议室外等着我。此情此景，很是令我感动，也让我更加明白，教师的关爱正是学生成长的助推器。我们平时只要稍加留意，稍加用心，多关注学生的一些表现和心理需求，及时与学生沟通交流，去关心和尊重他们，春风化雨，润物无声，学生终会感受和领会到老师对自己的关注和爱，慢慢地就会发生一些积极的变化。只有我们先去关爱和尊重学生，学生才会更加喜爱和尊重老师，愿意学习老师所传授的各种知识，师爱可以说是一种不可估量的教育力量。

九、关注学生

记得2016年参加西安市教学能手集中培训时，市教科所的贾玲副所长为我们带来了一场生动、富有感染力的新课程与教师专业成长讲座。讲座中，贾老师就课堂教学中充满爱与艺术的语言评价谈了很多，她认为良好的课堂是师生合力生成的，师生之间良性、积极的对话不可缺少。教师对于学生的课堂表现作出的评价是否得当，是否富有智慧，是影响课堂氛围、学生情绪以及教学目标能否顺利实现的重要因素之一。教师真诚的评价可以使学生受到鼓舞，增长自信。如贾老师在讲座中举的两个例子，"你的朗诵使我感动""你让我重新认识了周杰伦"，试想，这样的评价会给学生带来多么大的喜悦和成就感啊！在教学中，教师面对生成性的课堂环境，要以爱为根基，发挥教学艺术，用更加有针对性、更生动的语言去点评学生的回答。如学生回答某个问题时答案不太完整，我们可以说："这位同学思考的方向很正确，道路是对的，只是老师觉得他还没有走完，还有谁能补充一下呢？"这样既肯定了他的优点又指出他的不足，还能激发其他同学的思考和表达欲望。总之要捕捉课堂上的点滴契机，用充满爱的评价语言激发精彩的课堂互动。

教学具有不确定性，教师每一年面对的学生都不一样，甚至每一天、每一节课学生的状态，知识点的难易对不同的学生来说都不一样。教育需要爱，更需要艺术地、智慧地传递爱的方法。在与学生的每次互动中，我努力表现得友善积极，用心引导和鼓励孩子们。教育的目的之一就是使人具有活跃的智慧，学生是有血有肉的人，引导他们走上自我发展之路。要让每个站起来的孩子都成功地坐下去，我们需要做的还很多。

现在，我在备课、上课，包括开展习题训练时，会转化思维，站在学生的角度看问题：我这样讲学生是否明白，这道题学生为什么会理解偏差？很自觉地从学生的视野和角度重新审视自己的教学，调整方法。不像初入教坛时那样过于关注自己的展示。我觉得这是一个很有价值的转变。眼里有学生，学生是学习的主体，这绝不是口号，而是我们在向成熟型教师发展过程中自然而然的体会及转化。

十、大道至简

初入教坛时，我对新课程理念的理解是肤浅的——课堂热闹、学生活跃就行了，常用一些分组竞赛、历史小话剧表演、视频播放、音乐播放等教学手段。制作课件时，也是唯恐把哪点没有给学生展示到位，便搜集罗列一大堆资料，想要面面俱到，结果却是"面面未到"，学生看得眼睛花，真正记住的内容却没多少，表面上课堂是热闹了、活跃了，学生思考和理解的空间却被忽略了。学生需要的究竟是什么？真正适合我所教的这些孩子的课堂模式又是什么？这些问题我都没有考虑到，课堂的有效性自然大打折扣。学生看似热热闹闹地上完了一节课，脑中却没有留下太多的知识痕迹，这样的教学，是背离了新课程标准要求的发展学生能力的基本目标的。诚然，表演、活动和多种形式的课件展示都是不错的教学手段，但是一旦被无选择性地滥用，恐怕连我们自己也会觉得乏味，学生更是一边看一边忘。

与学生们在一起

教师要提醒学生注意视频中的有效信息，不仅仅是把它作为一个增加趣味性的手段，而是应该借助视频更深层地触动学生的历史智慧，开拓其历史视野。目前历史教师都面临着一个给历史课堂"消肿"的问题，如果一堂历史课中什么东西都有，反而冲淡了历史味儿。老子说"大道至简"，对教学而言，最高的境界就是简洁清晰，换句话说，铺陈、附加的东西太多了，学生是承受不了的。

除了必要且有效的PPT外，清晰明了、重点突出的板书也是加强教学效果的有效辅助工具。要以坚持结构性板书为主的展开模式，将板书与多媒体展示、课堂活动有机结合，让它们互为补充，相得益彰，通过合理的板书设计对知识加以整理，可以让学生对于整节课内容的记忆更加清晰。

明确了方向，前进的脚步就算慢，但也从容。现在的我，正尝试着将我的历史课堂向"活而不乱，探究研讨，学有所获"的氛围引领。英国教育理论家怀特海在《教育的目的》一书中提出了智力发展的三阶段理论：浪漫—精确—综合。在教学的浪漫期，要激发学生的学习兴趣，让学生对将要学习的知识产生好奇，进而有探索的欲望，这样学生因为具有主动性，在学习的过程中才会专注。有效的学习成果，也会给学生带来快乐。在精确期，则要注重方法指导，允许正确与错误并存，专注问题，忌急于求成。经过浪漫期和精确期的学习，学生对一些确定的知识有了一定的了解，养成了学习的习惯，基本明白一般规律和规则。高中生还需要具有有深度的学习和思辨思维能力，我们在教学上也需要经历浪漫期和精确期，迈向综合期。

十一、砥砺前行

2020年9月，带着对教育事业的热爱和追求，我重新出发，迈入西北工业大学附属中学这所朴实严谨、奋发向上、学风浓厚的教育殿堂，见到了众多专业扎实、学养深厚的名师，以及太多勤奋、自律的孩子。名校的崛起绝非一朝一夕能实现的，筚路蓝缕以启山林。前辈开创伟业，我在最好的年华走进西工大附中。我喜欢这里每天充溢着的积极上进、严谨求实的学风教风；敬佩每一位专注备课、稳站于讲台、倾情授课的老师；欣赏着一个个上课全神贯注、课间勤学好问的学子身影。我牢记着"志存高远，追求卓越；爱校如家，爱生如子；敬业奉献，永不松懈；团结一心，打整体战"的附中精神，守好自己的阵地，做好自己的本职工作。

面对附中优秀的学子，原有的知识储备需要拓展，原有的教学模式需要更新，我深知自己需要下的功夫很多。那时每天中午我都拎着电脑，匆匆吃完午饭后就奔往大学图书馆自习室，抓紧时间不断充实、学习。面对新高考改革，我与附中组内同人及工作室同行们一起，尝试提前熟悉新教材。对《中外历史纲要》教材上与下、必修与选择性必修的知识整合，高一和高二年级教学的连贯性和完整性，考试评价中合格性和等级性的命题设计等内容进行研讨、提前统筹安排，2022年参与编写由陕西人民教育出版社出版的《高中假期作业学习与生活》习题册。承担选择性必修模块3"经济与社会生活"中"商业贸易与日常生活"章节的编写任务。完成该章节的知识导学框图，撰写核心素养要求，以及原创或改编该部分知识点的习题。在编写过程中，进一步提升了自己的学本教研能力。

在附中，我还不断加强自己命题的能力，不再停留在简单的组卷和复制试题阶段。命题的过程是进一步分析、研究和深层次把握课程与教材的过程，是深入了解教学实际，反哺有效教学的过程。通过原创命题、改编命题，更好地突出重点、突破难点，是使我们教学更加精准、指导性复习备考时更具针对性的前提条件。

命题研究是教师专业阅读的驱动力。我们需要通过有效阅读、深入研究，不断提高专业素养，才可以命制出有价值的试题。阅读是历史教师提升专业素养的有力助推器。阅读时我习惯做标签，看到哪句哪段觉得有启发性，就在标签纸上做好标注，贴在对应书页。这个方法对我来说很实用，一本书读完合起，做好的标签竖立在外，用时按标签翻阅，非常有效率。有的专业书籍与教学内容相匹配，读来让人爱不释手，就像打通了任督二脉般酣畅淋漓，反复阅读，领会其意，对于高质量的教学、命题有重要推动作用。在这里，想和年轻老师们分享的是，阅读应成为我们历史教师的日常习惯，阅读滋养人生，日积月累中，生命的厚度和认知的宽度会不断拓展。

在西工大附中的沃土上，有太多太多勤奋、自律的孩子们，我在由衷地欣赏他们的同时，更由衷地爱护他们。目前，我要努力的地方还有很多很多，知识面需继续拓宽，专业指导能力和教研能力更需不断提升，在学校领导的鞭策鼓励和组内老师们的友善互助下，我会砥砺前行，踏踏实实地上好每一节课，用心关注每一位学子，在教育之路上行稳致远。

十二、回望思考

回首 15 年走过的教育历程，它由"热爱为基""自驱成长""名师指引""团队助力""坚守奋进"等关键词串成，使我在教师事业中收获了成就和幸福。

最后我想说的是，教育岗位是平凡的，我们一天天所做的，就是教学工作中的一件件小事。而坚持把一件件小事做好，我们终会成就他人，也成就自己。教育需要情怀，需要自信，更需要自我塑造。教学之路是永无止境的，十年树木，百年树人。作为一名教师，当我们选择这个能够积极地影响孩子生命的职业时，我们就要用更多更好的方式来完成我们的使命！

▶ 点评

2020 年，在第三十六个教师节到来之际，习近平总书记指出："希望广大教师不忘立德树人初心，牢记为党育人、为国育才使命，积极探索新时代教育教学方法，不断提升教书育人本领，为培养德智体美劳全面发展的社会主义建设者和接班人作出新的更大贡献。"申星就是时刻践行着这一嘱托的那种老师。她在教坛默默耕耘十五年，始终把学生放在心上，积极与同行沟通，参与赛教，不断研习，积极探索新时代历史教育教学的新方法，提升教书育人的本领。她经常从学生的视野和角度审视自己的教学活动，注意用充满爱与艺术的评价语言激励精彩的课堂互动。她提倡"大道至简"的教学方法，主张教研共进，关注教学的有效性和研究的科学性。这些举措，收到了良好的教学效果，对一线教师无疑具有重要的参考价值。

教育部基础教育历史教学指导专委会副主任委员 李海方

姒吉霞：做一个精神明亮的历史教师

  姒吉霞，女，正高级教师，陕西省特级教师，陕西省第四批教学名师、陕西省学科带头人、教学能手，陕西省基础教育先进个人，陕西省基础教育资源应用名师，西安市学科带头人，经开名师。专注课堂教学与教法研究，曾在2010年西安市新课程课堂教学大赛中获得一等奖，2014年度"一师一优课"活动中所报送的课例获得部级优课。在教育教学期刊上发表文章多篇。常年工作在高三教学一线，并多次参加高考阅卷工作，在省市级高三复习备考研讨会中做主题讲座，所带毕业班学生成绩优秀。

一、师范学习奠基教师路

20世纪80年代，正是中专学校如火如荼发展的时期。1986年，初中毕业的我经过笔试、面试的层层筛选，最终被西安师范学校正式录取。

西安师范学校坐落在西安市南大街书院门"关中书院"的旧址上。这座明清两朝陕西的最高学府，布局规整，建筑规模宏大，显示出鲜明的古代书院建筑风貌。我在这里度过了美好的三年师范学习时光。

那时还在读高中的同学曾对我的中师生活充满羡慕，因为我的学习生活是那样丰富多彩、绚丽多姿。从事教育30余载，经历了一波又一波的教育改革，细细想来，那时的中师教育是真正的素质教育。中师教育所要培养的是面向小学教育的全科教师，在课程设置上，注重通识教育，强调先博后专。因此，在文化课学习的基础上，我要学习教育学、心理学、劳动实践、小学教学法等专业课程，还要学习音乐、美术、书法等艺术课程，且三笔字、普通话、风琴弹唱等都在学业考核之列。

于我而言，每天一张大字（毛笔）、一张小字（钢笔）是日常生活的标配；数着节拍打节奏和同学抢着用教室的风琴弹奏一曲，是每天文化课学习间隙的快乐源泉；美术课老师长什么样子如今怎么都想不起来了，却始终记得上课做布贴、画图案的喜悦心情。早自习上，老师要求我们声情并茂地朗读课文，因为如果当了小学语文教师，我们必须给学生做范读；小学教法课上，老师告诉我们要学会合理安排教学时间，如果在偏远地区从教，要用复式教学法兼顾不同学段的学生。学校里，韵律操大赛、集体舞大赛、诗歌朗诵大赛、红五月班级合唱大赛等，赛事纷呈；一年两次运动会，外加冬季越野赛，热火朝天。

宽泛而专业的中师教育，让我在快速成长的同时，也对未来的教师职业生涯充满了期待。而以后教师生涯中的若干职业技能，也在此时的中师教育中不知不觉地得到提升：我会在班级朗诵比赛中为学生做示范，我能在班级参加合唱比赛时指导学生进行指挥；我长于生动而富有感染力的表达；我善于与学生、家长进行深入沟通；黑板上我的粉笔字常常被学生临摹……在中师实践导向的培养模式下，我和我的同学们基本成长为"一专多能"素质全面的全科型教师。而我也非常幸运地在毕业季校内遴选中获得保送资格，有幸到西安师范专科学校进行为期两年的大专学习。

　　被保送的学生是随机分专业的。我想去中文系，但被分到了历史系，当时可是深深地遗憾了好长一段时间。因为不热爱，所以不专注，专业课上老师讲得兴致正浓，我却常常人在神散。所幸从小到大都是乖学生，即便不爱，专业课的笔记依然做得齐齐整整，以记记背背为主的考试我也总能取得不错的成绩。现在回想起来，那时对历史专业的学习只是满足于通过考试就行，很少思考，更不深挖。老师推荐的历史书目基本没怎么阅读过，港台言情小说、金庸武侠小说、福尔摩斯探案等侦探小说倒是看了不少，妥妥地"不务正业"。

　　1991年7月，不满20岁的我走上了工作岗位，在懵懂摸索中开始了自己的从教生涯。

　　最初任教的西安市第四十四中学，是西安市莲湖区一所普通的学校，全校共有6个年级24个教学班。当时物理教师出身的刘幼平校长特别重视对青年教师的培养，不断鼓励青年教师进行个人学历的再提升。于是我在1992年又考取了陕西师范大学

陕西省第四批基础教育名师培养计划第一次集中研修

函授学院，在历史专业专科起点的本科班开始了为期三年的函授学习。

在职函授学习均在每年寒暑假进行，函授课程设置丰富，上课考勤也极为严格。因为已经走上了工作岗位，我对自己专业功底薄弱这一点有着清楚的认识，所以我无比珍惜陕师大函授学习的机会，读史的劲头远胜于前。时至今日，我依然记得讲世界史的王大伟老师，从金庸的武侠小说《射雕英雄传》切入，绘声绘色地讲述中世纪史的情形。在王老师的讲述中，我知晓了蒙古"幼子守灶"的习俗，理清了托雷与忽必烈的关系，知晓了长春真人丘处机在历史上竟确有其人……寒来暑往的三年里，我一边工作，一边学习，开始领略到历史的魅力与精彩，也真正爱上了历史。

从中师到师专再到师大函授的一路求学，使我最终稳稳地站在了中学讲台。长达八年的师范专业学习，为我的职业生涯奠定了坚实的基础。回首过往，我想我亲历并见证了改革开放后国家中、高等教育的发展与变迁，也在这个一往无前的时代里，奋发不息，努力蜕变得更好。

二、在赛教中一路成长

如果要问什么可以使青年教师快速成长，那么我的回答一定是：赛教！赛教！还是赛教！

参加工作的第一年，学校组织青年教师讲课大赛。按进度选课，我选中的刚好是人教版《世界近现代史（上册）》"拉丁美洲独立运动"一课。那时尚不知电脑为何物，互联网更是无从谈起，备课所依赖的主要是教学参考书。我扒着教材和教参，一遍遍地梳理线索、调整内容，掐表控制各个环节的节奏，力图最终能有一个完美的呈现。只是我抽到的讲课时间不理想——早上第四节，学生都急着下课吃饭，但好处是前面还有三节课的时间能再准备得充分一些。于是那天早上，我循着上下课的铃声，把赛课的内容整整讲了四遍。第四遍正式讲的时候，由于准备充分，课堂呈现得极为流畅、漂亮。美中不足的是，打下课铃的时候我正在问最后一个问题，但我没有以"这个问题就留给同学们课后思考和讨论"的方式完美收官，而是让学生回答完了问题，稍稍拖堂了几分钟。担任评委的老师们唏嘘不已，他们说如果把问题留给学生、踩着铃声下课，这堂课就会留有余味。他们安慰我说，我只是欠缺课堂教学的经验，假以时日，我的课堂一定会更加精彩。

职业生涯中的第一次赛教，我获得了二等奖。

赛事结束，我顿感轻松，同时也发觉自己在教学上上了一个大台阶，特别是在理解与挖掘教材、把握与感知课堂节奏、提升与运用课堂技巧等方面，有了很大的进步。

再次参加教学比赛，是作为学校选出的选手参加西安市课堂教学大赛前的片区选拔赛。要想最终赛到市上去，就必须从片区先赛出来，压力重重。教研组的老师们帮我确定赛教的最终课题是"美苏争霸"，他们认为这个课题内容线索清晰、故事性强，历史人物个性鲜明，课堂容易出彩。

关于赛教课，业内总是有一种批评的声音，认为赛教课是集体的智慧，是个人的秀场，不值得提倡。但从赛教中成长起来的我却在众人参与的过程中，获得了更多关于备课、上课的思路。正是众人一遍又一遍地听课评课，才磨去了个人课堂中的生涩与不足。而于个人而言，精心准备、用心打磨的赛教课，更是自己当下课堂教学水平的最高呈现。

"美苏争霸"的赛教课，我给组内的老师讲了一遍又一遍。那时学校小，政治、历史、地理学科是一个教研组。于是评课的时候，政治老师就从二战后国际关系的视角看我是否把背景讲得清楚；历史老师关注我各个历史阶段的线索讲解是否清晰、详略得当；地理老师观察我导入是否流畅、衔接是否自然。教案改了一稿又一稿，板书正板写什么、旁板怎么布局，最后就像刻在我脑子里一样，所有的内容我都烂熟于心，以至于十几年后也能够信手拈来。在全组同人的共同努力下，"美苏争霸"的赛教课顺利冲出片区，参加了市上的比赛，并取得了一等奖的好成绩。

用今天评课的标准来看，那时的课堂更关注教师的"教"。老师的讲解是否突出重点、突破难点，整节课是否自然流畅，和学生是否有互动，等等，都是评判一堂课成功与否的重要标准。

课堂教学要关注学生的"学"，但离开了教师的"教"，学生的"学"便无从谈起。对于刚入职不久的青年教师来说，捋顺教材、吃透教材，在讲台上把教材内容完整无误地讲出来，是打造好课、创优课堂的第一步。而我正是在大大小小的赛教课中，不断提升专业技能，取得了职业生涯中的巨大进步。

2006年，在调入母校西安中学工作十周年之时，我携"美国内战"一课参加学校"学科带头人"评选，最终顺利获评。"美国内战"一课的教学设计和教学反思，在整理后也先后发表于《历史教学》2007年的第8期和第9期。

2010年,在西安市新课程大赛优质课评选中,我的"经济体制改革"一课荣获一等奖。该课的教学设计经过整理后发表于《中学历史教学参考》2010年第8期。2014年,在对该课再度打磨后,录像被送选教育部首届"一师一优课"评比,最终也荣获了部级"优课"。

"甲午战争""义和团运动与八国联军侵华""文艺复兴""王安石变法""西学东渐""罗马的政制与法律""现代科学革命"……一节又一节的赛教课、展示课、观摩课,让我在课堂上收获了成长,理解教材、处理教材的教学核心能力也得到了极大的提升。

三、在阅读中涵养精神力量

印象里,西安中学从2002年开始对教师进行学生评教。记得第一次评教结果出来,所有人都受到了极大的震撼。学生按照十条标准对教师的工作进行A、B、C、D四个等级的评价,然后将教师得A百分率由高到低进行排列,平日教育活动中被学生认可的情况一目了然。第一次评教,我的得A率刚上70%,排在年级中游位置。

拿着评教单,我百思不得其解:如果说我的专业知识不够深厚扎实、课堂教学不够纯熟精彩,我能够理解和接受;但为什么学生对我教学态度的认可度也不高呢?我认为自己的教学态度是端正的、对于课堂教学的钻研是刻苦的,但貌似并未得到学生的认可。

新学期学校工作调整,我要接同课头郭富斌老师的一个班,我的压力更大了。郭老师的课深受学生喜爱,学生评教在全校也是名列前茅,我能接住他的课吗?时至今日我依然记得,顶替郭老师上课的那一天,我站在讲台上满心的忐忑和不安。学生们望向我,几乎每个人的脸上都写着无奈与不甘,我诚惶诚恐,赶紧向学生表态:尽管我和郭老师在教学上有差距,但我一定会在业务上向郭老师看齐,不让同学们对历史课失望!此后,我将自己的教学进度刻意放慢了一课时,开启了听一节郭老师的课、讲一节课的模式。

听优秀教师的课,无疑是青年教师成长的捷径。郭老师身上读史人的睿智与理性、博学与通达,让我敬慕不已。对比郭老师的课堂,我深刻地意识到自己积累之

姒吉霞：做一个精神明亮的历史教师

为学生切毕业蛋糕（右二）

匮乏。我需要通过大量的阅读让自己的思想变得丰厚，让自己的课堂变得生动而又深刻！

  回想起来，自己最初的阅读完全是功利性的。因为要给学生讲清楚，自己首先要搞清楚。例如，讲西方近代政治制度时，我首先要搞清楚什么是民主共和制，什么是君主立宪制；讲罗马法时，我得先搞清楚大陆法系和海洋法系的法学分支，知道什么是有罪推定、无罪推定，什么是程序正义、实质正义；分析东西方绘画作品，我要知道什么是焦点透视、散点透视，什么是浪漫主义、古典主义。历史学科的学科特点决定了我会在很多领域"似是而非"，甚至"一无所知"（例如相对论和量子论）。为了不在讲台上陷于尴尬，不让自己的课堂流于照本宣科，我尽最大的努力阅读着，希望以此来增加积淀，拓宽视界。

  庞杂的阅读使我产生了与人分享的内在需要，也渐渐克服了对于教学的倦怠感，更使自己的教学日渐充满活力与感染力。

  记得在讲"新文化运动"一课时，为了讲透蔡元培"兼容并包"的办学思想，我介绍了辜鸿铭这个历史人物。辜鸿铭是伴随着《北大四才子》一书进入我的视野的。这位中国近代史上的旷世奇才，不但学贯中西，而且极具语言天赋。在当时中

215

国的知识分子都致力"西学东传"的时候，他却致力"东学西传"，将《论语》《中庸》《大学》翻译成外文，同时还用英文写就《中国人的精神》等书，对西方社会产生了重大影响。1913年，他与泰戈尔同时被诺贝尔文学奖提名。然而，这样一个人，却始终留着象征清朝的小辫子；在不缠足运动轰轰烈烈兴起之时，他视发妻淑姑的小脚为自己创作的灵感源泉，以至于康有为赠其"知足常乐"的横联；在一夫一妻的新式婚姻观慢慢为大众所接受的同时，他的茶壶理论（主张一夫多妻）也传遍大江南北，而他自己除了发妻之外，确实还有一位相伴十八载的日本籍侍妾。辜鸿铭的身上充满各种各样的矛盾，学术界对他毁誉参半。可是，也就是这样一个人，被蔡元培请上了北大讲坛。其实，就辜鸿铭和胡适两个人外形上的巨大差异所形成的视觉冲击，就足以使学生深刻领会什么是"兼容并包"，足以使学生感受到北大校园在新文化运动中新旧思想的博弈。

  以教材为中心的阅读，无疑拓宽了我的视野，增加了课堂的深度，延展了课堂的宽度。讲王安石变法，我就看李亚平的《帝国政界往事》宋朝篇；讲明代朱元璋，我就读张宏杰的《大明王朝的七张面孔》；讲鸦片战争，茅海建《天朝的崩溃》带给我新视角、新启发；讲改革开放，凌志军的《变化》和《交锋》让我豁然开朗；讲资本主义发展史，我读《大国崛起》和《全球通史》；讲法国大革命，我读林达的《带一本书去巴黎》……直到这个时候，我才真正地领会到朱熹的那句名言："问渠那得清如许，为有源头活水来！"

  一段时间里，我对于阅读如饥似渴。余杰的《火与冰》让我触及当代思想者的灵魂，他的心灵独白让我沉醉，令我反思；孔庆东的《47楼207室》诙谐幽默，生动有趣，尽显北大才子的别样文风；傅国涌的《文人的底气》仅卷首"宁鸣而死，不默而生"八个字，就铿锵有力地彰显了知识分子的风骨；章诒和的《往事并不如烟》娓娓道来，平字见奇，一篇《最后的贵族》令我扼腕叹息；余华的《活着》让我痛到窒息；杨显惠的《夹边沟纪事》让我泪流满面，不能自已……

  熊培云，一位与我同龄的新闻工作者，我几乎收藏了他的所有作品，他的《自由在高处》最是让我爱不释手。他用独特的视角敏锐地观察着个人、社会和国家，字里行间涌动的忧思让我不由得联想到艾青的诗句——"为什么我的眼里常含泪水？因为我对这土地爱得深沉。"他的笔触深刻而不尖刻，他的思想深邃而不艰涩。他的境界于我而言，"虽不能至，心向往之"。

我林林总总地阅读着,深深浅浅地思考着。温暖的文字涤荡着我内心的阴霾,理性的文字让我日渐睿智。翻阅书页,犹如静静地穿越时空,与古今中外的智者、仁者、趣者、贤者交流对话。在那里,智慧之光沐浴着我的精神麦地,我的心灵得以自由地呼吸。我不由得庆幸自己最初对教师职业的选择,因为再没有哪个行业可以让我在上班时间自由而广泛地阅读了。

很久以后我才明白,学生对老师的印象是一个总体的感知。当学生从内心接纳一位老师的时候,老师身上的缺点在他的眼里也消失了。随着阅读的愈广愈深,我的课堂教学也在发生着质的变化:不再拘泥于教材,开始给学生提供更多样的视角和更富启发性的思考。后来,我再也不为评价结果纠结难过了。

四、让思考与实践相得益彰

职业生涯里,我始终不能忘记一位香港老师对我课堂的质疑。

那是 2006 年学校的常规对外开放日,我的课堂迎来了一批到内地访问的香港教师。那天我恰好讲到"战后的社会主义国家"一节,在介绍赫鲁晓夫的时候,我展示了苏联现代派雕塑家涅伊兹韦斯内为赫鲁晓夫雕刻的墓碑的照片,并在旁边做了文字评论:"赫鲁晓夫淳朴的头像在夺人眼目的黑白两色中却组成了一个令人深思的画面:赫鲁晓夫一生黑白两色兼而有之,功过皆具备。赫鲁晓夫是白中有黑,黑中有白,很难在他身上画一条黑白分明的线。这就是一个真实的赫鲁晓夫!"

我以为,我展示给学生的内容是丰富而全面的。然而,在课后的交流中,一位香港同行很不留情面地给了我当头一棒。他先问我:"幻灯片上的这些内容都是你自己准备的吗?"我说是。他立即很同情地表示:"那你备课真是辛苦!""确实如此!"我以为他在夸赞我课前准备充分,不想他随后又说:"可你这样是在培养学生的懒惰!"一时间,我不禁愕然。愣怔过后,我问如果他讲这节课会怎样安排。对方不假思索道,他会在课前布置任务,让学生自己去查找相关资料,并以书面形式呈现,课堂上通过分组讨论的形式来进行相关学习。课后,他还要把这些书面作业收上来批阅。

"那么多长时间安排一次这样的书面表达呢?"我问。

"几乎每周都有。"

听到他的回答，我不觉心中一动："你带几个班的课？班额有多大？"

"三个班，每个班十七八个学生。"

我立即释然："我也带三个班，每个班六七十人。"

关于"学生喜欢的课堂教学方式"，曾有一组数据显示：86.7%的学生喜欢较多的动手操作或以亲身实践为主的课堂方式；12%的学生喜欢以教师讲授为主。可是，历史学科却并不具备较强的操作性，人文学科的探讨是建立在已有的知识储备上的，什么都还没掌握，何谈个人观点、个人体会？在大班教学的实际背景下，讲授法无疑是教师开展基础知识教学最行之有效的方法。如果教师能够用翔实的资料为学生展开一幅丰富的历史画卷，用生动的语言开启学生的智慧之门，用充满激情的讲解调动学生学习历史的热情，那么，"一言到底"又有何不可呢？

不过，香港老师的话还是提醒了我。我希望我能做出改变，通过精心的、以学生为本的课堂设计，让学生积极参与课堂教学。可是，学生的反应又令我陷入了新的思考。

2008年的高三文科一轮复习课上，我根据教学内容设计了若干问题，由学生回答，我补充完善，试图一改课堂的沉闷。不过这种形式在时间上不好把控，一堂课下来，参与进来的学生是不少，但是我没有完成既定的教学任务。

课后，班里的一位成绩优异的学生挡住了我的去路。她小心翼翼地问我："下节课还这样上吗？"我敏锐地察觉到了问题，问道："这样上不好吗？"她迟疑片刻后回答："我觉得这堂课我没有什么收获！我还是希望以老师讲为主。同学们的回答不一定准确，太浪费课堂时间了。"其他同学也是相同的感受吗？我赶紧叫来课上发言的几位同学，他们却觉得这样的方式能够"逼"着他们进行思考，识记基础知识，他们整堂课精神都高度集中，不敢懈怠。

显然，不同的学生对课堂有着不同的需求。学习能力强的学生目标明确、学习主动，他们希望课堂上是满满的干货，希望老师把教学重心放在重难点问题上。至于那些记记背背的内容和思维含量低的问题，在他们看来是浪费课堂时间。

但是，课堂上毕竟还有层次不同的其他学生。如何既不"培养学生的懒惰"，又让所有学生在课堂上都能有所收获，成为困扰我很久的一个问题。

陕西省学科带头人培养期间，我申报了陕西省教育科学规划课题"高中生历史学习现状及应对策略研究"。通过调研发现，大部分学生的历史知识获取来源主要还是课堂。同时，老师在课堂上的精彩讲解，既满足了学生对历史课的期待，也是学生喜欢历史课的缘由。而不同年级的学生，对于历史课的态度和期待方面也各不相同：高一年级学生喜欢历史，但并不重视历史学习，更看重历史课堂的趣味性；高二文理分科以后的文科生，因为面临高考，学习的自觉性与主动性大大增强，但其学科能力与高考要求尚有距离。

于是在教学实践中，我开始针对不同年级学生的不同需求，调整教学策略：高一阶段侧重历史学科基本知识的传授与基本能力的培养，注重激发学生的学习热情，努力将历史课打造成锻造学生精神底色的精品课堂，让学生在学习历史的过程中形成正确的人生价值取向。高二、高三的文科历史学习，侧重学生学科能力的提升和学科素养的培养，让学生不但能在课堂上享受思想的盛宴，还要在历史考试中获得个体学习的成就感。

在不断思考与实践的过程中，我慢慢形成了自己的教学风格：课堂融知识性、趣味性、思想性于一体，将学习内容娓娓道来，抽丝剥茧地分析，感性与理性并举，思考与存疑同在。由于贴近学生的生活和实际，又能深入浅出，拓宽学生的历史视界，所以我的课堂备受学生的欢迎和喜爱。

五、站国家立场厚植家国情怀

2002年，我有幸入选教育部"中国杰出青年教师访日团"出访日本。活动期间，有三天的时间留宿在日本老师的家中，接待我的是一位高中历史教师工藤户。

工藤和他的妻子在巴西有过三年的支教经历，他能用英语及法语与人交流。我初中入学，恰逢西安中学开设俄语班，初中阶段主要学习的是俄语，中师学习时期未学习外语，所以通过书写汉字与工藤交流。我和工藤在纸上进行笔谈，连蒙带猜很是愉快。他说当他知道有中日教师的交流活动时，积极报名了，他希望能够更多地了解中国。工藤的父亲曾经跟随祖辈到过中国的东北，老人对日本占领东北的那段历史表示歉意。工藤的父母在我留宿期间十分细致周到，对远道而来的我表现出了最大的善意。

一切都很祥和，然而两位历史老师怎么可能回避掉"南京大屠杀"这段过往呢？留宿的最后一晚，我和工藤终于笔谈到了这个问题。没有料到的是，工藤态度谦和，却十分坚定地否认"南京大屠杀"。尽管只是笔谈，尽管只是目光相对，我们还是从对方的表情和肢体语言中感受到了思想的强烈对抗。一时间，气氛迅速降至冰点，谈话不欢而散。

工藤送我回中国教师驻地大约需要三个小时的车程，我们全程无交流。我不止一次在课堂上向学生分享我那时的感受：尽管坐在副驾驶位子上，我却感觉我与工藤之间横亘着天堑鸿沟！将我送回驻地后，工藤依然谦和而有风度地和我告别，而我的内心却翻起惊涛骇浪：如此做派绅士、富有学养的日本知识分子，竟坚定地否认"南京大屠杀"！那么他教出的一届又一届学生，对中国又会持怎样的态度？这位日本同行让我陡然感受到了作为历史教师肩上的责任与使命！

2014年12月13日，首个国家公祭日，我给我所带的所有班级上了一节教材里没有的必修课——"国家公祭日"。望着学生们一张张全神贯注、神色凝重的面庞，我听见自己的声音在教室里回响："国家以立法的形式铭记历史，祭奠在战争中逝去的每一个普通人，绝不是为了延续仇恨。铭记，是为了让历史的悲剧不再重演！铭记，是为了呼唤正义与和平！大家要牢记，人性的善有多么令人高山仰止，人性的恶就有多么深不可测。我们需要牢记人类自相残杀的血腥历史，时刻警惕人性的恶

与广东东莞的历史老师们在一起（前排右四）

对善的凶恶反噬！"我投影出最后一张幻灯片，进行最后的总结："对祖国热爱忠诚，对信仰坚定执着，对爱情坚贞不渝，对弱小同情悲悯，追求自由与正义，勇于拼搏与担当……老师希望这些美好的品质能够溶进你们的血液，锻造出你们的人格，熔炼成你们人生的底色！也希望你们能够肩负起这个伟大时代赋予你们的责任与使命，完成属于你们这代人的伟大长征！"下课之时，学生全体起立，楼道里回响着经久不息的掌声。那一刻，我感受到了历史课带给学生的精神力量，也感受到了历史教师在厚植家国情怀上的使命与担当。

家国情怀是学习和探究历史应具有的人文追求，它体现着对国家的高度认同感、归属感、责任感和使命感。2017年颁布的《普通高中历史课程标准》，将家国情怀列为历史学科的五大学科素养之一。2023年习近平总书记在新年贺词中寄语青年："厚植家国情怀、涵养进取品格，以奋斗姿态激扬青春，不负时代，不负华年。"如今，国家正处在近代以来最好的发展时期，世界正处于百年未有之大变局，两者同步交织激荡。要实现中华民族伟大复兴，就要在变局中勇敢地面对挑战，就要在变动中敏锐地抓住机遇。作为历史教师，我努力在历史课堂上立足学科本质，站稳国家立场，以爱国主义精神厚植家国情怀，引导学生们树立自信，培养对民族与国家的认同感与自豪感，最终成为一名合格的、有着家国情怀的有志青年。当我努力这样做的时候，我感觉自己的历史课承载的意义更加深厚了。

从20世纪90年代入行至今，已经过去了30余年。这期间，所用的教材换了一本又一本，教育理念更新了又更新，站在讲台上的我感到肩上的担子越来越重。

我所面对的学生群体，正值花样年华，但他们背负着繁重的学习任务。作为教师个体，我经常反思，自己有没有鼠目寸光地只关注当下，而不顾及学生的长远发展？有没有打着教育的旗号对学生恶语相向、实施冷暴力？……我想，我应对"平庸的恶"时刻保持警惕，而不要成为阻碍学生成长之人，应努力守住教育良心的"一厘米主权"，守住教育的初心！

跨入知天命之年，回望一路走来的求学、从教路，我亲历并见证了改革开放后中国教育筚路蓝缕的奋斗历程。现如今，中国建成了世界上最大规模的教育体系；而我，也紧随着时代的脚步，一步一个脚印，成长为一名优秀的历史教师。从初为人师的青涩笨拙，到逐渐在讲台上充满自信；从在赛教中崭露头角，到成为特级教师、教学名师……这一路恰似破茧成蝶，尽管其间有痛苦，有迷茫，有心酸，有汗水,但坚持下来就有了飞翔的力量!

很喜欢王开岭先生的一本书——《精神明亮的人》,在前行的路上,我也努力使自己成为一名精神明亮的历史教师:始终怀揣赤子之心,正直磊落,坚毅豁达,笃定而无所畏惧,沉静而心有方向。我想只有如此,方能在照亮自己的同时,照亮他人。

▶点评

> 姒老师从一名"懵懂无知"的青年教师,最终成长为自信而优秀的陕西省教学名师,经历了学习—实践—再学习—再实践的过程。她博览群书,融会贯通,她积极参加赛教活动,不断提升自己的教学本领,并做到了教科研三位一体、均衡发展。难能可贵的是,她在教学过程中注重发挥历史课程的思政功能,始终站稳政治立场,厚植家国情怀,重视学生品格、品行与品位的塑造,努力守住教育良心的"一厘米主权"。教育改革的时代、西安中学的气候、她自身的学养和对"教""学"互动的琢磨,成就了她的破茧成蝶,也烛照着包括她在内的"精神明亮的历史教师"。
>
> 教育部基础教育历史教学指导专委会委员　袁鹏芳

苏争艳：担当起历史教育者的使命

  苏争艳，女，中共党员。陕西师范大学历史文化学院副教授，学科教学论硕士导师。现任陕西师范大学基础实验教学中心副主任，陕西师范大学基础教育课程研究中心工作委员会副主任，职后教育研究中心主任。美国宾夕法尼亚大学访问学者。教育部"国培计划"专家库成员，陕西省"国培计划"专家库成员。陕西省中小学幼儿园教师和校园长培训专家工作组成员，专家库成员。陕西省中小学校本研修指导专家。曾获全国高中历史教学大赛一等奖、全国初中历史教学大赛一等奖、全国目标教学大赛一等奖、陕西省第十届基础教育教学成果一等奖。

才感春来，忽已夏至。时光如清晨的露珠，转瞬即逝。自我初中毕业后考入中师，至今已有 30 余年，其间我完成了中专、大专、本科、硕士、博士阶段的系统学习，也拥有在小学、初中、高中、大学从教这一特殊的职业经历。从中专读到博士，从国内读到国外，从中学课堂跨入大学讲堂，其间的艰辛自不必说，但我能够坚持师范专业的系统学习，享受从教的幸福与乐趣。一路走来，只觉幸运与感恩。

一、我的"初心"与求学之路

说起初心，我很小就萌发了当老师的愿望，这要感谢我的母校枣园小学和我的启蒙老师高培英老师。我的母校枣园小学坐落在白鹿原下，浐河之畔。认真朴实的老师、活泼友善的同学、宽松的校园氛围，以及校墙内外的阵阵花香和麦香，给我留下了最美好的童年记忆。

我的班主任是一位姓高的矮个子女老师，40 多岁，戴着度数很高的近视眼镜，高老师还兼任学校的大队辅导员。她的语文课讲得绘声绘色，组织的少先队活动更是丰富多彩。刚入学，她很快就在一群孩子里发现了我的特点——活泼开朗，爱好广泛。此后，她经常选我参加古诗文朗诵比赛、小话剧比赛、健美操比赛等，还委任我当了班长和大队长。在协助管理班级的同时，我常常和高老师一起去学困生家里家访，我见到了真正贫困的家庭，也知道了乡村孩子上学的不易。高老师悄悄地给学困生买衣服、买饭，给零用钱，还叮嘱我保守秘密。这位热爱教育、满怀爱心的老师深深地影响了我。她的因材施教和默默关怀，帮助了许多想要放弃学习的同学。也正是在她身上，我发现了教师的伟大与美好，萌生了当老师的愿望。人生漫长，优秀的老师灿若星辰，而高老师——这位没有任何荣誉和光环的老师，在我心里始终有着无可替代的地位。

我的启蒙学校，这所位于城市农村交会处的小学，一直贯彻着德智体美劳全面发展的理念。学校的文艺活动丰富多彩，让我的天赋得以展示。学校操场的青砖墙面上，写着"发展体育运动，增强人民体质"的大字，我们就在这里学篮球、丢沙包、玩垒球、练跳马。每到课间，全校500名学生排列整齐，随着大喇叭播放的音乐节律，做广播体操。那时的操场是一片"原始的土地"，却有着400米的大跑道，我的体育老师马晓念老师正是在这条跑道上发现了我跑步和跳高的天赋，将我选拔进了学校田径队，进行专业训练。学校主墙上的黑板报每周必换，常常有老师指导我们摘抄《少年报》的篇章，让我们使用各色粉笔，发挥想象，绘制插图。在绘制板报的过程中，我感受到色彩、线条、构图的奇妙。学校还有一项特别的劳动课程。每年麦收时节，老师会带着我们到校园外的麦田里拾麦穗。大家穿过田野，跨过小溪，头顶烈日，俯拾麦穗，累了就坐在田边听老师讲故事。

父母曾一度担心我参加各种活动耽误学习，但我多次以年级第一、第二的成绩向他们证明，劳逸结合、全面发展是有可能的。这所位于郊区的农村学校，以以人为本的教育理念、崇尚自然的教育追求，让我在课堂内外拥有了幸福快乐的童年，也培养了我积极上进、乐观豁达的个性。从一间间平房到一幢幢现代化教学楼、从一支粉笔到现代化多媒体的转变、从泥土操场到塑胶跑道，如今的枣园小学已换了模样。但是校园里依旧有笔尖婆娑、阅卷批文的老师，依旧有孩子们的琅琅书声和天真无邪的笑脸。

小学毕业后，我回到国棉四厂子校上中学，幸运地遇到了另一位美丽可敬的老师——班主任侯庆琳老师。侯老师是一位热爱英语教学且善于班级管理的优秀教师，不但能讲一口流利的英式英语、画一手好的素描，还擅长摄影和舞蹈。她支持我在保持学习成绩的前提下积极参加社团活动，我先后参加了学校广播站、国旗班、篮球队和文艺队。时任校长韩校长管理严格，每周都到班上检查晚自习，每天都在校门口迎接大家上学，近乎风雨无阻。这所郊区的厂办中学有一批爱岗敬业的优秀教师，他们非常注重教学方法的改革，探索出了多种课程形式。中考之时，语文老师和我谈话，认为我有做老师的潜能，询问我是否有上中师的意愿。绝大部分同学选择了继续读高中，我则抱着试一试的心态去西安师范学校考试，结果面试成绩较高，笔试成绩也远超重点高中的分数线，师范录取了我。身为医生的父亲语重心长地告诉我这个选择意味着什么，而我当老师的愿望越来越明晰，便表达了上中师的想法。父母同意了我的选择。

1992年9月，我在父母的陪同下来到了永宁门里的书院门，"碑林藏国宝，书院

陕西师范大学长安校区与学生合影

育人杰"的对联令我至今记忆犹新。沿着古朴的青石板路步入"关中书院"，我的师范历程也由此正式开启了。开学典礼上，校长讲到西安师范学校是一所培养小学教师的学校，入校的学生要树立对"师范"二字的认识，即"学高为师，身正为范"。

　　中师在我国是一颇具历史特色的教师培养模式。20世纪80年代以来，普及九年义务教育对小学教师队伍建设有着特殊的需求，中等师范教育进入了前所未有的发展与改革期。进入师范，我开始适应学校师德为先、全科教育的培养模式。学校不分系，每一个学生都要学习所有计划课程，学校非常重视对学生艺术素养的培养，除了高中课程以外，还增加了书法、音乐、美术等课程。此外，学校还强调教学基本功的训练，校园里各种教学大赛、微型课比赛、说课比赛等交错举行，极大地提升了学生的教学技能，也为大家日后走向教学岗位、胜任教学工作打下了扎实的基础。这种特色化培养是中师教育坚守的培养方向。如今每次走到书院门，我还是会想起围着碑林和永宁门晨跑、在小黑板上练习粉笔字、拿着琴谱排队练琴、每天写100个毛笔字的时光。中师三年里，我树立了从教的职业理想，学习了从教的基本功，度过了快乐难忘的时光，收获了终身的友谊。中师的同学大都朴实勤奋，天资聪慧、多才多艺的他们在18岁就走上了工作岗位，投身基础教育。很多同学还通过自学考试和函授夜大取得了大专或者本科文凭。

随着时代的发展，师范教育的"老三级"（中师、专科、本科）已提升为"新三级"（专科、本科、研究生），有着百年办学历史的中师教育，已经淡出历史舞台。如今，西安师范学校已并入西安文理学院，但厚重的书院文化和奉献教育的中师精神永远是我的力量源泉。目前的师范教育实行分科教育，虽然提高了师范生的专业化水平，但也暴露出其基本素养方面的问题。中等师范的"全科"教育，或许可以为当下小学教师的培养提供启发和经验。

从西安师范学校毕业后，我通过保送考试，进入西安联合大学师范学院历史系开始学习。学院实行"核心素养+实践能力"的人才培养模式，科学设置课程体系，注重学生能力培养和思维训练。在这里，我遇到了班主任贾俊霞老师，贾老师热情乐观，钻研教学，为我们上"历史文选"课，她和一众敬业优秀的老师带我进入历史教育的领域。经过两年的学习，我又幸运通过保送考试进入陕西师范大学历史系，开始大三的学习。学校重视师范生教育技能和学术研究能力的培养，我的本科、硕士、博士都在历史文化学院度过，学院深厚的文化积淀与严谨的治学之道深深地影响着我。学院具有雄厚的历史学科教学和科研力量，对于师范生的培养坚持"厚基础、宽口径、高素质、强能力"的培养理念和"通专结合、文理渗透"的培养方案。这里名师云集，萧正洪、白建才、王双怀、王成军、王大伟等老师都给予我提携与帮助，我的导师赵克礼老师是我从事历史教育研究的引路人，多年来一直给予我师长的关心与爱护。

二、从中学历史教师到大学培训专家

毕业后，我应聘到西工大附中工作，从事初、高中历史教学，兼德育处工作。这所学校汇聚了一批全省优秀的中学教师和心有梦想的莘莘学子。为进一步提升我的专业素养和信息化教学能力，我在职考取了历史教育和教育技术两个专业的研究生，利用周末和寒暑假学习，最终获得硕士学位。西工大附中浓郁的教研氛围、严格的教学要求和学生们求知若渴的状态激励着我，在陕西省教育科学院副院长秦德增老师和西安市历史教研员闫璟老师的鼓励帮助下，我分别于2002、2004、2008年的三次代表陕西省参加全国赛教比赛，获得全国初中历史教学大赛一等奖、全国目标教学大赛一等奖和全国高中历史教学大赛一等奖。

  2008年，全国历史教育会议召开，中美历史教育专家、名师荟萃，我在会上做了"从兵马俑看秦文明"一课的教学展示。在展示的过程中，我也开始思考自己的教学理念与教学风格，并且萌生了回高校读博士、重新充实自己、拓宽教育视野的愿望。2009年前带完高考班级后，我向校长表达了这一想法，得到了校长的尊重与理解。同年，参加完师大三次笔试和面试后，我重新回到了母校，并开启了大学教师的职业生涯。记得最后一次面试在党委常委会后，各位领导和我谈话鼓励我珍惜机会，认真工作，报效母校。时任校长房喻老师语重心长地教导我："一位中学老师进入大学是非常不容易的，尽管你之前很优秀，在中学教学期间取得很好的业绩和教学效果，但大学的教学工作不同中学，需要你继续攻读博士，开阔眼界，提升研究能力。希望你继续发挥中学教学的优势，承担学校教师教育、基础教育资源研发工作，同时承担历史文化学院的学科教学研究工作，双肩工作，为母校教师教育和历史师范生的培养发挥作用。"多年后我撰写《修德精业——新时代名师之路》一书，房校长从百忙之中为书写序，言时间是最有力的见证，年轻人做三四月的事，在八九月自有答案。人生遇到这样的校长真是感恩。

陕西师范大学教师节留影

2009年，我在陕西师范大学网络教育学院、历史文化学院同时从事陕西省基础教育、教师教育资源研发和历史文化学院本科生历史学科教学论的教学工作。两年后，我担任教师干部教育学院（后更名为教师干部培训学院）的教学副院长，负责学校承担的教育部国培和省培等教师、校园长、教育干部培训工作。我在这个岗位上工作了10年，被聘为教育部国培计划专家库成员，陕西省校园长培训专家工作组成员，教育部陕西师范大学基础教育课程研究中心副主任、职后培训研究中心主任。

2012年，我们赴教育部教师司申报国培计划培养基地，我在全国大会上代表学校进行资质汇报答辩，最终学校获得了教育部"国培计划"示范性培训项目历史等四个学科培训资质。此后，学校连续承办"国培计划"一线优秀教师培训技能提升研修项目高中历史班。在办班过程中，我参与设计和实施了基于学科核心素养的中学历史教师培训课程，初步构建起基于历史学科核心素养的国家级教师培训模式，并紧扣《中学教师专业标准（试行）》及《"国培计划"课程标准（试行）》，结合参训学员现状与发展需要，制定培训主题与培训目标。在课程内容设置方面，我提出了3个维度、12个模块、16门课程，共60学时，以问题为中心，以案例为载体，科学提升教师的师德素养、专业能力及引领示范能力。在培训方式方面，我和团队采取"集中培训+网络研修"的方式，坚持理论与实践、专题学习与广泛研讨、观摩考察与反思体验、人际情境互动和网络虚拟交流相结合，推动学员在专家引领、同伴互助、个体反思的实践中实现专业发展。我们还加大了主题式、参与式、案例式、研讨式、情境式等培训方式的比重，充分调动学员的学习积极性，增强培训的针对性和实效性。此外，我们一直注重挖掘西安作为千年古都的历史文化资源，设置主题现场教学，满足参训学员特殊的专业需求。

与此同时，我开始参与全省教师教育的政策制定，承担了"陕西省三级三类骨干体系建设""陕西省名师工作室建设及推进策略研究"等研究课题，将全省教师队伍分为教学能手、学科带头人、教学名师三个梯次。我和团队主要负责全省中学学科带头人的培养工作。在前期调研的基础上，我们研发了省级中学学科带头人胜任力模型，制订并实施了《陕西省中学学科带头人培养方案》。从2014年到2019年，团队承担了陕西省第一批至第五批中学学科带头人培养计划，五年共培养中学学科带头人541人，覆盖初中、高中两个学段，14个学科，基本实现了"打造学科领军人才和中坚力量"的目标。学科带头人在省内外开展了形式多样的教研活动，发挥了专业引领的积极作用。

近年来，经过理论研究与实践探索，我们创新了基于政府、高校、优质中学和网络机构"四位一体"的省级学科带头人协作培养机制。事实证明，这种整合全省教育资源、协同各方力量的培养模式为陕西省推动基础教育教师队伍建设做出了一定的贡献。

三、读博、访学与教育研究

在培训学院工作期间，我考取了博士，师从我国著名历史教育学家赵亚夫先生。记得在博士学习的第一堂课上，赵老师就郑重其事地教导我："学术和做人都要求真，但凡要看到真，必让自己纯粹。有一点纯粹，就有一点真。没有纯粹，就没有真。你要做好读博的准备！"读博五年中，从课程的讲授到对论文的把关都凝聚着恩师的心血。赵老师国际化的视野，前沿的学术认知，高深的学术造诣，严谨的治学风格，从容、乐观、豁达、以身立行的做人风范都深深地影响着我。此外，赵老师还非常支持我的工作，关心我的生活，告诉我要学会用"历史教育的智慧"，活出自己的个性和热爱。人生遇到这样好的老师是我的幸运！人生海海，赵老师对学深深术的敬畏与执着，对人生的热忱与至诚，对学生的厚爱与严格深深激励着我，让我得以从"工匠式"的格局和程序化的思维模式中跳脱出来，开始以别于以往的视角和思路探索历史教育，以前所未有的热情和理性感悟人生。

2014年我到美国宾夕法尼亚大学访学一年，迈克尔·朱克曼教授给予了我全程的指导和支持，其间我多次随他参加国际历史教育论坛，做中美历史教育的比较研究。访学一年拓展了我的视野，丰富了我的研究方法，也为博士论文的撰写积累了数据与素材。韩国成均馆大学的金志勋教授，多次邀请我赴韩国参加东亚历史教育学术交流，让我对东亚各国的中学历史教育有了较为全面的了解。这些年能够专注于历史教育研究还得益于我身边亦师亦友的历史教育团队——《中学历史教学参考》任鹏杰主编、张艳云老师、特级教师郭富斌老师等，这样一个痴心于历史教育研究与实践的团队，一直默默给予我精神上的鼓励与专业上的支持。

2018年，为落实《中共中央 国务院关于全面深化新时代教师队伍建设的意见》，教育部按照《教师教育振兴行动计划（2018—2022年）》，启动了中小学名师名校长领航工程，目的在于培养造就一批具有较大社会影响力、能够在基础教育领域发挥示范引领作用的领军人才，完善国家与地方基础教育高端人才培养体系。这项工作受到全国师范院校的高度重视，我也接到学校的工作任务，负责撰写陕西师范大学名师领航工作方案、培养方案。在查阅资料的过程中我发现，我们国家多年来一直缺乏针对高层次名师专业发展的培训理论支撑与系统规划，各地教育行政部门、教研机构及高等院校对于名师的培养还处在经验层面。据此，关注名师培养的理论架构，从教师教育的全局出发研制科学实效的名师培养课程及评估体系就成了当务之急，也是难点所在。

以问题为导向，我扎根理论展开调研，分析我国当前中小学名师培养的现状及存在的问题，反思问题的原因；同时以名师领航工程培养基地负责人的身份，赴英国剑桥大学、牛津大学及英国多所中小学进行学习考察，了解国际前沿、基础教育名师的培养模式；随后，从培训理念、培训课程、培训方式、培训评估等几个方面提出了切实可行的中小学名师培养的路径方案，建构了"修德精业——基于 TPCK 的中小学名师培养模式"，并形成研究成果——《修德精业——新时代名师之路》一书，收录于"国家名师基地基础教育研究丛书"。这项理论研究与实验并行的工作，

2018 级教育硕士授课结课留影

对于贯彻落实习近平总书记关于教育工作的重要论述和全国教育大会精神、贯彻党的教育方针、落实立德树人根本任务、推动基础教育高质量发展，都是一次有益的尝试，也极大地拓宽了我的教育视野，提升了我的研究能力。

2020年2月《中国教育报》头版刊发了题为"陕师大培养数十万教师扎根一线，为西部教师终身发展提供坚实支撑——红烛精神照亮西部教育"的报道文章，文章中特别报道了我所负责执行的另一项培训改革项目："陕师大探索利用社会资金、高校资源支持地区教育发展模式，启动了为期三年的美丽园丁教育基金会——陕西师范大学支持庆阳革命老区基础教育质量提升协同创新计划项目。三年中，陕师大教师干部教育学院副院长苏争艳自己也不记得，从西安到庆阳，她跑了多少趟。去庆阳调研，和当地教育局来回沟通，最终为庆阳的教师队伍连身打造了教师队伍建设方案，并设计实施了《庆阳教师培训方案》。三年间，4000余名庆阳市中小学教师和教育管理人员走进陕师大，通过专家专题讲座、互动交流、案例分析、课堂教学观摩、专题研讨等形式开展集中培训；7批陕师大名师团队奔赴庆阳开展培训，受益教师近万名……随着培训的扎实推进，庆阳教师队伍建设的成果一步步显现：教师教学技能明显提升、教育管理者治校理念逐步增强、大部分教师初步掌握教学研究的方法与策略。……'我们的目标是帮助教师进一步坚定职业信念，提升教学能力，以持久的职业生命力奉献于祖国西部的基础教育。我们的培训，在西部已经实现了全学科全领域全覆盖。'苏争艳说。"文章对我的培训理念和团队的培训实践做了较为深入的报道，也对我和团队成员十余年从事的培训实践给予了一定的肯定。

四、回顾、展望与思考

过往的岁月让我拥有了上万名引以为傲的优秀学生和丰厚的中学历史教学实践经验、培训项目经验，并与全国各地的教育工作者缔结了深厚的友谊。我负责过从初入职教师到特级正高级教师的培训，为全国各地700多个校园长和中小幼教师培训班授课和设计方案，工作的足迹遍布20多个省市，开展过100多次送教下乡活动。

这样的工作让我对教师教育产生了深厚的情感和深入的思考。教师教育一体化基于终身教育理念，是对教师职前培养、入职教育、在职培训发展阶段的统称。当前，师范生的培养往往与中小学实际需求存在偏差。党的二十大报告指出，教育是国之大计、党之大计。培养什么人、怎样培养人、为谁培养人是教育的根本问题。我们要建设的教育强国，要以立德树人为根本任务，以为党育人、为国育才为根本目标，以服务中华民族伟大复兴为重要使命，以教育理念、体系、制度、内容、方法、治理现代化为基本路径，以支撑引领中国式现代化为核心功能，最终办好人民满意的教育。对于教师教育而言，应从教师教育一体化发展的实际需要出发，在坚守传统与吸纳外来、立足当下及创造未来中建构方向正确、理念先进的培养体系，进行培养模式创新，推进教师教育一体化发展的现代化进程。具体而言，应以多主体协商为基础，构建以教师可持续专业发展为核心的教师教育一体化发展目标、课程、管理、评价体系，形成招生、培养、就业、发展一体化的教师人才培养模式，真正贯通教师培养与专业发展。下一步，我将立足于中国式教育现代化的时代诉求，探讨陕西省教师教育改革的理论内涵、政策导向、价值向度和发展路径，为推动我省教师教育一体化的发展研究，尽自己的一份绵薄之力。

今年，是我从业的第 24 个年头，母校陕西师范大学给予了我无限支持，将我从一名师范生培养为从事历史教育、教师教育的大学教师。一路走来，感谢恩师的教诲，他们的智慧与对教育的热爱，深深地启发和鼓励着我，给了我前行的信心与勇气。我亦在年轻的学生们身上感受到教学相长的力量，他们探索未知世界的勇气与好奇，给了我源源不断的灵感和继续从教的信心。在 24 年的从教生涯中，我始终一往无前，未曾止步，经受住了对初心、能力、毅力、精力的极大考验。成长的过程是解构自我与建构自我的过程，也是破茧成蝶的过程。作为一位教育工作者，唯有坚定理想信念，立足时代潮头，坚守教育初心，不断完善自我，用心铸品，以爱塑魂，才能做无愧于时代的教师。前行源于信念与热爱，也源于恩师、朋友与家人的相助与相伴，情之所至，笔不能休，感激之情难以尽叙。一路经历的种种，都化作我教育人生中最宝贵的财富，坚定着我继续作为教师教育工作者的信心，激励着我终身学习，永不懈怠。

▶ 点评

　　苏老师初中毕业后，经历了中专、大专、本科和研究生阶段的求学过程，走上教师工作岗位后，又经历了从小学教师到初中教师、高中教师、大学教师的多次身份转变，历经艰辛与磨砺，最终成为受人敬重的名师。其自强不息、坚韧不拔的毅力，踔厉奋发、开拓进取的精神值得我们学习。她牢记为党育人、为国育才的初心使命，干一行爱一行，不断挑战自己，无论是在小学、中学还是大学，都能做出骄人的成绩。这是她勤奋学习、努力拼搏、不断提升的结果。金子总会发光，红烛亦会闪亮。不忘初心，终身学习，砥砺前行，方可成大器。

教育部基础教育教学指导委员会历史专业委员会委员　郑林

王　颖：教研相长创佳绩

　　王颖，女，汉族，中共党员，1992年7月毕业于陕西师范大学历史系。现任安康市教学研究室理论研究部主任，正高级教师，安康市第三批有突出贡献专家。陕西省历史教学指导委员会专家，陕西师范大学历史教育研究中心研究员，陕西师范大学国培计划授课专家。多次参加陕西省初、高中学业水平考试命题工作。获陕西省基础教育教学成果特等奖1项（参与）、一等奖2项（主持1项，参与1项）、二等奖6项（主持3项，参与3项）；主持及参与完成省市级课题12项。在《历史教学问题》《中学历史教学参考》《中学历史教学》等刊发表论文22篇，其中1篇被人大报刊复印资料《中学历史地理教与学》全文转发。

一、由学而师——在亲历中学习和成长

（一）我的教育底色

我的老家在沈坝（现陕西省安康市汉滨区沈坝镇）。沈坝是与高玉宝齐名的战士作家崔八娃的故乡。我的父亲是家族中为数不多的从农民蜕变为文化人的代表，母亲虽是城里人，但从安康师范毕业后被分到乡村，他们在一所由寺庙改建的学校相识、相恋。在父母的启蒙下，我们兄弟姐妹四人都成为教育改变命运的受益者。1978 年恢复高考，大姐和哥哥考上中专，学习最好的二姐一心想考大学，可惜连续两年失利，后参加招工，因成绩优异，成为安康水电三局子弟二校的老师。1981 年春节，最疼我的二姐把我带到她的学校，她也成为我五年级的数学老师，不仅为我打下了良好的数学基础，还打开了我的眼界。更重要的是，在这里，二姐以她特有

2019 年在母校参加国培时和赵亚夫老师合影

的遗憾和期望为养分，将一颗名为"大学"的种子牢牢地种进了我的心田。

1985年暑假，英语老师韦祖安给部分成绩较好的学生义务补课，除了补英语外，还邀请正在陕西师范大学中文系读大三的同学给我们补习作文。那是我第一次听到陕西师范大学这个名字，也由此对大学生活产生了无限遐想。正是源自这份遐想，陕西师范大学成为我高考的第一志愿。但历史专业的选择，除了因为我历史成绩相对较好外，还有几张照片的缘故。当时，副校长龚凤瑞老师教我们历史，一天，他带来了几张黑白照片，其中一张他在龙门石窟前的照片深深地吸引了我。吸引我的，不是龚老师年轻的身姿，而是他身后卢舍那大佛神秘的微笑。当同学们一边传递照片一边发出各种感叹和羡慕声时，龚老师说："你们好好学习，以后一定能去亲眼看看的。"

1988年，我跨过秦岭考入陕西师范大学历史系，成为王氏家族的首位大学生。1990年，大二实习考察途经洛阳，当我和同学们到卢舍那大佛前拍照留念时，龚老师曾经勉励我们的那句话仿佛又回荡在耳边。

（二）我的师大我的师

1988年10月，经历了陇县军训一个月的洗礼，我终于走进了陕师大教学八楼，开始领略老师们的风采。

陕师大给我上过必修课和选修课的老师共20多位，有带考古学的席臻老师、带目录学的唐亦功老师、带西方史学史的马雪萍老师、带西方思想史的陈汉宁老师、带历史文选的张艳云老师、带世界史的吴萌老师，还有讲授中国近代史的韩敏老师、讲授六大古都的马正林老师、爱唱秦腔的王国杰老师、讲长安文化的黄新亚老师、言必称孙达人师的刘九生老师、讲古代婚姻史的任凤阁老师，他们都令我印象深刻。此外，还有布置过文献检索作业的徐兴海老师、布置过隋唐人物评论作业的赵文润老师、带历史地理学的侯甬坚老师、带中国古代史和历史统计学的萧正洪老师、带中国现代史的曹学恩老师、带世界古代史的王成军老师、带世界中世纪史的曹维安老师、带世界现代史的白建才老师、带文献学的贺璧勤老师和贾二强老师、带先秦史的赵世超老师、带思想史的赵吉惠老师等。

大二时，我选修了秦晖老师的古代经济史。没有教材，我们班就将他的教学讲义集资油印。那时秦老师头发总是乱糟糟的，衣服是灰色或蓝色中山装，一个军用书包总是鼓鼓囊囊的，一辆自行车载着他和他的书包晃晃悠悠穿行在教学楼和图书馆间。记得一天大雨，浑身湿透的秦老师走进教室，在讲台上脱下雨披，拿出书包，摇头晃脑地讲起课来。

大学期间，历史系对两门通史课采取挂牌教学的方式，让三位老师给三个班同时开课，同学们在试听两周后选择授课教师。

中国古代史，我选了王大华老师的课。王老师是从陕北来的老北京知青，孙达人先生的爱徒。那些许白发的优雅，一口字正腔圆的普通话，对学生们产生了无法抗拒的吸引力。大一时，王老师带队去兵马俑博物馆参观考察，他在青铜车马前滔滔不绝，那种来自骨子里的自信给我留下了深刻印象。

中国现代史我选择了李亚平老师。李老师儒雅的气质、谦逊的态度和刚正不阿的性格，深深赢得了学生们的敬佩。他对我们的影响，不仅来自课堂，也来自他对我们的言传身教。我们这届学生中，许多人在不同的时间段都得到过他的关爱和帮助。2002年，我在教学八楼参加陕西省高考阅卷，当看到满头华发的李老师时，我的眼中饱含眼泪。

臧振老师也教授中国古代史。2003年，八八级同学相聚师大时，臧老师握住我的手，让我报出自己的名字，然后脱口而出："你是二班的！"当初因为选课和他错开，一位"背他而去"的学生还能被他记着，那一刻我感到既幸福又愧疚。记忆中，总能在清晨的师大操场看见臧老师夹着一个最普通的铝制饭盒，急匆匆地从教学六楼的方向过来。再后来，我收到他的赠书，拜读之后，了解到他的勤奋、认真、坚韧和风趣，更加深了心中的惭愧。

35年前的挂牌教学，即便在现在来看，也是大学教育一次有意义的创新。这种方式引入了竞争机制，给予了学生自由选择的权利，可惜的是，挂牌教学仅在我们这届学生中试行了一次。

2003年3月至2005年3月，我自费进修陕师大历史地理学专业研究生课程。进修班学习期间，有幸再次聆听侯甬坚老师的教诲，他教授的是环境变迁课程。后来的结业成绩中，十门课里有九门都是90分以上，唯独侯老师的课我仅得了80分，令我既意外又汗颜。这也让我感受到侯老师治学的严谨和对学生的严格要求，其中体现出来的为师之道和为人之本，也常常激励和警醒着我。

萧正洪老师的课也深受同学们的喜爱，他是我毕业论文的指导教师。毕业前他还给我留言:"安康古称金州,州境多山亦多人才。王颖同学今归安康,慎为之行,勤为之思,必将有为。"

二、自反而缩——在经历中见识和起步

(一)一待就是一辈子的"教研员"

毕业前夕,已经调到学校分配科办的辅导员郭高老师告诉我,他把我推荐给安康地区教育局人事科科长乐俊富,殊不知,我最想去安康师专。然而,那一年安康师专没有给省教育厅报历史专业的师资计划。

1992年7月,我背起行囊回到家乡,焦急地等待工作分配。我径自找到乐科长,天真地请他将我分配到安康师专。他说:"安康师专是省属单位,安康的大学生这么少,不能把你放走了。你的辅导员说你是团支部书记,又在大学入了党,地区教研室还没有历史教研员,就需要你这样的优秀老师。我已经把你的情况推荐给局领导,你回家等局领导上会研究决定的通知。"

这是我第一次听说"教研员"这个特殊的职业。回家从父亲那里才知道,教研室是一个和教学相关的研究机构。于是我就安下心来等分配。8月16日,我和地理系的田文丹接到通知到教研室报到,分别成为安康地区历史学科和地理学科的首位教研员。田文丹在2000年前后调到市招办,后又调至市教育局。而我却在教研员这个岗位上,一待就是一辈子。

(二)第一份成绩分析

1993年金秋,我接到了参加工作以来第一个与专业相关但相当艰巨的任务,那就是给陕西省上报当年安康地区高中毕业会考历史学科试卷分析。

接到任务后,我一下子就蒙了:没有过教学、辅导和命题经验的我,该如何完成这项任务?所谓"新竹高于旧竹枝,全凭老干为扶持",在请教中教组组长邵晓东(现为陕西教育报刊社有限责任公司总经理)、物理教研员程玉林、小教组组长邱文章等老师后,我的心中有底了。直到现在,我仍清晰地记得,站在拥挤的一楼试卷保管室里,阳光透过玻璃窗,我强忍着鼻腔的不适,从一本本装订整齐的试卷册里随机抽取试卷,将抽取的试卷成绩用公式计算出平均分、标准差和难度,然后与全

省成绩进行对比，逐题分析安康地区考生和全省的差距及失分原因。在这些优秀前辈毫无保留的帮助下，我以啃骨头式的钻研劲儿最终完成了4000余字的试卷分析报告。

如今回想起来，正是这份试卷分析报告，使我在教研室里立住了脚。在年终考评会议上，我亲耳听到程玉林等老师对我工作的肯定，在他们的发言中，都提到了这份试卷分析报告。也正是这份试卷分析报告，为我后来的教研工作打下了良好的基础，此后我多次承担安康市中考和高考成绩分析工作。在高考成绩分析中，我在借鉴商洛等市高考数据分析的基础上，创新性地将高考录取人数、总分及学科平均成绩相结合，在市招办的电脑上，逐人逐科逐校计算出每一所学校每一学科对高考录取人数的贡献率。

2008年，我参与陕西省基础教育重大招标课题"新课程背景下陕西初中阶段教育教学质量检测研究"，该课题成果获得了"2009年陕西省基础教育优秀成果文本类一等奖"。我撰写的《新课程背景下安康市初中阶段教育教学质量检测研究》作为该成果报告重要的数据和文本支撑，收录在省教育厅主编的《基础教育改革发展研究》中。

（三）全省首创的中考

2001年，安康中学一位历史教师休产假，学校向教研室寻求帮助。一直迫切想成为一名真正的历史老师的我，就这样兼职走上了高一历史讲台。由于当时中考不考历史，各校初三的世界古代史教学形同虚设，学生没有基础，我的世界近现代史教学因此就显得非常吃力。面对这种情况，我多次向担任市教研主任的王春记老师汇报。一天，时任市教育局局长杜科持打来电话，叫我去他办公室详细说明情况，并责成普教科广泛调研。后来，安康市自2003年始，率先在中考中加试历史。2006年，在省教科所秦德增老师的推动下，陕西省将历史纳入中考科目。2006年至2008年，我有幸成为陕西省中考历史命题人，还多次参与中考说明的命制和审核工作。

2008年，我担任中考命题组组长，郭富斌老师负责审题。50余天的朝夕相处，郭老师手不释卷、掩卷沉思的样子至今还历历在目。在他那里，电视或者报纸上随便一则讯息，都能被他滔滔不绝地带出一串信息来，那种开阔的学术视野和严谨的理性思维带给我极大的震撼。其实，郭老师也是安康历史教师的引路人。2002年

12月，安康市中学历史教学研究会成立之时，时任《中学历史报》主编的老同学曹伟邀请到郭老师做高考讲座。2023年3月，郭老师在紫阳中学的大礼堂做了《高考命题的聚焦点和复习备考的突破点》专题报告，这是他第四次来安康。郭老师的每一次讲座都让人常听常新，极大地启发了安康历史教师的学习和思考。

从1992年至2010年，一路走来有各种被动任务的驱动，有陕西省基础教育最高成果荣誉的激励，有前辈同行们的悉心引路和专业指导，更有我初生牛犊不怕虎的热情和坚持。从初入杏坛的生涩彷徨，到初窥门径的潜心探究，再到登堂入室的使命必达，这些年的经历仿佛一个"自反而缩"的过程，甚至多少有了点"虽千万人吾往矣"的豪情在胸。人不负光阴，光阴必不负人。多年来的点滴收获如同注入弓弦的力量，射出去的箭矢虽远谈不上百步穿杨，但也算鸣镝有声了。

三、厚积薄发——在阅历中拓展和提高

（一）在服务教育科研中提高

我的家乡安康地处汉江中游、秦巴腹地，长期以来教育资源匮乏，学校布点分散。我自2010年开始负责安康市教科研规划、校本研修指导及管理工作。接手课题管理工作后，我从安康市2005年至2010年的课题中发现，"重立项、轻结题，重结论、轻过程，重功利、轻研究"和"功利化、虚假化、形式化"现象严重；同时，一线教师缺乏专业指导，对课题研究方法、选题、撰写成果资料等缺乏了解。2011年，闫璟老师将西安市的小课题研究管理经验倾囊相授，我随即在安康市全市推行小课题研究工作。小课题以"问题即课题、过程即研究、成长即成果"为研究理念，以灵活的形式、简约的模式、丰富的选题、多样的成果呈现，迅速激活了一线教师的研究意识，有效引领教师关注课堂、关注教材、关注教学、关注学生，以教育教学实践中的问题为课题展开实践研究，极大丰富了校本研修的形式和内涵。

2015年，由于经费匮乏，小课题研究工作被迫终止。2023年，为贯彻落实《教育部关于加强新时代教育科学研究工作的意见》，陕西省将主持课题列为教师职称评审中的重要条件。在我的呼吁和努力下，这种面向一线教师，以校为本、围绕学科、立足课堂，重点解决教育教学实际问题的教师教学课题，在规划课题、专项课题之外，以第Ⅲ类课题写进《安康市教育科学规划课题管理办法（2023年修订）》；

同时，为提升安康市教科研过程管理质量，加快推进教育科研的数字化转型，在充分调研的基础上建设的课题研究信息化管理平台投入使用。有了这个平台，"校—县区—市"三级课题立体管理体系充分发挥了作用，有序推进了省、市规划课题管理工作。

课题研究促进了市、县、校三级管理员的成长，使我们在课题指导和管理中打破了学科界限、拓宽了研究视野、提高了教研能力。同时，课题研究还促进了教师专业能力的提高，极大地唤醒了教师的教科研意识。随着课题研究在市、县、校的全面兴起，全市广大教师竞相从"教书匠"向"研究者"转变，安康市教育科研水平大大提升。在陕西省规划课题申报和基础教育教学成果评比中，安康市的课题立项率和省成果获奖率位居全省前列。

十余年的综合性管理工作，让我更加深刻地体会到教研员"服务学校教育教学，服务教师专业成长，服务学生全面发展，服务教育管理决策"的历史使命和"教研工作是保障基础教育质量的重要支撑"的时代担当，也进一步开阔了我的视野。

（二）在搭建学科平台中进步

学科教育的进步，离不开数量充足、质量过硬的学科队伍。截至2021年，安康市共有初中历史教师519人，高中历史教师269人，初、高中历史教师约占当年全市教师总数的6.5%，其中，80%为村镇教师。全市兼职历史教研员7人，其中专职教研员仅2人。为了尽快以教师质量的提高来弥补教师数量的不足，我从安康市实际出发，坚持"内研外联"，组织了形式多样的教研活动，引领全市历史教师的专业成长，具体体现在以下四个方面。

第一，立足调研发现和解决教研问题。我在调研中发现，规模小的学校历史教师人数少、专业老师少，缺乏专业引领和同行交流研讨的机会；规模较大的学校集体备课活动取代教研组活动现象严重，学科教研组活动呈现弱化趋势；研修工作发展不平衡，研修方式传统、形式单一、内容单薄，研修活动流于形式，难以形成足够的吸引力与号召力。这些问题的存在，严重制约历史学科教师素质的提升。身为市级教研员，把问题当作课题已经成为我的职业本能。我针对全市历史教研的现状，积极拓展思路，整合各方面资源，围绕搭建研修平台、创新研修方式、提升研修内涵等方面，以"历史学科主题式校本研修"课题研究为抓手，最终形成"专家引领探明研修方向、活动引领探索研修模式、主题引领探讨研修内容、网络引领探寻研修视域、骨干引领探求研修效能"五大策略，持续组织较高层次、较大规模、较多主题的教研活动，以提升教师专业能力为目标，进行了一系列"大"校本研修方式的有益探索。

第二，立足"同课异构"创新"四跨模式"。"同课异构"也称"一课多上"，对于教师专业能力提升具有显著作用。结合安康市实际，我带领团队从跨区域、跨学段、跨时段、跨课型四个维度，进行了模式创新，形成了具有安康市特色的"四跨同课异构模式"，有效引领教师开展深度教研。所谓四跨同课异构，即跨区域同课异构。2015年，我组织承担了大同、遵义、惠州、安康、西安五市的北师大版初中历史同课异构活动，围绕同一主题，来自不同地区的教学理念和教学方法在同一个平台交会碰撞，产生了很好的互学互进效果。随后，我还积极组织了跨学段同课异构活动，着重探讨了同一主题在不同学段的教学内容、教学方式，深入剖析其中的教学异同点，引导教师明确教什么、怎么教，使他们对专题性教学和进阶性教学有了更深刻的认识。与此同时，我还开展了跨时段同课异构活动，帮助教师梳理教学重点难点以及学生必须掌握的知识点。此外，我还多次组织跨课型同课异构活动，邀

2018年在旬阳中学召开会议，邀请代鹏杰、郭富斌、张艳云、闫璟、张艳老师来讲学送教

请多名老师根据新授课、复习课、高三专题复习课、试题评价课、活动课等不同课型进行课堂展示活动。

第三，立足活动目标确定主题设计。研修主题的选定是研修活动成功的关键，更是研修内容的灵魂，应根据教师们的研修需求确定主题，精心设计。在我的推动下，安康市历史学科活动形成了四类相对成熟的主题设计方法。即：任务目标设计法，如围绕教材课标、能手培养等任务目标设计活动主题；活动方式设计法，如围绕研训一体、小组合作、团队指导等设计主题活动方式；阶段任务设计法，如围绕专题复习课、试卷讲评课等设计活动主题；项目化学习设计法，如围绕学生"学"的需求，开展"原典阅读""话剧写作"等主题活动，力图实现由关注"教"到关注"学"的研修引领。

第四，邀请名家讲学，提升本地师资水平。邀请名师讲学，是帮助山区一线教师快速开拓学术视野、树立发展标杆最直接有效的方式。近年来，我先后邀请高考命题组组长吴伟，高校教授赵亚夫、聂幼犁、徐赐成，全国中学名师李惠军、郭富斌、李树全，全国名教研员宾华、闫璟，《中学历史教学参考》主编任鹏杰、张杰云，陕西省学考中考命题专家史曼丽、张晓娟、张艳、张洪琪、张艳丽、杨千梁等省内外专家名师40余人次来安康讲学指导。

2011年，张艳、王国栋、李树全三位老师的三节课，让我们看到了西安市新课程改革的成果，感受到历史课堂深刻的变化。张艳老师在"新中国走向世界舞台"一课中，调整教材子目，补充历史材料，设计主题主线，让历史脉络更加清晰。

2021年5月，徐赐成老师在安康高新中学讲授"南京国民政府的统治和中国共产党开辟革命新道路"，以"新道路"为题眼，将教材内容进行重构，展示了中国共产党在国民党的压迫下，从失败中求生存、出思想，最终开辟了一条和中国革命实际相结合的新道路。徐老师的教学设计主线明晰、逻辑清楚、环环相扣，凸显了历史本身的魅力，更彰显出其浑厚的学养与功力。

徐老师以"历史教育志在求得灵魂之安，历史教学贵在酿造人生之康"与安康同人共勉，并指出"当前历史教学的基本任务是切实提高历史教学质量，让人民满意；历史教学的核心任务是立德树人，充分发挥历史的育人功能；历史教学的具体任务是教好统编历史教材书，落实国家意志"。这些话语里饱含着一名历史教师的使命担当，令人受益匪浅。

（三）在指导教师成长中共进

作为拥有"教育对象"的教师，教研员可以说是老师的"老师"。每当听见那些老师亲切地称呼我"王老师"，看到他们在教学岗位上取得丰硕成果、在教研活动中取得不俗业绩时，我总会由衷地感到骄傲和自豪，因为他们的成绩背后也有我这名教研员的真实付出。

在教研员的工作岗位上，我努力培养三级三类骨干教师。2011年以来，在我的培养指导下，安康市历史教师入选省市级三级三类骨干102人，约占全市历史教师的19.8%。其中，省级教学能手17人，省级学科带头人3名，市级名师1名，市级学科带头人15名，市级教学能手62名。

除此之外，我还注重活动策划与成果推广。在教研活动中，我会要求和指导老师们选好主题、撰写教研论文。2018年以来，我先后组稿推荐发表论文40余篇。其中，《中学历史教学参考》2021年第10期《历史的选择，人民的选择：中国共产党百年风华正茂》专栏刊登"安康市统编历史教科书中的党史教研活动"教师论文及学生论文7篇；《中学历史教学》2019年第9期整版介绍安康市历史骨干团队活动，以2019年高考试题为主题组稿发表7篇。

2021年5月，为贯彻落实习近平总书记在党史学习教育动员大会上的重要讲话精神，发挥历史学科在党史学习教育中的重要作用，我组织了"统编历史教科书中的党史"校本研修系列活动，活动内容分为"专家引领""课堂引领""科研引领"三大板块。从某种程度上说，该系列活动也是这些年来安康历史团队在课题研究方面的成果呈现。"专家引领"中，徐赐成老师通过示范课、专题讲座、点评交流等方式，主要围绕统编高中历史新教材进行实践引领和理论引领。"课堂引领"中，王纯老师和张逢晨老师执教两节初中微型课，阮世军老师和龙廷忠老师以同课异构的方式试教《中外历史纲要》（上）第28课"中国社会主义特色道路的开辟与发展"。"科研引领"由四个微讲座组成，分别是：陈光艳老师的"挖掘本地红色资源有效融入历史教学"、李琼老师的"指导中学生历史小论文写作的'冷'与'暖'"、赵堃老师的"江北高中与安康博物馆'馆校合作'项目纪实"，以及我的"例说课题研究与成果转化"。活动结束后，我收到了15篇教师文章和11篇学生文章，《中学历史教学参考》2021年第10期分别录用了5篇教师文章和2篇学生文章。

四、笃行致远——在践历中探索和进步

顾泠沅说过:"新时代校本研修确有大量的问题和困难需要研究、丰富的经验需要总结和提升,也许还有以往尚未涉及的工作需要深入探索。"教研员要成为一线教师校本研修的示范者,就要在课堂教学和教育科研方面做好研究和引领。从教研活动的组织开展,到经验的总结提升,到文本的书面表达,是一个不断积累的过程。

(一)"这节课,你怎么上?"

听课评课是教研员的常态工作,也是每年量化考核的一个重要指标。30 年间听了许多课,我最难忘的是在秦岭深处的蒲河初中所听到的一节课。那是 2002 年 9 月开学季,市县教研员一行检查新课改的实施情况。蒲河初中的那节历史课上,任教老师让学生分组讲述春秋五霸的故事。课后,我在和任教老师的交流中指出,分组合作的形式比较好,但是老师在其中的引导作用不够。这个点评让年轻的任教老师非常不满,他追到操场边问我:"这节课,你怎么上?"

当时的我,只看到了对方的问题所在,却给不出自己的答案。直到 2017 年 11 月,全市专兼职教研员培训在石泉县进行,我设计的"沟通中外文明的'丝绸之路'"一课获得好评,并被推选进行 20 分钟课堂展示。这是我的第一节初中历史课,当时真的紧张极了。但是,当我面对学生,从一张来自石泉蚕桑博物馆的图片入手,给他们讲述谭福全发现"鎏金铜蚕"的故事,随后在讲述少年天子汉武帝的谋略、张骞的勇敢和执着时,我的内心渐渐变得淡定和从容。这次课堂教学最后也取得了成功。从 2002 年 9 月到 2017 年 11 月,我花了 15 年时间才终于用我的课堂表现回答了那位秦岭深处的老师的质问。

(二)拒稿故事

2016 年秋季开学,闫璟老师率工作坊团队在长安一中成功举办了"第一节课迷住学生——感受历史的魅力"主题研讨活动。就我个人而言,参加此次活动最大的收获就在于开始重新思考不同类别的导言课对学生学习的启示和意义。长安一中白喜超老师执教高一年级的导言课。按照闫老师的任务安排,我要点评白老师的课,

于是我撰写了《导言课：实现学生和历史学习的对接》一文。文章从"实现现实和历史的对接""实现初高中历史的对接""实现历史为现实服务的对接"三个层面，论证白老师导言课设计的主旨，并阐述了这些设计在实现学生和历史学习的对接方面的价值。文章投稿不久后，我就收到拒稿的通知。重新审视该文时，我发现从行文结构看，它仅仅是对课堂观察的再现。找到问题所在后，我又搜集了大量的名师文章，从中揣摩历史教学论文的写法。特级教师李惠军老师的《刍议历史课堂教学中的"多元互动"机制》给了我灵感，他认为，启发学生思考与交流的关键在于教师的课堂教学智慧，"要'善导'——诱而弗牵，'妙启'——开而弗达，'巧引'——含而弗露，这样才可能给学生留有广阔的，但又非漫无边际的思维空间"。一节优秀的导言课更应如此啊！面对没有严格课标要求和具体教学任务的导言课，教师尽可以思接千载、视通万里，以历史的阅读，述现实的情怀，尽情展示才情和魅力。要实现李惠军老师所谓的"善导""妙启""巧引"，离不开四种途径，即多元化材料的有效运用、主题式活动的有效展开、交互性问题的有效深入、拓展型作业的有效布置。就这样，我以这四种途径为线索，对自己的文章进行了修改，最终发表于《中学历史教学》2017年第1期。

（三）提出指向核心素养"四化四度"探索路径

2019年，我想起自己那节还算精心设计的"沟通中外文明的'丝绸之路'"课，思考能否从中总结些许启示，撰写一篇教学论文，探讨如何将教学目标、教学主题、教学问题等设计落实于培养学生的历史学科核心素养上。于是，我重新审视教学结构，围绕教学目标进行问题链的设计。但是，题眼是什么？我再次回归教材，进行教学重构。丝路之所以有如此重要的价值，是因为它沟通了中外文明，根据"丝路形成发展是辅线，中外文明交流是主线"的教学思路，我调整了教学设计，将课眼落在"文明"上，通过"文明的见证物——一枚鎏金蚕""文明的奠基者——三位大人物""文明的大动脉——陆海两丝路""文明的守护所——西域都护""文明的新构想——'一带一路'"五个环节，全面展现丝绸之路的前世今生。

结合新的教学设计，我撰写了《指向学科核心素养的初中历史教学探索——以统编七上第14课〈沟通中外文明的"丝绸之路"〉教学为例》一文。文章指出：课堂教学是培养历史学科核心素养的基本途径，"教师须确立新的认知观、教学观和评价观，从知识本位转变为素养本位，努力将学生对知识的学习过程转化为发展核心素养的过程"。接着，我提出了指向学科核心素养的初中历史教学"四化四度"探索路径，即"目标具体化，凸显教学的准度；内容主题化，凸显教学的高度；知识问题化，凸显教学的效度；叙述故事化，凸显教学的温度"。功夫没有白费，这篇论文后来发表于《历史教学问题》2019年第4期，也在陕西省教科院组织的成果评选中获得一等奖。

（四）从一篇网红文到一组高考评题

2019年，全国高考数学Ⅱ卷第16题中提到了独孤信印，引起了安康人的关注。该题图文并茂，考察内容丰富。在惜字如金的高考试题命制中，该题题干信息长达百字，充分发挥了高考内容改革的导向作用，为教育评价改革助力。我认为这道高考题极具研究和推广价值，遂撰文《独孤信印——2019年高考数学试题中的安康元素》。

这篇文章先后在"安康融媒""安康新闻网""陕西教科研网""今日头条"得到转载，《安康日报》《教师报》全文刊登。《陕西日报》《人民日报》《光明日报》等各

2018年在宜昌参加"探索新时代历史教育——核心素养与教学改革"全国学术研讨会的安康团队

大媒体相继刊文介绍独孤信印，独孤信印由此成了网红。这道具有深厚中国传统文化背景的高考数学题，其命题意图和教学导向何在？带着这样的疑惑，我系统分析了2019年高考全国Ⅱ卷的各科试题，发现不仅是历史试题，在语文、政治、地理、数学、物理、化学等科的试题中都包含大量的历史元素，蕴含着丰富的历史味道。历史元素和历史味道在高考各学科的命题情境中发挥着不可替代的作用，这一现象带给历史学科的思考是家国情怀素养的落地问题，带给教学改革的思考是课程资源开发的整合问题，带给高考改革的思考是文理融合问题，带给教育改革的思考是实现立德树人目标的教育路径问题。于是，我提笔撰写了《2019年高考全国Ⅱ卷各科试题的历史元素与价值取向》一文，在《陕西教育科研》2019年4期发表。不仅如此，我还组织龙廷忠、魏新儒、陈光艳、郑宏民、赵堃等团队成员，针对高考历史试题的命制完成了一组高考评题的文章，并顺利在《中学历史教学参考》发表。

五、见贤思齐——在努力中思考和感悟

人生就是一条河流，我常常在想，一滴水会不会在整条河里留下自己的痕迹？对于这个问题，我的回答是：会的！在一条条涓涓细流汇聚成万里长河的过程中，我得到了亲友与贵人的指引、提携和帮助，我亦在见贤思齐中，反求诸己。

"我做了一辈子教师，一辈子在学做教师！"2013年，当我在上海开放大学亲耳听到84岁的于漪老师的这句名言时，内心十分激动。2016年，任鹏杰老师在"全国历史教师学科素养与高考教学胜任力研讨会"开幕时讲道："老师们，用阿里斯托芬的话说：我们每个人都只是半个人。可以这样说，半个人是小写的人，是不完整、不健全的人。为了健全自己，我们每个人都应该找到自己的另一半（这个另一半，大而言之就是世界），用爱完善自己，变成大写的、完整的人。而教育的目的，不就是帮助人找到自己的另一半，从而健全自己的人格吗？""半边人"的故事和于漪老师对课堂与为师的思考，让我深刻领悟到教育的意义。

教育是爱，是包容，是奉献，是坚持原则，是待人处世的平等。2010年暑假，持续加班的我匆匆从单位赶回家，父亲看着忙碌的我说："你以后在工作中要注意团结同志，为老师们做好服务工作。"这是弥留之际父亲给深爱的小女儿留下的嘱托，更是老一辈教育工作者的期望。欣慰的是，我一直在努力践行着父亲的遗志，立足

自身岗位做好教科研服务工作，努力做一名有责任、有担当的教育工作者。

我的教育生涯开端就是教研员。随着课程改革的推进，教研员在学科引领方面的重要性愈发凸显。在如何做好教研工作方面，闫璟老师给我的启发最多、帮助也最大。她被郭富斌老师赞誉为"中学历史教育活动家"，多次带领西安市骨干教师团队来到安康讲学送教，使安康市中学历史团队的整体素质大幅提高。从历史学科教研活动策划到课题规划管理指导，从线下到线上，她都给予我无私、细致和耐心的帮助。从她身上，我看到了一名优秀教研员应具备的品质：良好的专业素养、灵活的协调能力、识人的慧眼、处乱不惊的果敢和包容等。

30 余年过去了，我时常想起母校"厚德、积学、励志、敦行"的校训，心中谨记着历史系各位老师的谆谆教诲。韩愈名篇《师说》开宗明义地写道："古之学者必有师。师者，所以传道、受业、解惑也。"回顾自己的学习和成长经历，工作上的些许成绩离不开师大和师大人的相携相助，教学教研视野的开拓离不开《中学历史教学参考》的平台相助。一路走来，我深深领悟着"道之所存，师之所存也"这句话。教育无止境，学习无止境，唯有不忘初心，方能得其始终。

▶ 点评

　　王颖老师毕业多年，对当年课堂的细节如数家珍，足见其求学时的勤奋与认真。工作以后，她仍坚持学习，继续进修，扩大视野，以教育科研推动教学改革，取得了一系列成果，为安康地区基础教育的教科研作出了积极贡献。作为教科研的管理者和历史学科的教研员，她搭建平台、深入课堂，将教学研究与团队建设结合起来，积极推进有价值的"真问题"研究，探索教师成长的路径，提升当地历史教师的专业素养。她为安康市培养了一支优秀的历史教师队伍，在全省的课题申报与教学评比中获得了良好的成绩。她在教育科研的幸福之路上坚定前行，书写着自己的教育人生。

教育部基础教育历史教学指导专委会委员　束鹏芳

王金全：忠诚教育待花开

　　王金全，男，陕西省铜川市人，中小学正高级教师，陕西省特级教师，陕西省基础教育教学指导委员会历史学科指导专委会副主任委员，陕西省中小学幼儿园教师培训专家库成员，陕西省高考综合改革专家，陕西省督导评估专家。陕西省教科研工作先进个人，铜川市有突出贡献拔尖人才，铜川市劳动模范、优秀共产党员、市级学科带头人，铜川市教研室历史教研员。

　　1989年毕业于陕西师范大学历史系，在铜川市第一中学从事高中历史教学28年，连续担任班主任20多年，曾兼任历史备课组组长、教研组组长、文科综合组组长、科教处副主任，培养过5个市级高考第一名和2004年陕西省高考第一名。在高中历史教学方面积累了丰富的教学教研经验，在全市具有较高的影响。多次做市级高考、中考、课题研究等方面的专题报告，深入各个区县、中小学幼儿园指导课题研究和校本研修活动，在省级报刊杂志、融媒体等发表论文60多篇，主持完成国家、省、市级规划课题4项。

有人说，教师是太阳底下最光荣的职业。从踏上三尺讲台的那一刻起，我就深切地体会到教师的责任与重担。十年树木、百年树人，作为一名教师，不仅需要德才兼备的素养，更要有默默奉献的精神，以不求名利的坦荡胸怀，做学生求知路上的辅助者、成长路上的陪伴者、人生路上的引领者。陪伴着学生们一起成长，是我一生最大的快乐，我热爱教师这一职业，愿意为此付出我毕生的心血。

一、栉风沐雨，学会自立

（一）走出温室的花朵经历风雨

我出生在西北一个偏僻贫穷的农村，祖祖辈辈都是农民，由于家里姊妹多，生活十分拮据，住的是土窑洞，吃的是救济粮。父亲晚年得子，不愿让我承受生活的苦难，一家人对我十分疼爱，在他们力所能及的范围内，为我创造了比较优越的生活和学习条件，也赋予了我踏实、认真、乐观、进取和关心他人的良好品行。初中以前，我在家吃住，在本村上学，相比那些步行几里地背馍吃、就咸菜睡学校冰冷土炕的同学要幸福很多。寒冷的冬天，晚上躺在家里热乎乎的土炕上，早晨顶着满天星光去上学，是我记忆里最幸福、温暖、快乐的时光。

小学和初中阶段，我的学习成绩一直比较优秀，1982年初中毕业，我同时被铜川师范学校（中师）和铜川市第一中学（陕西省重点中学）录取。虽然当时上中师不交学费，国家还提供伙食补助，毕业以后也统一安排工作，但为了心中更远大的目标，我做出了人生中第一个艰难的选择——上铜川市第一中学。

（二）没伞的孩子必须努力奔跑

铜川市第一中学虽说是省重点中学，但在那个年代各种设施条件并不好，学生宿舍还是大通铺，上下两层十几个人挤在一起，晚上睡觉必须越过其他同学的铺位，才能到自己的铺位。我有时站在下铺床上，双手抓住上铺床沿，一个"倒卷"动作，直接到达自己的铺位。宿舍的房子是老瓦房，晚上经常能听到老鼠打架，遭遇蚊虫叮咬，下大雨时天花板还会漏雨，开学的第一天晚上我的被子就被淋湿。第一次独立生活，不再依赖父母，自己对自己负责，凡事都要独立做出判断和决定，在心理上需要一个漫长的适应过程。

20世纪80年代，时值改革开放初期，城乡差别可以用"两个世界"来形容。正如路遥在《平凡的世界》中所描述的，从穿衣和表情，你就能够分清谁是农村来的。一样是在学校食堂灶上吃饭，城里学生拿着"城镇居民粮油本"去登记一下就能买到饭票，农村学生则需要将自己家里磨的面粉背到学校，交给食堂换取饭票。伙管人员经常以面粉太湿、不够白等理由刁难，而我只能赔情说好话，赢得他们的认可。

在一次次挫折、磨难和屈辱中，自己也一点点坚强起来。每到开学和放假，城里学生有家长来接送，农村学生则三五结伴，背着被褥从学校步行5里到火车站"扒"火车。我们村位于东坡、鸭口、徐家沟等煤矿附近，有输送煤炭的火车经过，车尾挂两节闷罐车厢，票价两角钱，我们为了省钱不买火车票，而是爬到装满煤的车厢里，直接坐在煤堆上面。听着车轮撞击铁轨的哐当声，望着前面的蒸汽机车冒出的白烟，看着两边飞速掠过的山峦和树木，我们只顾当下的兴奋和快乐，暂时忘记了生活的困难与艰辛。高中三年我们经常像铁道游击队队员一样攀爬火车，不仅锻炼了胆量，也更多地了解和适应了社会。

（三）在砥砺奋进中实现新突破

初中时，我的学习成绩一直名列年级前三名，老师经常表扬夸赞，同学也很羡慕。但上高中以后，情况就大不一样，这里会集的是全市的好学生，我的成绩在全班处于中下游。我的心理压力无形加大，在经济上比不上他人，学习成绩也落后于人，这怎么对得起含辛茹苦供养自己读书的父母？怎么向关心爱护自己的老师和亲友交代？怎么实现自己远大的理想？一切只有加倍努力才行。

高二年级文理分科，我分析自己的优势在文科，尤其是历史，所以我选择文科。在整个高二、高三，我的历史成绩从没有低于90分，历史老师经常拿着我的试卷作为范本去别的班展示。实际上，我并不是机械地刷题，而是找到了历史、地理、政治学习的方法——先是系统地看书，宏观上了解知识框架体系，然后探索教材编写的依据和规律。这样，看书就不会感到枯燥，还能发现阅读的乐趣。就历史而言，第一学习目标是史实，我用"名词解释"的形式将众多历史事件和人物的时间、地点、内容、性质、影响、评价等准确表述出来，例如秦始皇、波士顿倾茶事件；用"列举"的形式，把相关的人物事件要点归纳整理出来，形成历史知识串，例如汉武帝的功绩、日本明治维新的措施；通过练习简述、评述、论证三种不同的题型，对史实有一个全面准确系统的认识和理解，在此基础上构架知识体系，例如三次工业革命的原因、过程、特点和影响，并运用对比、评价、阐释的办法，深入其内涵和外延。对于地理的学习，我也是通过看书，研究知识结构，发现地理现象之间的内在联系，构建起地理的空间体系，从行政区划和地形地貌的大概念出发，基于地形地貌、地理位置、经度纬度，去理解分析河流、山脉、洋流、风向、气温、降水等，进而分析它的物产、人情等。由此形成的地理概念，不仅是正确的，而且是经久不忘的，还可以迁移运用。高中历史学习的经历给了我很多经验，使我后来在从事高中历史教学的实践中，能够依据这些学习方法去展开历史教学，教学效果十分突出。

二、凤凰涅槃，步入成熟

如果说中学时代是我走出大山、离开家庭、走向独立的时期，那么大学四年则是我脱胎换骨、涅槃重生的重要阶段，这得益于师大良好的学习环境和丰厚的学习资源，以及那些给予我诸多帮助的学识渊博的老师。

（一）淳厚的校风学风

1985年我顺利参加了高考，并被陕西师范大学历史系录取。在一个秋雨绵绵的日子，我心怀梦想、憧憬和一种莫名的忐忑，几经辗转来到学校报到。

陕师大历史系宿舍集中在13号、14号楼，三楼住女生，二楼住男生。我们宿舍8人，分别是来自新疆的岳劲松、青海的王欣、甘肃的吴国恩、宁夏的田斌、榆林的辛田、咸阳的燕海荣、西安的龚峰英和铜川的我。当时宿舍没有暖气，冬天就在被子上盖一件军大衣。夏天我们男生喜欢穿一件大裤衩在水房冲凉，辅导员总提醒大家注意影响，要避让三楼的女生。那个年代的教师和学生都十分纯粹简单，整个学校的风气也很好。

师大的书香氛围浓郁。月季园是早读的好地方；通往阶梯教室的紫藤过道，让人走过时自觉安静下来，置身其中，内心不由得充满一种神圣感。来这里读书的每一个人都怀揣梦想，立志做一番大事业。整个校园教师敬业、学生好学，校园各个角落、各个时段都有学生读书学习的身影。早上8点，物理、化学系的学生穿着白大褂去做实验，中文、历史系的学生按照自己的计划，或到图书馆借书，或在阅览室查阅资料，或者去阶梯教室听专家报告。学校的课程安排满满，学生的学习生活也很充实，特别是公共课程和重要报告，需提前去占座位。与高中时代相比，虽然没有老师的督促，但是来自内心的召唤更加有力，大家都在努力提升自己，丰富个人的学识。

那个时代，虽然经济上并不富裕，但人们思想单纯，精神积极向上，人与人之间的关系更为纯真。2013年我曾因工作回到师大，趁天未亮一个人默默地在校园里转了一圈，那些曾经十分熟悉的地方已经物是人非，让人感到既激动又悲伤，既真实又梦幻，往事一幕幕在脑海浮现，心中感慨良多。假如时光可以倒流，我更希望回到从前，以百倍的努力提升自己。

（二）难忘的师恩教诲

陕师大是教育部直属重点院校，会集了一大批著名学者教授，每个人都有自己独特的教学风格和独到的专业见解，在各自的研究领域都可以说是独领风骚，而且都非常敬业负责，所以我们是十分幸运的，也是十分幸福的。师大四年不仅为我打下了坚实的专业基础，而且帮助我养成了积极认真的学习态度，使我终生受用。

四年时间，我认真学习了中国古代史、中国近代史、中国现代史、世界上古史、世界中古史、世界近代史、世界现代史等专业课程，还学习了考古学概论、中国历史地理、中国思想史等30多门选修课。臧振老师讲授中国古代史，他操南方口音，态度和蔼，循循善诱，给人印象是谦逊儒雅，知识渊博，治学严谨，一丝不苟。王大伟老师讲授世界上古史，王老师当时年轻帅气，讲课深入浅出，引人入胜。曹培森老师讲授中国现代史，后来还开设选修课陕甘宁边区史，曹老师讲课风格沉稳，严谨细致，专业研究成果显著。教授考古学概论的老师是一位北京大学考古系毕业的年轻教师，刚开始我对考古学还比较陌生，经过一个学期的学习，我对考古学已经入迷，上课时把老师画在黑板上的青铜器包括它的纹饰等都照着画在软抄本上，遗憾的是这个笔记本已经遗失。秦晖老师讲授经济史和中国农民史，秦老师上课来总提一个布包，里面装着他的讲稿，他学识渊博，旁征博引，视野开阔，记忆清晰，能大段地说出史料的出处。秦老师的爱人金雁老师讲授俄国史和苏联史，她思维敏捷，语言犀利，说到俄罗斯的地名、人名时，发音流利优美。赵吉惠老师讲授史学理论，赵老师风趣幽默，研究深入，语气平和，具有很强的亲和力。李亚平老师讲授中国现代史，这门课虽没有专门的教材，但李老师根据自己的研究，并结合亲身经历授课，给人留下了深刻印象。

除了专业课外，我利用业余时间学习选修课，还经常去阶梯教室听专题讲座、报告等，曾经一位皖南事变幸存者所做的专题报告，使我对皖南事变有了更加深入的认识。选修课内容丰富，主题突出，每位老师根据自己的专长开课，讲授深刻透彻，进一步丰富与拓展了专业课的容量和深度。

王大华老师主讲的"关中士族的三起三落"，讲到"历史跳跃式发展论""东西南北观"时，他慷慨激昂，思维缜密，具有很大的感召力。我还在书店买了他著的《崛起与衰落：古代关中的历史变迁》（陕西人民出版社1987年出版），据说陈忠实当年写《白鹿原》时也读了这本书。历史系主任郑庆云老师主讲"第二次世界大战史"九讲，我认真完成学习，同时阅读了大量有关"二战"的书籍，如《第三帝国的兴亡》《失去的胜利》《十九颗星》《闪击英雄》等。马正林老师讲授"中国古代六大古都"，从中国都城的起源、城址选择、发展趋势讲起，再讲到邺城、长安、洛阳等著名古都的情况，使我们对历朝历代都城的选择和建设有了深刻的认识。艾冲老师讲的"中国历史地理学"我很感兴趣，历史和地理属交叉学科，相互联系，艾老师将其穿插起来讲，涉及的内容非常广泛，包括河流、道路、人口、长城、城市等，进一步拓展了历史研究的范围和手段。"书法十讲"的主讲人是西安电影制片厂字幕书写人，可惜我没有记住他的名字，当时记了几十页稿纸的笔记也不慎丢失了。我还曾专门上网搜索他书写的字幕——西安电影制片厂拍摄的《卷席筒》（1979年）和《屠夫状元》（1980年）。他写的字非常有特点，我一直在模仿，始终没有学会，但我的书写无形中受到他的启发和影响。黄新亚老师的"秦汉思想史"也令我很受启发，为此，我还专门买了黄老师所著的《理想与现实的碰撞——从〈三国演义〉看中国古代人才观》一书进行学习。

三、扎根教育，培育英才

1989 年 7 月，带着无限的惆怅和不舍，我送别同学，告别陕师大，回到我中学时期的母校——铜川市第一中学，开始了我的教师生涯。

有位诗人说过："你把希望的种子交给了大地，等待着春天的萌芽吧。"我是一个农民的儿子，我在讲台的犁沟里播下智慧的种子，用热爱等待着它们悄然萌芽并开花。我坚信，我一定会有一个芬芳馥郁的花园。

（一）教海无涯，不断追求教学的新境界

从教以来，我任教的班级一般在 4 个班以上，最多带过 7 个班，兼任班主任、历史备课组长、历史教研组组长、文科综合组组长、年级组成员、年级团总支书记等，有四五年时间因为学校历史教师少，我还跨年级授课，每周课时 12—20 节，我觉得这样更能锻炼人，使我能够胜任"全天候""全学段"的教学任务。我能带好班，也能带差班；能教高一的新授课，也能驾驭高二的复习课。教研组开设公开课的时候，别人不愿意上，我总是积极承担，最终在不断的历练中获得了长足的进步。虽然我是教研组里最年轻的，但却是业务能力进步最快的，这源于我积极主动的学习与实践。

为了达到最佳教学效果，我非常注重研究型教学。备课是课堂教学的前提。在教学目标的确定上，我强调从学生的角度设计教学方案，立足学生的学习基础，关注学生的生活体验与兴趣需求，寻求最佳切入点和发力点，最大限度地激发学生参与学习的积极性，不仅要活跃课堂气氛，使更多的学生真正参与学习活动，而且要让学生有所学、有所思、有所得，以达到最佳的教学效果。我非常重视教学的科学性与趣味性的融合，相信"兴趣是驱动学生主动学习的有效途径"。在备课方面，备课程序包括备教材、备学生、备方法、备环境、备活动、备预设；从备课内容上说，除了备重点难点外，还要备导入、备问题、备概念、备提问、备训练、备板书、备语言……我努力熟悉教材内容，吃透每一个概念，力求做到教学内容充实、新颖。我从来不使用旧教案，每一节课都是一次新的尝试，我觉得教学就要常教常新，时代在变，教材在变，学生在变，教师的认识也在不断变化着。面对不同的班级和性

格各异的学生，就像是艺术家面对不同的石料，需要根据它们各自的特点雕刻出不同的作品来。我的教案不仅内容充实，而且结构设计也体现了我对教学内容的认识和理解，反映出我对教学过程的独特预设，比如根据不同程度的学生设计不同的问题以及标注重难点等。在课型的划分上，我把课堂教学主要分为新授课、示范课、训练课、讲评课，针对不同的课型，采用不同的教学策略与方法。例如讲评课，不是盲目地、顺序式地讲评。每次讲评课之前，我首先要进行试卷分析和统计，把学生容易犯错的地方，包括典型的错题例证都找出来，分析学生犯错的可能原因，提前思考解决的办法，然后到课堂上有针对性地讲评，这样有效地保证了讲评课的效果。

为了激发学生学习历史的兴趣，我设想了很多方法。一是借助目录、大事年表，构建知识体系，梳理历史事件之间的前因后果，让学生分析历史、理解历史，在观察分析中形成自己对历史的认识。二是借助历史地图、幻灯机、电视机、专业美术图画等，增强学生的直观印象与感性认识，激发学生的学习兴趣。三是积极采用计算机辅助教学。随着计算机应用的普及，我购买了大量相关书籍和软件学习，从一个不懂计算机的门外汉，逐渐成为学校里的"专家"。2002年，我制作的多媒体教学课件"长征""鸦片战争""京杭大运河"，在铜川市中小学首届多媒体课件制作大赛中，获得一个一等奖和两个三等奖；2005年制作的多媒体课件"隋唐时期的文化的繁荣"荣获陕西省现代教育技术及农村中小学现代远程教育工程应用研究成果二等奖；2006年制作的"魏晋南北朝时期的文化"课件，在铜川市2006年度基础教育网络多媒体和教育电视节目类教学成果评选中获得二等奖。

从教多年，我不断探索历史教学的新模式、新途径，力求让学生喜欢学习历史，达到"学史使人明智"的目标，帮助学生通过历史学习逐步形成正确的价值观、必备品格和关键能力，使学生成为有思想、有道德的一代新人。

我还针对不同学段、不同班级采用不同的教学原则和形式。对高一学生采用"情趣教学法"，即针对学生对历史学习存在偏见、历史学习基础薄弱但好奇心和求知欲望强的特点，采用多媒体技术手段，使学生身临其境，在思想上受到强烈的震撼，从而对历史产生浓厚的兴趣。对高二年级学生，采用"探究教学法"，即通过"情境创设"引导学生走近历史，深入历史，以"问题导向"对历史现象进行分析、探究，把学生的学习从"兴趣、爱好"引入"善思、研究"的新境界。在历史教学

指导2013届学生备考

中，我以"历史观"统领历史教学，并尽量从学生现实生活的体验中寻找切入点，从学生学习的困惑中找到突破点，激发学生的探索欲，在问题的发现、分析和解决的过程中，帮助学生逐步养成认识历史、研究历史的思维方法和习惯。

对于高三学生，我更多采用"时空建构法"，帮助学生建立学科知识体系。尽管一些人反对强调学科体系，但是历史学科内容丰富，历史发展过程复杂，许多人物事件十分相似，没有知识体系的把握，学生很容易闹出"张飞打岳飞"的笑话。高三复习要进一步澄清概念，落实史实，建构起学生良好的时空观念，培养其史料实证、分析理解的思维习惯。在二轮复习中，我更加注重知识整合、思维训练、能力提升，强调学生学科素养和思维能力的提高，而不是简单机械地做题。学生的成绩提高很快，根源就在于历史学习兴趣的形成和历史学习方法的掌握。

在我的努力下，我所教学的班级，会考和高考都取得了优秀的成绩。在1997年高考中，我所代的高97届（9）班崔晓莹同学以844分（标准分）的成绩被北京大学录取，并名列当年陕西省文史类第10名，铜川市综合成绩第一名。在2004年高考中，我所代高2004级（1）班全班37人达到第二批本科线以上，其中600分以上22人，包揽铜川市文史类第一名、第二名、第六名、第七名及外语类第一名、同

2004年做客华商网

第二名、第三名。此外，张筱玥同学以688分的成绩获陕西省高考外语类第一名，在全省引起了很大反响，我本人也受到了铜川电视台、《铜川日报》的采访报道，还被华商网邀请到西安接受独家采访。

工作30年来，我13次被评为校级"优秀教师"，8次被评为"立功竞赛先进个人"，4次被评为"模范班主任"，2次被评为"十佳青年"教师，5次被评为"优秀党员"，4次被评为"工会活动积极分子"。

（二）学无止境，努力探寻课堂教学的有效性

随着经济的迅速发展，科学技术日新月异，新问题也接踵而至。我从初出茅庐的年轻教师成长为学科骨干，面对新问题、新挑战，我从不回避，积极应对。2001年，我开始学习计算机多媒体辅助教学，在计算机应用方面取得了突出的业绩。2002年，我在学校"教学改革赛教"中被评为教改能手，同年，参加市级教学改革赛教获得二等奖；2004年参与全国教育科学"十五"规划重点课题专项子课题"基于现代信息技术环境下教与学的研究"，课题在2006年3月陕西省专家验收会上顺利结题，荣获二等奖。

2007年，在陕西师范大学参加教育部组织的普通高中历史学科新课程骨干培训者国家级培训之后，我意识到课堂教学改革是今后要研究的主要方向，为此，我认真学习《课程方案》和《课程标准（实验版）》，对新课程有了一些基本的认知：从教师中心向学生主体转变，从知识目标向三维目标转型；从简单地灌输和传授向更加突出过程和方法、体验与感悟转变；从简单地执行教案向关注课程的生成转化；从教教材到用教材教转变等。此外，我还购买了余文森等著名学者的著作《有效课堂的基本策略》《备课上课听课评课》等，2011年参加"国培（2011）陕西省培训机构骨干教师培训团队研修班"项目学习，2012年在上海参加"陕西省第九批后备特级教师高级研修班"学习，聆听江浙地区著名专家于漪、张任利、程红兵、黎加厚等的讲座，从思想到教学都深受启发，随后我结合学校和个人工作实际，进行了大量的实践研究。

我在铜川市第一中学担任科教处副主任期间，主要负责课堂教学改革、教师专业发展等工作，开展调研，提出相关的研究方案，并积极编写配套的《导学案》《训练案》，撰写《教学设计》《教后反思》。与此同时，在课堂教学的实践中，我以激发学生学习的积极性为核心，让学生主动地参与教学活动，开展合作学习、合作探究等，积累了一定的经验和案例。从2014年开始，我还进行了高效课堂教学的实验，总结得出的经验为：教师要关注学生，一切以学生为主体，备课要从学生的生活经验出发，从学生现有的学习基础出发，上课要关注学生的学情动态，及时调整，以促进学生的成长和进步为目标。

围绕新课程，我进行了多项课题研究：2013年主持并完成校级微课题"史料教学与培养学生历史学科能力的研究"；2011年6月负责中国教育技术协会"十二五"科研规划重点课题的子课题"数学课有效教学模式研究"的立项和中期汇报工作；2014年参与校级微课题"近代西方民主政治的确立和发展的课例研究"（2015年顺利结题）；2014年申报陕西省教育科学"十二五"规划课题获得立项；2015年参与"宋明理学课例研究"课题（2016年顺利结题）。此外，我还承担了市级和学校课堂教学改革的指导任务，做了多个场次的专题报告。2012年至2015年，我被特聘为"铜川市中小学教师继续教育基地主讲教师"；2011年7月受铜川职业技术学院培训部邀请，为全市初中政史地三科骨干教师进行新课标培训；2012年8月，为全市初中"骨干教师"进行新课程改革培训；2013年7月26日和8月2日，为全市中学语数外骨干教师和小学语数外骨干教师进行"校本研修与教师专业成长"的通识培训；2015年11月27日至29日，为铜川市王益区红旗街小学、桃园第二中小学等学校教师进行"怎样做课题研究"和"以课例研究为载体的校本研修"培训。值得一提的是，我还经常利用全干会、教研组会、学科组会、质量分析会等多种途径和机会，进行校本研修的宣讲，例如"如何听评课""怎样做课题研究""构建高效课堂"等。

（三）爱生如子，让每一个孩子沐浴到爱的阳光

作为一名班主任，我的大部分生活都是与教育学生连在一起的。工作30年来，有欢笑，也有眼泪，我用一件一件的小事、一点一滴的行动履行着一名教师的职责，诠释着一名教师对教育事业的忠诚。

1993年可能是我有生以来最艰难的一年，但也是我收获颇丰的一年。清明节过后的一天上午，我刚上完三节课，准备到休息室坐一会儿，突然，教学处的老师叫我去接一个电话，说是家里打来的，我的心里不禁一紧。接到电话才知道，我的母亲不慎摔倒骨折了。我丢下电话赶往车站，到了家里，只见我的父亲站在旁边，母亲脸色苍白，嘴里还宽慰我说没什么。我当时有点手足无措，因为我的工资只有180元，又没有什么积蓄。我先找来几个同事把母亲抬到仅18平方米的宿舍，然后去学校借来500元，请求学校派车把我们送到矿务局医院。当时住院押金要1000元，而且没有床位，我急得像热锅上的蚂蚁，四处找人总算加了一张床，先安顿下来，随后我又急忙赶回学校。那年担任高二（5）班班主任，承担7个教学班的教学任务，我的妻子怀孕已经8个月，她当时还在北关油库附近的郊区财政局上班。那段时间里，我白天上课，下课以后先回家做饭，快速吃完饭，给妻子留一点，再用保温盒装上一些饭，骑上自行车一路赶往医院，然后赶上课前返回学校，晚上加班批改作业和准备第二天的课程。躺在床上的时候，我还要考虑借钱的事，还要考虑家里麦子锄了没有、麦子熟了以后怎么办，因此常常睡眠不足，脸色很难看。虽然我并没有告诉学生们什么，但学生们这一段时间好像很懂事，上课纪律特别好，我的心也得到很大的安慰，讲课也特别精神。

后来，学生们了解到我的情况，有几次下课后，他们悄悄地给我提来了开水，放在门外，还有学生要借钱给我，被我拒绝了。两个月以后，母亲康复，我悬着的

心放了下来，更令我开心的是，我所带的班级在当年的会考中，平均成绩名列全市第一。我想这就是心理学上讲的"爱的迁移"吧。

从这件事上我体会到了：用真心去爱学生，也会获得丰厚的心灵回报。为了学生的这份纯真的爱，为了教师的神圣职责，我必须倾尽全力努力工作。

当然，从教几十年，我也有过痛苦，这种痛苦来自选择。前几年，看到很多和我一样的青年教师，为了争取到更高的待遇和更好的生活环境，纷纷选择了遥远的他乡。每当他们从外地回来，谈论外面的世界如何精彩、外面的金钱来得如何容易的时候，我的内心里也会涌起阵阵冲动。每当这种冲动来临的时候，我也会陷入疑虑之中，经常思考自己的价值是否得到了最大的体现。但是，我是一个农民的儿子，这里是生我养我的地方，这里有我年迈的双亲，尤其是看到曾经的学生现在很多成了有用之才，我心足矣，于是带着对家乡、对职业的坚守，我坚定了自己的选择！

记得之前有个学生，个头一米七左右，很胆小，在学校开运动会的时候，班干部让她报名参加100米栏，她怎么也不敢，后来在我的鼓励下，她还是报了名，结果获得了第一名。此后，她每年都参加运动会，高中毕业以后被体育学院录取。还有一个学生，高三时因为学习基础不是太好，所以很自卑，对自己的前途不抱希望。有一次，我问她："你的嗓音还不错，过去练过声乐吗？"她起初没有回答，后来见我真的在关心她，她才说练过，我趁机鼓励她，建议她把艺术类作为自己的努力方向。最终她重拾信心，学习也很积极努力，在当年的高考中被音乐学院录取。

在我的辛勤努力下，2004年我被铜川市委评为"铜川市优秀共产党员"；2008年被铜川市委、市政府评为"铜川市劳动模范"；2009年被铜川市教育局评为"铜川市中小学学科带头人"；2011年被陕西省教育厅评为"陕西省基础教育科研先进个人"；2013年被陕西省政府评为"陕西省特级教师"；2015年被铜川市委、铜川市政府评为"2015—2017年度铜川市有突出贡献拔尖人才"；2019年1月晋升"中小学正高级教师"职称。

四、勤学不辍，成为"名师"

（一）新时代、新角色、新教研

"教而不研则浅，研而不教则空。"2017年9月，我离开了坚守28年的讲台，来到市教研室工作。从一名一线教师变为教研员，从教育教学的实践者、行动者、执行者，转变为教育教学规律和理论的总结者、反思者、反馈者。

党的十八大以来，党中央高度重视教育在坚持和发展中国特色社会主义战略全局中的地位和作用，把教育摆在优先发展的战略位置，就全面加强党对教育工作的领导，提出了一系列新理念、新思想、新观点。新的课程方案和课程标准陆续制定并颁布后，高考综合改革全面展开。新时代、新思想、新理念给我提出了新要求、新挑战，我必须加强政治理论学习，以适应时代的要求，更好地履行自己的责任。课堂教学是教育教学的主阵地和立足点，教学的有效性是所有教育教学改革的共同追求。"教无定法，但教必有法，教需高法。"我确立了个人教研的中心和着力点——课堂教学的有效性。

尽管我在学校从事教育教学工作已有30年，积累了丰富的教育教学经验，取得过骄人的成绩，但从专业成长和教学艺术来说，仍停留在经验层面。到市教研室以后，我的站位更高——从实践到理论，我不再局限于某个班某节课，而是跳出学校课堂去观察和研究教师、学生与教学，反思课堂教学的每一个环节，包括教学目标的确立、教学方案的预设、教学行为的展开、教学过程的实施、课堂教学中的对话与交流等；具体到某些环节的处理，例如课堂的导入、情境的创设、教师的语言、学生的活动、学生的反馈，甚至学生在课堂的游离、学生的差异等；还有一些课堂行为与评价，包括语言的规范、声音大小、语速急缓、教师课堂站位、教师对学生的关注等。每学期开学、期中期末，或者中考、高考的复习备考阶段，我都深入课堂，观课评课议课，及时发现教师教学中的一些亮点，或者普遍存在的问题，或者典型特殊案例，与学生对话，与老师交流，与领导沟通，撰写相关的论文发表，既总结、提炼了自己的认识，也为一线教师提出了参考意见和建议。经过我的不断钻研，我完成了市级规划课题"相异构想与高中历史有效教学研究"、陕西省教育科学"十三五"规划课题"高中学生历史时空观念培养的策略研究"等，并于2021年申请主持了陕西省教育科学"十四五"规划课题"基于学科大概念的高中历史课堂教学研究"。与此同时，我还于2019年至2022年，在多家报刊、融媒体发表论文60多篇。

（二）建平台、共研讨、众行远

作为教研员，我的视野更广——从"一校"到"全市"，不局限于某一所学校和特定学科学段，而是高中、初中、小学、幼儿园、特殊教育学校等都有涉猎，当然更多的是集中于中学历史学科，或相关的语文、政治等学科。作为教研员，更要发挥研究、服务、指导的作用，为此，我的工作主要从专题调研、指导研究入手。

专题调研不完全等同于日常的听课评课，它是根据国家政策和《课程方案和标准》的规定、上级教育行政或教科研部门的要求，或者是就制约本区域学校教育教学发展的问题，进行有针对性的调查研究，得出一定的结论，提供可供参考的意见或建议，例如调研"双减"政策的学习落实实施情况、"三个课堂"的建设情况、作业设计和课后服务的开展情况、学校教师对《义务教育新课程标准》的学习情况、教育教学中的重要节点——中高考的复习备考情况、学校课程的计划规划情况、高考综合改革的实施情况等。

2019年4月，铜川市教研室和铜川市学科教研中心组成调研组，对全市7所高中学校的高考复习备考情况进行了为期一周的专题调研。内容包括查阅资料——学校的计划方案、教师教案、学生作业；分科听课——教师课堂教学的实施，是否落实新理念、新教法；师生座谈——了解教师和学生对现行复习方式的具体感受和收获等。最后我们汇总分析形成调研报告《明确方向　突出问题　有效备考——对我市高三复课工作的调研思考》，发表在《铜川教育》（2019）；并在《教师报》（2022年2月2日）发表《对高三后期复习备考的调研与建议》。此外，我还于2020年配合《陕西省"十四五"教育科学发展规划调研工作的通知》要求，对铜川市教育科学发展规划情况进行调研，完成《2020年铜川市教育科学"十四五"发展规划调研报告》；于2021年根据铜川市政府要求，撰写《铜川市2021年中高考质量分析报告》，为市政府制定创办全省一流基础教育目标提供参考。

在指导研究方面，主要是从课堂教学、教师发展、课题研究三个层面参与学校的校本研修活动。为此，我经常深入学校参加教学能手参赛选手"磨课"，指导教师进行"创新课堂"的训练，帮助学科带头人培养对象、教学名师培养对象、后备特级教师等实现专业成长。在课堂教学方面除了常规的开学调研听课评课外，我还经常主持开展"同课异构""经验交流""名师送教"活动，依托具体的示范课

与2003届和2004届学生合影

观摩，集中全市各个学校的教师，开展教学研讨，发挥名师示范引领作用，带动中青年骨干教师快速成长。我多次主持以"新课程标准解读""高中历史课标的主要变化与教学建议""校本研修与教师专业成长"等为主题的专题讲座，通过集中培训，提高教师的理论素养，为教师快速实现专业发展指明方向和路径。在日常工作中，我还经常要求一线教师"多读书，读好书，好读书"，学会积累、独立思考，注意提炼总结，多发表论文，不断引领教师实现自身专业成长，做研究型、专家型教师。

作为市级课题管理者，我严格规范课题研究程序，加强课题研究的过程管理。采取封闭式第三方匿名打分等方式进行课题立项评审；每年组成专门的课题检查组，到各个区县进行课题中期检查，了解课题研究的进度、已经取得的成果和存在的问题，督促课题组保质保量完成研究任务，对于没有通过中期检查的课题中止其研究过程，以保证课题研究工作的真实性和有效性。在课题结题鉴定评审中，采取临时抽选组成专家组进行封闭式评审等形式进行严格的评审，能否结题不看材料数量的多少，而看课题研究有没有成果（包括理论和实践），成果是否真实有效，是否可复制、可借鉴、可推广。我以"中小学教师如何做课题研究""做自己的课题研究""做真实有效的课题研究"等为题做了多场专题讲座，不仅注重引导教师知道领会做课题研究的思路和方法，更注重培养教师形成爱思考、善钻研、会研究的意识和习惯。

（三）多读书、勤思考、再提升

"书到用时方恨少，事非经过不知难。"在参与教研、指导教学的同时，我并没有忘记自身的充电与提升。近十年来是教育改革发展最快的时期，党和国家对教育高度重视，相关政策法规导向明确，先进的教育思想和理念纷至沓来，对教育目标、教育内容、教育评价、教学手段等都提出了新的更高的要求。面对汹涌而来的教育改革大潮和信息技术发展所带来的挑战，我不能退却、不能落后，要以饱满的工作热情积极地应对，加倍努力学习。

除了外出培训、聆听专家的理论、学习发达地区好的经验做法外，我还注意自主学习，学习《习近平关于教育的重要论述》《习近平总书记在思政课教师座谈会上的讲话》和近年来中共中央、国务院发布的诸多政策文件；阅读《可见的学习》《可能的教育》《生活即教育》《给教师的建议》《致教师》《未来学校》《教育与永恒》等名家名著，学习先进的教育理论；参加信息技术培训学习，提升信息技术应用能力，特别是网络化、智能化等水平。此外，我还不断丰富个人的文学修养、思想、文化知识等。

2022年，我搜集整理并编写了《铜川市普通高中高考综合改革学习资料汇编》，全市高中学校教师人手一份，帮助教师们学习了解高考综合改革的现实意义和战略意义，要求广大教师积极投身新课程、新教材、新高考的学习研究和教学实践。近些年，我还多次回到学校课堂讲台，践行和验证我的教学思想。

30多年已过去，感谢高中三年的锤炼，感恩师大四年的滋养。我扎根铜川教育教学这片土地，30多年的坚守和奋斗让我从22岁的小伙子变成了须发花白的老人，陪伴、培养并送走一批又一批、一级又一级学生。看着漫山遍野盛开的花朵，就像看到工作在各行各业的学生，那是我引以为自豪的成果。我的人生平平淡淡、默默无闻，但我的内心充实而满足，骄傲而自豪！

▶ 点评

  贫困和磨难并没有成为王老师成长的障碍，反而造就了他乐观向上的性格和自强不息的精神。他善于学习，勤于思考，注意探究学习的方法，总结学习的经验教训，既使自己取得了好的学习成绩，也养成了关注教学方法的教学习惯。离开师大，走上讲台后，他坚持以学生为中心，从来不使用旧教案，追求适切于学生的教学设计，不断优化教学策略，努力使每个孩子都能有效学习，并受到更好的教育。在成为教研员和课题管理者以后，他不仅对自己高标准、严要求，而且努力为其他老师搭建学习平台、指导课题研究，引导教师们实现自我成长和提升，为推动教育教学改革尽责尽力。三十多年的教育坚守，终至桃李天下，这是王金全老师职业生涯的名片。

教育部基础教育历史教学指导专委会委员   束鹏芳

闫　璟：成就他人，成长自己

　　闫璟，女，现任深圳市罗湖区教科院教育科研管理中心主任、罗湖区教育科学研究院高中历史教研员，中组部、教育部派北师大访问学者；省级学科带头人、省级教学能手，市级学术技术带头人、市级学科带头人，罗湖区教科研专家，陕西师范大学教育硕士导师，华南师范大学硕士生校外合作导师；《中学历史教学参考》杂志特约研究员。主持、参与并完成国家级课题、省市级课题12项；参与并获得国家级教育教学成果奖1项，主持并获得省级教育教学成果奖2项；公开发表论文25篇；独著、合著出版学术著作18本；累计培训全国各级各类教师2万多人次，承担大型讲座90余场次。

我不算名师，至少在自己的内心深处还达不到名师的标准。我更喜欢自己被称为"中学历史教育活动家"，这是真正的名师郭富斌老师送给我的光荣称号。接受王双怀教授的邀请来写自己的成长之路，最直接的动力源于我是一个陕西师范大学历史文化学院的毕业生，想到以后会有小师弟小师妹看到我走过的历史教研之路，和我共享这条路上的欢声笑语，共情我遇到的悲欢离合，汲取我积累的点滴经验，就很有满足感和成就感。

一、一语惊醒梦中人：初入历史教育的门径

回顾自己的成长经历，我觉得我运气很好，遇到了很多难得的机会和指点迷津的贵人。

1993年我大学毕业，因属于委培生，又回到了从小生活学习的一个三线企业的厂子弟学校，做了初中英语教师。有一天，校长找我谈话，问我能不能帮学校兼上历史课，因为一直带历史课的老师退休了，必须找一个人上课，历史学科不中考，所以不需要招专职历史教师。我在惊诧之余，理解了校长的意思，于是，我答应试一试。

一次精心准备的历史课带给了我惊喜。刚开始接手，只有高中历史学习基础的我需要给自己补课，我把家里和历史沾边的书找出来，白天不上课的时候就去学校阅览室找材料，主要是找故事，但因为自己的积累太少、不会拓展，言语贫乏，教学技能也少，40分钟的课，通常我讲20分钟就讲完了，剩下的时间就让学生做其他考试学科的作业，学生也挺开心。直到有一天，要讲红军长征这一课，我去阅览室借了一幅挂图，绘声绘色地讲了长征故事，我看到班里那个经常一边写作业一边"顺便"听课的男同学，眼里带着泪光，我知道这节课打动了他，也意识到历史课需要像这样用心上。

1996年冬天的一个上午，我趴在暖气片上酣睡，邻居大哥叫醒了我，问了一个

改变我一生的问题："你甘心就这样在厂里混退休？"我擦着口水，仰着红扑扑的脸蛋问他："你有什么办法？"他说："考研去吧！"于是，一直兼职教历史课的我选择了考历史系，并于 1998 年考进了陕西师范大学历史文化学院。而身为理科生的邻居大哥在经过艰苦卓绝的备考后，考上了新疆石河子大学，三年后又考上了浙江大学的博士，并于毕业后留校任教。20 多年后当我们相聚，一起回顾那段改变命运的历程时，都无限感慨。而我也特别感谢他的那个触及我灵魂的问题。

考进陕西师范大学后，我读的是历史文献学专业，师从徐兴海先生。徐老师是国内研究《史记》的专家，随和包容，让我感受到父亲般的关怀和爱护。在校期间，我们师门学生经常跟随徐老师参加史记研究会的学术活动。记得研二那一年，我写了一篇论文《从〈左传〉看中国古代的婚育观》请徐老师指导修改，徐老师看过后说："闫璟呀，你的论文结构清晰，逻辑清楚，就是感觉有骨无肉，需要丰满一下。"在徐老师的帮助下，我把论文又做了修改并计划发表在《宝鸡文理学院学报》上。因为我写文章的水平还很稚嫩，徐老师付出了很多时间和心血为我指导，帮我完善，我很过意不去，就在作者处添加了徐老师的名字，徐老师看到后非常郑重地要求我拿掉，说"不能这样做，因为这是你的研究成果"。这件事对我影响很深，在我做教研员的 22 年中，也有很多老师请我帮忙修改论文，并要求署上我的名字，我都会想起徐老师当

2000 年在徐兴海老师带领下和师兄师姐参加司马迁研究会年会

2001 年毕业前夕和同学们在图书馆前留影

时的言传身教。毕业后，徐老师还常常催促我把自己的硕士毕业论文《〈汉书〉引用书目考》尽快修订成书，甚至还发给我一些参考文章。我却因为没信心，当然，更重要的是懒惰，迟迟未有行动，愧对恩师教诲。

读书期间我还有幸上过黄永年先生的"碑刻学"。当时，我们一大群研究生去黄先生家里上课。由于暖气太足，又是下午上课，配上黄先生的吴侬软语（听不太懂的苏州地区方言）和波斯猫的呼噜声，我昏昏欲睡。不料黄先生一个问题把我吓醒："你叫什么名字？"原来，是让大家逐一做自我介绍。我说我叫闫璟，门里三横的闫，姚崇宋璟的璟。由此，黄先生用一节课时间讲起了我的名字，让我佩服得五体投地。

时任古籍所所长贾二强先生的"版本学"是我学习时最投入、最认真的一门课。贾所长是黄先生的学生，平时不苟言笑，同学们都很怕他，但我在他的课上却感觉收获很大，"如何通过字体、避讳等因素去判断一本书的印刷时间"等课程内容让我兴致盎然。由于对书法字体的辨识不敏感，每次课后，我都会留在古籍所的阅览室再翻一会儿《版刻图录》，复习上课的学习内容。《版刻图录》有很多册，只收集和影印不同朝代、不同版本的雕版印刷品的一两页，供辨别学习。在这个阅览室，我很快结识了人生中的又一位贵人——张艳云老师。张老师教我《目录学》，除了上课外，我们经常在古籍所的阅览室聊天。张老师对我来说亦师亦友，给我诸多指导和帮助。硕士毕业后我被分配到西安市教育局教研室做历史教研工作，张老师由于工作调动到了《中学历史教学参考》杂志做副主编。五年后的一天，我们再次重逢，张老师又开始手把手教我写历史教育教学论文，可以说，我发表的每一篇文章的背后都有张老师的方向指导、结构完善和文字润色，我何其幸运。

读书的时光总是短暂而懵懂的，记忆中的美好永远定格在内心深处的某个位置，偶尔会泛起涟漪，勾起思绪。

二、一片冰心在玉壶：践行历史教研的使命

2001年，我硕士毕业，进入西安市教育局教研室做历史教研员，上班的第一天，领导问我："你对教研员这个工作了解吗？"我诚实地回答说："不太了解。"确实，在我短短五年的中学教学生涯中，只见过一次县里的教研员，参加过一次教研

听课活动，是真的不够了解。在以后的工作过程中，这个问题始终伴随着我，让我不断地追问自己什么是教研员、怎样才能做一个合格乃至优秀的教研员，不断地思考自己存在的价值和意义。

（一）在"渡人"与"修己"之间找到平衡

我很幸运，做教研员的第二年，课程改革在全国启动，我有了全新的视野和理念做指导，开始了艰辛并快乐的成长。一次外出参加会议的间隙，我和华南师范大学的黄牧航教授闲聊，请教他自己在这个岗位上今后的发展方向，他谈到一个观点，引发了我长时间的思考。他说，作为一个教研员，可以有四种选择：一是只"修小乘"，即不断地提高自身的专业水准，做一个在中学历史教学界有影响力的专家；二是专心"修大乘"，做更多事务性的工作，为教师发展搭台子唱戏；三是"大乘、小乘"均不修，轻轻松松地过生活，混日子；四是"大乘、小乘"兼修，既要做教师学科专业上的引领者，也要甘为他人做嫁衣。在日后的听评课、组织教研活动等一系列琐碎平实的工作中，我逐渐认识到，做一个优秀的教研员首先应该有"甘为人梯"的精神境界，在"渡人"与"修己"中成就团队：一方面，通过阅读、思考、写作、听课、调研，不断地提高自己的专业水准，为教师的教学工作提供指导和帮助；另一方面，要为教师的成长搭建平台，提供机会，从而完成对教育目标的追求。在这个过程中，我也明确了自己的工作目标，即建设一支专业而和谐的历史教学研究团队。

（二）在教育教学理论与实践之间搭建两座桥

在和同行的交流中，我常常听到这样的抱怨，说我们教研员既缺乏大学老师的理论素养又远离课堂教学实践，上不着天下不着地，处境尴尬，工作艰难。对此，我深有同感。但不妨换个角度来看这份工作，寻找一下我们的"比较优势"——与大学老师比，我们熟悉课堂教学实践，与中学老师比，我们掌握比较丰富的理论知识。《基础教育课程改革纲要（试行）》对各中小学教研机构的作用定位就是研究、指导和服务。在20多年的教研员生涯中，我越来越认识到教学研究、服务学校和教师、指导教学就是我们教研工作的基本职责。我们既是教育理论的学习者与推行者，也是教师成长的引领者与推动者，更是教学经验的发现者与推广者。于是，我的教研工作一直试图在一线教师和专家之间搭建一座交流之桥，在理论与实践之间搭建一座理解之桥，这两座桥对教师的发展来说缺一不可。

（三）在个性重塑过程中唤醒教师的价值感

其实每个人的成长历程或早或晚都需要一个被唤醒的时刻，我被唤醒源于2006年听过的一节历史课。那是我做历史教研员的第五个年头，为了完成每年60节课的听课任务，我奔波在市里的各个学校听课评课。但我却常常觉得困惑，什么样的历史课才算是好课？似乎我听过的课都存在这样那样的问题，没有一节课能够让我发自内心地叫一声好！有一天，我接到了西安中学教务处的电话，邀请我去学校参加一项校级名师评审，抱着学习的心态，我非常爽快地答应了。这一天，我听到了郭富斌老师的"明清君主专制的加强"一课，就像被闪电击中，感觉自己突然间开窍了，我知道这样的课是好的历史课，因为它为我打开了一扇窗，让我的眼前豁然开朗，给我带来了历史教学的变化，还有思维方式的转变，我发现自己变得越来越"聪明"，越来越"智慧"，越来越包容。我知道，在那一节课上我被唤醒了。我想，教育就是教师唤醒学生的过程，那么，作为教育过程中发挥不可替代作用的教研员应该做什么？我们的任务是什么？当然是唤醒教师！与此同时，学生也在接受教育的过程中唤醒教师，教师在教研的过程中唤醒教研员，这样的唤醒是相互的，这样的成就也是相互的。

有一句老话"你无法叫醒一个装睡的人"，可是，我时常在想，为什么这个人要装睡呢？因为他找不到醒来的价值，缺少醒来的内驱力，所以才宁可装睡，无法被唤醒。让装睡的教师愿意醒来，我们教研员就需要帮助教师从"为生存而教"向"为价值而教"转变。

教研，首先需要包容，为教师寻找归属感和安全感。教研中要创造温馨和谐的团队氛围和讨论环境。启蒙思想家伏尔泰说"我不同意你说的每一个字，但我誓死捍卫你说话的权利"。英国思想家穆勒在《论自由》一书中说"我们永远无法确定我们压制的是不是错误的意见，即使我们压制的是错误意见，压制意见的做法也比错误本身更邪恶"。站在教师的立场上思考问题，为教师提供思考的空间、表达的空间、成长的空间，才能够让教研沿着正确的方向前行，让教师愿意参与教研，这才具有了唤醒的条件。

随着做教研工作年限的增长，眼界、高度和经验会逐渐增长，随之而来的还有对自身工作的高度认同和自信，不过也不乏过度自信的时刻。在我的教研生涯中，曾经遇到不止一位非常自信以至于自满的教研员。由于对上课老师的教学非常不满，忍无可忍的教研员在学生们讶异的眼神中，对着上课老师一挥手说"你下来，我来上"。这些看似不大的事件，影响却不小。这样的事件也引发了我对自己教研工作的反思。其实，教师和学生一样，害怕批评和责备，需要不断地鼓励和善意地指导。从教研员的角度来看，老师们会因此心怀戒备，没有足够的安全感，我们也就失去了和老师们推心置腹、开诚布公地交流教学的机会。因此，在和老师们接触的时候，我时时刻刻警醒自己，注意提建议的表达方式，尽力营造宽松和谐的交流氛围。

教研，其次需要慧眼，为教师寻找存在感。

有一句俗语说得好，"人摆错了地方就是垃圾"。让每一位教师在教研中感受到自己存在的价值，感受到自己在教师团队中的价值，感受到自己在学生心目中的价值，那么教研就成功了一半。在我的教研团队中，有的老师擅长讲课，有的老师擅长写作，有的老师擅长命题，有的老师擅长组织各种活动，他们每个人都有自己存在的价值。发现每个教师身上的优势，为每个人找到适合自己的位置，并让其长处闪闪发光，算是我的特长之一。怎样发现教师的"亮点"呢？并不是每个教师都清楚自己的优势和特长。其实诸如热爱读书、善于写作、风趣幽默、亲和力强、善于提问题、表演能力强等，这些时常挂在我们嘴边的看似平常的话，都可以发展成为一个教师的"亮点"。关键是教研员需要认可和强化教师的亮点，帮助教师实现自我的"亮点认同"，通过一段时间的努力把"亮点"变成"优势"，把"优势"变成"特色"，把"特色"变成"品牌"，实现价值唤醒。

曾有老师问过我，会不会有的老师身上压根就找不到"亮点"呢？我说，有的。我的确碰到过这样的老师，在交流反馈时，我几乎找不到一条认可他的地方，我不由得怀疑自己，是不是我对老师的要求比以前高了？后来，我转念一想，或许"普通"就是这位老师的"亮点"，其实这一点也是让人非常钦佩的。

记得一年前我和一位同事应邀去听一位老师的历史课，乍看这位老师挺年轻，但实际上他已经有20多年的教龄。上课伊始，他随心所欲地讲了20分钟，我的同事很尴尬地拿着从学生手里借来的教材问我，他讲的是哪一课？我也疑惑地摇摇头，说不知道。因为他没写课题板书，这20分钟的内容感觉有点像导课，一会儿是前一课的内容，一会儿是后一课的内容，让我这个拥有20多年教研龄的资深教研员都确定不了课题，实在既脸红又很焦虑。然而，出乎我意料的是，他的反思能力很强，下课后他找了很多借口，拒绝和我们交流，我知道他自己也觉得不好意思。

虽然，并不是所有的老师都可以在唤醒下成长，但我们至少可以让一部分不愿深度睡眠的老师尽快醒来，让他们感受到自己存在的价值。正如我们团队中的刘相钧老师所说："我们一路奋斗，并不是为了改变什么，而是为了证明自己，证明本我应该是什么样子的。人在把一件事当作事业去做的时候，会觉得地球是因为我在转动所以它才转动，这种感觉很充实。"

教研，还需要有个性，为教师寻找方向感。在教研中，切忌要求教师按照自己的思路教学，应该和每一位有成长愿望的教师一起，根据他们的情况做一份"私人订制"成长计划，并按照一定的节奏搭台子、出点子，让教师的发展更具方向感。在多年的教研生涯中，我遇到过很多这样的情况：一次我应邀去听一位女教师的课，至今我都清楚地记得这一课是"五四运动"，听着听着，我忽然觉得很疑惑，这位老师的课我好像前几天听过，但事实是我从没有来过这所学校，没有见过这位老师。可是，为什么我觉得这么熟悉？是我产生了幻觉吗？我开始思考，问题出在哪里？原来这千篇一律、似曾相识的课背后，其实缺少的是"个性"。

一位表现突出、很有个性的青年教师要上一节全市公开课，经过两周的精心准备，打电话请我去学校听课，我满怀信心地看着忐忑不安的小伙子，觉得有点纳闷，怎么和我之前听的那节课上的状态判若两人，完全没有了自信的光芒。听了五分钟后，我明白了原因。下课后，我问了他几个问题，第一，课是你自己准备的吗？这节课的设计第一稿在哪里？他从抽屉里拿出第一稿，一看之后更让我坚定了自己的猜测。这是一节集体备出来的课，首先表现为面面俱到但缺乏特色，和他的风格个性不相符；其次表现为老师不是在上课而是在背课。因为高度重视这次机会，他备好课之后先后请了组里的三位老师和校外的两位老师来帮忙听课提修改意见，课后他也虚心接受，全盘修改。于是，一节他本可以游刃有余地自由发挥的课，在大家的"热心"帮助下，变成了"常态课"，他上得没有底气，我听得也是一头雾水。下课后，我和他说了四个字——"做你自己"。

教研，价值的唤醒通过重塑达成。有一个名为"每个孩子都需要一个冠军"的TED演讲，美国名师所讲的教育故事让我颇受震撼，短短10分钟演讲告诉我们三个关键词——关系、期待和重塑，从教学迁移到教研中，同样适用。首先，教研员和教师需要构建一个相互信任和喜爱的关系，就像教师与学生一样，彼此尊重、信任、喜爱和包容是任何良好关系形成的基础；其次，每一位教师对自己的学生要有成长的期待，我们也应本着"一个都不能少"的态度给予每一位教师，同时教师亦需要对自己的成长充满期待；再次，重塑，这一点最为重要，在期待和信任中，通过教研重塑，让每一位教师成长为他自己满意的样子。

三、一枝独秀不是春：赋能教研团队的成长

教研员工作被大家通俗地概括为"带队伍、把方向、抓质量"。"把方向"需要我们自身有过硬的专业水准，而"抓质量"的核心在于"带队伍"。教研队伍的形成和发展离不开名师的带动和对青年骨干教师的重点培养。在很长一段时间的教研实践中，我基本采用的是"撒胡椒面"的方式，效果不佳，研究之后，我发现有针对性地培养青年教师才是教师队伍可持续发展的重要基础，而青年教师的发展又离不开名师的引领和带动。

（一）名师要"发现"和"放电"

在我的教研工作中，有这样一个值得思考的现象：如果某个学校的历史教研很突出，涌现出很多青年骨干教师，那么，这所学校里一定有名师在起着或隐或现的带动作用，能够带动一批在教学上有追求的青年教师。一方面，名师在教学中要发挥"名"的作用；另一方面，在引领年轻教师方面要更有责任感。

作为教研员，我努力发掘名师、成就名师，让名师在发挥引领作用时突出自己的专长，为名师提供更多的发展和发挥空间。比如上海名师李慧军老师、陕西名师郭富斌老师和李树全老师等，他们有着真挚的教育情怀、个性的教育风格、深厚的专业素养和独特的教学方法，不仅在学科素养方面十分突出，在教育教学理念上也有自己的独特见解。他们的名师工作室带领了一批青年教师专心搞教学研究，通过上课、听课、研讨、阅读、写作等方式不断提高教学水平，出成果、出经验。每当有人说，陕西的历史名师好多呀，我就心中窃喜，因为我在自己的教研生涯中，为青年教师"发现"和引荐了不少名师。赵亚夫、吴伟、何成刚等专家都曾为西安的

老师讲座，吴磊、夏辉辉、宾华、唐琴、李付堂、成学江等一线教师和教研员专家都为我们的年轻教师做过指导。

在教研经费严重不足的情况下，想做点事，要脸皮够厚才行，我的教研活动请专家靠"蹭"。2006年，刚刚认识任鹏杰主编和徐赐成老师不久，我就斗胆邀请他们义务为西安市历史教师做如何写论文的专题讲座，谁知两位老师一口答应下来，整整四小时的讲座，激励了众多骨干教师投身教学研究和写作。还记得2007年暑假，陕西刚刚使用新课标、新教材，教师们面对变化巨大的新教材，感受到前所未有的压力。在郭富斌老师的提醒下，在史曼丽老师和任鹏杰老师的帮助下，我邀请李惠军老师为西安的历史教师们上了一堂精彩纷呈的公开课，做了一场激动人心的专题讲座，引发了西安市历史教师的头脑风暴，名师的示范就是这样有影响力。最让我感动并终生铭记的是：这满满一天的活动是李惠军老师对我们这几位陕师大历史院友的友情赞助。郭富斌老师、李树全老师更是不知道做了多少场义务讲座。正是他们的付出，为西安市培育了一批批骨干教师队伍。而郭富斌老师更是西安市历史教师的一杆旗帜，是"陕派"中学历史教育教学的领头羊。

（二）"青师"要培育与规划

青年教师的培养是学科教学教研可持续发展的动力和源泉。许多学校和教研部门通常使用的是"青蓝工程"等结对子、师徒互帮的培养模式。许多刚入行的教师第一天就被分配给一个师父，但大多缺乏系统的培养规划和纵深的发展空间。发现这个问题后，我认真分析了青年教师的具体情况，摸索出师徒互帮模式进一步细化的三点策略。

第一，从单向成长规划到双向发展认同。

粗放型活动为载体的教研模式，已经不能适应新时代的教研要求，为教师量身制订成长规划是教研的方

2007年暑假李惠军老师在西安中学上新教材公开课

向。针对每一位教师的基本情况，做出不同的发展要求，是教师快速、稳步成长的根本。教研员做的规划必须获得教师的个人发展认同，才能取得较好的效果。而现实中，教师的发展认同由五个方面构成，首先是自身发展的愿望，其次是对自己的内省和反思，再次是正确判断自身的优势与不足，第四是对自身发展的预期，第五是与教研员设计的发展规划达成共识。具备了这样的认识和步骤，教师的发展才能够有内驱力和持续性。

第二，从寻找教学起点到定位教学风格。

青年教师从教初期，还没有形成自己的教学风格和思维定式，因此，能够在教学中勇于创新，思维灵活，不拘泥于条条框框。同时，专业教师需要一定的经验积累才能够成熟，难免在教学中存在一些疏漏和偏颇。工作三到五年的青年教师往往比较迷茫和困惑，在刚刚熟悉了教材和教法后，下一步不知道自己该往何处去。这个阶段的青年教师是最勇于学习和善于学习的群体，会在听课中不断汲取别人的教学经验，但由于缺乏自身的教育理论储备，往往会邯郸学步，所以需要不断地、有针对性地引导。针对工作三年以上的青年教师，听课时我会针对其优势，引导其形成自己的教学风格和特色。

第三，从自我价值实现到团队共同成长。

自我实现的需求是人类的最高层次需求，表现为个人价值的实现。为了让历史教师在繁杂平淡的教学生活中感受到职业的幸福和成长的快乐，在教研中我设计了各种教研活动，如培训、评比、赛教、公开课、讲座，为不同发展层次的教师展示和提升自己搭建舞台。我从2012年开始在历史教研中做尝试，组建了高中历史教师学习共同体。这个共同体的老师们都具有以下特点：有理想、有思想、有个性。他们在一起构成了一个读书的共同体、写作的共同体和研究的共同体，现在都成为陕西省乃至全国名师和很有知名度的中青年骨干。成功的教研团队既可使每个人得到发展，也能促进团队共同成长。

第四，构建"研训一体"+"成长菜单"模式。

结合教师不同阶段的发展需要，有针对性地设计研训计划，即"成长菜单"，是我最近几年教研关注的核心。如，刚刚步入教学工作的教师，比较关注班级管理、教学内容、学生与同事的肯定等，教研员需要对这部分教师给予精神上的肯定和激励，给予教学内容和教学技能方面符合教师当前情况的指导和帮助，最好是结合其个人实际，为其寻找一名可供学习的名师做榜样，激励其在学科上不断钻研学习，为其制订发展规划、搭建相应的平台，帮助其在历史教学岗位上站住脚。

当教师处在能力建立与巩固阶段，开始思考如何构建自己的教学体系时，我们需要给教师提供接触专家的机会，开阔其视野，同时通过持续的听课评课为其形成自己的教学体系和个性风格提供专业指导和帮助。面对这一阶段的教师，最怕的是打击其积极性，磨平其个性。

当教师处在持续退缩阶段时，会出现职业倦怠，经常批评学校、学生、家长，抗拒变革，人际关系也不是非常和谐。对此，我们要帮助教师重新找回教学的热情和积极性，为其搭建切合这一阶段兴趣特点的平台。要充分开发这些资源，为年青教师提供榜样力量和专业指导。

四、一行白鹭上青天：拥抱共同成长的喜悦

在以往的教研活动中，我更多地注重了活动的外在形式而忽略了主题内容，一度在教研活动的探索中误入歧途。就如同我们的历史教学，当你过分关注方法和手段的时候，往往会失去教学的方向和目标，那结果可能是低效的、无效的，甚至是负效的。从 2011 年开始，我在主题式教研活动中就历史教师专业发展的提升等方面做了一些尝试。多年的教研生涯使我发现，主题式教研活动可以使历史教研活动更加符合学科专业的要求，更加满足一线教师专业成长的诉求，更加凸显骨干队伍快速发展的需求。从教研的角度看，主题不是精彩的展示，也不是简单的研讨，而是基于教师素养提升和教学问题解决的大格局小设计。在此我仅举一些比较有代表性的案例与大家分享。

（一）"辛亥革命"主题教研探索初高中教学衔接

2011 年 10 月 21 日，在辛亥革命西安首义纪念日的前一天，我组织了"西安市辛亥革命百周年纪念主题教研暨辛亥革命教学观摩活动"。这次的教研以辛亥革命百周年纪念为契机，构架活动内容。在一天的时间里，我针对辛亥革命这一主题的教学内容，分别设计了一节初中历史课和一节高中历史课，同时邀请了民国史研究和辛亥革命方面研究的学者廖大伟教授做了题为"辛亥革命、孙中山及其评价"的

闫　璟：成就他人，成长自己

2011年辛亥革命主题教研活动在西安市第八十九中学举办

报告，徐赐成老师做了精彩的课堂教学点评。这次活动设计的初衷是在历史与现实、初高中教学衔接、历史教学与史学研究等方面实现对话，引发教师对历史教学与教育价值的不断思考。

在我们的日常教学中，常常会遇到初、高中都有的课题，这需要我们对教学的深度和授课的视角做深入的思考和及时的调整。这两节课让听课的教师们对自己的教学有了新的评估，对初、高中教学的深浅程度有了更深入的理解。两节课有许多历史教学的共同点，如主题先行、关注人物、用史料说话等。对于听课教师而言，最大的收获莫过于发现了教学的共同规律和初、高中教学的度。

由于长期以来受应试教育和职业倦怠的影响，中学历史教师的知识结构受到了很大的局限，大多数老师仍深陷在"应试的沼泽地"无力自拔。廖大伟教授的讲座对辛亥革命中的一些争议性问题和传统观点做了明确的解读，对辛亥革命主题的一线教学起了很好的指导作用。除了知识上的更新外，对历史意识的关注应是我们这次活动最大的收获。

"历史课程的价值定位在哪里？""如何对待史学研究的争议？""如何对待教科书？""如何在教学中引导学生用变化的眼光看历史，提高自我判断能力和社会参与能力?""我教的历史有用吗?"在对专家讲座内容的消化和对观摩课的思考中,我带着这些问题不断反思。此次辛亥革命的主题式教研活动实现了教研活动从形式到内容、从广度到深度的小小转变,也引导教师在教研活动中逐渐成长,初步探索到一条主题式教研路径。

(二)大单元主题教研让教学走出"碎片化"

2013年在陕西师范大学教育学院苏争艳院长的邀请下,我担任了"国培示范项目——全国历史教研员研修班"的班主任,为来自全国各地的中学历史教研员同行提供服务。承接这个任务之前的约一个月时间,苏院长和我反复商议培训的相关事项,决定安排一次听评课实践活动。最让我伤神的问题是:在全国的教研员与骨干教师面前,我们需要通过这次活动传递和呈现怎样的教研理念与教学情况?苦思冥想中,一个问题出现在我的脑海。

为防止教学出现"碎片化"倾向,历史教学需要一个宏观的视野。以单元为核心思考每一课的教学主题或许是一条值得探索的路径,或许能够通过此找到有效的教学突破口。于是,我们选择了岳麓版必修三第三单元"从人文精神之源到科学理性时代"作为蓝本进行尝试。

在必修三思想史模块的教学中,"人文精神的起源与发展"这一单元之难是老师们的共识,不仅难在教学内容,更难在主题的确定和突破。课堂教学需要主题,寻找每一节课的教学主题是我们备课伊始首先需要着重思考的问题。"人文精神的起源与发展"单元包括五课:"希腊先哲的精神觉醒""文艺复兴巨匠的人文风采""挑战教皇权威""理性之光""近代科学技术革命"。它们反映了西方人文精神起源、发展的历程,凸显的共同主题就是"人"。郭富斌老师曾就本单元涉及的重大历史事件做了这样的主题提炼:四大解放的完成和四大目标的实现。具体来讲:

文艺复兴:把人从神权的枷锁中解放出来;人应该过怎样的世俗生活?
宗教改革:把人从教权的控制中解放出来;人应该过怎样的心灵生活?
启蒙运动:把人从王权的压迫中解放出来;人应该过怎样的政治生活?
科学革命:把人从自然的束缚中解放出来;人应该过怎样的幸福生活?

在郭富斌老师的提醒与点拨下,来自三所学校的三位青年教师华春勇、王国栋、郭蕾分别选择了"希腊先哲的精神觉醒""挑战教皇权威""近代科学技术革命",尝试在单元主题的背景下提炼每一课的主题，于是，三节课分别将"人的觉醒""人的解放""人的力量"确定为教学主题。

在单元主题教学设计的整体架构中，每一节课教学都有明确的主题方向。也就是说，在单元主题的统领下，基于主题整合教材内容、选择教学素材、设计教学问题、寻找情感共鸣，历史学习也会变得有趣味、有思想、有意义。而且，单元主题教学设计能够使教师在宏观把握教材的基础上，自主开发课程，根据具体情况挖掘历史教学与教育价值，摆脱"知识点"教学思维和因此导致的死记硬背的学习方式，找回历史课程失去的人文学科教育价值，实现历史教学的课程目标。

虽然，无论是从三位青年教师的教学主题确定与教学素材选取，还是从他们的课堂教学组织与教学主题挖掘来看，这次教学探索都存在很多问题，但是，这样的教学设计原则已经为听课老师与教研员所关注，这也为我们以后的改进与完善积累了经验。2021 年，新一轮课程改革和部编新教材所倡导的大单元、大概念等设计理念也有力印证了十年前西安市历史教研探索方向的准确性和前瞻性。

（三）导言课主题教研探索常规教学的意义扩展

在一次偶然的交流中，几位高中历史老师不约而同地说起了自己新学期的第一课，给我留下深刻印象和思考：一位老师用时长达两节课，一位老师用了一节课，一位老师用了 20 分钟，还有一位老师只用了 5 分钟。是什么原因使他们对待新学期的第一课如此不同？我学习过很多名师的开学第一课，有的文学色彩浓厚，有的史学积淀雄厚，有的哲学思考深厚。而大多数老师仅仅根据自己对学科的认识、对教学的理解而提出一些学习要求，但却一定程度上忽视了学生的心理诉求，不了解学生对历史学习的困惑。学生学习历史没有目标，也就自然达不到老师提出的要求。

在我看来，一节课应有一节课的导言，我们通常称之为"导入"。一个单元应有一个单元的导言，一个历史阶段或主题也应有这一历史阶段或主题下的导言，以帮助学生形成宏观的历史视野去看待、思考和分析历史问题。不同的学段，也应该有不同的导言，随着年龄的增长，对兴趣的要求逐渐会转化为对思考的追求，对历史的好奇也会慢慢内化为好感。而且，初中阶段和高中阶段的学科导言一定是有很大不同的。

导言课要解决的第一个问题就是学历史有什么用。十年前，我曾被偶然看到的一封学生请愿书所震撼和感动。陕西省西安中学的高二年级理科生在文理分科后，从应试的角度来说不再需要上历史课，他们却以请愿书的形式向学校领导提出诉求，要求学校为他们开设历史选修课，哪怕是一周一节。为什么理科学生主动要求上历史课？除了郭富斌老师个人的教学魅力外，还有一个不可忽视的原因，那就是经过高中一年多的历史学习，学生感受到了历史的魅力与价值，领悟到了学历史的意义。请愿书上，"学历史对一个人一生成长的价值""学历史对现实的意义"以及"学历史对理科生高考的帮助"等阐述就是佐证。应该说，这就是学生在体会了历史的"无用之用"后对历史学科最好的诠释和辩护。

另外，导言课要教给学生怎样学历史？这就需要解决三个问题：学生以怎样的视角看待教科书？对教师有怎样的期待？以怎样的方法学习历史？因此，新学期第一课，历史教师更需要了解学生的现状和学生对历史学习的期望，进而深入浅出地用生活事例展示学科价值，说明批判意识对个体健康成长的意义。批判意识的培养，从引导学生质疑教科书、质疑教师教学和质疑耳熟能详的历史知识开始。

这一主题的教学观摩活动，引发了教师们对导言课更进一步的思考。华春勇老师在导言课一开始就回顾了自己的教学经历，并用生动的讲解诠释了"站在讲台上，我就是历史"的教学风格；李元亨老师根据他的教学实际，为文理分科后理科生上了一节历史导言课。基于展示、交流、分享的导言课主题活动不仅形成了一组文字成果，最重要的是使西安市更多的教师理解了导言课的价值功能，提升了开设导言课的意识和上好导言课的能力。

（四）"甲午战争"主题教研探索不同课型的创新

2016年，我做了一份"中学历史教师教研活动需求"的问卷调查，面向全市发放了150份问卷。整理后，我发现老师们对教研活动的内容和形式提出了很高的要求，主要体现在两个大的方面。一是对史学素养提升的期待。八成以上的老师感觉自己在教学内容方面迫切需要提升，需要重新建构知识体系、更新知识结构，因此，建议我们更多地组织高校专家进行史学理论、史学方法和史学知识方面的讲座。二是在不同课型的实践上需要更多引领。通常情况下，我们的大部分教研活动是新授课，而老师们更加关注的是其他课型，如怎样上复习课、习题讲评课等。

基于这些教学需求，结合刚刚过去的热点，我选择了甲午战争作为内容主题，

2016年"甲午战争"主题教研活动在西安电子科技大学附中举办

进行不同课型的教学尝试和探讨，希望通过不同的呈现方式解决同一个问题。教育部课程中心何成刚博士围绕教师知识更新和素养提升这一目标，做了"史学阅读与教学立意"的讲座，对有关甲午战争的史料进行了分析，对史学研究动态做了综述。

此外，李元亨、魏少峰等六位老师进行了基础课、提升课、专题复习课、习题讲评课、说课等不同课型的教学观摩与研讨。徐赐成博士做了六节课的点评，从历史教育要基于历史感知、历史学习重在形成历史判断、历史教学要着眼于立德树人、历史教师贵在自立等四个方面，结合历史与现实的关系进行了有高度、有针对性的指导；郭富斌老师以他宏大的世界视野，在课例分析中提醒大家对历史的关注不能局限于历史事件的本身。两位专家给一线教师指出了明确的历史教育方向，以探讨"'甲午战争'的不同课型教学"为核心主题，以"史学研究与历史课堂教学融合"为实践目标的教学观摩活动取得了很好的效果，帮助老师实现了知识的重构、视野的拓展、课型的创新、素养的提升。

（五）"传统文化"主题教研引发主流话题进课堂的实践省思

把优秀传统文化迎进校园、迎进课堂，是我们每一个教育者的责任和义务，但在传统文化这一主题下进行历史教学却是非常难的。为了攻克这一难题，2017年11月，我设计了由"二环"骨干团队华春勇、李元亨、刘相钧、郭蕾、王国栋、白喜超六人扛鼎的教学观摩活动，分别选择了"先师孔子""百家争鸣""汉代思想大一统""宋明理学""明清之际的进步思潮""中国古代科技"等六课进行尝试，既分别呈现又整体衔接，聚焦传统文化主题，为参加"国培"示范项目的骨干教师们奉献了一场思想的盛宴。

密切结合教学需要、长远规划设计、内容贴近前沿是老师们的现实需求，也是我们实施主题式教研活动的前提。对全国性教研活动的全面分析也告诉我们，要关注学科核心素养，可以通过培养教师的核心素养来提升学生的核心素养。专题讲座主题与教学内容主题接轨是我们以"主题"作为研究教研活动创新的突破点，主题式教研活动设计有利于提升教师的历史学科素养，有利于教师之间的交流。

教育是人与人心灵相约的过程，历史教育则是人与人、人与社会、人与历史相互触摸的过程，在心灵相约、相互触摸中关注人、理解人、成就人，是我们每一个历史教育者的责任！

（六）项目化学习主题教研让素养落地有途径

"让每个孩子都成为心智自由的学习者"是项目化学习非常有名的一句宣传语，也让我深有感触。2018年，我来到深圳市罗湖区教科院做历史教研员，接触到了罗湖外语学校一位有想法、勇于创新的青年教师——卫然老师。受她的邀请，我目睹了她设计的高一年级学生项目化学习全过程，深受感动的同时也深受鼓舞。卫然老师尝试借助"全景课堂"平台，为学生制定"史学著作阅读任务单"，让学生在阅读蒋廷黻的《中国近代史》的同时完成任务单，最后以小组合作的方式呈现学习成果，并利用互联网平台进行评价和保存。

这样一个全过程的项目化学习尝试打开了学生的思路和视野，也为教师的教学提供了很好的借鉴。在2019年的主题教研活动中，高中历史学科项目化学习成了我们研究的核心。这次活动邀请了全国中学历史教学界较早开始研究项目化学习且小有成就的青年教师广东南海石门中学黄杏婵老师和西安铁一滨河中学刘相钧老师与卫然老师一起做了关于项目化学习的分享，受到了好评。

项目化学习归根结底，其核心有两部分。一是真实的问题，用于组织和推进活

项目化学习主题教研在深圳市罗湖区外语学校举办

动；二是问题解决的方案或产品。通过解决真实的问题，在真实的情境中做事，学会真正地思考，形成自己的结论，这种做、学、思的过程也构成了项目化学习的逻辑闭环，更完成了对一个"心智自由的学习者"的培养。

其实，《高中历史课程标准》中设计了诸多"活动主题"。我认为这是一个重要信号，它提示我们：中学教师应该教学生如何去研究历史，而不仅仅是记忆历史。我们的目标是让学生学会像历史学家一样思考。近年来，高考评价从体系到内容再到方式的不断调整和变化，也时刻提醒着我们：未来已来，我们的教学需要变化，对于学生历史学科核心素养的培养，项目化学习是重要途径。

五、一树春风千万枝：收获教研探索的成果

每一次教研活动，教研员都会付出大量的精力和时间去准备，而每一次活动过后，又开始了新的活动设计和安排，结果往往是"雷声大，雨点小"。我认真地回顾了自己20多年来的教研活动，发现教研活动需要做进一步延伸和拓展。每一次活动后，要及时总结，形成文字材料、视频材料、图片材料，通过编写简报等方式进行

活动宣传和影响力的拓展。对一线教师而言，更重要的成长方式在于及时整理上过的公开课、做过的讲座，将自己的所思所想、所作所为写成科研文章，发表在相关专业杂志上，写作的过程就是及时梳理思想的过程，也是提升经验的过程。

（一）一个人的探索

2008年，我组织了一次市级公开课活动，李树全老师上了一节"马克思主义的诞生"，激发了我的写作热情。在张艳云主编的指导下，我在《中学历史教学参考》2008年5期发表了做教研员之后的第一篇评课论文《博取约存，厚积薄发——〈马克思主义的诞生〉一课的感触》，随后的一年，我又陆续发表了《历史学习：评判还是理解？》和《改变世界面貌的蒸汽革命教学案例观察评述》等两篇评课文章，从全面点评、主题点评到观察述评，我尝试了评课的三种不同样态。之后，在郭富斌老师的影响下，我又发表了《历史教育：放宽历史课堂教学的视界》一文。郭老师可以说是我教研成长路上始终在线的贵人，记得有一次去他办公室闲聊，郭老师交给了我一张纸，我仔细一看，那上面写了20多个论文题目，他说，那是他日常思考的论文角度，如果我愿意，可以写。可惜我那时太年轻，缺少教学积淀和对历史教育的思考，每一个题目都写不了，但今天的我回头再想，每一个题目都是历史教育需要关注的核心问题。论文虽然没写出来，但我从他身上学到了一位资深名师对年轻人的引领和帮助的拳拳之心。

（二）一群人的研究

"辛亥革命"主题教研活动结束后，除了形成一份简报外，我还组织历史教师在线上进行了研讨，两位上课的老师也将其教学设计和备课思路整理成了书面材料。我的《关于主题式教研活动的探索与思考》、张艳老师的《课以载道，史以证实：从北师大版八年级上辛亥革命说起》、李树全老师的《阅读改变观念，思考提升教学：辛亥革命备课札记》三篇文章发表在《中学历史教学参考》杂志上。

主题式教研在全国影响最大的是2013年的"国培全国教研员项目"，也是这次活动，让我和西安的教研团队在全国有了一些名气。

2016年，在"开学第一课"主题教研活动中，我们团队围绕"导言课"这一主题在华南师范大学主办的《中学历史教学》杂志发表了五篇论文。在"传统文化"

主题教研活动中，我们团队通过整整一天的探讨，对这些教研课程做了深刻反思。

大范围的研讨课虽然结束了，但思想的交流仍在继续，相比于活动本身，副产品往往会有出人意料的价值。通过教研成果的拓展与延伸，教师有了参与活动的积极性，教研员也不再将自己局限在活动组织者的角色里，劳而无功。在教研中挖掘重点、寻找亮点、精耕细作、聚沙成塔，不仅能够帮助教师实现专业成长，也凸显了教研工作的价值，还实现了教研员自身的迅速成长。

在22年的历史教研生涯中，我的教研思路也在不断升级迭代，从"活动驱动"变为"成果驱动"。到罗湖区教科院工作后，由于教研形势的变化，我的教研思路又进一步转变为"课题驱动"，从主题教研向系统工程转化。2020年，我申请了一项广东省规划课题"基于提升教师核心素养的中学历史教研活动创新方式研究"，经过三年的研究，提出了教研导向素养化、设计问题化、内容主题化、安排系列化、形式数字化和教研评价即时化的历史教研活动设计六原则和历史教师队伍的"成长套餐"模式，也为每位骨干教师提供了"成长私人定制"——通过撰写成长观察记录，提炼"成长秘笈"，帮助其形成独特的教学风格。

2016年陕西省学科带头人工作坊开坊仪式在陕西师范大学举办

西安的教研团队得到全国同行的认可，得益于两个平台——陕西师范大学历史文化学院和《中学历史教学参考》杂志；得益于一位旗手——享誉全国的中学历史教学名师郭富斌老师；还得益于一个互相扶持、互相促进，对

2016年西安市历史教师学习共同体在陕西师范大学第一次研修活动，赵亚夫教授做讲座指导

历史教育充满情怀的历史教研团队。在这个团队里有睿智的赵亚夫教授、犀利的任鹏杰主编、低调的张艳云副主编、儒雅的徐赐成教授、内敛的李树全老师、多艺的史曼丽老师、聪慧的苏争艳老师、好学的王颖老师、敬业的王艳芝老师、内秀的张艳老师、敦厚的华春勇老师、幽默的刘相钧老师、热忱的李元亨老师、谦虚的王敏老师等，还有数十年默默奉献和支持西安历史教研发展的张晓娟、袁雅慧、赵馨等区县教研员老师。当然，也有很多青年才俊，请恕篇幅所限，不能一一表达感谢。

未来，教研应该向何处去？我期待它能够实现以下几个转变，即从形式到内容、从强制到自觉、从被动到主动、从常规到创新、从示范到研讨、从感性到更加理性。

最后，我想说，教研要想做得好，还需要"活动家"——像我这样平凡而热情的"中学历史教育活动家"。

▶ 点评

  一线教师欢迎什么样的教研员？闫璟老师的文章给出了答案。她不仅是一名优秀的历史教研员，也是一位受人爱戴的良师。二十多年来，她以身作则，实干笃行，努力在"渡人"与"修己"之间找到平衡，在教育教学理论与实践之间搭建两座桥，在个性重塑过程中唤醒教师的使命感和责任感。她不仅完成了自己教研的"迭代升级"——从1.0版"活动驱动"到2.0版"成果驱动"再到3.0版"课题驱动"，而且赋能教研团队的成长，为教师的成长搭建平台，建设一支专业而和谐的历史教学研究团队。她时刻铭记教研员"研究""指导""服务"的责任和义务，认为"教研需要包容，为教师寻找归属感和安全感"，"教研，需要慧眼，为教师寻找存在感"，"教研，需要有个性，为教师寻找方向感"；主张名师要"发现"和"放电"，青年教师要培育与规划，拥抱共同成长的喜悦。她在出色地完成了教研员"带队伍、把方向、抓质量"工作任务的同时，还成长为一名优秀的"中学历史教育活动家"，受到了同行的一致好评。成就他人，成长自己，这是闫老师的座右铭，也是我们应当借鉴的东西。真诚地希望教研员队伍中涌现出更多像闫璟老师一样的"中学历史教育活动家"！

教育部基础教育历史教学指导专委会委员   赵伟

张　艳：历史教学的赶路人

　　张艳，女，1997年毕业于陕西师范大学历史系，2002年毕业于陕西师范大学历史文化学院教育硕士专业，西安市教育科学研究院历史教研员。陕西省教学能手，陕西省首批中小学学科带头人，西安市教学能手，西安市学科带头人，西安市卓越教师，西安市"名师+研修共同体"主持人。获西安市新课程比赛一等奖，全国现场优质课二等奖，全国中学教学设计比赛一等奖。指导青年教师获得全国说课比赛一等奖、教育部精品课。主持省级课题4项。教学论文入选《陕西省新课程案例集》，在《中学历史教学参考》上发表《文以证史史以载道——辛亥革命教学分析》等文章，参与撰写2011年版《新版课程标准解析与教学指导》。为陕西省各地市、福建省厦门市、西藏、新疆、甘肃、贵州、河南、山西等省市初中历史教师培训做公开课教学和讲座60多场。

人的一生，犹如赶路，背负行囊马不停蹄，从起点到终点，奔波中遇人无数，有缘的同路，并肩走上一程，即算缘分和幸事。奔波中也遇事无数，有的无痕而逝，有的如墨晕在水中不断散播，若干年才感觉到那些是生命轨迹中的拐点。回望过去，自己的教学科研之路也是如此。

一、冥冥之中的天意——我和历史的不解之缘

从小我便开始阅读，发现了读书的乐趣，与历史结下了不解之缘。20 世纪 80 年代初，在陕西第一针织厂对面，百货公司大门的小人书摊旁，留着妹妹头的我坐在小板凳上，津津有味地看着"娃娃书"——《东周列国故事》《隋唐演义》《杨家将》《岳飞传》《聊斋故事》《西游记》等，这些一分钱租一本的小人书就是我童年最美好的精神食粮，让我对过往的故事产生了兴趣。20 世纪 80 年代中期，香港武侠剧《射雕英雄传》风靡内地，让我对金庸、梁羽生、古龙的武侠小说产生兴趣，我发现这些小说几乎都有宏大的历史背景，如靖康之变、反清复明等，让我为之神往。在西安市五十一中学读初中时，我遇到了年轻的班主任柴焱老师，他借给我一本介绍欧洲文艺复兴的书《文艺小百科》，打开了我看世界的一面窗。正是有了这些积累，历史学科成了我的强项，我也有幸担任中学历史课代表。1993 年高考，我考入陕西师范大学历史系，现在想来，能在陕师大读书其实是我的福气。

在陕师大，我遇到了好老师。他们有扎实的学识和仁爱之心，对学术有追求，内敛、谦和、包容、友善，如谦谦君子，为学生传道授业解惑。老师们的这种气场是书香涵养的，也是历史研究的宽度与深度给予的。犹记得徐兴海老师通过对《史记》逐字逐句的严谨解读，还原当时的历史事件；常金仓老师讲先秦史，他的山西口音听起来别有风味；马雪萍老师的世界古代史，让我们对古代世界有了全新的认识；儒雅的胡戟老师讲授隋唐史，常有独到观点，让人脑洞大开；臧振老师在考古学课上娓娓道来，让我们身临其境；萧正洪老师在讲中国近代历史时说，"如果你们

毕业找不到工作,不是因为你们选了历史系,而是因为你们没有把历史学好";马瑞映老师作为当时系里最年轻的老师,在讲授世界现代史时激情洋溢,为我们打开了新世界的大门。值得一提的是,选修课上,王双怀老师的唐史、白建才老师的美国史、李亚平老师的台湾史都让我印象深刻。老师们渊博的学识、严谨的治学态度对我影响深远,不仅帮助我构建起了历史学科知识体系的框架,而且让我掌握了科学的史学思想与研究方法。亲其师,近其道,因为老师们的友善,课下我也敢于去问老师问题。臧振老师的办公室是我与同学们常去的地方,我也曾拿着自己幼稚的文章跑到胡戟老师家里求教,蹭听常金仓老师给研究生开设的周礼,课间和同学们一起围着王大伟老师请教。历史系每位老师都有独特的感染力,他们营造的严谨、宽松、求实、上进、友好的学习氛围让我受益匪浅,后来我也不自觉地将这些东西融于我的教学风格中。

陕师大的治学环境优良。陕师大老校区的图书馆据说是梁思成设计的,红墙绿藤,极具审美价值。学生凭借书卡,可以自由借书,或拿回宿舍,或当场阅读。我们最常去的地方是二楼的期刊阅览室,那里有一些历史学科期刊,如《世界历史》《历史研究》《中国史研究》《考古学报》《史学月刊》和很多大学学报,能够提供新

2019年在安康市进行初三复习课公开教学

鲜的研究信息。通过期刊，我了解到了研究动态、学术论文规范、最新学术观点，拓展了视野，这也为我日后毕业论文的撰写打下了坚实的基础。

在陕师大，我也得到了很好的锻炼机会。为了引导学生们的学研风气，历史系办了学生刊物《唐潮》（取"展汉唐雄风、弄时代潮流"之意），为在校学生提供了一片抒写胸臆和历史哲思的天地。翻开薄薄的《唐潮》，卷首语中陈寅恪、雷海宗、钱穆等史学大家以文载道，用他们的睿智与学子进行灵魂对话；《师说新语》栏目刊载系里教授们的近期力作，让学生了解学术前沿动态；"史学论坛"给学生提供了发表自己对历史独特见解的阵地。我给《唐潮》投过稿，也参与了其中的工作，这些经历对提高我的史学论文写作能力、激发我的历史研究兴趣大有裨益。我在大三时加入了系里创办的"司马迁研究会"，在这个学会，我了解到了学术组织活动的相关情况，这对我后期论文的撰写帮助很大。大四时我去陕北富县一中高三年级参加教育实习，这次实习帮助我从"纸上谈兵"走向历史教学的实践。在与纯朴善良的学生们朝夕相处的一个月里，我与他们建立了深厚的感情，离开时我们站在大卡车上，学生在车下奔跑相送，让我深深地感受到教师职业的美好。

在陕师大，我遇到了好同学。由于系里教风正，所以学风浓，同学们都没有"六十分万岁，多一分浪费"的颓废心态，学习十分刻苦，这也激励着我要勤奋努力。大学四年里，我虽没有顶尖的成绩，但静水深流，我始终保持着严谨认真踏实的学习态度，一步一个脚印地向前行走。这不仅拓宽了我自身的知识面，也养成了我诚实温和友善的品格，对我今后的工作和教学影响颇深。

二、从"走型"到"走心"的课——三节原点课的启发

蓦然回首，人生已秋，我的教龄已有26年了，这些年来始终围绕着"课"在转。其中，有三节课对我影响很大，我称之为原点课，它们是我每一阶段教学的起点。

1997年夏毕业，我依依不舍地告别陕师大，在西安四处求职，我求职的最后一站是陕西省西安中学。学校坐落在安定门的"皇城根下"，后门面对的是古朴厚重的西安明城墙，前门是卖印刷纸张的一条街。我教师生涯的原点课便是参加西安中学招聘时讲的课。面试时，我给高二学生试讲了一节课"罗斯福新政"。我提前一天备课，

特别认真，把课上要讲每一句话都写下来背诵。当我试讲完后，一位听课的老领导对我说了一句"这娃的课，背诵得不错"。"背诵得不错"这几个字开始我以为是赞扬，说明态度认真、表达流畅、环节完整，但随着授课经验的增多，回过头来才发现这个评价背后的意思：说明我的课是生硬、机械的，只是按照大学里教学法老师教的上课流程走下来，眼睛里没有学生，把自己异化为播放机，把学生看作听课机器。

后来，通过反复练习，我的课上得就比较自然了，或能娓娓道来，或能激情讲述，也更注重现场交流。不过现在想来，当时的课还是在走流程。第一阶段是以教师主讲的形式走流程。从导入、新课教学到课堂小结，只要是学生感兴趣的内容，什么野史故事、宫廷秘闻我都讲，自我感觉良好，学生听得也高兴，课堂上似乎一片"和谐"。第二阶段是走学生活动的流程。2001年新课程改革以后，开始注重学生自主学习，但学生学什么、怎样学？为学生提供怎样的学习资源？怎样给出及时有效的学习评价？这些问题当时我没有深入思考，片面地认为只要把学生调动起来参与到课堂中去就可以。一时间课堂上热热闹闹，华而不实，课本剧、辩论赛等本来无可厚非的教学方式没有得到恰当应用，学生整体成绩受到影响。一时间我的课风也摇摆不定，找不到教学的方向，既面临"道"的苍白，未能找到历史教学的价值意义；又面临"术"的缺乏，不知怎样选择和整合学习内容，怎样选择教学方式。在苦恼中，我甚至想放弃历史教学，走行政的路。但干行政，自己又不够灵活机敏，也不适合。

在青年教师拜师帮教的过程中，我有幸拜郭富斌老师为师。郭老师的课富有激情和哲理，非常受学生欢迎，虽然郭老师的课我听了不少，但一开始并没有学习和领悟到精髓。直到2010年，迎来了第二节原点课。当年，全国历史教育学会举行初中历史优质课比赛，我作为陕西省代表，以北师版"新中国走向世界舞台"一课参赛，备课时间约10天，这节课有"新中国重返联合国""中美建交""我们的朋友遍天下"三个子目，我按常规备课试讲了两次，但效果平平，情急之下，向郭老师求助。郭老师没有在技术枝节上指导我，而是告诉我"历史教学要眼中有人"，既要有课堂上的学生，也要有教材上的历史人物。外交是内政的延续，外交是国与国之间的交往，新中国能走向世界，是因为中国需要世界，世界也需要中国。为此郭老师还专门推荐了几本关于新中国外交的书籍，通过阅读我得以从更深广的时空维度看待从20世纪70年代到改革开放以后新中国的外交。在郭老师的指导下，我领悟了备课的精髓，获得了三点重要收获：

一是寻找教学立意，建立好逻辑架构。外交是国家间关系的表现，在处理中美关系时，应从"美国需要中国，中国需要美国"的角度解读；在新中国重返联合国时，从"中国需要世界，世界需要中国"的角度来进行解读，最终以"中国想要什么样的世界""世界想要什么样的中国"这样的问题作为课堂的延伸。在此过程中，我还适当地调整了教学顺序，因为按照史实来看，1971年7月9日，基辛格秘密访华，中美双方讨论了国际形势及中美关系问题，并就尼克松访华一事达成协议。此事推动了1971年10月新中国重返联合国，所以我把第二子目调整到第一子目之前进行教学。

二是历史教学要眼中有人，事在人为，从人物看历史。正如郭老师主张的那样，关注人，就是关注生命、关注历史。如在讲中美关系时，从对抗期的"美国人眼里的中国""中国人眼里的美国"入手，讲到乒乓外交的故事，然后分析尼克松与周恩来两位政治家握手的意义，再讲毛泽东与尼克松、邓小平与卡特总统之间的交流，从而生动呈现出中美关系的发展历程。

三是精选史料，点面结合，依据史料进行问题设计，推进教学。"点"是微观史料，具体、生动，是历史血肉。"面"是中观或宏观史料，呈现过程或趋势，是历史骨架。史料要结合问题设计和历史解释才能发挥启智作用，体现教学过程中动态的"过程与方法"。老师不是史料"播放员"，而应该是借助史料带领学生一起探索和解读历史的"引航者"。正因为要耗时解读，所以要精选史料，有所取舍。

2011年，为纪念辛亥革命一百年，西安市历史教研员闫璟老师组织了"初高中同课异构'辛亥革命'"的专题教研活动。我和西安市第八十九中学的高中历史教师李树全老师同课异构，这节课是我的第三节原点课。这节课以近代前期的"中国梦"为线索，以辛亥革命的意义为依托，划分成"色彩斑斓的救国梦""辛亥革命的民国梦""梦醒时分话辛亥"三个板块；选择简短史料和典型图片，通过"中外对比看辛亥"解读亚洲第一个资产阶级共和国成立的意义，通过"清朝对比看辛亥"总结政治制度的巨大差异，通过"王朝对比看辛亥"梳理从帝国到民国、从臣民到公民的巨大变化，通过"古今对比看辛亥"引导学生看待辛亥革命对当今社会的影响；最后提出"民国梦实现了吗"的问题，由学生举手表决并阐述理由。通过这节课，我逐渐领悟到要站在中外历史结合点、历史和现实的结合点、思维真实交流的结合点上进行教学。

这三节原点课帮助我从"走型"转变为"走心"，也尝到了讲课的"甜头"。

2010年在全国初中历史优质课大赛中，我抽中的是一号签，第一个上参赛课，拿到了二等奖。这节课不论在教学立意、资源选择方面，还是在师生互动方面，都获得了听课老师们的普遍认可。赛后有老师主动找我谈论此课，我的课件也被传到网上，成为教师培训的课程资源。2011年，我的市级公开课"辛亥革命"得到广大同行的一致好评，直到今天，还有老师提起我当年的这节公开课。在这几节原点课的背后，是我对历史教学之"术"和历史教学之"道"的不断探索和思考。

三、让思想的光芒照耀历史课堂——团队力量带动下不断前行

我对教学之"术"和教学之"道"的思考，始于对历史教学价值的追问：教育关乎学生的情感与精神，历史教育应该给学生提供怎样的情感和精神养分呢？在此，我要特别感谢陕师大主办的杂志《中学历史教学参考》，它对于我如《新青年》对于当时的青年们，有着思想启蒙的重要意义。它"倡导一种不与现实割裂、不与大众割裂的'活生生'的历史教育，紧密关切'人'的生存、生活、发展乃至创造，主张以'传承'与'创新'互动为契机，深刻认识人类文化遗产，竭力张扬人文精神

2010年参加全国初中历史优质课竞赛在成都与张艳云、李金、王颖、苏争艳老师合影

和科学理念，欲使久罹冷落的'历史'真正体现其作为'全世界的思维活动'的理论价值和实践价值"。以它为阵地，聚集了一批中学历史专家和一线老师，其中，三位功勋作者对我帮助非常大。

第一位是首都师范大学的赵亚夫教授。赵老师学识渊博，风度翩翩。他的《关于新世纪历史课程与教材的若干思考》《历史教学设计的流程、诊断与策略》《公民教育：新时期历史教育的重要功能》《历史课堂教学实录分析的价值与操作》《历史教育理论建设的几个重要问题：学校历史教育究竟解决什么样的问题》《我的新历史教育主张》等文章对我启发很大。特别是其中所提到的一些观点，如"历史课程性质由公民教育的理念来确定，历史教育的基本立场应是'向前看'，既立足于现实，也着眼更长远的未来。公民不单是历史的继承者，更是历史创造者。鉴于我国的现代化要求，在相当长的时间内，中学历史课程都应具有批判性"。这些学术观点启发我思考历史教育的价值和方向。

第二位是《中学历史教学参考》的主编任鹏杰老师，甘肃人，说话劲道，提倡"人格教育"。任老师撰写的一系列文章，如《服务人生：历史教育的终极取向》《"人"才是历史教育追寻的目标》《教育的根本就是人文关怀》《呼唤"活生生"的历史教育》《历史教育关乎世界更关乎人生》等，强调历史教育"体在史学，根在人格，命在思想，魂在价值"，深深启迪了我。

第三位是我的恩师郭富斌老师，他学养深厚，智慧、谦和，让人如沐春风。郭老师的课非常精彩，高二理科班的学生为了上郭老师的课曾向学校"请愿"。郭老师在 2005 年发表的文章《历史教学要眼中有人》，至今还受到很多一线老师的推崇。他的历史教学"四让"和"四站"的系列文章和讲座（让思想的光芒照耀历史课堂、让人性的光辉沐浴历史课堂、让文化大师走进历史课堂、让师生生命成长于历史课堂；站在历史和现实的结合点上、站在中西文化的交流点上、站在大学和中学结合点上、站在学科和学科的结合点上）对我产生了深刻影响，铺就了我课堂教学的底色，确立了我作为教研员的教研方向。回头来看，这些十几年前的教学主张与《2022 年义务教育历史课程标准》的教学理念和要求是十分吻合的。我的教学论文的撰写，也是在郭老师手把手的指导下起步的。在郭老师的指导下，我在文章立意、文章框架、遣词造句、文风语气方面不断进步。2006 年郭老师指导我撰写并发表了《让思想的光芒照耀历史课堂》，2010 年郭老师指导我撰写并发表了《历史的反差与反思——对"人民解放战争"的教学思考》。这些文章的主旨和结构框架是郭老师的,我只是进行了文字的组织。在向郭老师学习撰文的过程中,我得到了不断思考与提升的机会,逐渐走上了规范化教学研究和写作的道路。

　　帮助我在教学研究与写作道路上快步前进的人还有西安市历史教研员闫璟老师,闫老师善良热情,善于凝聚人心,郭富斌老师赞扬闫老师是"历史教育活动家"。确实,闫老师构建起了一支西安历史教学领域的优秀团队,其中,有郭富斌、李树全等名师领头人和华春勇、李元亨、刘相均、王国栋等青年教师。在这支一线教学团队的背后,还有一支闫老师组建的强大的支撑团队,其中有教科研人(未央区历史教研员张晓娟老师、新城区历史教研员袁亚惠老师、安康市教研员王颖老师等)、有学术指导专家(如首都师范大学赵亚夫教授、陕西师范大学徐赐成教授)、有资深总编和编辑(《中学历史教学参考》总编任鹏杰、张艳云老师)、有提供教学讲座平台的苏争艳老师。在这个圈子里,大家热爱历史、交流思想、磨砺技艺、探讨未来。如今,这个学习共同体中的很多老师已经成长为省、市骨干教师。我成为教研员后,一直以闫璟老师为榜样而努力。

　　在圈内良师益友的帮助下,我的教学渐入佳境,赢得了一些荣誉,先后被评为

聆听赵亚夫教授在陕师大举行的讲座后,与赵亚夫教授、任鹏杰总编、郭富斌老师、闫璟老师等人合影

西安市教学能手、西安市学科带头人、西安市卓越教师、陕西省教学能手、陕西省学科带头人等，开始在各地市进行公开课教学，举办讲座。

四、历史是文科中的文科，也是文科中的理科——我的教学思考

在团队的帮助下，特别是成为教研员后，我有了更多的机会走进历史课堂去聆听、观察与反思，逐渐形成了"四个理解"（理解学科、理解学生、理解教学、理解技术）和"四个视角"（学科视角、科学视角、心理视角、思政视角）的教学思考。其中，最重要的是理解学科。学生从历史课中能学到什么？如郭富斌老师所言："他们认识到的是——世界的复杂性；他们学到的是——对事物的判断力；他们得到的最重要的是——独立的人格；在学生的心底埋下若干颗种子，支撑起学生未来的精神与人格。"这些学习收获是由历史学科的特性所支撑的，也激发了我对"历史学科是文科中的文科，也是文科中的理科"这一说法的思考。

"文科中的文科"指历史学科是人文学科中的核心学科，历史学科与价值观密切联系，价值引领思想，正如刘良华老师所言，"一个真正的有个性的教师是不会容忍没有个性的教材的，他一定要把教材变得有他自己的精神痕迹"。这种精神痕迹包含着对国家、民族、家乡的责任感、使命感和坚定的理想信念，包含着健全人格、坚守爱心、善待生命的人文精神，包含着自由、独立、批判性的现代公民意识，这些是历史教育的灵魂。

历史教育的塑魂是通过对学生思想的影响完成的，思想是在学生对历史结论的认同、对历史现象的认识中不断深化形成的，所以历史教育的核心在思想，而思想的形成是由逻辑来印证的。历史学科的"史料实证"重点不是证明历史结论，因为历史结论具有相对性，"实证"更多的是让学生感受到历史结论的推演过程，用历史逻辑的力量帮助学生达到对历史现象的认识。历史学习的重心在于找到历史现象之间的联系，看到历史表象下的本质，触摸到历史发展的脉络和潮流。历史现象之间的因果、联系和本质是靠对历史逻辑的分析建立起来的，历史要讲"理"，从这种意义上说，历史学科是"文科中的理科"，逻辑推理与论证、科学探究与思维建模是历史学习的要素，这些要素的外显，需要独立思考和质疑的能力与批判性思维，需要

信息识别与加工、思维表达、学科实践的能力。

历史教学的过程是对历史的"解构、建构、重构"的过程，其核心点是围绕历史解释素养展开的。"解构"即把教材所述的历史现象分解还原成每个局部的基本原始单位。"建构"是重视学生学习的主动性，学习是学生基于原有的知识经验生成意义的过程。"重构"是学生将历史基本要素与个人经验结合后，以自己的理解方式来解释和表达历史，是内化后的学习成果。简而言之，对教材进行挖掘和开发是基础。以郭富斌老师的"五四运动与中国共产党的诞生"为例，从"人群：党的建立者是怎样一群人？""初心：创建者的所思所想""选择：为什么是马克思主义？"三个部分依次讲解，从"人"到"人心"再到"理论"，将一节有可能沦为说教的课程，变成兼具生动性、探索性、思政性的精品内容。

"转化意识"即课程实施能力，教学中有四个重要转化：把课标理念与要求转化为对教材的分析与处理、把教材知识体系转化为学生的学习体系、把教材结论转化为基于史料的逻辑推理与论证过程、把单纯的教师"教"的过程转化为在教师主导下学生学习的过程，这些都涉及教学操作层面，也是一线教师最关注的地方。作为教研员，要始终抓住"课标、教材、学生"三个核心，紧扣理解课标、活用教材、关注学习三个关键点。

我告诉老师们，备课时，要学会大处着眼、小处着手。"大"是一节课的价值引领、逻辑框架、素养培育；"小"是一节课的视角切入、史料选择、逻辑推演。我常常告诉老师们备课要从大到小，从课标要求、教材呈现到教学组织与呈现进行考虑；而上课要从小到大，一叶知秋，从历史情境、细节、故事的小切口入手组织教学，引导学生在感受历史、分析现象的过程中得出历史认识与历史规律。

以小见大的设计是问题情境的桥梁，要引导学生在生活情境中"找"历史、实践情境中"悟"历史、问题情境中"思"历史、游戏情境中"玩"历史，以历史中的人唤醒课堂中的人、成就生活中的人。

五、教而优则写、教而惑则写——教学写作与科研

我的专业成长简而言之四个字：听、说、读、写。听，是听课，在听课中模仿、反思与学习；说，是在与名师、同行的交流中学习；读，是读书，教学的高度往往

是由教师阅读的高度决定的；写，是教学写作，以研究者的姿态，把教育教学中的经验、困惑、事件和想法诉诸笔端，形成书面文字，进一步提升自己的教学方法。教学写作促使我要花时间去阅读、去观察、去思考、去研究，力争从一个"埋头教书匠"成为"理性的实践者"，从教学死脑筋成为思维缜密者，从课堂上的"匆匆过客"成为瞬间的永恒记录者。从教后，《中学历史教学参考》对我的教学写作帮助很大，我先是学习业内专家和同人的文章，后来自己也尝试动笔。2004年，我的第一篇文章《新教材、新图册、新教学》在《中学历史教学参考》上发表，这篇拙文的发表，推动我不断思考教学与写作的方法。

2005年，在郭富斌老师的指导下，我参与了《让思想的光芒照耀历史课堂》一文的文字组织。在这篇文章的写作过程中，我知道了选题来源于实践，要对教学的焦点、热点和争论点保持高度敏感。这篇文章是2005年写的，当时距离2001年启动第八次新课程改革已历时五年，很多一线老师不能从对历史学科育人价值和教学本质的理解出发去对待课堂教学，导致课堂上出现一些表面热闹，实则低效的教学行为，甚至出现违背历史教育价值的行为。在这种情况下，指明历史教学的方向非常重要，郭老师拟定了《让思想的光芒照耀历史课堂》一文的主旨与逻辑框架。借此我也知道了教学文章是要直接揭示内容的本质，使读者一目了然，要做到题文相符、简洁凝练、引人入胜，还要提出新的观点。此外，文章要具有可读性，文句要有气势。这篇文章后来被收入人大复印资料。

有了这篇文章打底，我找到了写作的路径，后来在听徐赐成老师的讲座和阅读其文章的过程中，对教学写作有了更深刻的认识，我开始用写文章的要求来写教案、用对待朋友的态度来写评语，克服"不能写"的自卑和"不必写"的误区。我的文章基本是围绕课来写的：《新课改理念在历史课堂上"软着陆"》一文认为"教学内涵的提升不要只关注外在教学形式和手段，教学方法、形式和技术手段要服务于教学内容，教学内容的核心是给予学生思想"，该文获得了陕西省教学论文评比一等奖；《蒙娜丽莎美不美？》一文以课堂上老师的设问"蒙娜丽莎美不美"为切入，指出应多视角对教材文本进行深刻解读，这篇文章被收入陕西省新课程改革成果集；《文以证史、史以载道——辛亥革命教学分析》一文提出了初中历史教学价值的思考和教学内容整合的方法，发表在《中学历史教学参考》上；《视野决定世界》一文讲述了自己在新课改以来的教学变化与收获，强调了教学视野的重要性，该文获得了全国新课程征文一等奖。在写作的过程中，我越发认识到阅读、反思、交流的重要性。只有不断地阅读、反思、交流，写作的灵感才会不断迸发。

尝到历史写作的甜头后，我从写论文发展到带领课题组做比较系统的课题研究，在工作中研究，以研究的精神工作，研用结合。目前我正在做的课题有"新课标下初中历史作业设计与实施的实践研究""初中历史单元教学的实践研究"等。

六、聚焦"三课"提升教研活动质量——教研员工作的思考

2018年，我有幸走上市级教研员的岗位，角色发生了重要的变化，从台前演员转向幕后导演，从独善其身到带领团队。历史教研组组长、备课组组长是每个学校历史团队的核心，但历史教研活动普遍存在被动、随意、低效的问题，探索教研活动提质增效的方法成为关键。2022年新课标中增加了"教师培训与教学研究"部分，如何组织高质量的科研、教研、培训三位一体的历史研训活动成了我的关注点。

教研活动是教师入职后学习的重要方式，首先要尊重成人及教师学习规律，中小学教师学习的基本类型是经验学习与实践学习，所以要遵循先操作后概念、先实践后理论的学习规律。教师专业发展的主要场域是课堂，要设计以课例为载体、以课堂为平台、以课题为抓手的理论学习，辅以实践研修和行为反思，最终达到改善教学行为的目的。

面向教师的教研活动与面向学生的教学活动一样，都需要精心设计，遵循成人学习规律，聚焦"三课"提升教研活动设计质量。一是要在以"课例"为载体的教研活动中，通过多人同课异构促使团队共研共进，通过一人同课异构促进个体经验反思。二是要在以公开课为载体的教研活动中，通过关注原行为阶段（关注个体经验的教学行为）——新设计阶段（关注新理念、新经验的设计）——新行为阶段（关注学生获得的行为调整）来设计教研活动。三是要在以课题为抓手的理论学习中，通过寻找自身与他人的差距来更新理念，通过寻找理念与现实的差距来改善行为。

学科培训方案的基本要素包含：学科教师及其教学的基本判断（优势与不足）、教研主题的确立、教研活动的目标、教研活动的内容、教研活动的方法与组织过程、教研活动的成果及运用。教研主题的确立是关键，需求为王道，要通过课堂观察、师生访谈、工具测评的方式进行课堂诊断，找准突出问题，确定培训主题；然后，

组建核心教研团队，从课堂教学、课题研究、作业命题、组织管理等角度出发，发现老师们的亮点与特长，组建教研团队，召开学科教研活动启动会，力争人人有计划、人人有研磨、人人有展示、人人有发展；最后，围绕课堂教学进行"四磨"（针对课堂教学问题，磨教学目标、磨教学内容、磨教学方法与手段、磨教学评价，从而改进教学设计）"三研"（研课例示范、研对照反思、研经验学习）。学科培训要通过教研活动，以教研组组长和备课组组长为教研核心，促进教师个体专业成长，逐步优化课堂教学；促使学习教学研究方式转变，经历成长的过程；促进教研群体的建设，建立学习共同体，实现教研方式的转型。

教研活动与课堂教学有异曲同工之处。教师是主导，学生是主体，应改变在教研活动中把学生当工具人、公开课一结束就让学生退场的做法。在评课环节中，应聚焦于"学习六问"（学了吗、学了多长时间、学了什么、怎样学的、学会了吗、学得愉快吗），让学生谈谈自己的感受和看法，让学生评课成为重要环节，以此来引导教师教学。

当年我是被动进入历史系，最后走上历史讲台的。如今我接近不惑之年，深深地感谢命运对我的垂青，学习历史、教授历史让我有了更宽广的人生视野和更豁达

2020 年组织西安市单元教学研讨活动

的人生态度，能够更容易地看清楚一些事情、想明白一些道理，也更容易获得幸福感。我是历史教学的赶路人，一路上有苦恼、有执着，有朋友、有师长，有收获、有幸福。这条路我会且歌且行，从容坚定地走下去，相信前方还会有更美的风景与故事！

▶ 点评

张老师从教26年，一路前行，在历史教学领域展现出了名师风范。她的成功，源于刻苦好学的态度、学以致用的理念和乐于奉献的精神。在学生时代，她就非常重视理论学习；工作以后，将理论与实践结合起来，更加注重学以致用。她经常参加公开课和教学比赛，也常常以教学研究为己任，不断提升自己、充实自己。在教学过程中，她不断探索历史教学的"术"与"道"，让思想的光芒照耀历史课堂，引导学生感悟历史，形成历史意识。在担任历史教研员期间，她不断深入课堂，指导教师树立全新的教学理念，带领团队加强教学课题研究，聚焦"三课"内容，以"学习六问"为基础，关注教学热点，加强教学反思，通过团队协作，提高历史教学的整体水平。"星光不问赶路人，时光不负有心人。"张老师说她是"历史教学的赶路人"，在我看来，她也是历史教学的寻路人、领路人。

教育部基础教育历史教学指导专委会委员　孟伟

张胜平：不忘初心，砥砺前行

  张胜平，男，教育硕士，浙江省万人计划"教学名师"，浙江省特级教师，正高级教师，湖北蕲春人。2001年7月本科毕业于陕西师范大学历史文化学院；2011年1月于浙江师范大学获得教育硕士学位。现任浙江省义乌中学教务处主任、年段主任。曾获"浙江省教坛新秀""浙派名师培养对象""金华市名师""金华市课堂教学改革先进个人"等荣誉。2015年、2016年，连续两年在中国教育学会历史教学专业委员会组织的全国历史优质课评比中获得一等奖；还曾获浙江省优质课一等奖（2016）、浙江省教学片断大赛一等奖（2015）、浙江省新课程教学能力大赛一等奖（2009）。出版专著《基于深度学习的高中历史教学研究》，在《历史教学》《历史教学问题》等刊物发表论文50余篇；主持或执笔省、地级课题10余项，应邀在教育部基础教育司、浙江省教研室及各地组织的各类培训活动中开设讲座近百场；执教的"两次鸦片战争"录像课被人民教育出版社采用，作为《历史·教师教学用书》配套光盘，全国公开发行。

转眼之间，在这一方窄窄的讲台上，我已默默耕耘了 23 个年头。

20 余年的光阴，说长不长，说短也不短。还清晰地记得，2001 年那个夏天，带着母校陕西师范大学"抱道不曲、拥书自雄""淳厚博雅、知行合一"的教诲，我用热泪挥别了青春，从古城西安来到诗画浙江，栖居于温婉而安静的"温泉之城"——浙江武义。在这里，我遇到了一批同样来自外地的新教师，大家同住壶山脚下、熟溪岸边，有着相似的人生经历和共同的工作环境，对生活、对人生有太多的感同身受，时常一起指点江山，激扬文字，也偶尔把酒言欢，共叙桑麻。在这里，我遇到了一批教学启蒙名师，他们严谨细致的教学风格与豁达平和的人生态度，让我逐渐平静下来，远离外界喧嚣，扎扎实实教学，踏踏实实研究，老老实实做人。2007 年夏，带着对小城的美好回忆与对未来的无限期许，我离开了武义一中，在恩师吴高泮先生的举荐下，我来到了义乌中学。义乌中学是一所百年名校，这里名师云集，吴高泮等一批特级教师如同一棵棵大树，呵护着一批批青年教师茁壮成长。而我也把人生最美好的时光献给了义乌中学，2007 年以来，我一直承担着繁重的教学任务；不过，也是在这里，我迎来了职业生涯的多个美好时刻，从一名普通老师逐渐成长为一名正高级名师、浙江省特级教师。

回首教学生涯，我曾春风得意、踌躇满志，也曾铩羽而归、向隅而泣；我有过高原倦怠、因循苟且，幸而迷途知返、重振旗鼓。这 20 余年的成长经历，可以用五个关键词来总结。

一、自我磨炼

李政涛教授曾说过："在'专业成长'已然成为老师追逐目标的今天，可能的误区在于把'专业成长'视为主要由外界力量推动的产物……教育其实是一项寂寞的事业，也是一个孤独的职业，很多问题必须依靠教师独自去面对和解决。对于教师而言，孤寂具有成长价值。要开掘出自身生长的源泉，教师特别需要摆脱对外界的依赖，转而沉浸于寂寞之中，以此使生命的根基获得生长的能量。"[①] 的确，教师专业发展的前提和基础是教师个体自主性的养成。

2006年，我从事高中历史教学工作满五个年头。在经历了一轮高三毕业班教学和三年文科班班主任的磨炼后，我自感在高中历史教育教学领域积累了一定的实践经验，可以驾轻就熟地解决历史教学、班级管理过程中的难题，这也为我的专业发展提供了一定的自主的时间和空间。于是，我选择报考并攻读浙江师范大学的教育硕士学位，也算是了却五年前读研未果的夙愿。2007年至2010年，在浙江师范大学在职攻读教育硕士的日子里，我师从中亚史和中西关系史专家许序雅教授，钻研历史学科教学前沿，反思过去五年的教育教学实践，尝试撰写历史学科教学论文，来回奔波于单位和学校之间，牺牲了所有节假日，终于在2010年底顺利拿到教育硕士学位证书。我利用这一段时间接触了不同地区、不同学校、不同老师的不同教学风格，逐步开阔了专业视野，夯实了学科教学理论功底，为自己此后十余年的专业发展打下坚实的基础。

在攻读教育硕士的这几年，我还参加了几次教学比赛，比如金华地市教坛新秀评比、浙江省新课程教学能力大赛、金华地区解题能力大赛、义乌市学科带头人评比等，获得了一些荣誉。通过一次又一次教学比赛的锻炼，我的历史教育教学能力逐渐得到地区同行和专家的认可。2011年，在学校连续多年高级职称名额紧张的情况下，刚刚达到晋升高级职称年限的我，幸运地以学校总分第一的成绩顺利获评高级职称。当时，国家尚未推进中小学正高级职称评审工作，受多种因素的影响，我自感专业发展难以取得进一步突破，提升空间非常有限，剩下的时间可以安安稳稳地教书、带班和顾家。连续三四年时间，我专业发展动力不足，方向不明，没有取得像样的教育教学成果。直到有一天，我突然意识到自己的教师生涯还剩下接近30年，如果没有新的专业追求，一味地满足于现状，只做一名"教书匠"，直至退休，这样的一生，还有意义吗？

为实现自我突破，我决定重新启航，以比赛加动力，以比赛促成长。2015年，我参加市、省、全国的历史教学片段大赛；2016年，参加市、省、全国历史优质课评比；2017年，逐级参加教坛新秀评比。这些比赛中，我是"高龄"选手，还是

---

① 李政涛：《孤寂中的教育》，《今日教育》2014年第6期。

"高级"选手。与一大批年轻人同台竞技，一方面我深感年轻人充沛的精力、蓬勃的朝气、敏锐的思想和宽广的视野；另一方面，"高龄""高级""名师""工作室导师"等标签也让我备感压力。因此，每一场比赛我都不敢有任何懈怠和侥幸，只能精益求精，力争把每一个环节都精细打磨。

这几年，我设计的一系列公开课，在行业内得到了大家的认可。比如，2013年在浙江省高中历史疑难问题培训上，我开设了"美苏争锋"（人民版必修一专题第1课）一课，我以大量历史照片、历史漫画、历史地图为载体，通过"风云变幻争锋起""剑拔弩张争锋劲""是非公论争锋评"解读这一段历史，并引导学生通过"四步读图法"（慧眼识图、借史释图、用心品图、运情绘图）掌握历史图片解读的基本方法。2016年，在浙江省和全国高中历史优质课评比中，我参评的课题是"顺乎世界之潮流"（人民版必修三专题三第1课），我以"晚清时期国人从抗拒到顺应现代化潮流"为教学立意，以"读书信、悟心态、寻历程"为教学线索，通过"读君主的信""读士大夫的信""读仁人志士的信"三个教学环节，分别引导学生深入18世纪末、1840年前后、1900年前后三个时代，体会不同时期不同阶层的国人心态从"优越"到"耻辱"的变化，探寻国人从"学习西方先进技术以抵御西方侵略"到"为挽救民族危机主张发展资本主义主义经济和政治制度"的思想历程。[①]2019年，我设计的"两次鸦片战争"（统编教材《中外历史纲要（上）》第五单元第一课）的课例，被人民教育出版社采用，作为《历史·教师教学用书》附录的教学设计，并拍摄了视频录像课光盘，与《教师教学用书》配套同步发行。该设计以"同与不同"为教学线索，通过"同样的时代，不同的社会""同样的事件，不同的解释""同样的条约，不同的理解""同样的遭遇，不同的回应"四个环节，将"19世纪中期的世界与中国""两次鸦片战争及不平等条约""师夷之长技以制夷"三大板块内容贯穿起来，帮助学生理解鸦片战争前后相关的历史事实及其内在的历史逻辑。[②]2021年，我以《中外历史纲要（上）》第29课"改革开放以来的巨大成就"课后的问题探究与学习拓展为内容，基于历史学科核心素养，以"改革开放以来中国教育的发

---

① 张胜平：《以"顺乎世界之潮流"为例谈"历史理解"》，《历史教学（上半月刊）》2016年第12期。

② 张胜平：《指向核心素养的历史教学问题设计——以部编教材"两次鸦片战争"一课为例》，《历史教学（上半月刊）》2019年第11期。

与吴高泮、周百鸣等老师在一起

展"为主题，设计了一堂探究与拓展学习活动课。在该教学活动设计中，我以体验学习目标的达成及核心素养的落地为出发点，指导学生对当事人进行访谈，帮助学生通过采访调查，感受改革开放以来中国教育的发展，体会社会的进步，认识时代变革中教育的"变"与"不变"，进而树立正确的人生观和价值观。[①]

  这几年的春夏时节，在教学工作之外的时间，我基本上都把自己关在学校工作间里，广泛阅读，研究教材，精心构思，打磨设计。无数个晚上，我独自在教学楼挑灯夜战至凌晨，然后才踏着月光、听着虫鸣步上归途；也在临近比赛的无数个清晨，因赛前焦虑早早醒来，不忍惊扰妻儿，悄悄来到阳台，沐浴第一抹霞光。我曾因备课陷入死胡同或走了弯路而懊恼不已，也曾因连续作战免疫力下降导致身体不适一度想要放弃。还记得在40岁生日前夕结束了教坛新秀评比的我，疲惫感扑面而来，我发出"告别青春最后一战，再见四十"的朋友圈；更记得在全国优质课大赛获奖后，与浙江同行高歌猛进，在太行山边走边唱的酣畅淋漓的时刻。

---

① 张胜平、郭爱:《体验学习视角下探究与拓展活动的设计》,《中学历史教学参考》2021年第5期。

这几年是我最忙碌的几年。除了正常的教学工作之外，各类比赛需要耗费大量的时间和精力去准备。我还同时兼任着班主任、年段主任、教务处管理者等多个角色。但这几年也是我教育教学成果相对丰硕的几年。因此，我认为，工作繁忙并不能成为教师不去阅读、思考、写作的理由。时间不是问题，能力也不是问题，最大的问题是教师自己对待专业发展的态度。当你真正产生了专业发展的动力，认识到工作的意义和价值时，所有的问题都会迎刃而解。

这些年，曾经设计的教学案例还记忆犹新，曾经经历的比赛还历历在目，曾经体会的苦痛还刻骨铭心。正如特级教师余映潮所言："生活中富有诗意的日子并不多，对生活的诗意感悟与回忆会给往昔平淡或者苦难的日子增加诗味。生活曾经折磨过我们，生活又让我们回过头来品味这种折磨的深长意味。"[①]这些年，磨人的教学比赛和岁月一起在我身上留下了鲜明的印记：头发被越磨越少了，身材却越磨越肥了；同事眼中的俊朗小哥被磨成了油腻大叔，孩子们心中的"平哥""大帅"也被磨成了"胜平爸爸"。但正是这些比赛拯救并淬炼了历经短暂高原期的我，使我的课堂教学有了新的方向，对历史教育有了新的感悟，对个人专业发展有了新的追求。

二、外力推动

教师在社会中属于知识分子群体的一部分，具备较高的学科素养和道德修养。个体自主性在教师专业发展中具有重要地位，而外力也是推动教师专业发展的重要因素。教师在面对来自行政力量、社会期待、学生发展、同行竞争、评价机制等多重因素时，需要保持较高的职业尊严和成长自觉。在我的教师专业发展中，恩师吴高泮先生和前浙江省高中历史教研员周百鸣先生对我影响甚大，正是在他们的鞭策之下，我在历史教学上初心不减，精进不断。

吴高泮先生是著名的特级教师，时任浙江省教育学会历史分会会长，兼任全国历史教学研究会理事。从教30余年，吴老师教风严谨，所带学生的高考成绩居省、市前茅，但他依然虚怀若谷、开拓进取，助推着一届届学生奔向美好前程。吴老师

---

① 朱永新：《中国著名特级教师教学思想录［二］》，华东师范大学出版社，2016年，第117页。

探索并创立了历史网络教学法，注重知识网络体系的构建，突出历史思维能力的培养，教学效果显著。2005年12月，浙江省历史教学研究会和金华市特级教师协会联合举办了"吴高泮教学艺术研讨会"，在省、市中学历史教育界有较大影响。

从教之初，我在各种场合总能听到关于吴老师的种种赞誉，或是赞其对历史教育教学的真知与灼见，或是颂其对青年教师的指导与提携，或是对其高尚人格的仰慕。直至初见恩师，才知其已年近花甲，但他的课堂却时时洋溢着儒雅之风，处处闪烁着思想之光。我一直记得，吴老师凭我俩一次短暂的交流以及我的一节不算亮眼的公开课，顶着压力将面试表现平平的我引进义乌中学，我因此而有幸成为他的关门弟子。

2008年初，普通高中课程标准试验教科书选修（2007年版）1B模块"世界文化遗产荟萃""历史上重大改革回眸"进入浙江省高中历史课堂。为推动新教材新理念的落地，让广大历史教师能尽快适应1B模块教学，省教研室高中历史教研员周百鸣老师特地组织了一次高规格的高中历史新课程培训会议，安排了一批教学理念先进、教学实践经验丰富、教材理解能力突出的一线名优老师进行教学实践指导。周老师邀请吴老师对"世界文化遗产荟萃"第三、四单元进行教材解读并提出教学建议，而吴老师考虑再三，将这次发言机会交给了名不见经传的我。这是吴老师第一次把我推到前台，而且是如此重要的平台。经历了短暂的忐忑与不安之后，我马上投入工作状态。当时，"世界文化遗产荟萃"教学对于广大高中历史教师而言，是一个非常大的挑战。由于该模块涉及建筑、艺术、体育、宗教、历史等多个学科领域的知识，综合性强，且大多不具备实地考察的条件，所以教学难度不言而喻。我花了一个月左右的时间，不断地研究新教材，搜集各种资料，设计教学环节，最终不辱使命，在全省高中历史骨干教师面前顺利完成了周老师和吴老师交办的任务。

吴老师一次次地给我锻炼的机会，从公开课、讲座到教学比武，指导着我一步步走出学校，走出义乌，走向全省，在省内崭露头角。当然，头顶"著名特级教师吴高泮老师弟子"光环的我，也感受到了较大压力。2009年7月，浙江省教研室在舟山举办了首届"高中历史新课程教学能力大赛"，这是为适应新教材教学需要、提升青年历史教师综合素养而办的一次大赛。大赛分为两个环节：命题比赛、说课比赛。我有幸通过逐级评比，代表金华市参加省赛；吴老师应邀担任此次大赛评委。这次大赛最让我记忆深刻的不是舟山群岛的美景和美食，也不是最终获得一等奖的喜悦，而是在抽到课题"追寻生命的起源"后备课和制作课件时内心的挣扎。在准备比赛的两个小时中，吴老师的身影仿佛一直在我身边，我有一半以上的时间在思考："如果我没有拿到一等奖，我该如何去面对师父？""如果我表现不佳，坐在评委席上的吴老师会怎么想？"我在困惑中挣扎，在挣扎中备课。在这样的煎熬中，我以不算太好的状态完成了比赛，有惊无险地拿下了省一等奖，也算没有辜负吴老师的栽培。这场比赛虽然过去了十余年，但赛前的心路历程至今仍历历在目。

师父既是一座高山，巍巍荡荡，仰之弥高；又像一棵大树，呵护着我们在教育路上健康成长；更像一盏明灯，指引着弟子们不忘初心，砥砺前行。如今，吴老师已退休多年，但他还经常参加历史组的聚会，和我们一起聊历史教学，他对教学问题的思考一直没有停止。每每遇到十字路口犹豫不决，或是心生倦怠惝恍迷离时，我会习惯性地去吴老师家坐坐，和他聊聊天，听听他的教诲，并由此重拾阳光，再度启程。恩师虽已近耄耋之年，但仍然精神矍铄、思维敏捷，脸上永远挂着父亲般慈祥的微笑，在他身上，我看到了学者的修养、师者的风度、智者的视野、仁者的胸怀。恩师既是我专业发展的重要动力，更是我的精神导师。

周百鸣先生退休前任浙江省高中历史教研员。在担任省教研员期间，周老师带

与戴晓萍等老师在一起

领浙江省高中历史教学界同人，不断探索高中历史课程改革与课堂教学模式转型，发现和培养了一大批浙江青年才俊。周老师为人友善，乐观豁达，但对待教学却近乎苛刻。他会为一段出处不明的史料追根溯源，直至找到源头或避而不用；也时常为试题中某处微小的不严谨的表述，与老师们争得面红耳赤，直到形成更科学、更严谨的表达。周老师对我的专业成长关爱有加，但也要求严格。

2015年夏，我有幸通过选拔参加浙江省教学录像片段大赛，但因各种事务性工作导致比赛准备不足，提交的教学录像片段质量远没有达到周老师的预期。于是，省赛评审当天，周老师看过我的参赛作品后给我打了一个长长的电话。我知道周老师的脾气，只能如实交代比赛准备不足的实情。周老师听后狠狠地批评了我，大意是省赛机会非常难得，有机会代表地区参赛就要格外珍惜，必须全力以赴，要力争走出浙江，走向全国。一通严厉批评之后，周老师又从课题选择、教学设计、课堂把控、视频拍摄、技术处理等多个角度对我进行了详细的指导。这是对我的专业发展影响至深至远的一通电话，虽然整个通话的大部分时间是周老师在说，我只是默默聆听或者偶尔回应，但我也因此强烈地感受到周老师等老前辈对我专业发展的巨大期待，从而真正下定了自己在专业上进一步突破的决心。经过周老师的批评教育，我的专业态度发生了较大改变。此后，对于任何一次比赛、公开课或者讲座，不管是什么级别，哪怕是常态教学，只要是专业的事，我都会认真对待，精益求精。

除了吴高泮老师、周百鸣老师外，还有一大批优秀的老师关心着我，如前任浙江省教研室戴晓萍老师、嘉兴教育学院戴加平老师、杭州师范大学附中朱世光老师、衢州一中徐衍昌老师、浙江师范大学附中陈亚利老师、武义一中章国好老师、余姚市教研室章岳坤老师等，他们的关心、提携、鞭策和指导是我专业发展的重要推动力。

三、携手登高

生态取向的教师专业发展理论认为，置于特定教师群体中的教师个体，应关注群体中的人、事、物等各要素及其相互之间的关系；基于生态观的教师专业发展，打破单一关注教师本身的局限，转而关注教师如何更好地与其所处的日常工作环境

义乌中学历史教研组

中的各要素融合共生，以获得专业成长的持久动力。[1]作为教师个体而言，其专业发展一定程度上与其工作圈、生活圈、朋友圈有极大关系，教师与其所在的备课组、教研组、办公室、学校、工作室之类的学习共同体等成员的良性互动与竞争，会使其拥有积极向上的工作态度、阳光健康的生活状态，甚至对其世界观、人生观、价值观都会产生正面的影响。因此，教师一方面要能够及时打破舒适圈，挑战恐惧圈，进入学习圈、成长圈，以期融入专业成长的自在圈；另一方面，要善于提取身边优秀教师的成长基因，并从中获得专业发展的智慧。

特级教师袁湛江曾说："成长不需要理由，但需要土壤。"回首我的专业成长历程，有两次选择对我的专业发展影响很大。第一次重要选择是2007年8月，我选择加盟浙江省义乌中学。义乌中学历史教研组勇于开拓、锐意进取、团结和谐，曾获得"金华市先进教研组""义乌市劳动模范集体""义乌市先进学科组"等荣誉称号。教研组名师辈出，至今共培养了三位特级教师，有多位老师曾在浙江省、全国高中历史优质课评比中获一等奖，荣获"金华市名师""学科带头人""教坛新秀"等荣

---

[1] 赵冬臣：《教师专业发展的六个原理》，《教师教育学报》2019年第6期。

誉。教研组的历史网络教学模式被评为金华市经典教学模式，在金华市乃至全省都产生了较大影响。我加盟义乌中学后，历史教研组前辈以兢兢业业的工作态度和孜孜不倦的研究精神，给我树立了最好的榜样。一方面，他们在学科教学、班级管理方面给了我无私的支持，使得我能够迅速适应新学校、新环境；另一方面，他们也给了我一定的压力，鞭策着我不断向前奔跑，不敢有丝毫的懈怠。

有人说：教师要成为自己的CEO。要成为一位名师，除了完成正常的教育教学工作外，还必须在教学比赛、论文写作、课题研究、课程建设、教师培养、学生发展、区域影响等方面下功夫，实现全面发展。正是在教研组全体同人的支持下，我开始系统规划自己的职业生涯，对自己的教育教学进行整理与反思，发现了自身存在的不足。在接下来的时间里，我和教研组同人一起，共同努力，一起进步，比如合作申报课题，开展相关研究并取得了一些成果；共同进行课堂教学模式改革，探索适合义乌中学学情的具有学科特色的历史教学模式；联合指导学生参加全国中学生写史大赛、清华大学登峰杯创新大赛、学校历史学科节等。

第二次重要选择是2014年7月，我有幸被推荐为"浙派名师"培养对象，并参加由浙江师范大学承办的高中历史名师班的学习。进入名师班之前，我已拿下高级职称，且早年就评上了地区教坛新秀，已多次在地级市活动中开设讲座、公开课，参与联考命题等，也曾经参加过省级比赛获得一等奖，在原有圈子里我自我感觉良好。但进入名师班后，我才发现自己是井底之蛙。这两年时间里，我所接触的人、所经历的事，以及所思所悟，似乎让我融入了一个新的生物圈。这届名师班系浙江师范大学博士生导师赵志辉教授总负责，陈彩云教授任班主任，由20位浙江省各地区最优秀的一线教师组成，无论是学科专业知识、教学与研究能力，还是区域影响力，都属于业内翘楚。从2014年至2022年，已有9位学员晋升为正高级教师或被评为"浙江省特级教师"。

在名师班的两年时间里，我的内心是挣扎的。一方面，名师班学员的学科知识丰富、课堂教学能力强、科研成果丰硕，使我相形见绌，备感压力。很多时候，我在问自己："我努力的方向在哪里？是聚焦于形成个人教学特色、教学艺术、教学思想等长远目标，还是放弃努力，紧盯好眼前那点分数、成绩就好？"但另一方面，在我取得一丁点小成绩时，导师、名师班学员们给予了我最大的鼓励与肯定，让我内心又升腾起前进的想法。正是在这样的矛盾状态中，我努力调适内心，继续前行。

人和人之间的缘分是奇妙的。两年名师班的学习、交流，使得学员之间建立了深厚的感情，团队内部也产生了美妙的化学反应，呈现出积极进取、比学赶超的面貌。我也开始关注到这些优秀的老师是如何协调教学、研究与行政工作之间的关系的，他们是如何将教学、听课、培训活动的价值最大化的，他们是如何利用、管理时间的，他们最近又取得了哪些成果，他们关注了哪些热点话题，甚至他们关注的微信公众号、转发的推文我都会留意。也就是在这一段时间，我不自觉地养成了一个习惯——时刻关注名师班同学所取得的教育教学成果，一方面为他们的成功而高兴，另一方面借以提醒自己不断努力，思考自己和他们的差距在哪里。

在名师班的这两年，我的收获是巨大的。一方面，名师班丰富多元的课程拓宽了我的专业视野；另一方面，名师班学员之间相互激励，激发了我专业发展的内驱力。正是这样的圈子，构成了真正意义上优秀的"学习共同体"。

四、扬长补短

"给学生一杯水，老师要有一桶水。"这句话意在提醒教师要不断学习，丰富专业知识，提升专业素养，才能满足学生多元化发展的需要。在我看来，一桶水与一杯水，只是师生间知识传递的多种情形中的一种而已。在教学实践中可能还存在以下情形：教师有一桶水，学生只收获半杯水；教师有两桶水，学生也只收获半杯水；教师只有半桶水，学生能收获一杯水；教师有一桶水，但学生能收获两桶水……如此多的情形，哪一种才是理想的教育实践不言而喻。基于这样的命题，为了让自己拥有更多的水，教师该如何丰富、优化自身的知识结构呢？

常言道，知识的厚度决定了教育的高度。而教师的知识结构包含了知、能、情三个组成部分。"知"是教师专业实践活动的认知系统，是教师专业发展的基础；"能"是教师专业实践活动的操作系统，是教师专业发展的重点；"情"是教师专业实践活动的动力系统，是教师专业发展的核心。一方面，知、能、情三个部分紧密联系，共同构成教师的综合知识结构，从而实现教师的全面发展；另一方面，同一位教师在职业生涯的不同时期，以及同一时期不同教师个体之间，知、能、情三个部分所占比例也不尽相同，呈现出动态开放的特征。

有专家引用"恩格尔系数"这一概念来说明这一问题。恩格尔系数是指家庭中食品支出总额占消费支出总额的比重，与之类似，教师知识的"恩格尔系数"指的是学科知识占知识总量的百分比。苏霍姆林斯基曾说过，"学科知识应该处于教师知识结构中的一个角落，而不应在中心，更不应该是全部"[1]，因此，教师在丰富自己的知识结构时，除了关注"知"外，还要关注"能"和"情"。在汲取学科知识时，教师还要丰富自身的教学知识、学生知识、课程知识等，并且不断优化。

正如"一桶水"和"一杯水"的命题，如果把"水"视作"学科知识"的话，我清楚我所拥有的"水"还不够。我从小喜欢就观察、动手和演绎，却惰于阅读、表达和思辨。然而在高中时，我却阴差阳错地进了文科班，也因此在理科思维和文科专业之间天真而又痛苦地挣扎了很多年，直到大学毕业我才彻底放弃幻想，最终成为一名历史教师。但我深知自身学科知识的不足，因此我要为自己的那只桶里不断加水，通过阅读努力提升自身文科素养；同时我也在思考，除了"加水"以外我还可以做什么？我是否可以把我有限的"水"尽可能多地传递给我的学生？于是我扬长补短，不断钻研历史教学"能"与"情"的知识。

比如，在教学实践中，我引导学生通过建立模型的方法学习历史，取得了不错的成效。高中历史新课标始终强调学生不仅应该掌握历史知识，更应该掌握学习历史的一般方法，这些学习方法对学生的终身发展具有重要价值。"模型法"是通过研究模型来揭示原型的形态、特征和本质，以简化和直观的形式来显示复杂的事物或过程，是一种理性思维方法。在历史学习过程中，纷繁复杂的历史背景、跌宕起伏的历史事件、广阔深远的历史影响让学生备感学习难度大。如果尝试着把历史知识与一定的模型相联系，以简单明了、通俗易懂的方式去再现历史，则不仅能够适应学生的认知规律，也可以提升高中历史课堂的内涵，帮助学生在学习历史知识的同时掌握科学的学习方法，提升历史教学的价值和魅力。[2]有效的情境教学是打造富有生命力的历史课堂的重要途径。目前历史课堂的情境教学还存在着许多误区和问题，如选择的情境材料冗长繁杂、代表性不强，情境材料的使用方式欠佳，探究活动单一等。我认为，历史教师对情境材料的慎选与巧用是情境教学成功的关键。因此，

---

[1] 吴加澍：《从优秀走向卓越——物理教师的三项修炼探微》，《中学物理教学参考》2011年第40期。

[2] 张胜平：《例谈"模型法"在历史教学中的运用》，《教学月刊（中学版）》2011年第7期。

教师在教学设计时应选择具有针对性、生活性、时代性、趣味性的情境材料，教学活动中突出一条主线，重视一材多用，灵活选择呈现方法，优化探究方式，从而提高教学的有效性。我还根据教学内容和教学要求的需要，精选一些具有典型意义的历史图片素材，深度解读，充分激发学生的探究热情；精心设问，实现历史图片与教学内容的艺术对接；对漫画图片进行适度加工，打破学生的思维定式；挖掘图片外显和内隐的信息，创设不同的情境，激活历史课堂。[1]高三复习课教学过程中，为改变复习课重复、单调的特点，我还尝试让学生撰写"印象叙说"，提高其历史解释与历史评判能力，培养其比较、分析和评估不同历史解释的价值和意义的能力。学生在完成"印象叙说"的过程中，充分调动了所学的历史知识，在和同伴广泛讨论交流的基础上，形成了自己对历史事件的认识和感悟。这不仅激发了学生历史学习的积极性，提高了复习课的教学效率，而且提升了学生的"历史解释"核心素养，以及合作、交流、表达等方面的能力。[2]在数据史料教学过程中，我会全面、客观、深度挖掘数据史料背后的历史信息，理清其蕴含的历史逻辑，充分发挥数据史料的历史价值与教学价值，进而优化教学设计，营造更加"真实"的历史情境，引导学生对数据史料进行解读，不断提升学生的思维水平，帮助其实现深度学习，培养其学科核心素养。[3]为促进历史课堂中深度学习的发生，我会精选信息量丰富和具有思维张力的史料，精心设计教学环节，有计划、有步骤地引导学生基于有限史料展开合理想象、基于零散史实构建知识结构、基于历史情境形成内在体验、基于浅层表象把握问题的本质、基于历史智慧解决现实问题、基于学科知识实现"人"的成长。在这样的课堂中，教学内容不是只需学生记忆的、静态的、逝去的历史知识，而是需要学生充分调动思维去理解、感悟、体验、解释的历史知识。这样的历史课堂才能使历史知识活化为历史智慧，升华为学生精神品质，转化为学生认识世界的方式，这样的历史学习过程才能真正在学生的成长中留下印记。[4]

---

[1] 张胜平:《鞭辟入里　精雕细琢——例谈"一图多用"的教学设计艺术》,《现代中小学教育》2016 年第 32 期。
[2] 张胜平:《基于提升历史学科核心素养的高三复习课教学》,《历史教学问题》2016 年第 2 期。
[3] 张胜平:《学科核心素养视域下数据史料的深度挖掘》,《教学与管理》2020 年第 4 期。
[4] 张胜平:《历史课堂中深度学习的六大表征》,《历史教学（上半月刊）》2018 年第 6 期。

通过精准研判学情，精心挖掘史料，创设"真实"情境，巧妙设计问题，优化课堂教学，开展诸多学习活动，在激发学生的历史学习兴趣、培育学生的历史学科核心素养的同时，我也不断提升着自己的历史学科教育教学能力，丰富着自身的知识结构。

五、主题研究

"教而不研则浅，研而不教则空。"优秀教师要学会表达自己，而写作则是表达自己的最佳方式。苏联教育家苏霍姆林斯基说："如果你想让教师的劳动能够给教师带来乐趣，使天天上课不至于变成一种单调乏味的义务，那你就应当引导教师走上从事研究的这条幸福的道路上来。"杭州师范大学原特级教师朱世光也曾说过："教学与科研是教师行走在事业之路上的两条腿，不以教学为重，则是教师丢缺本业；没有科研，教师则难以发展，更妄谈成为名师和人师。"因此，教育科研对于教师发展来说至关重要。

从教之初，我就明白科研对教师专业发展的重要性。当时武义一中十分重视教科研，有一批在科研方面非常有建树的老师，如王海斌、章国好、陶汉斌等。受他们的影响，我也尝试着结合教学实践撰写教学论文，并于2004年8月在《教学月刊（中学版）》上发表了我的第一篇教学论文《浅析高中历史课程标准下历史教师的角色转换》，这篇论文极大地提升了我的科研兴趣和信心。此后，我陆陆续续在《中学政史地》《起跑线》《中国多媒体教学学报》等刊物上发表了一些豆腐块文章，只是文章的质量和影响力还远远不够，在相当长的时间里，我陷入科研瓶颈难以突破。

直到最近十年左右，我误打误撞摸索出一条"主题研究"的科研路径，才取得了一些像样的科研成果。2013年11月，在浙江省高中历史疑难问题培训会上，我应省教研室之邀，开设高考一轮复习公开课"美苏争锋"，得到与会专家的好评和鼓励；2014年7月，在浙江师范大学学时培训班中，我以"美苏争锋"课例为例，开设讲座"基于漫画资源解读历史"；2014年，我承建了校本选修课程"历史漫画赏析（中国近现代史部分）"，该课程被评为浙江省第四批普通高中推荐选修课程和浙江省精品选修课程；2015年，我撰写的科研论文《三维目标在历史漫画教学中的运用》公开发表①；2016年，我主持的省级课题"新课改背景下高中历史漫画教学研究"结题，课题报告获省一等奖。

此后，我开始反思我个人关于"历史漫画教学"的相关教学实践，着手探索"主题研究"模式，个人专业发展也由"自发"进入到"自觉"阶段。在"主题研究"模式下，我根据历史学科教育教学前沿热点或当前历史教学的共同问题确立教研主题，引导团队成员围绕教研主题申报课题，开设公开课、专业讲座，承建选修课程，开发微课程，撰写科研论文，产出以该主题为核心的一系列科研成果。

当然，"主题研究"模式离不开理论与实践的融合共进。培养学生的学科核心素养，是当前高中教学的重要使命，而这又离不开教师教育理论水平与教学实践能力的提升。为此，我一方面坚持学习教育教学理论，将理论应用于教学实践，以提升课堂教学水平；另一方面坚持教学反思，对教学实践进行理论提升，从而增强教学研究能力。在教学与研究过程中，我还紧跟学科前沿，先后确立"情境教学""历史漫画教学""学科核心素养培育""历史解释素养""深度学习""作业改革"等教学研究主题，以学习共同体为理念，以名师工作室活动为载体，带领工作室成员，循序渐进开展了一系列具有鲜明特色的主题研讨活动，形成了一批主题鲜明的教育教学成果，在教育教学领域产生了一定的学术引领和学科辐射影响力。

特别是"深度学习"这一主题，自进入教育教学领域后，不仅引发了高校研究者的高度重视，更是受到了来自基础教育工作者在实践层面的全力支持。作为奋战在中学教学一线的基础教育工作者，我十分关心深度学习的问题。高中历史课堂中的深度学习，是指在历史教师的引领下，学生围绕中外重大历史事件、历史人物和历史现象中的学习主题，运用历史思维和历史学习方式，把握历史学科本质、逻辑、思想和方法，形成具有学科核心素养的学习过程。那么，在历史教学中，历史教师又该如何通过课堂教学的设计与实施，实现深度学习？于是，我基于深度学习的理念，结合高中历史教学实践，开展了系统的探索与研究，产出了一系列科研论文，并以《基于深度学习的高中历史教学研究》为题集结成册，由浙江大学出版社于

---

① 张胜平：《三维目标在历史漫画教学中的运用》，《中国多媒体与网络教学学报（电子版）中学版》2015年第2期。

2021年9月正式出版发行，首都师范大学教师教育学院教授、博士生导师张汉林老师欣然为该书作序。该书基于历史学科特性，从历史理解、联系建构、历史想象、深究本质、活动体验、迁移应用等六个层面，具体阐述了高中历史课堂教学中深度学习的策略，并附上了我和我所在的团队基于"深度学习"理论精心设计的四个典型教学案例。这些案例按照教材分析、学情分析、教学目标、重难点分析、设计思路、教学过程、教学评价、教学板书、教学反思（或课例点评）的模

与张汉林教授一起

式呈现，对高中历史新教材教学设计与实施、促进学生深度学习、培育学生学科核心素养具有积极的指导意义。

尼采曾说过，人的精神有三种变形：骆驼、狮子、婴儿，分别对应着"你应""我要""我是"三个阶段，有人也将此解释为人生的三重境界。我觉得，用尼采的"三种变形"说来说明教师的专业发展也是合适的。骆驼，意味着对教育事业心怀崇敬而能坚毅地负荷前行，钻研学科知识，精进教育教学技能，提升历史教学艺术，这一阶段需要不断接纳、积累、苦行、沉潜。狮子，意味着在教育教学实践的千锤百炼后形成了自己的学科教学特色，成为学科教学领域标志性的人物，在区域内产生了较大影响力，这一阶段需要释放、创造、担当、引领。婴儿是一个理想化的阶段，意味着一个新的阶段的开始，需要一切归零、完成蜕变、回归初心、收获新生。

我深知，在高中历史教学领域，我资质平平，只是尼采眼中的"骆驼"。很多同人有更深厚的史学功底、更深刻的历史思维和更深邃的教学艺术，而我只是有幸得

到并把握住了一些机遇。因此，我是幸运的。对我来说，当前阶段既是我职业生涯一个阶段的终点，也是另一个阶段的起点，希望自己保持初心，践行立德树人使命，引领学生成长。

▶ 点评

张胜平老师将自己二十三年的从教经历凝成了五个关键词：自我磨炼、外力推动、携手登高、扬长补短、主题研究。这是对他教师成长生涯的精准诠释。自我突破、自我成长是教师专业发展的前提，张老师通过参加各种比赛以及公开课展示不断磨炼自我，其间虽有短暂的焦虑，但他却能不辜负每一个机会，精心打磨每一节课，在取得可喜成果的同时，实现自我的蜕变与成长。在这二十三年中，张老师怀揣对恩师无私教诲的感恩之心，与同行携手登高，一路前行，不断探索主题研究模式，以学习共同体为理念，以名师工作室活动为载体，带领工作室成员，循序渐进开展具有鲜明特色的主题研讨活动，形成了一批主题鲜明的教育教学成果。张老师以一颗求索之心，积极进取，真正践行着立德树人的教育使命。"人是要有一点精神的"，张老师不忘初心、砥砺前行的精神值得敬佩，更值得学习。

教育部基础教育历史教学指导专委会委员　赵伟

张伟迪：用匠心守望高原

张伟迪，女，陕西省兴平市人，教育硕士，西藏民族大学附属中学正高级教师。教育部基础教育教学指导委员会历史教学指导专业委员会委员，教育部师范类专业认证专家成员。一直从事高中历史教学及班主任工作，先后公开发表教育教学论文10余篇，主持并完成4项省市级科研课题。曾荣获西藏自治区首届十佳班主任等荣誉称号。

一、问渠那得清如许，为有源头活水来

1987年是我人生中具有里程碑意义的一年，那年我初中毕业，并顺利进入咸阳市武功师范学校读书。这意味着三年后我将成为一名小学教师，实现我儿时的职业理想。

武功师范学校（简称"武功师范"）坐落在咸阳市武功县城西北方向的台塬上，1987年这所学校由宝鸡地区转交咸阳地区管理，受交接的影响，那年一年级新生是11月8日开的学。八七级共六个班，300多名学生，我被分到了一班。武功师范开设的课程很全，重视学生综合素质的培养，我的基本艺术素养就是在这里逐渐培养起来的，比如音乐识谱、弹脚踏风琴、简笔画、舞蹈编排、书法基础、艺术鉴赏等，这是我们的基本功。武功师范的老师们非常敬业，我现在还记得教过我代数的李仁老师，他是学校的教导主任，为人和蔼谦逊，知识渊博，对我们学生非常关爱。毕业后由于工作忙，想去看望他却一直没能成行，后来听到李老师过世的消息，我心里很是内疚。教我们教育学的鲁秋香老师，在我最低落的时刻给我鼓励和信心，帮助我前行，至今永不能忘。武功师范学风很好，大多数学生能够认真对待每一门课，学习习惯好并且很自觉。中师教育是不开设英语课程的，因为那时的小学没有英语课。但班上好多同学一直在自学高中英语，这里面也包括我。我上中师时性格内向，又无其他体育爱好，经常把高中的数、理、化、英教材借来补充。回想三年的中师时光，每时每刻都觉得无比充实。1990年中师毕业后，我以优异的成绩被保送至咸阳师范专科学校历史系。

咸阳师专就是今天的咸阳师范学院的前身，坐落在咸阳市北塬上，我从武功北塬来到了咸阳北塬，这里同样地势开阔，向南望去，秦岭绵延，若隐若现，让人心旷神怡，是读书的绝佳之处。进入咸阳师专学习，我明显感觉到和同学们的差距。他们文科基础很扎实，而我的知识深度不够，尤其在中师历史课上学的是"粗线条"的中外史纲，又没有学习压力，基本上凭兴趣，加上对数理化本身的偏好，历史学

科成了我的弱项。那时，我大脑内的历史知识几乎是一片荒漠。为此，我一度产生转专业的念头，但后来还是打消了。因为我坚信，凡事最怕"认真"二字，一切都可以从头再来。我找来初中和高中的历史课本，从最基础的历史知识开始补起，在上课的笔记上记下老师的每一句话，于课后整理巩固，并从图书馆借来中外通史、专题史书籍以及各类史学杂志，终于，我贫瘠的文史荒原逐渐有了"绿色"。我是一个应试高手，虽然历史知识基本功不及同学们，但每学期的期末考试成绩总是名列前茅，因此也常常获得奖学金。可是，自己的短板自己最清楚，考试成绩不能代表一个人的史学素养和能力，我依旧毫不松懈、如饥似渴地汲取各类史学知识，被人类历史中闪耀的智慧深深吸引，也被咸阳师专历史系敬业的老师们深深折服。他们以渊博的知识和高尚的人格带我走进这神圣而庄严的历史殿堂，让我从一个对历史兴趣寡淡且几乎一无所知的"史盲"变成了历史爱好者。大学学习对我的世界观、人生观和价值观产生了很大的影响，在这里，我明晰了自己的人生目标，树立了自己的远大理想——成为一名优秀的中学历史老师，让历史成为学生最喜爱的学科。

1993年从咸阳师专毕业后，我的中学历史教学生涯正式开启。在工作中，我很快又感觉到自己知识的匮乏，这种匮乏更多是关于教学方面的。因为那时信息不发

参加教指委会议

达，知识的获取途径也比较单一，一个中等规模的学校就两三个历史老师，除了相互之间学习借鉴外，与外界的交流较少。我想提升学历，更想出去看看别人都是怎么教学的，可是机会不多。1997年，终于等来了陕西师范大学历史系本科函授招生，我拖着身孕参加了函授考试并被录取，2000年顺利毕业。三年的陕师大函授时光，真是一把辛酸一把泪，一边是嗷嗷待哺的小孩，一边是假期面授课程，我两边都不想辜负。除了1997年暑期临产请假外，其余函授课程的学习我全勤参加，一切付出都是值得的。陕师大函授课程集中在寒暑假，课程安排比较科学，老师们博学善教，除了讲授通史、专题史外，还专设有大量的史学前沿课程，很多老师还跟我们分享自己的博士论文选题、写作心得等。加之班上同学来自全省不同中学，常常相互交流，使得我的专业知识更加扎实，视野更加开阔。工作四年后再来回炉学习和早年大学时期的学习完全不同，这时的学习是带着问题和思考来的，学习后更多的是实践和反思，因而获得的提升是非常快的。在陕师大书香浓郁、历史厚重的氛围中，我的思想和灵魂也受到了洗涤，以至于工作后，我常对学生们说，去历史底蕴深厚的大学里走一圈，你的气质都会有所提升。陕师大的三年函授对我的专业成长起到了关键作用，感恩陕师大，让我的历史教学之路更加坚定、更加自信。

2002年到2005年，单位组织教师集体参加华东师范大学的课程与教学论研修班。三年的课程学习及课堂实训，对我的教学产生了巨大冲击，课程改革、素质教育开始成为我教学的风向标。2007年，从教已有14年的我教学又进入了一个瓶颈期。那年，高中开始推行新课程改革，那时的我还没有形成自己独特的教学风格，我对自己很不满，苦闷又彷徨。于是，我又一次想到了进修学习，2007年至2010年，我成为陕西师范大学历史文化学院历史学科教学专业教育硕士中的一员。那时高级职称是大部分中学老师的终极追求，很多同事不理解，我的职称已经是高级了，已经到头了还上什么学？的确，职称已经到头了，按常理应坐等退休。可是，我才36岁，我觉得自己真正的教学生涯才刚刚开始，我还想好好研究新教材，好好实践新课程改革，还有很多的课想要去研磨。我要去上学！我想提升自己，突破自我。时隔十年，我又一次走进了陕师大的校园，还是那般熟悉和亲切。感恩遇见王双怀教授、商国君教授、宋永成教授、赵克礼教授等名师，他们深厚的专业功底、严谨的治学态度、诲人不倦的师者风范都令我敬仰。在导师王双怀教授耐心细致的指导和鼓励下，我的专业研究能力有了较大的提升。再次进修于此的这三年中，我看到了不同于中学课堂的别样世界,那是一个更加广阔的教学天地。师大的教育硕士学习是我专业成长的提升期,使我在思考、实践中,找到了自我。

回想一路求学经历,满是充实和喜悦,"问渠那得清如许,为有源头活水来"。一个人可以走走歇歇,但不可走走停停,学习应是终身的事情,只有在人生的每一个阶段都注重积累,我们才能看到"半亩方塘一鉴开,天光云影共徘徊"的美景。

二、昼出耕耘夜绩麻,村庄儿女各当家

1993年大学毕业后,我开始从事中学历史教学,于1995年进入西藏民族大学(2005年前名为西藏民族学院)附属中学高中部任教至今。西藏民族大学地处咸阳,是国家中西部地区重点建设高校,也是全国民族团结进步教育基地。1998年之前,附属中学主要招收教工子弟和零散属地学生,1998年开始面向西藏自治区全区招生,我有幸成为附中第一届区内双语班班主任并承担他们的历史课教学。那时青藏铁路还没通车,也没有直达咸阳的飞机,孩子们要从西藏各地区汇集到拉萨,再绕道成都飞到咸阳。1998年暑期,第一届区内双语班的学生来校报到,那正是咸阳最热的时节,孩子们刚报到完就先军训,这对他们来说是巨大的考验。这里与青藏高原的气候截然不同,大部分藏族孩子需要很长的时间才能适应。半个多月的军训,作为班主任的我和教官们一起陪孩子们经受考验。

双语班是由既学习藏语又学习汉语的区内藏族学生组成的班级,其余不学习藏语的藏族学生则进入汉语班学习。在1998年之前,我从未接触过双语班的教学,对孩子们的学习基础、语言习俗都不甚了解。一边是毫无双语班教学与管理经验的老师,一边是对新学习生活环境非常陌生、既充满好奇又带有些许恐惧的学生,就这样,我们师生之间的磨合开始了。十五六岁的孩子第一次远离父母,生活自理能力比较差,自控力低,语言基础也不扎实,课堂上老师用普通话讲课讲得稍微快些,他们听起来就有些吃力,历史基础知识更是无从谈起。加上当时高一开设的是世界近代史,孩子们更是心里犯怵,尽管如此,我们还是艰难地推进着历史课程的教学工作。

记得当时办公室和教室相连,是个套间,办公室在教室的外边,所有学生进出教室必须经过班主任的办公室门口,故而他们的一举一动都在我视野之中。我时刻

关注孩子们的动态，大部分孩子都在努力地养成新的学习与生活习惯，他们不仅要过语言关，更要过知识关，学习尽管很刻苦，但还是很吃力，于是我想尽各种办法使孩子们尽快适应。那时没有打印机，我用蜡纸刻印各科基础知识，发给孩子们学习，课间常给他们讲数学、英语知识，和他们一起研究物理题，一起记忆化学方程式，一起背诵古诗文。

虽然学校有生活老师，但作为班主任，我还是会时常和学生一起就餐，每天晚自习后深入宿舍，在非教学时段里观察、了解每一个学生。由于交通不便，那时学生寒假是不回家的，老师和学生一起过藏历新年，一起看春晚、打酥油茶、吃糌粑，一起跳锅庄、端着切玛（藏族吉祥物）给每个宿舍拜年，共同祈福健康平安。在这里，我既是他们的老师，又是他们的朋友，既要关注他们的学习，又要照顾他们的生活，还要帮他们进行心理调适。在很多孩子因为想家偷偷流泪的时候，甚至是在孩子们情绪抑郁的时候，我承担起了父母的角色，给予他们无微不至的关怀和疏导，让他们感受到亲人般的温暖。在朝夕相处中我与孩子们结下了深厚的情谊，20多年过去，我仍清晰地记得他们纯真的笑脸。

2001年7月，第一届双语班毕业离校，我去机场送行。那一别，大部分学生就再也没有见过。后来通过书信，孩子们也曾向我汇报过他们的大学生活，再后来有了手机，我和个别学生也有了进一步联系。大学毕业后，班里的孩子们全都回到了雪域高原，为建设美丽新西藏在各自的岗位上发挥光和热。我想，在他们的人生中，民大附中的三年应该是无法忘却的三年，而在我的教学生涯中，这三年也永远被珍藏。

此后，我就成了区内班专业户，或带班或带课，几乎没有中断。2007年暑期，我又担任新一届高一区内班班主任。那时，陕西省实行新一轮课程改革，新教材、新高考，而西藏并未实行，我们学校除了区内生源外还有部分咸阳当地生源，所以实行"一校两制"。我负责区内班和陕线班的历史课教学，当时通史教材和专题史教材交替使用。那三年我还在陕师大读教育硕士，工作和学习任务非常重。虽然辛苦，但我还是咬牙坚持了下来。所幸所带班级的同学也非常给力，支持我进修学习。2010年6月，我和孩子们一起毕业。

2007年，学校对区内班级的教学和管理都有了一定的经验，随着西藏义务教育的发展，学生的文化课水平已有较大的提升，但是由于历史学科非西藏中考科目

（2021年历史学科首次纳入西藏中考科目），高一学生的历史基础知识非常薄弱，故而，教师的教学难度比较大。几乎每天下午放学后，都有学生来办公室补课堂笔记，许多史实他们根本就没听过，我只能放慢速度，进行知识补充详解，让每位学生都学有所获。

区内班的孩子远离家乡，远离父母，学习生活适应能力弱，很容易产生各种心理问题，所以我特别关注他们的身心健康，我自学了心理咨询师二级和三级所有课程，掌握了系统的心理学基础知识和咨询技巧，随后，将其运用到教育教学中去，帮助一个个孩子增强自信，走出低谷。2010届高三刚开学，班上来了一位插班生，父母长期在西藏工作。孩子性格比较内向，上课时总是眼神飘忽，没精打采。我和她交流时，她声称自己一切都很好，只是晚上学得太晚，睡眠不足。当我看到她在36度的天气始终穿一件牛仔长袖上衣时，觉得不太合乎常规，估计她是有事隐瞒，就经常找她谈心，逐渐取得她的信任，最终她说出了自残的实情。当看到孩子胳膊上血淋淋的划痕时，我惊呆了，孩子也向我坦露她多次产生过跳楼的念头。后来家校联合隐形干预，在保护孩子自尊的同时帮助她走出了阴霾。现在想起来我仍感到后怕，高三学生睡眠不足非常正常，但如果我没有注意到她的穿衣，没有取得她的

与日喀则市江孜县龙马乡的学生交流

信任，后果将不堪设想。这件事对我触动很大，我一直在学校呼吁老师们掌握必要的心理知识，要变成"火眼金睛"，关注细节，对学生们多一份包容，多角度去欣赏他们。对学生们的成长而言，健康快乐才是最重要的。

2010年秋季，西藏开始实行高中新一轮课程改革，此时的陕西省新课改刚好实行了三年，三年中我承担藏陕两线教学，对于新课改算是积累了一些经验。2010年6月高考结束后，西藏自治区教科所组织全区高中新课程改革巡回指导活动，我有幸全程参与，走遍全区七个地市所有高中，通过具体的示范课与区内高中老师探讨新课程改革的理念，分析课程标准，研究专题式教材的使用，解答老师们对于即将施行的新一轮课改存在的各种疑惑。40多天的深入交流，使我对新课程改革的理解更加深入，也对区内高中历史教学有了全新的认识，更对区内高中历史老师多了几分崇敬。区内老师对新课改有许多独到的见解，很多问题是我在教学中不曾思考过的。他们坚守在平均海拔4000米的高原，辛勤耕耘，克服常人难以想象的困难，创造着教育奇迹。在巡讲过程中，我们还深入各地市的乡村学校，了解孩子们的学习生活状况，每到一处都有许多感动。西藏乡以上的各级学校，国家实行三包政策（包吃、包住、包基本学习费用），学生基本一个月回家一次，家离校较远的几个月才回家一趟，如果要回家，老师必须护送每一位学生到家，并负责将其接回学校。牧区或较偏远山区的孩子们回家的过程很坎坷，许多地方根本就没有路，要翻山越岭才可到达，其中的不易很难想象。老师们没有一丝抱怨。他们就这样兢兢业业地照顾着学生的生活和学习，几十年如一日坚守在基层。当被问及苦不苦时，他们摇摇头，被紫外线晒得黝黑的脸上洋溢着幸福的微笑。在海拔5000米以上的阿里地区和那曲高中，校园里到处是琅琅读书声，孩子们生龙活虎，老师们意气风发，他们在与自然抗争，他们在向神山圣湖展示平凡人的伟大和尊严。他们是老西藏精神的真正践行者，"特别能吃苦、特别能战斗、特别能忍耐、特别能团结、特别能奉献"，这种精神极大地鼓舞和激励着我。

2014年3月，由于要承担学校的教务管理工作，我就不再担任班主任了，但我改不了班主任时期的工作习惯，仍旧保持着以往的工作风格，做学生信赖的朋友，与学生相处融洽，时常与学生谈心。如今，由于身体原因，我仅承担历史课的教学工作，正好又赶上新一轮课程改革，就有了更多精力去研究和落实新课标，更好地适应时代的变化。

"昼出耕耘夜绩麻，村庄儿女各当家。"那个在高三刚开学父亲就因车祸去世的山南女孩早已成家立业，但我还记得她靠在我肩膀上无助地哭泣的样子；那个做了三年保姆又来读高中，数九寒天里面只穿一条秋裤、接受老师捐赠却不愿被人所知的小姑娘，也已成为雪域高原上一名光荣的人民教师；那个坐在教室上课还牵挂生病的父亲放牧未归的小男孩，已经成为一名武警消防官兵；那个因父母离异心情郁闷而无法走出的小女孩，已成为一名银行职员……从教 30 年，带过 11 届高三毕业班，看到每一个孩子都找到了适合自己的人生道路，个个走出大山，迈进大学，回到高原，建设家乡，我由衷地为他们高兴，这让我觉得所有的付出都是值得的！

教育是师生相互成就的过程。教师的工作并非简单的重复劳动，一届学生有一届的成长轨迹，需要教师去关注和引导，而教师也在此过程中不断提升着自己。

三、采得百花成蜜后，为谁辛苦为谁甜

"师者，所以传道授业解惑也。"这也是我从教 30 年来恪守的职责和追求。正如许倬云先生所讲，"这个'道'不仅是道学之'道'，也不仅是大道的'道'，还是研究的方法，求好学问的方法，分析问题的方法。'道'就是我们找路的能力，辨别路的本领"。所以，教师要以知识为载体，引导学生找到前行的方向、途径，为学生的学习搭好脚手架。教师这份职业包含着人们的无限期许，因为每个人都希望自己能在人生道路上遇到良师。

民大附中的学生来源很广，分布西藏自治区七个地市，有来自城市的，也有来自牧区的，孩子们的知识层次、思维习惯差异也很大。加之历史学科非西藏中考科目，学生历史基础知识很欠缺，对历史学科的学习兴趣并不浓厚，这些都对高中历史教学造成了一定的困难。

为此，我首先培养孩子们对历史学科的兴趣，引导他们感受历史学科的魅力。历史学习并不在于知晓多少历史知识，而在于对历史知识的理解和感悟。那些久远的人和事早已隐入尘烟，我们通过各种史料，走进过去，去感受一种不一样的生命状态，从中汲取智慧，感悟人生，在现实生活中获得更加丰富的体验，我想这就是历史学科最大的魅力所在。在日常学习中，学生最怕的就是繁杂的历史知识，但都喜欢听历史故事。当故事吸引并触动他们的内心时，他们就会放下抵触，慢慢靠近。

所以我以历史故事为载体，在具体的情境中，让他们认识到历史是人创造的，历史是鲜活的、丰满的、富有生机的，甚至还带有呼吸的。在无数个故事牵引的课堂教学中，学生慢慢有了兴趣，知识也逐渐积累起来。在沉浸式课堂中，我让学生们自己选择角色进行体验，或体验西周的诸侯、秦朝的县令、唐朝的宰相，或体验公元前 6 世纪希腊的一名公民、1 世纪罗马帝国的一位商人、中世纪欧洲的一位庄园主、工业革命时期工厂的一名工人、一战时期的一名战士，等等。在各种不同的体验中，学生可以了解不同时代、不同阶层的人们的生活状态，了解不同事件发生的背景，从而认识到当下的现实与历史的关系。我们只有了解过去，才能更好地面对现实，更好地书写自己的故事，从而创造未来。令人欣喜的是，在我的引导下，学生们对历史学科的学习兴趣被极大地激发出来，甚至许多学生因喜欢历史而选择了文科，选择理科的学生也经常在课后与我探讨现实问题的历史根源。孩子们的历史意识、历史洞察力在逐步增强，历史给他们以人生智慧和启迪，使他们以后的人生获益无穷。

带领学生走近历史后，必须引导他们掌握科学的理论和方法来学习历史，即唯物史观和时空观念。我引导学生运用唯物史观的基本观点和方法进行历史学习和探究，让抽象的理论成为解决实际问题的指导思想，弥补学生理论知识的匮乏。如学生们对生产力、生产关系、经济基础、上层建筑等基本概念比较陌生，我就从他们熟悉的西藏历史和身边现实入手，举例说明，深入浅出，帮助他们理解。学生的时空观念相对欠缺，逻辑思维能力不足，我就运用多种手段带领学生在时空的框架下去学习历史，从长时段到短时段，从全局到局部，打开他们的思维，并注重历史学科与地理等学科的交叉综合，帮助他们形成运用时空观念进行观察分析的意识和思维方式。

史料的搜集、整理、辨析、运用是历史教学中的一个难点。2020 年 9 月，西藏自治区推行高中新课程改革，2021 年，西藏中考首次将历史学科纳入必考科目，这也意味着高一学生基本的历史知识储备要有所增强，这一举措对推行高中新课程改革意义重大。长期以来，学生对基本的史料概念认识很模糊，习惯接受结论，实证意识较难形成。在实际教学中，我一直非常重视史料教学，结合学生的思维特点和认知水平，充分挖掘教材史料，减少偏难的文言史料，运用学生熟知度高的史料，循序渐进开展教学。如学习唐蕃交流时采用文成公主入藏史料，学习近代反侵略斗争时引用江孜人民抗英保卫战相关史料，让学生认识史料的不同类型，在此基础上再逐步引入史料的价值、整理、辨析，引导学生认识到唯有借助史料，我们才能接近历史的本真面貌，理解"史学即史料学"（傅斯年语）的含义，形成重证据的历史意识。

"历史是一门注重逻辑推理和严密论证的实证性的人文社会学科"，在学生具备初步的史料知识后，我尝试引导学生利用史料探究历史问题，运用比较、分析、综合、概括等多种思维方法，培养学生基于史料的逻辑推理和分析能力。虽然在史料教学中迸发出的只是零星火花，但孩子们的思维方式在改变，综合素养在提升。

我常思考，学生将来走出校园，也许中学所学习的历史知识会忘记，那什么会被记得？应该是"适应个人终身发展和社会发展需要的正确价值观、必备品格和关键能力"。我们必须"将社会主义核心价值观融入历史课程之中，加强历史课程在培养学生的国家认同、民族认同、文化认同和制度认同，以及使学生形成道路自信、理论自信、制度自信、文化自信上的导向作用"，"让学生学会做人做事的道德准则，健全人格。具有求真精神、贯通意识和批判思维。能运用科学的史学理论和方法来认识和解释历史的能力"，全面发挥历史课程的育人功能。

在民族院校，我把爱国、兴藏始终贯穿于教育教学的每一个环节，帮助学生树立正确的祖国观、历史观、民族观、文化观，铸牢中华民族共同体意识，形成对国家的高度认同感、归属感、责任感和使命感。我积极利用历史教学主阵地，充分挖掘教材知识，让学生认识到正是各民族文化包容互鉴、交融贯通，才形成了博大精深的中华文化，各民族文化丰富了中华文化的内涵，而中华文化也是各民族文化发展的深厚土壤以及各族人民的精神家园；再通过适量的知识拓展，补充史学观点和考古成果，帮助学生深化认识。这些史实和实证既增强了学生对伟大祖国的认同、对中华民族的认同、对中华文化的认同、对中国特色社会主义道路的认同，又让中华民族共同体意识根植学生的心灵最深处。我们民族学校的老师要做好文化润边的使者，为西藏未来的建设者、祖国边疆的守卫者打下坚实而牢固的思想基础。

四、若干生命若干春，有所丰收有所贫

今生何其有幸，选择了自己喜欢的职业，遇见淳朴善良的孩子们，是他们帮助我实现了梦想，让我每天夹着书从容地走上讲台，也是他们的朝气蓬勃，赐予我无

穷的力量。有时也觉得挺遗憾的，因为自己没有读过高中，没有高考的人生体验，所以无法完全体会孩子们的煎熬与压力，但我仍可以和孩子们同频共振，我们相互传递能量，共同拼搏。在工作中我一直保持昂扬的斗志，以生命该有的姿态奋力前行，无愧于心。

我深知自己专业功底浅薄，资质平庸，故而，在工作中刻苦钻研，虚心请教。西藏民大附中由于地处咸阳，所以平时教学教研活动也随属地开展。2001年，我代表学校参加咸阳市教学能手大赛并被评为"咸阳市教学能手"，这对我的教学工作是一个很大的认可和鼓舞。此后，连续三年，我所带毕业班文综成绩在咸阳市排名进入前三名，提升了民大附中的知名度，也更激发了我的教学潜力，我在咸阳市高考复课研讨会上多次进行经验交流分享。2007年我被评为"咸阳市历史学科带头人"，成为咸阳市兼职教研员，进入咸阳市教研室文科综合专家组，参与咸阳市各县区中学历史教学指导工作。此外，我还承担了每年咸阳市高考三次模考历史试题的命制工作。模考试题的命制对老师的综合能力要求比较高，必须研究高考试题、考纲、课标、新的高考评价体系，并在研究中不断总结反思，这些都进一步提升了我的教学水平。平时，我也注重加强和自治区内各地市学校的交流，学习他们双语班的教

与学生讨论

学和管理经验。随着自治区全区教学研究活动的常规开展，我参与了自治区历史高考阅卷、自治区教师培训等工作。值得一提的是，我在担任自治区中小学教师职称评审高评会执行委员时，在调研问卷的基础上，参与修订完善自治区中小学教师职称评价标准细则，在职称评审与教师专业化发展方面进行深入课题研究，为西藏中小学教师职称评审评价标准的进一步完善以及西藏中小学教师的专业成长提供了许多有效建议。在历史教学教研实践中，不断总结经验，先后有十余篇论文在《西藏教育》等省级刊物公开发表；先后主持并完成四项咸阳市课题，一项西藏自治区科研课题。与此同时，在历史教学中，我还重视校本研修，编写了两本校本教材，作为拓展阅读在全校范围内使用；指导多位青年教师在西藏自治区教学能手大赛以及全国优质课大赛中荣获一、二等奖。

从教三十载，问心无愧，也问心有愧。无愧的是我没有敷衍过一节课，没有放弃过一名学生。2007年，我被评选为西藏自治区首届十佳班主任，2018年我取得西藏自治区正高级教师职称资格，2019年我被推荐参加教育部师范类专业认证专家培训、参与师范类专业认证工作，2020年我由自治区推荐担任教育部基础教育教学指导委员会历史教学指导专业委员会委员。其实，我只是一名普通的中学老师，我所做的一切都再平凡不过，比我优秀的老师还有很多，这些荣誉我受之有愧，因为我只是幸运而已。

"若干生命若干春，有所丰收有所贫。"匆忙岁月中有许多的遗憾，如果时光可以倒流，我会以更加包容的心态和孩子们平等地对话，给他们试错的机会，我会默许他们偶尔迟到、偶尔缺考，允许他们为自己辩解，我会理解他们校服下面藏着的奇装异服，不会再因为班级量化的排名倒数而焦虑，更不会因为几位学生高考落榜而郁闷，因为他们的人生一样可以很精彩。如果时光可以倒流，我会和孩子们放松紧绷的神经，更加从容舒展地面对学习和生活，我会和孩子们一起进行更多的漫谈，不用担心影响学习。甚至，我会和孩子们一起做更加开心的自己！

我很欣赏康德的名言："有两样东西，我们愈经常愈持久地加以思索，它们就愈使心灵充满日新又新、有增无已的景仰和敬畏：在我之上的星空和居我心中的道德法则。"我们内心的道德准则如同星空，亘古永恒。经师易求，人师难得，为人师表，必须高尚。只有高洁的灵魂才配塑造另一个灵魂。如果有来生，我依旧会选择做一名园丁。

刚走上工作岗位的时候，一位即将退休的老教师告诉我："当你把教室里坐着的学生当成自己的孩子时，你才能把书教好。"这句话我一直牢记于心，教育并不复杂，得用真情。我用真情守护初心三十载，无怨无悔！

三尺讲台三十载，唯有匠心守初心。岁月催人老，教育当年盛。我愿播撒更多希望的种子，让格桑花在高原绚烂绽放！我愿化作光的传递者，照亮雪域高原的每一个角落！我愿倾尽所有，在这片挚爱的民族教育沃土上耕耘不息！

▶ 点评

> 张伟迪老师从学生时代开始，就刻苦学习。她一路向学，不断"充电"，不断提升自己。她辛勤耕耘，教书育人，克服了重重困难，经受了种种考验，用爱谱写了教育的华章，用心呵护学生的成长。她把教学实践与教学研究结合起来，通过教学研究提升理论水平，又将理论知识反哺于教学实践，在提升学生核心素养方面取得了良好的效果。她三十年如一日，一心扑在中学历史教育教学工作上，以一颗赤子之心，在青藏高原的基础教育领域辛勤耕耘，培育着雪域高原上最美的格桑花。她品德高尚，以身作则，用匠心守望初心，以真情呵护幼苗，体现了西部红烛的高贵精神，是我们学习的好榜样。
>
> 教育部基础教育教学指导委员会历史专业委员会委员　郑林

张向玉：扎根基础教育的劳模

张向玉，女，陕西省韩城市人。正高级教师、陕西省特级教师、陕西省首批中小学教学名师、陕西省高中历史名师工作室主持人。1984年考入陕西师范大学历史系，1988年毕业后被分配到韩城矿务局第一中学任教，2008年调入韩城市象山中学，担任教务主任。曾获"陕西省五一劳动奖章""陕西省优秀教师""陕西省教学能手""韩城市劳动模范"等荣誉。曾兼任渭南市第四、五届人大代表，韩城市第十六届、十七届人大，韩城市第十届、十三届政协委员等职。张向玉扎根基础教育教学一线34年，在中学历史教学模式建构、校本课程开发和建设上，做了大量积极、有益的探索。将"设疑—析疑—解疑"推进式课堂教学方法引入高中历史课堂，突出学生主体地位，教学效果显著。主持完成"利用地方资源开发高中历史校本课程"等10项省市级课题，主编专著《刘荫枢集》，发表《启发式教学应选好提问点》等多篇文章，编著《史记韩城、风追司马》《培育和践行社会主义核心价值观》等30多万字校本课程。主持名师工作室，先后培养30余名青年教师成为学校教学骨干和省市教学能手、学科带头人。

一、追梦师大，传承精神，启航人生

1984年，我幸运地考入梦寐以求的大学——陕西师范大学，第一次去陕师大的情景至今依然历历在目。从新西门下车后，不熟悉环境的我拖着行李，茫然无措，一名学姐热情地带我走了很长的路，到达报到注册地点，帮助我完成了报到的相关事宜。陕师大给我的第一印象是：校园很大，环境优美，老师和同学非常和蔼友善。

我就读的专业是历史。早就听说陕师大历史系学术传统悠久，人文积淀深厚，专家云集，在海内外有着广泛的声誉和影响，当时心中充满了向往和自豪。第一次开班会，辅导员任鹏杰老师风趣幽默，谈古论今，告诉我们学史的目的在于"知真、求通、立德"：历史的"真"，既强调历史确已发生且不可再现的客观性，更强调后人对史料证据认识与把握的科学性；历史的"通"，既要打通历史发展在时空上的纵横联系，又要明了史料解释的可靠可信，通达史论确立、史观驾驭；"立德"建立在"知真""求通"之上，是历史学科育人价值的归宿。他的一番话，让我第一次认识到历史是个极富生命力的学科。此后四年，历史系老师们以其渊博的知识、敏锐独特的学术视角、严谨的治学态度，深深地影响着我。从老师们身上我真正感受到了什么是"学高为师，身正为范"，我也深深地爱上了教师这个职业，爱上了历史这门学科。

陕师大历史系在培养学生专业素养的同时，非常注重培育学生的家国情怀。那时候，系里要求本科生在专业课学习方面必须打好三项基本功：会读书、会找资料、会写文章。会读书，就是掌握古今中外历史知识乃至相关的其他学科知识，以此为工具读懂各种专业书；会找资料，就是从众多资料里，找出最有价值的部分，进行归纳、概括；会写文章，就是能把有价值的资料有机组合起来，言之成理、持之有据地写出自己对历史人物、事件的看法。在家国情怀的培育方面，系里每年暑假都会组织学生开展社会实践，考察历史遗迹，学习英雄先烈的事迹，培养学生的社会责任感和人文精神，鼓励大家在未来的人生道路上走正、走好。

大学四年，母校把"崇真务实、开放包容、勇于创新、追求卓越"的精神植入每一个学子的心中,让我们以后的人生路走得更从容、自信、稳健。几十年的教育生涯中,我始终秉持向上的精神,坚守对教育的热爱,支撑我走下去的是母校给予我的底气,是恩师给予我的智慧。在此,我衷心地感谢深爱的母校和恩师!

二、教学实践,学习悟道,促进成长

1988年7月大学毕业后,我被分配到韩城市从事高中历史教学工作,此后,我以饱满的工作热情,全身心地投入工作。年复一年,我送走了一批批充满梦想和活力的学生,认识了许许多多对子女满怀期望的家长,收获了太多的祝福与感动,体验着太多的爱与被爱。

至今还清楚记得第一次走上讲台,我讲的是"鸦片战争"。课前,我把大学所学的理论和教学参考中相关的历史知识详细地写进教案中,熟背于心,成竹在胸。但是一走进教室,站上讲台,见到学生,便紧张起来,竟忘了该怎样讲解,只好翻开教案,照本宣科。原本预计40分钟的课,20分钟我就草草讲完,这与我当初的备课设想相差甚远。从学生的目光中我读到的是对我的疑惑和不信任。这次经历让我懊恼了许久,更促使我不断反思,激发了我"要讲好课,要做名师"的斗志!

从此,我立志学习。一是向书本学。陕师大历史系主编的《中学历史教学参考》《中学历史报》是我的无言之师。在认真钻研教材教参的同时,我坚持阅读它们,及时把握教育改革的新动向,掌握史学研究的最新动态,吸取先进的教学理念。二是向名师学。那时候教学名师的课堂实录比较少,学习主要靠听磁带录音、读名师发表的文章。我重点学他们对教材的把握、对学生思维的调动,以及对重点难点知识的突破路径。这些为我教学理念和风格的形成提供了有益借鉴。三是向同行学。多年来,我坚持听课、评课,在相互交流中学习同行的长处,弥补自身不足。日复一日,我逐渐形成了自己的教学理念:好课堂,应该是有灵魂的课堂。什么是有灵魂的课堂?就是有生命、有精神的课堂,即以学生为主体,充满活力的课堂。在教学实践中,我也逐渐形成自己的教学风格,将"设疑—析疑—解疑"问题式课堂教学方法引入高中历史课堂,以问题开路,层层设疑,引导学生多角度思考问题、分析问题、解决问题。课堂教学的转型升级,既调动了学生思考的积极性,又取得了良好的教学效果。

如何抓住课堂教学的灵魂?最初我以为有教案就可以上课,但在教学实践中发现，教案主要是依据课标、大纲、教材等要求记录教学流程，是教师要完成的教学环节和教学内容，突出的是教师立场，忽视了学生学习的情况。而教学设计则不同，主要是理性系统地分析教学中的问题和要求，从学生学习角度出发，为学生策划学习活动过程，更强调教学的整体规划和学生立场。意识到这个差别之后，多年来，我把备课的重点放在教学设计上，坚持两个原则：一是"目无全牛"，二是"目中有人"，时刻牢记把"时空观念、史料实证、历史解释、唯物史观、家国情怀"历史学科五大核心素养这条主线贯穿教育教学始终。

如何做到"目无全牛"？首先，要熟知课标和教材，把握历史教科书的核心内容和史论思想，搞清本节课在教材中的地位以及要达到的教学目标。接着，依据课程内容，确定这节课的课型。是新课、复习课、习题课，还是活动课？该课在第几册第几章，之前在什么地方接触过相关内容，或者说以前有没有学过类似知识？新课标怎么要求的，高考一般会怎么考？我要教会学生什么？把这些问题搞清了，课堂教学的主线就不会偏离。

如何做到"目中有人"？就是以人为本、以生为本。做教学设计时，掌握学情很重要。首先，要知道学生在学习本节课时将会遇到什么问题，并列出问题清单。其次，要设定学生的学习目标，依据不同学情，制订学习目标，让不同层次的学生都学有所获。再次，要正确引导学生开展学习。针对普遍性问题，要设计出有针对性的解决方案，寻找一种合适的方法直观形象地突破重难点，结合学生的认知特点，创设问题情境，想清楚怎样的问题情境学生才能感兴趣、才会有挑战性。最后，要了解学生在学习后的收获，以及产生的困惑。教学评价是多元的，单就试卷反映的情况来看，相同的班级，相同的老师，相同的课堂，教学成效却有很大不同。这说明学生的认知层次存在高低之别。这种认知层次的差异，尽管与学生智商有关，但我觉得思维习惯和思维能力是造成差异的根源。所以，在教学设计中，如何巧妙地传授知识、培养学生的听讲兴趣及思维能力就成了关键。教学设计做到了"目无全牛""目中有人"，课堂教学就可以游刃有余了。

怎样把历史学科核心素养贯穿始终？基础教育的核心在课堂，课堂应落实党的教育方针，培养学生的学科核心素养。坚持做到这两点，我们的课便能始终跟上时代的步伐。多年课堂教学实践，使我深知材料先行、论从史出是认知历史的正确途径，在教学中应以唯物史观为指引，引导学生在特定的历史阶段中理解史实，并作出准确的解释，同时培养学生的家国情怀。历史课应承担立德树人的使命，这是历史教学的最终落脚点，也是历史课的价值所在。

如何组织课堂教学？"学启于思，思源于疑"，思考始终是由问题开始的，有了需要解决的问题才能激活学生的思维。设计的问题要具体、明晰，便于启发学生思考。选提问点一般遵循三原则：一是从教材关键处提问。把最能体现本节课的核心知识点列出来，找准了关键词，就能直奔主题。二是从枯燥无味处发问。有些地方很枯燥，没什么要讲，学生也经常会感到无味，但若不在这里下功夫，教学任务就无从落实。三是从教材的疑难处发问。设计问题时，重点解决教学内容的不易理解之处，这是一种既直接又有效的教学思路。问题提出以后，怎样"析疑""解疑"？我把课堂的重心放在启发、引导、点拨上，以问题开路，由浅入深，将连贯性和灵活性结合好，调动学生的学习兴趣，提高学生的课堂参与度，活跃课堂气氛。

多年来，我在教学中结合历史学科的特点，特别注重用真实的事例感染学生，用中华民族悠久、优秀的历史文化激发学生的爱国情感。我把以史为鉴、明辨事理的历史思维深深融入课堂教学，培养了一批批优秀人才，他们在各行各业贡献着自己的力量。我也幸运地收获了陕西省五一劳动奖章、陕西省特级教师、首批陕西省

示范引领名师工作室启动仪式

中小学教学名师等荣誉。我的成长之路说明了世上没有立竿见影的成绩，但岁月绝不会辜负每一份付出。做教师最好的状态是骨子里喜欢这份职业，埋首精心做好自己，抬头虚心学习他人，踏实、坚定地走好每一步。

三、心中有爱，精心育人，争做良师益友

在30多年的职业生涯中，我担任过20年班主任、年级主任，处理过数不胜数的班级事务，遇到过各种性情的学生，有很多的人和事至今回想起来仍难以忘怀。

记得我刚当班主任的时候，缺乏经验，采取严格说教的管理方法，结果学生对我敬而远之，班级氛围紧张。后来，我试着"以心换心，以情激情"，尽力营造一种轻松愉快的班级氛围，深入学生中间，同他们谈心交流。经过我的真诚努力，班级的凝聚力大大提高。班务管理上，我配合科任教师加强对学生的学习能力培养，建立互助学习小组，采取"兵教兵"的办法，缩小学生之间的成绩差距，培养学生之间的友爱精神。"国无德不兴，人无德不立"，立德树人作为教育的根本任务，是教师的职责和使命所在。在琐碎繁杂的班级管理工作中，开好班会是形成良好班风、学风的有效办法。班会主题多样，可以是行为习惯养成、理想信念教育、爱国主义教育、感恩教育等，我特别注重对学生道德风范、人生目标和价值观念等方面的教育。我的班会在安排完班级事务后，由学生负责宣讲中外历史名人的奋斗经历，或者分享同龄人的励志故事，这样的形式能在潜移默化中帮助学生形成正确的三观，激发出内心深处的爱国热情和强烈的社会责任感。

30多年来，我已经把自己融入教育事业中，融入自己所喜爱的孩子们中间。教师育人单凭热情和干劲是不够的，还需要以德立身、以身立教。就如《学记》里说的那样，"亲其师，信其道；尊其师，奉其教；敬其师，效其行"。学生喜爱某个教师，往往是从对这位教师的尊敬、信任开始的。而这种尊敬、信任来自教师的品德、能力、水平、态度等诸多方面。记得2000年我带高三文科班，有个学生王某性格内向，不善表达，学习刻苦认真，刚开始成绩比较稳定，但在春节过后，连续两次考试成绩下滑。从那以后，孩子情绪低落，上课的注意力不集中，迟到，经常找理由请假，更为严重的是有一天下晚自习后，竟用拳头砸坏了教室的窗户玻璃，把自己的手也划得鲜血直流。我了解情况后，迅速联系校医务室给孩子处理好伤口，当时真想狠

狠地批评一顿，但观察到孩子沮丧阴郁的表情，我停顿了几秒，强迫自己很快冷静下来。我没有当众指责孩子，而是陪他回到寝室，叮嘱室友照应。第二天下课后，我约孩子一起到学校操场谈心，还未开口，孩子先放声哭了，伤心地说："老师，我知道错了，我会赔偿损坏的公物，也愿意接受学校处分！我压力太大了，成绩很糟糕，我妈又生病住院了，我对自己没有信心了，我想放弃高考！"听完孩子的话，我对他说："你的压力老师很能理解，你有什么问题和困难老师也非常愿意帮你解决，为你分担。"看着孩子的心情渐渐平复，我继续鼓励他："每个人的一生都要经历困难、挫折，我们要努力把它变成力量，最大限度地释放自己的潜能。你学习一直很努力，基础也不错，老师对你很有信心。成长路上，不要轻言放弃，只要不畏难，有定力，能坚持，你就一定行！"孩子紧锁的眉头渐渐舒展。之后的日子，我利用周末上门家访，亲自去看望孩子的母亲，和家长一起帮助孩子放下心理包袱，重拾信心。我和各科老师帮助孩子分析考试失误的原因，指导他制订学习计划，督促他改进落实。经过努力，这个孩子在高考中以优异的成绩被西北大学录取，后来也成为一名中学教师。他在给我的新年贺卡上写道："张老师，我永远不会忘记在学校与您相伴的日子，有您的教导和关心，我才懂得了坚持和成功的含义！我一定要拿出最优异的成绩来报答您，我一定能成为您的骄傲！"读完贺卡，我感慨万千，内心如春风般温暖。

多年的班主任、年级主任工作，让我深切地感受到，育人比教书更为重要，教育之于人的意义在于引导和帮助学生达到人性的完整和谐，实现全面发展。且现在的中学生面对来自社会的竞争、学校和家长的期望、自己对自己的苛求，普遍承受着很大的学习和精神压力，常常会不堪重负。教育如同接力赛，当家长把孩子交到老师手里，老师就要握紧接力棒，用自己的知识、思想和人格魅力去引导孩子继续成长。

30多年前，陕师大给予我的温暖、智慧和爱，转化成我随时洞察学生思想行为变化、灵活调整策略解决问题的行为自觉。在承担班主任工作的时间里，学生的一言一行我都看在眼里、记在心上，随时准备好帮助学生排除成长路上遇到的阻力和困难，成长为对祖国有用的人。这，是中学班主任的价值所在！这，更是一种爱的传承！

四、示范引领，传帮带，助力教师成长

作为县域高中的一线教师，能够成长为陕西省首批中小学教学名师，我是幸运

的，既觉得使命光荣，又感到肩上的担子很重。我有责任也有义务发挥学术引领、教学示范作用，带领青年教师成长，促进学科发展。我从2015年开始担任陕西省高中历史张向玉名师工作室主持人，9年来，工作室团队克服了工作、学习和教研中的种种困难，积极开展研究探索，留下了许多珍贵难忘的美好记忆。

  我所在的城市距离省会西安有大约200公里的路程。地理位置的特殊性，加上教学任务繁重，决定了一线教师直接到省级名校与名师面对面交流学习的机会相对较少。我在接受省教育厅、省人社厅组织的为期两年的省级名师培训过程中，有机会到西安、上海参加集中培训，聆听了教育专家冯恩洪老师《拥有讲台　改变讲台　享受讲台——走进中国好课堂》、方培英老师《名师基地主持人的实践与思考》、顾泠沅老师《新视野中的教师及其指导者》等专题讲座，名师们扎实的理论功底、深厚的文化积淀、独特的教育智慧、前沿的教育思想、严谨务实的治学精神以及带领团队积累的丰富经验，使我深受启发。于是，我把服务县域教育作为工作室开展活动的立足点，对自己的工作室定位是：立足县域教育，搭建研究平台，引领教师成长。工作室成员的选择遵照名师引领、辐射提升的原则，从城市到乡村，既有省、市名优教师，又有爱学习、肯钻研、有思想的基层中青年教师。大多数成员处于教

学习悟道

学生涯的成长期，渴望得到更大的进步和发展，缺少对教学经验的理论总结与提升，缺少教学发展目标与教学特色。基于此，我明确了工作室的培养目标：以一线教学为主阵地，以科研课题为纽带，以课题研究为突破口，开展课堂有效教学研究，培养一批具有良好师德修养、先进教学理念、深厚专业素养、较强教学教研创新能力的优秀中青年教师队伍。在培养内容上我紧紧围绕"聚焦课堂，锤炼教学风格；课题研究，提升科研水平；实践历练，发展成员能力"，通过听课评课、专题讲座、网络交流、课题研究、送教下乡等系列活动，促使工作室成员在教学能力、教研能力及职业精神等方面得到提升与发展。回想几年来带教的经历，我总结了几点经验。

第一是反复磨课。我深知名师的根基在课堂，几年来，我参与了200多次听评课活动，通过建立历史研修共同体，开展观摩展示等多元化教学实践，帮助教师成长。我提出历史课堂教学要紧扣学科核心素养，要钻研教材，善于发现问题、提出问题、解决问题，这一问题式教学法得到了老师们的认同。多年来，我坚持对授课教师从教学设计的各个环节，如教学目标制订、教学内容安排、教学方法确定、课堂教学活动的开展以及师生互动、教学基本功的展示等方面进行全面指导，这个过程非常辛苦，但也最容易促进教师专业能力的提升。

赛教是教师教学水平和驾驭课堂能力提升的有效途径。我不断鼓励青年教师勇于挑战自我，积极参与各级各类赛教，在比赛中激发潜能，提升教学能力。前不久，我工作室成员鲁文静老师给我讲起她成为省级教学能手的经过，我深有触动。她讲到第一次参加市教学能手评选时只有评委老师，没有学生，自己不适应这种教学氛围。她只能反复练习，将自己关在录课室里一遍遍演练，并用手机给自己全程录像，然后一遍遍观看自己的教学视频，寻找问题，改后再练。后来她顿悟：要突破自己的教学瓶颈，一定要精心琢磨自己的课堂……正是经历大赛的历练，才会有如此深刻的领悟，这是我们平时上常态课无法收获的精神财富。

多年来，参与培训的教师深感反复打磨一节课的不容易。虽然这对教师来说是一种痛苦与煎熬，但是当不辱使命地完成教学任务时，他们收获满满，成就感倍增。在工作室成员的共同努力下，韩城市走出了一大批优秀的中青年骨干教师。带教工作花费了我大量的时间和精力，但我无怨无悔，乐此不疲，因为我追求的正是这种"万紫千红总是春"的教坛盛景。

第二是课题研究。课题研究是教师校本教研中的一项重要内容，是促进教师专业成长的重要途径，也是营造良好校园教研氛围的重要方式。自20世纪90年代课程改革以来，课题研究在中小学教育科研中广泛开展，对提升学校教学管理水平、教师专业素养、教育教学质量发挥了较大的作用。但是，最初几年在参与韩城市教研室组织的市级课题评审工作时，我发现有些教师对如何做课题仍很迷茫，表现为有的课题选题缺乏研究价值，有的选题太大脱离教学实际，有的研究成果对教育教学实际指导意义不大，等等。所以，我结合自己的课题研究经验，在全市中小学骨干教师培训会上，就如何开展课题研究做了多次专题辅导。确定教科研课题的选题是教师开展课题研究的第一步，中小学教师如何确定选题？我引导大家遵循"问题即课题"的基本思路，围绕制约课堂教学效益提高的因素、教育改革面临的热点难点问题，进行课题的立项与研究。

中小学教师做课题研究时选题宜小不宜大。一方面，中小学教师的主要任务是教育教学工作，很难有充足的时间和精力从事太大、太深、太难的课题研究；另一方面，中小学教师不是专门的科研人员，教育理论素养和科研水平有限，多研究些"小微课题""草根课题"既符合自身实际，也有利于自己教学工作的改进和提高。课题还应侧重应用型研究。教师搞课题研究应该着眼于实际问题的解决，纯粹的理论研究不是教师的强项，也难以出成果。教师的优势就是教学实践活动丰富，这是不直接从事一线教学的专家学者难以比拟的。因此，我一向倡导：要从教师的教育教学实际出发，从学校改革与发展的要求出发，侧重教学实践和教学行动的应用型研究。这样的课题研究容易出成果，也容易将研究成果进行转化，服务于教育教学。

当然，课题研究也应遵从学校科学规划、教师积极分担的原则。近几年，学校要求教师"人人有课题"，从教师专业成长和改进工作的角度看，鼓励研究是很有必要的。但在评审课题过程中，我发现有一些学校在课题管理、计划方面缺乏统筹安排。随后，我又从这个角度对各学校教研负责人和教研员进行了专业培训，重点对研究课题统筹管理、制订切合实际的实施计划和方案等方面进行指导。比如，历史教研组申请了校本课题"如何提高我校历史教学水平研究"，课题组成员由不同年级的教师组成，分别承担着各自的子课题研究任务。不同年级如何分工协作？学校层面统一协调，配合课题组进行课题过程性研究和管理，不仅有利于学科整体科研水平和教师教学能力的提升，而且有利于教研成果在学校的应用推广。

第三是送教下乡。推进优质教育资源共建共享、城乡教育资源均衡发展，是促进基础教育高质量发展的重要途径。按照市教育局工作安排，我所在的学校象山中学结对帮扶位于山区的板桥学校。故而，我的工作室也承担了为山区学校送教的任务。我带领工作室的骨干教师连续多年到山区学校开展送教下乡活动。我认为送教的意义并不是简单地给帮扶学校的师生上几节示范课或者做几场专题讲座，要从根本上提升山区教师的教育教研水平，需要我们把自己的教育经验、教研成果以最合理、最科学的方式毫无保留地分享给帮扶学校。

在送教之初，我和板桥学校的老师们进行了真诚的交流沟通，了解到受学校规模小、生源少、同伴少等条件限制，他们的教研活动无法正常开展，他们的专业发展长期以来处于单兵作战的状态，主要靠自身摸索，缺乏高位引领。记得我们到校后，刚好初二年级有一节历史课。于是，我推门听课。台上老师讲的是《新文化运动》，一共讲了三个问题：新文化运动发生的历史背景，新文化运动的兴起和主要内容，新文化运动的影响。听课结束后，我做了这样的评价：本节课教材内容丰富，知识点多，教师在教材的解读、关注的重点内容方面下了功夫，基本完成了教学任务。但是，授课方法与最新的历史教学思想融合得不够好，主要表现为：教学中对"学什么"强调得多，对"怎么学"指导得少，缺少情感、态度、价值观的引领，学科思想没有深度呈现，学生主动思考的积极性不高，课堂气氛不活跃。

为有效指导教学，经过认真研读课标、教材、史料，我也为师生上了同一节课。通过这节课的学习，学生要能够概述新文化运动产生的历史背景、主要内容，进而探讨新文化运动对中国思想解放的影响。那么如何用好问题来激发学生的兴趣呢？我采用"设疑—析疑—解疑"的方法，把史料巧妙融入课堂。我首先设计了这样一组问题进行导课："辛亥革命已经推翻了清王朝，为什么说它的任务还没有完成？"然后，我向学生展示了袁世凯"尊孔、祭孔"的相关史料，提问："袁世凯的真实目的是什么？"引导学生给出袁世凯妄想复辟帝制的答案。接着我继续展示陈独秀等资产阶级激进民主主义者的活动的史料，提问："中国当时迫切需要一场什么革新？"引导学生给出解放民众思想的启蒙运动这一答案。在讲述新文化运动的经过时，我以《新青年》杂志不同阶段的文献为载体，步步设疑，层层深入；在讲述新文化运动的具体内容时，我穿插了一个课堂活动，让学生分别扮演封建文化的卫道士和新文化的先锋并展开辩论，激发学生的思维兴趣。记得我上示范课时，师生听课都很认真，课后，老师们争相拷贝我做的课件。我告诉他们，拿走课件容易，但一定要弄懂我为什么要这样上课。只有在内化的基础上，养成自主、独立、开放的思维方式，形成个人看法和风格，才会拥有自己的精品课。

教学是一种具有高度丰富性、复杂性和情境性的特殊实践活动。对于教师而言，实践性知识才是立足课堂、适应工作的根本。此后，我每次在上示范课之前，先给老师们布置听课任务：本节课的教学目标是何时以何种方式呈现的？本节课创设了怎样的教学情境，采取了哪些教学方法？本节课设计了哪些教学活动，培养了学生哪些技能，渗透了哪些情感价值观？假如开展同课异构，你会怎样上这节课？这样的听课方式完整地"肢解"了组成一节好课的各个要素，让每一位听课教师在听课过程中带着问题思考一节好课是怎样产生的。

近几年，我和工作室成员累计送教下乡 200 多节次，开设专题讲座 30 多场、同课异构 100 多节、听课评课 200 多节，帮扶贫困学生 50 多名。为了帮助更多的教师成长，我们创设了工作室博客，建立了微信群、QQ 群，老师们及时将教学设计、说课稿、教学反思、课堂实录等进行上传，大家及时提建议，在交流中相互影响、共同提高。

五、依法履职，倾情献策，助推教育发展

作为一名基层一线教师，我在醉心于教学教研实践的同时，对教育产生了越来越强的使命感。2003 年，我以政协委员的身份第一次参加了韩城市政协全体会议。正是从那时起，我开始走进人民政协这个群英荟萃的大家庭。多年来，我在政协、人大的舞台上为家乡的发展倾情献策，这个参政议政的平台也教给我做人的准则，让我得到成长和历练。

还记得在担任政协委员、人大代表之前，我的社会接触面较窄，对政协、人大工作的了解也局限于理论知识。第一次参加政协会议时，我佩戴着鲜红的代表证，步入神圣庄严的会场，备感自豪，但对于如何做一名懂政协、会协商、善议政的合格委员又心怀忐忑。我暗下决心，要认真学习。于是，我利用课余时间，认真研读党和国家的方针政策，掌握统一战线、协商民主和人民政协基本理论知识，不断完善知识结构，提高政治素养，为提高履职能力打下坚实基础。同时，我积极参加市政协组织的各项调研考察活动，利用分组讨论交流的机会，虚心吸收其他委员的思

想精髓，主动与身边的教师、学生家长谈心谈话，搜集老百姓关心的热点和难点问题，精心打磨整理提案。慢慢地，我已经每年可以利用"两会"平台提出高质量的提案，自信地面对媒体展示委员履职风采，分组讨论会上畅所欲言。在政协的舞台上，协商、调研、议政，拓宽了我认识社会的视角，我的综合素养得到了提升，生活阅历得到了丰富。我深深体会到，人民政协在国家和人民群众政治生活中有着重要的地位和不可替代的作用。

我与人大结缘始于2007年。这一年我幸运地当选为韩城市第十六届人大代表，从此，开启了我政治生命新的征程，后又连续担任市第十六届、十七届人大常委会委员和渭南市第四届、五届人大代表。我在人大这个平台履职尽责10多年，也在忙碌中收获了精彩人生。

我深知人大代表要履好职，就必须有高站位、大格局，大是非不呈虚言，小事情不失情怀，把专业优势融入履职，努力做到言之有物、言之有理、言之有据、言之有方。于是，我认真学习各类法律法规，时刻牢记人大代表的权力来自宪法，"法无授权即禁止"。人大代表对于我来说，是一种社会责任。我在教书育人做好本职工作的同时，倾情尽力当好选民的代言人，同时向身边的教师、学生和家长传递党

精心育人

的方针政策和法律法规，发挥人大代表在党和政府与人民群众之间的桥梁纽带作用。此外，我还撰写并提交了《关于建立我市中小学教师人才储备机制的提案》《加快推进城乡义务教育均衡发展、发展更具活力的现代教育》《法制教育进中小学校园》等建议，被市政府采纳。这些宝贵的经历，使我由一名纯粹的教书者成长为既拥有专业特长又具备参政议政能力的优秀教师。

　　一个人的职业生涯非常有限，稍纵即逝，但是一个人对职业的追求和对专业境界的追求却永无止境。不知不觉中，粉笔染白了鬓发，铃声送走了青春，但不变的是我热爱教育的一颗真诚之心。我要感谢教师这个职业，让我能活得如此豁达而不懈怠；我也要感谢我的学生，我教给了他们知识，他们让我享受了为人师的快乐与幸福；我还要感谢政协、人大这个平台，使我在参政议政和依法履职的过程中，把专业特长发挥出了更大的价值；我更要感谢陕师大，感谢恩师，给了我受益终身的教诲，让我在教师这个平凡的岗位上实现了人生理想，也收获了精彩人生！

▶ 点评

　　张向玉老师扎根基础教育教学一线34年，很好地彰显了西部红烛的精神。她对工作勤勤恳恳，一丝不苟；对学生心中有爱，精心培育；对同行热心帮助，示范引领，因而受到了社会各界的一致好评。张老师突出的特点有三：一是注重自身的教学改革，基于教学实践形成了独特的"设疑—析疑—解疑"推进式课堂教学方法，并将其推广至更多高中历史课堂。二是关注同行的成长发展，积极传帮带，经常送教下乡，充分发挥名师工作室的作用。三是关心当地经济社会的发展，在政协、人大的舞台上用自己所学为家乡的发展倾情献策，尽心尽责。张老师说："一个人的职业生涯非常有限，稍纵即逝，但是一个人对职业的追求和对专业境界的追求却永无止境。"这大概是她能够成功的重要原因吧。

教育部基础教育历史教学指导专委会委员